复旦中文学科建设丛书
七月派作家研究卷

江声浩荡七月诗

张业松 编选

图书在版编目(CIP)数据

江声浩荡七月诗/张业松编选.—北京:商务印书馆,2017
(复旦中文学科建设丛书·七月派作家研究卷)
ISBN 978-7-100-15483-3

Ⅰ.①江… Ⅱ.①张… Ⅲ.①"七月"诗派-作家-人物研究-文集 Ⅳ.①K825.6-53

中国版本图书馆CIP数据核字(2017)第273961号

权利保留,侵权必究。

江声浩荡七月诗
复旦中文学科建设丛书·七月派作家研究卷
张业松 编选

商 务 印 书 馆 出 版
(北京王府井大街36号 邮政编码100710)
商 务 印 书 馆 发 行
苏州市越洋印刷有限公司印刷
ISBN 978-7-100-15483-3

2018年1月第1版 开本710×1000 1/16
2018年1月第1次印刷 印张25.25
定价:70.00元

前　言

复旦大学中文学科的开始,追溯起来,应当至1917年国文科的建立,迄今一百年;而中国语言文学系作为系科,则成立于1925年。1950年代之后,汇聚学界各路精英,复旦中文成为中国语言文学教学和研究的重镇,始终处于海内外中文学科的最前列。1980年代以来,复旦中文陆续形成了中国语言文学研究所(1981年)、古籍整理研究所(1983年)、出土文献与古文字研究中心(2005年)、中华古籍保护研究院(2014年)等新的教学研究建制,学科体制更形多元、完整,教研力量更为充实、提升。

百年以来,复旦中文潜心教学,名师辈出,桃李芬芳;追求真知,研究精粹,引领学术。复旦中文的前辈大师们在诸多学科领域及方向上,做出过开创性的贡献,他们在学问博通的基础上,勇于开辟及突进,推展了知识的领域,转移一时之风气,而又以海纳百川的气度,相互之间尊重包容,"横看成岭侧成峰",造成复旦中文阔大的学术格局和崇高的学术境界。一代代复旦中文的后学们,承续前贤的精神,持续努力,成绩斐然,始终追求站位学术前沿,希望承而能创,以光大学术为究竟目标。

值此复旦中文百年之际,我们编纂本丛书,意在疏理并展现复旦中文传统之中具有领先性及特色,而又承传有序的学科领域及学术方向。其中的文字,有些已进入学术史,堪称经典;有些则印记了积极努力的探索,或许还有后续生长的空间。

回顾既往,更多是为了将来。我们愿以此为基石,勉力前行。

陈引驰
2017年10月12日

出 版 说 明

本书系为庆祝"复旦大学中文学科百年"所策划的丛书《复旦中文学科建设丛书》之一种。该丛书是一套反映复旦中文百年学术传统、源流，旨在突出复旦中文学科特色、学术贡献的学术论文编选集。由于所收文章时间跨度大，所涉学科门类众多，作者语言表述、行文习惯亦各不相同，因此本馆在编辑过程中，除进行基本的文字和体例校订外，原则上不作改动，以保持文稿原貌。部分文章则经作者本人修订后收入。特此说明。

编辑部
2017 年 11 月

目 录

关于胡风的文艺思想	贾植芳	001
胡风对现实主义理论建设的贡献	陈思和	009
文艺与政治的撞击	吴中杰	032
"给他们许多话":胡风、路翎与鲁迅传统	郜元宝	085
与名教相搏:以鲁迅与胡风的经验为中心	金　理	096
射击与坚守:胡风的狱中写作	刘志荣	109
语言与"实感"		
——从胡风的一封家书谈起	金　理	130
以想象参与现代民族国家的建构		
——胡风《时间开始了》的一种解读方式	梁燕丽	141
一双明亮的充满智慧的大眼睛		
——为《路翎文论集》而序	贾植芳	156
为什么会有这样的批评	张业松	162
没有凭借的现代搏斗经验		
——与胡风理论紧密关联的路翎创作	张新颖	176
"一生两世"与强制遗忘		
——关于"路翎叙述"的叙述	张业松	192
路翎晚年的"心脏"	张新颖	204

在庆祝贾植芳先生九十华诞学术讨论会上的发言	章培恒	216
也说贾植芳先生	许道明	218
把"人"字写得端正		
——记贾植芳先生	吴中杰	222
五年来的思念	陈思和	227
贾植芳与中国比较文学	严　锋	234
重读贾植芳《周作人新论》一文的感想	陈广宏	240
在风雨咆哮的狱里狱外	陈鸣树	245
活出来的真正知识分子		
——章培恒、范伯群、曾华鹏、严绍璗等学者忆贾植芳	李　楠	249
战区"风景"与文本三重性		
——东平佚书《向敌人的腹背进军》发掘报告	张业松	265
诗与一代之事		
——关于诗人冀汸、《诗垦地社丛刊》及其他	段怀清	282
如何当家？怎样做主？		
——重读鲁煤执笔的话剧《红旗歌》	陈思和	295
地火在运行		
——张中晓与《无梦楼随笔》	刘志荣	310
舒芜的两篇"佚文"		
——纪念胡风诞辰一百周年	张业松	325
苦难中的坚守与个人主体性的回归		
——20世纪50至70年代胡风冤案受难作家的潜在写作	刘志荣	350
彭燕郊晚年心境与诗境		
——以一组诗与一首长诗为例	李振声	365
谁愿意向美告别？	李振声	379

编后记　　395

关于胡风的文艺思想

贾植芳

胡风是个文艺理论家,他因为他的文艺思想而受难,也因为他的文艺思想而永生。在中国,50年代以后的受难者有许许多多,现在大多数人都已获得平反昭雪,但对胡风来说,他的冤案的平反不仅仅意味着他个人在政治上、品性上的清白得以证明,也不仅仅意味着因他的关系而受株连的上千个善良无辜者的灵魂得以安息,还有,胡风的平反意味着胡风的文艺思想将重新引起人们的注意。他在1949年以前写的九本著作重新由人民文学出版社出版,他在50年代向中央最高领导人提交的"三十万言书",于1988年也由《新文学史料》重新刊发,胡风的文艺思想30年以来第一次不带一点"罪孽"色彩地袒露在当代年轻人的面前,使人们终于发现,文艺史上许多因为后来的历史大劫难和血的教训迫使当代人认真反思的尖锐问题,譬如如何区分现实主义与政治工具?如何在创作中体现大写的人的力量?如何借鉴与引进外来进步文艺的营养和批判传统文化的封建糟粕?如何反对庸俗社会学对文艺创作的腐蚀?如何冲破"重大题材"的理论束缚而深入日常生活?如何从生活中去把握活生生的、有血有肉的人物真实性而反对去写神化的英雄人物?等等,这些问题都是当代文坛上的理论工作者迫切、严肃地思考的问题。但是,早在这位蒙冤含辱的老人30年以前的文艺思想里,这些问题就已经引起了足够的深思,并在理论范围内给予了深刻的揭露与探讨。某种意义上看,胡风文艺思想给当代文坛带来的震动,比胡风本人以及胡风冤案的传奇性与动人性更要壮观得多，也正是这个原因，胡风文艺思想比胡风本人更不容易获得某些人的宽容，以至使胡风文艺思想的平反比他在政治上的平反要整整迟到8年之久。

1988年6月18日，中共中央办公厅发出〔1988〕6号文件，在1980年对胡风集团作政治平反的基础上，又对他的文艺思想、宗派诸问题作了进一步的澄清和新的说明。文件宣布撤销原来文件上对胡风关于"五把刀子"的说法的指责，并明确指出，胡风文艺思想问题完全可以按照宪法关于学术自由、批评自由的规定和双百方针，让人们通过文艺批评进行正常的讨论。这就意味着胡风文艺思想又可以作为一种学术思想在国内的理论界展开平等的自由的讨论了。但是我们，特别是作为胡风的朋友，又同是受难者的我们，又不能不由衷感到这个文件来得太迟一些了，因为作为当事人的胡风在这个文件下达时已经去世3个年头了。如果他能够活着知道他的文艺思想已经取得了他一贯视为精神支柱的党的理解与谅解，他该会有多么高兴。

不过，广大的理论工作者并没有因这个文件的迟到而停止他们在学术上的探索和思考。早自1981年起，陆陆续续的，国内学术界就开始发表重新评价胡风文艺思想的文章，最早是在江苏的《雨花》杂志上，发表了吴调公的《关于胡风现实主义文艺思想》的文章，介绍了胡风的现实主义理论；第二年，北京《中国现代文学研究丛刊》上陆续发表了关于胡风"民族形式"理论的争鸣，到第三年（1983年），《苏州大学学报》发表胡铸的《论胡风的主观战斗精神》，总算正面接触到胡风文艺思想的核心。当然，这些文章基本上还是属于"拨乱反正"，为胡风洗冤性质的。以后又出了许多研究、阐释胡风文艺思想，并且通过对胡风文艺思想的研究，来总结中国新文学史的经验教训，深入揭露理论上的教条主义给文学创作带来的严重危害。有些文章谈得很深入。譬如《文学评论》1988年第5期上发表的支克坚的《胡风与中国现代文艺思潮》、钱理群的《胡风与五四文学关系》、艾晓明的《胡风与卢卡契》以及一个关于胡风文艺思想座谈会上的一些与会者的发言。《上海文论》1988年第6期上发表的陈思和的《胡风文艺理论的遗产》，以及辽宁大学出版社出版的梁振儒、顾荣佳编的《披荆治林者的足迹》,收入了从1985年到1988年间有关胡风文艺思想研究的理论文章;此外,湖北出版的《湖北作家论集》,三辑里,每辑都收入了一些关于胡风文艺思想研究的文章;这一些文章,都可以看作是这一时期国内学术界对胡风文艺思想研究的初步成果。

对于胡风文艺思想的面面观,这些论文已经有了很好的阐释,我在此不必重复。我就以个人感受简单地谈一些对胡风文艺理论的解释。胡风的文艺思想比较复杂,又多是针对了30年代到50年代文坛上的实际斗争而发的,所以非局内人、或者非专门搞理论研究的人,一般不一定弄得清楚。特别是因为胡风不是个纯粹的理论家,他是一个诗人气质很重的人,在他的理论表述中,夹杂着许多他自己创造的、没有经过严格的科学界定、却带有很浓重的主观愿望色彩的词汇,像"自我扩张""自我斗争""主观战斗精神""精神奴役创伤""血肉的现实的人生搏斗",等等。本来一个理论家创造出特殊意义的词汇来丰富自己的理论体系,使自己的理论表达得更准确,并没有什么坏处。可是胡风所处的年代,正是文化水准普遍低下,教条主义盛行的年代,一般人,甚至是文化工作者,面对着从抗战到建立新的政权这一时代的大变动,根本无法从直感上把握住时代,他们只能紧紧依靠一些流行的理论术语和理论的"本本",按图索骥地去摸索时代到了怎样的一步。这样的情况下,一些理论的术语都被注入了固定的政治含意,像"无产阶级"就代表好的,"资产阶级"就代表坏的,"唯物主义"就代表正确,"唯心主义"就代表错误,这样就很容易记住,按照这些含义简单的名词来思考问题,一方面使人人都变得懂政治,懂哲学,懂文艺,另一方面,政治、哲学、文艺的复杂内涵都被简单化、庸俗化了。而胡风所创造的一系列含义特殊的新名词、新概念,完全不属于当时所流行的这套理论术语系统,所以它们无法被一般的人,甚至是担任各种领导工作的人所理解和认同。于是,人们就把这套新名词新概念以及它们所表达的文艺思想,都视之为异己。就好像古代有一个寓言,一个地方的猪都是白颜色的,于是当地人人都认为猪只能是白色的。后来有客人从别的地方带来一头黑猪,尽管它确实是猪,却谁也不承认它是猪,反把它视作妖孽。胡风的文艺思想当时就有这种被人们认为黑猪不是猪的处境。尽管无论在主观上还是客观上，胡风都是一个努力的马克思主义理论家，他始终努力地要把自己的文艺思想与当时时代以及共产党对文艺的要求融合起来。

譬如说，胡风的"主观战斗精神"是什么呢？通俗些讲，就是作家的一种战斗的人生观，一种战士的"人格力量"；从创作实践来说，就是作家在认识和表现现实生活时的立场和思想感情，它包含着作家对人生的强烈的爱憎态度。胡风所指的"战斗精神"也是有特定含义的，是指"从无产阶级先锋队所发动所领导的历史大斗争爆发出来的产物"①。也就是指人民大众反帝反封建的现实环境下的伟大实践精神。如果用这样的话来表达，一般人都会认同，但胡风偏偏用只属于他个人的语言来说出这个意思，就遭到了很多人的误解。因为胡风提倡文学创作要高扬"主观战斗精神"，这里面有"主观"两个字，人们就认为你提倡"主观"，就必然反对文学反映客观现实生活，你既然提倡"主观"，那就是提倡"唯心主义"，唯心主义就是错误的，那么所谓"主观战斗精神"就是错误的，这种荒诞的解释和荒诞的引申，在当时却顺理成章。

还有，胡风曾提出文学要写出人的"精神奴役创伤"，什么是"精神奴役创伤"呢？其实就是"缺点错误"，文学要写出生活中活生生的人，当然要写人的缺点。广大生活在底层的劳动人民，特别是农民，受着上千年封建主义的物质压迫和精神压迫，受着小生产私有观念的影响，在他们精神上造成了极其深重的被奴役的痕迹，像阿Q，当他被人出卖，将送上法场时，他还在努力地画一个签押的圆圈，还为画得不圆而伤心，这种麻木、愚昧、自卑，集中地表达出封建意识形态对一个落后农民的毒害，把这个细节写出来，产生了震撼人生的艺术效果。鲁迅把这种缺点概括成"国民性"，胡风进一步具体化，称之为"精神奴役创伤"。为什么要用这个词呢？胡风自己有个解释，他说："在科学分析上用'缺点'去指

---

① 《关于解放以来文艺实践情况的报告》，收入《新文学史料》1988年第4期。

明,但在创作上一定要用'创伤'去感受。"①胡风用的是形象思维,他的概括集中表达了鲁迅在著名杂文《春末闲谈》里描绘的一种现象,鲁迅说,有一种细腰蜂,它用毒针刺在小青虫身上,让小青虫处于不死不活麻木状态,然后就在小青虫身上产卵,等卵变成幼虫时,就靠食小青虫为生。鲁迅认为数千年来统治者就是这样用封建意识毒化了人民,使人民处于不死不活的状态,为统治者所奴役。胡风正是从这一形象延伸出"精神奴役创伤",认为在劳动人民身上,有着几千年封建统治的"精神奴役"所造成的"创伤",进步文艺就应该像鲁迅那样,挖掘出这种创伤,使人惊醒,克服这种"创伤"而走向新的人。这本来是一个常识,就连毛泽东也说过,对人民群众的缺点错误不是不能表现,当时鲁迅对"国民性"的批判正受到成千成万的研究者颂扬,但是胡风这个提法却受到了许多人无情的攻击,他们认为,胡风既然提出要写人民的"精神奴役创伤",那么就是反对写劳动人民的英雄形象,就是丑化人民。

这样一些例子还有很多,胡风的每一个观点当时几乎都受到了严厉的批判,现在仔细看起来,胡风的理论和当时处于正统地位的马克思主义文学理论并不是根本对立的体系,50年代的一些批判胡风的文章,大多数都是在概念术语上望文生义的错误解释,任意地夸大本来就是由批判者自己造成的理解上的错误,并把这种错误强加到胡风身上。这看上去很荒诞,但在当时,这场荒诞剧是用很严肃的态度去演出的。其实,胡风在理论表述上运用大量新的名词概念并不是胡风的错,正相反,这表现了一个理论工作者的特点,胡风自觉地在实践中学习和接受马克思主义,努力去把握时代的本质,但他从没有把这些新获得的理论感受立刻照搬到他的理论中去,按一般的本本主义者那样,照抄一些教条了事,当胡风亲身感受了时代的进步与理论的进步以后,他就努力从自己活生生的感受出发,创造出活生生的理论语言,让他尽了力而获得的马克思主义理论融化到个性化的文学语言中表述出来。因此,胡风的理论,既阐释了马克

---

① 《论现实主义的路》,《胡风评论集》(下),人民文学出版社1985年版,第351页。

思主义的文学基本原理，又融合了他自己独特的理解与体会。他是将一个时代的统一的政治语言转化为富有个性的文学语言表述出来。可是，令人遗憾的是，他所处的时代的文化要求恰恰相反，那是一个走向统一的时代，文化上要求千姿百态的个性统一到一个时代声音中去，而不是将一个时代声音转化成千姿百态的个性加以表达。时代对个人的文化要求与胡风对时代精神的独特追求逆流而行，这就使本来很正常很富有个性的文学理论语言变得非常刺耳，其结果是胡风成了他的语言的牺牲品。

  这里还有一个潜在的原因，胡风的文学理论语言的与众不同，正暗示了他的理论本身也潜藏着内在的矛盾，因为胡风自始至终认为自己是马克思主义文艺理论家。他追随的是马克思主义经典作家所指引的、由苏联以高尔基为代表的革命作家实践了的社会主义现实主义道路，这一点他与大多数中国的马克思主义理论家别无二致。正因为这样，中国马克思主义文艺理论在发展中所经历的曲折，苏联初期"拉普"派给中国左翼文学所带来的教条主义影响，抗战以后日益趋向正统地位的政治工具论，等等，都不能不对胡风的文艺思想发生影响。但这时候胡风就表现出他独特的个性：他没有在服从并献身于一个伟大革命实践的同时，完全放弃对人格独立性的追求。他需要从自己独有的感受中来理解这个世界，宁可在感情上经历可怕的甚至是痛苦的折磨，也不轻易放弃思想的权利来换取个人前途的辉煌。这种矛盾冲突对一个真诚的人来说是相当痛苦的。他要表达出这种不同于时代风气的声音，只能选取那些与众不同、饱含着个人感情色彩的，而在政治明确性上又措词含混的新名词概念，企图把他的感受通过文学语言直接地表述出来。正如前面所举的两个例子，他不用"作家对生活的立场、态度和思想感情"而取"主观战斗精神"，不用"劳动人民的缺点错误"而用"精神奴役创伤"，很明显，前二种术语是政治语汇，而后两种术语是文学语汇，前两种术语在政治批判上是清晰的，但在个人感受上缺乏情感色彩，而后两种术语在政治定义上较模糊，但在文学上感情是强烈的。以后一组对比作例子，"缺点"是一个抽象的客观现象，而"创伤"则是一种看得见摸得着，甚至会产生痛感的一个名词，主观性就突出了。胡风正是通过这种名词语言上的革命，力图使自己，也使文艺理论，从冷冰冰的政治教条的阴影下解脱出来，成为活灵灵的与时代、与人民呼吸与共，但又保持了鲜明文学特性的"这一个"。

这就是胡风的文艺思想和文艺理论与当时占时代正统地位的文艺思想、文艺理论所不同的地方。如果从历史渊源上说，也就是马克思主义文艺队伍中的两种现实主义理论长期冲突的结果。胡风曾说过："从我开始评论工作以来，我追求的中心问题是现实主义（社会主义现实主义）的原则、实践道路和发展过程。"①但是，现实主义在中国现代文论史上有着各种各样的解释，以 30 年代左翼文学内部而言，现实主义就出现了两种倾向，一种是在 20 年代"革命文学"中形成的，又被 30 年代左翼文学所继承了的现实主义，认为文学的任务就是"文学者应当描写民族解放斗争的事件和人物，努力创造民族英雄和卖国者的正负典型"②。或可以说，这种现实主义所关心的是现实的政治斗争，是为了更好地为现实斗争服务，这条现实主义的路，从理论上讲也就是所谓反映"本质"论；另一种倾向的现实主义则是胡风所主张的，虽然他并不反对文学要反映现实的斗争，但他考虑更多的是人的因素，即怎样在现实主义创作中进一步发挥人的主体性的能动作用。从理论上讲，这条现实主义的路也就是体现了"主观战斗精神"，批判"精神奴役创伤"的道路。两条现实主义的道路，一条出发点是政治，另一条出发点是人学。胡风把人的强烈因素注入了文学，注入了现实主义，这恐怕就是他的理论至今仍有生命力的原因所在。

所以看来，胡风的文艺思想是相当有意思的，从胡风主观上来说，他努力将马克思主义和时代的文化要求融化到自己独特、真实的感受中去，并用独特的文学理论语言把它表述出来；但客观上，恰恰是这种独特的表述，使他的理论与时代的文化要求格格不入，被视作异己，为此他付出了沉重的代价。但反过来

---

① 《胡风评论集·后记》，《胡风评论集》（下），第 407 页。
② 《周扬文集》（1），人民文学出版社 1984 年版，第 168 页。

看,也正是这些以人为出发点的独特感受,使胡风的理论至今仍有价值,今天的人们总是把胡风的名字与"主观战斗精神""精神奴役创伤"等理论联系在一起来讨论,这是现代文艺理论史上很少有的荣誉。胡风的文艺思想给他本人带来的究竟是灾难还是幸运,这个问题只能交给以后的文学史去讨论。

  胡风的文艺理论是很丰富的,它对知识分子如何在群众的斗争中改造自己的思想,对"题材决定论"的批判,对写真实的呼吁,对民族形式的讨论,都有独到的见解。这些内容,在我前面介绍过的一些学术文章和论集里都有详细介绍,如果诸位有兴趣,可以自己去找来看。我这里就不一一介绍了。

      (这是作者1990年10月赴日访问讲学时的讲稿之一)

原载《历史的背面——贾植芳自选集》,山东教育出版社1998年版

胡风对现实主义理论建设的贡献

陈思和

胡风对中国现实主义理论的建设工作,是从对左翼文学运动内部的两种非现实主义创作倾向——主观公式主义和客观主义开始的,正如他在1984年写的《〈胡风评论集〉后记》一文中重申:"从我开始评论工作以来,我追求的中心问题是现实主义(社会主义现实主义)的原则、实践道路的发展过程。不久,我就达到了一个理解:现实主义的发展是在两种似是而非的不良倾向中进行的,一种是主观公式主义(标语口号文学是它原始的形态),一种是客观主义(自然主义是它的前身)。……我以为,现实主义是在和这两种倾向作斗争中发展的,也是非在和这两种倾向作斗争中发展不可的。"① 虽然这是他针对1948年所写的《论现实主义的路》一书而说的,但把它看作是胡风对自己一生从事的文艺批评道路的总结,也不为过。他一生所追求的,正是现实主义如何摆脱笼罩在左翼文艺——社会主义文艺道路上的庸俗社会学影响,使其成为从五四新文学发展而来的现实战斗精神在文艺创作上的理论指导原则。

何谓主观公式主义?它的特征是夸大了思想意识的能动性,满足于主题上表现一个现成的革命原则,以此套用生活,图解生活,使绚丽斑斓的生活实际变成千篇一律的"革命加恋爱"和那种用"杀、杀、杀"来形容革命描写革命的创作

---

① 《〈胡风评论集〉后记》,《胡风评论集》(下),人民文学出版社1985年版,第407—408页。

倾向,正是主观公式主义的原始状态。

何谓客观主义?胡风认为是作家主观上对生活所采取的冷漠态度,表现社会历史发展过程时,作家对描写的生活对象缺乏强烈的爱憎与热情。它与自然主义有相同的地方,即都是冷静地以生活材料去编织某种解释生活现象的理论原则。在自然主义经典作家的作品里,这种原则表现为遗传规律的空想社会主义;在中国的客观主义作品中,主要表现为对一些社会科学理论作实用主义的图解。如茅盾《子夜》的结尾改动就是典型的一例。①

主观主义强调主观上对革命原则的拥护和宣传,客观主义以生活素材来图解革命原则,同样起着宣传的功能。这两种表面上是截然相反的创作倾向却代表了同一种思潮:以抽象的革命原则来取代对客观社会生活的真灼认知,依靠现成的思想原则来取代作家个人对生活的独立思考和审美感受。由于它们都把表现"革命原则"奉为至上,常常使人误解为是现实主义要求对社会生活本质的揭示。对于左翼文学运动是战斗的文学运动,它的形成本身就是国内阶级斗争落实在文学领域里的产物,历史任务规定了它在发展自身的文学运动时,必须与正在发展着的政治斗争,具体地说就是中国共产党领导的政治斗争取得了一致的步调,成为后者在意识形态领域中的响应者和鼓动者。出于实际需要,左联领导人选择了现实主义作为他们的创作指导原则。现实主义要求文学在本质上把握时代发展的总趋向,体现出历史发展的规律,这在实用的支配下,"时代本质""历史规律"很容易被理解为现实政治斗争本身。20年代末的革命文学论者倡导的"无产阶级精神",还只是一种模模糊糊的理论原则,到了左联时期,就自然而然地转变为革命过程中的一些原则,政策和方针,要求文学把这些原则,政策和方针当作现实历史规律的主要符号加以表现和歌颂。这样,原

---

① 据茅盾的《回忆录》说,《子夜》原先创作大纲的结尾是资产阶级两派在庐山握手言和,并互易情人纵淫,以揭露资产阶级的反动腐朽。后经瞿秋白建议,把赵、吴两个集团的最后结局改为一胜一负,"这样更能强烈地突出工业资本家斗不过金融买办资本,中国民族资产阶级是没有出路的"。——引自茅盾:《〈子夜〉写作的前前后后》,载《新文学史料》1981年第4期。从中我们可以看到,在《子夜》里,人物并没有自在的生命力量,只是作家图解观念的道具,可以任意摆布。

先的公式主义和客观主义，就堂而皇之地披上了现实主义的外衣，为"革命"所利用了。

胡风不是从实际的政治斗争需要，也不是从纯粹的理论观念出发，他凭借了艺术家的敏感，认识到现实主义原则面临着这两方面的歪曲的危险。复杂的是，这两种创作倾向不是来自左翼文学的对立面，它们产生在左翼运动本身，它们在文学上的两种代表者正构成了左联内部最有影响的力量。进行这样的清算当然是很伤感情的，以后的事实证明，它不但造成了左联内部人际关系上的紧张状态，而且对批判者本人也带来了终生难以弥补的损伤。再者，这两种倾向的错误不在文学表面所载的思想内容上，而是隐藏在作品的深层结构中，属于艺术表现方面的问题。判断一部主观公式主义或客观主义的作品的失败，不是看它们宣扬什么和反对什么，而是指它们所提供的实际艺术容量与作品所表现的内容应该达到的艺术容量之间的差距。这种鉴别，非有高度敏锐的艺术感觉和挑剔的艺术眼光者不能胜任，也是一般依据抽象的革命原则作批评标准者无法理解的。

作为一个新诗人和理论家，胡风本能地意识到自己的文学使命，他清楚地看到主观公式主义是"飘浮在没有深入历史内容的自我陶醉的热情里面；或者不能透过政治现象去把握历史内容，通过对于历史内容的把握去理解政治现象，只是对于政治现象无力地演绎"；而客观主义则"反映出来的现实，不是没有取得在强大的历史动向里面激动着，呼应着，彼此相通的血缘关系，就是没有达到沉重的历史内容的生动而又坚强的深度"。①他起先通过对一系列作品的评论，不断指出、分析、揭露这两种倾向的危害性，但渐渐的，他发现这两种倾向的存在，不是个别作家的表现力不够的问题，隐藏在创作现象背后的，是人们对于现实主义创作原则缺乏正确的理解。于是，在较长时间的批评实践中，他逐步地把具体批评感受上升到原则高度，开始探讨现实主义文学的创作规律，以求

---

① 《论现实主义的路》，《胡风评论集》（下），第297—298页。

在根本上给这两种非现实主义倾向以致命一击。

于是就有了著名的"主观战斗精神"论。胡风对现实主义创作规律的创造性探索,是从否定机械唯物论的"反映论"着手,他在描述作家认识客观世界,表现客观世界的过程中,有力地突出了创作主体在现实主义文学中的作用。他把这个创作过程表述如下:

> 文艺创造,是从对于血肉的现实人生的搏斗开始的。
>
> 对于血肉的现实人生的搏斗,是体现对象的摄取过程,但也是克服对象的批判过程。
>
> 从这里看,对于对象的体现过程或克服过程,在作为主体的作家这一面同时也就是不断的自我扩张过程,不断地自我斗争过程。在体现过程或克服过程里面,对象底生命被作家底精神世界所拥入,使作家扩张了自己,但在这"拥入"的当中,作家底主观一定要主动地表现出或迎合或选择或抵抗的作用,而对象也要主动地用它底真实性来促成,修改甚至推翻作家底或迎合或选择或抵抗的作用,这就引起了深刻的自我斗争,经过了这样的自我斗争,作家才能够在历史要求底真实性上得到自我扩张,这是艺术创造底源泉。[①]

这里几乎没有严密的论据,也没有详尽的推理,只是用诗的语言把作家进入创作状态时所感受到的惊心动魄的心理过程生动地描绘出来。显然,胡风也注意到了,创作过程的规律只能与现实生活所包括的历史内容紧密结合,才能产生实际的意义,他解释"血肉的现实人生",就是作家创作过程中的感性的对象,它具有活生生的,有血有肉的现实性,也包括了具体的各种阶层人物的思想内容和精神状态。他指出:"感性的内容不但不是轻视了或者放过了思想内容,反而是思想尖锐的最活泼的表现。"[②]因此在他看来,对于血肉的现实人生的"搏斗",

---

① 《置身在为民主的斗争里面》,《胡风评论集》(下),第18—20页。
② 同上,第18页。

实际上正是强调了思想斗争的要求。对于这种搏斗的过程，胡风又创造了两组名词："摄取过程"和"批判过程"，"自我扩张"与"自我斗争"，并通过它们之间的互相作用的分析，展示出现实主义创作和主体性的辩证关系。

自从现实主义思潮与理论传入中国，左翼作家们就不断地阐释现实主义文学与时代、生活、政治之间的关系以及作家世界观如何指导创作等外部规律，很少有人对其创作过程本身作深入的研究。胡风可以说是第一个达到了这一领域，就像哥伦布发现了新大陆一样，他面对无限生动的艺术创作规律感到无以言状的兴奋。他似乎是急不择言，使用了一连串象征性的名词术语来描绘这一壮丽和瑰博的过程。由于这些创造的术语多半是诗的语言，在表述和理解中缺乏明确的规定性，以至使人们产生不少误解。但这些缺点不能掩盖一个重要的事实：胡风在一连串晦涩的语言下描绘出文学创作过程中的重要现象，填补了现实主义理论史上的一大空白。

胡风在描述中表明，文学创作中，作家的主体性与描绘的客观对象之间不存在一个简单的反映与被反映的过程。创作的精神主体对客观对象不断渗透、体验与感受，以至获得与客观对象浑然无间的糅合，这是作家的自我扩张；这一过程同时又必然伴随着主客体之间的互相作用，互相影响以至"搏斗"，使作家在客观对象的真实性面前修正、甚至背叛自己原有的精神内容，这又叫做作家的自我斗争。这样一个紧张的、无情的、甚至是痛苦的精神搏斗过程，或者说，正是这种主客体互相构成的关系，体现了现实主义的创作过程。文学作品反映的内容永远不会是纯客观的世界，它只是经过作家主体的爱爱憎憎，大欢喜或者在哀痛过滤化了的艺术世界，注入了作家的生命的一部分；同样它也不可能仅仅是纯粹主观的抽象形式，而是客观化对象化的精神现象。

胡风把作家面对客观世界所表现出来的蓬勃高昂的人格力量和对客观世界进行改造、批判的战斗要求称作是"主观战斗精神"，并将这种强烈体现人的主体性的因素注入现实主义创作规律，无疑是对那种认为现实主义创作原则只是"按生活的本来面目反映生活"的传统解释的否定，也是对宣传或图解革命原则而忽略了文艺创作自身特性的公式主义和客观主义的否定。这样,胡风所描述的现实主义已经从文学史上特定的思潮内容中摆脱出来,成为一般意义的创作原则。在胡风看来,把人的因素注入现实主义创作原则,也即包含了文学的理想性、战斗性和主体性,当然也包含了对社会历史发展趋向的总体把握和认识。因此,现实主义已不再需要任何修饰词来加以补充:诸如"社会主义"现实主义、"无产阶级"的现实主义、"革命"现实主义等等理论,纯属画蛇添足。这种彻底的现实主义理论甚至使后来的所谓革命现实主义与革命浪漫主义"两结合"的创作方法也显得相形见绌。

从一般的理论上说,任何时代任何流派的文学创作都离不开作家精神主体的投射,文学创作过程中主客体互渗共存、双向同构的规律,应该具有普遍性的意义。然而胡风的出发点却有着明确的具体性和针对性。他所谓的"主观战斗精神"有着确定的现实内容,是"从无产阶级先锋队所发动领导的历史在斗争爆发出来的产物"①,也就是指人民大众在反帝反封建的现实环境下的实践精神;他关于现实战斗精神观照下的现实主义的创作理论,也是针对公式主义和客观主义两种倾向而指出的,他只承认这一原理是对现实主义创作理论的贡献。

在胡风的时代,这种具体性和针对性有一定的实践意义。胡风走上文学批评道路的时候,马克思主义经典作家关于现实主义创作原则的通信刚刚在苏联发表,在这以前,马克思主义文艺理论只是在拉法格等人对法国文学的具体批评以及普列汉诺夫关于艺术起源的小册子里得到零星的阐释,还没有构造起马克思主义的现实主义理论大厦。直到 20 年代末 30 年代初,马恩关于现实主义文艺理论的通信公布后,才在社会主义的世界范围内出现了研究现实主义理论的新局面。东欧的卢卡契、苏联的高尔基、中国的胡风,几乎在同一时期站在同一起跑线上开始了各自的精神探索。他们研究的侧重点不一样,具体成果也不同,但同样在世界意义上丰富了马克思主义关于现实主义创作理论的学说。胡

---

① 胡风《关于解放以来的文艺实践情况的报告》,载《新文学史料》1988 年第 4 期。

风提出的主体性,不仅对当时的创作具有指导意义,即使在理论建设上,它的贡献也具有世界性。自西欧现实主义思潮崛起以后,它在艺术上和文学上的代表者们为了反对浪漫主义的虚假和复古倾向,或多或少偏重于客观本体性,提倡客观地观察现实生活。无论是库尔贝关于"一切东西只要真,就是好"的说法,还是巴尔扎克自命法国社会风俗史的书记官,以"编制恶习和德行的清单,搜集情欲的主要事实,刻画性格,选择社会上主要事件,结合几个性质相同的性格的特点揉成典型人物"①为己任的宣言,都无一例外地暗示出这种倾向。左拉由现实主义走向自然主义,并以自然主义原则来阐释现实主义,不是没有逻辑上的理由的,只不过是19世纪自然科学的迅速发展成果,在左拉的著作中还来不及消化,未能使其转化为美学上表现,只留下被科学扭歪了的极端形式——把人的主体因素逐出了创作过程和审美过程。马克思主义的经典作家警惕地注视着由巴尔扎克时代转向左拉时代的现实主义思潮,及时提出了一些关于现实主义创作原则的论述。不用说,这些论述是高度原则化的,且不说左拉的创造性劳动的成果没有给以准确的估价,即使是对现实主义本身的创作规律,也没有作进一步的阐释。马恩这些信件被公布的时代,正是苏联进入斯大林专制模式时期,也是中国革命正在深入进行并在一小块区域里建立了苏维埃政权时期,激烈的权力斗争和政治斗争,都需要让文学作为整个政治意识形态的一部分纳入政治斗争轨道,承担起某种宣传功能,使它成为揭露自己的政治敌人,歌颂自己的政治理想的工具。在这种情况下,现实主义本来应该展示的生活本质和历史规律,自然而然地被某种抽象的政治原则和政治理想所取代。高尔基对社会主义现实主义"要用社会主义精神从思想上改造和教育劳动人民"的任务所作的阐释,以及大谈"个性的毁灭"的文学史观,正是从政治角度对传统现实主义的一种修正。左联时期一些批评家和作家对现实主义的理解,基本上是沿着这一路而来。胡风则相反,他反对公式主义的锋芒所指,首先就是这种盲目图解

---

① 《西方文论选》(下),上海译文出版社1987年版,第221、216、168页。

政治原则和政治理想反而削弱了作家对现实生活充满个性的认识的创作倾向。他当然注意到文学创作中的思想力量,但他并不认为思想可以脱离开具体人的因素和人的斗争而被抽象地表现。他强调作家应该通过充满个性的实践活动来贴近现实、把握现实,用真诚的实践活动来展示生活的真实性,使文学艺术参与政治斗争又不附庸于政治,从而保持了文学的精神独立。

这样一来,胡风的现实主义理论与苏联模式的社会主义现实主义理论拉开了距离。前者强调的是作家的现实战斗精神,而后者强调的则是政治斗争原则;前者要求作家带着自身血肉去拥抱现实,理解现实,在实践中追求生活的本质真实;后者则要求作家首先在政治上获得把握生活本质的真理,并用真理的标准来解剖生活,揭示出生活的规律性,因而生活真实也就等于真理。现实主义究竟是从实践中追求生活的真实性,并从真实性里感受到真理的力量?还是以真理的掌握者自居,将文学充当传播真理的工具?实践/先验;真实/真理;人格展示/宣传工具,两者非常鲜明地对峙着,胡风的现实主义理论先天地与人道主义联系在一起,他把实践、真实、人格都归结为人的实践活动,看作是现实主义文学创作的活的生命,你想通过现实主义的文学创作方法达到艺术的真实吗?那你只有把自己的全部思想、感情、爱憎统统融入实实在在的生活中去,在实践中锤炼你的人格、高扬你的精神、并通过痛苦的自我批判和自我实现来感受生活和艺术融然无间的真实。后来的研究者们都习惯把胡风的现实主义理论概括为"主观"的现实主义,其实并不准确,因为胡风提倡的"主观战斗精神"并不是一种静止状态的纯主观现象,"战斗"本身是有具体对象的,是一种包容了客体对象的主观精神。真正符合胡风原意的提法,应该是强调"人的实践"的现实主义,它的哲学基础是人道主义,这是与传统的现实主义理论既有一脉相承,又有现代性的发展的新的理论体系。如果套用萨特的"存在主义是一种人道主义"的逻辑,也可说胡风的现实主义是在现代思潮下的一种强调人的实践性的"人道主义"。在这个基础上,我们就不难理解胡风在总结五四以来的现实主义传统时,把它归纳为"作家底献身意志,仁爱的胸怀"以及"作家底对现实人生的真知灼见,不存一丝一毫自欺欺人的虚伪"①的合理性,因为胡风的现实主义理论正是五四新文化运动初期"人的文学"和现实战斗精神在新的历史环境下的自然发展。

胡风所强调的实践,首先是指人的一般的社会实践,但他并没有把这种实践看成是个人以外的政治活动。胡风认为,一个人拥有高昂的主观战斗精神,那么他无时无地不在实践中,无时无地不在为改造生活的质量、推动社会的进步而斗争,每个人都天生的拥有实践的权力也即战斗的权力。这就是后来著名的"哪里有生活,哪里就有斗争"的理论,这本来不是一个什么创作题材的问题,而是作为一个受到过五四精神洗礼的知识分子精神战士不言自明的人生哲学,胡风不过是把它用诗一般的语言揭示了出来。除了个别别有用心的批判者会把它解释成什么"自己的妻子朋友"②以外,谁都能理解胡风所说的现实主义创作与个人生活实践的关系。很显然,这是一种知识分子在当时的历史环境下可操作的社会实践,可是在那些把现实主义理解为政治斗争原则的理论家眼里,所谓的社会实践只能是在政党的具体领导下的政治斗争,也就是说,知识分子只能作为政治斗争的工具而存在,不能作为一个自在的战士而战斗。胡风严厉驳斥了这种在当时实际上是取消主义的谬论,愤怒地指出:

> 斗争总要从此时此地前进。把前进从此时此地割去,遥遥地放在"彼岸",使"彼岸"孤立,回转头来用"彼岸"的名义来抹杀此时此地的生活,诬蔑此时此地的斗争,即使不过仅仅是一点点志大心粗,虽然不过仅仅是一点点因大不见小,但客观上一定是对于具体斗争的鄙视和对于历史大潮的玩弄。③

胡风说这段话的时候还有着复杂的政治背景,但即使从这段文字本身的内容

---

① 《现实主义在今天》,《胡风评论集》(中),第320页。
② 转引自胡风《关于解放以来的文艺实践情况的报告》,《新文学史料》1988年第4期,第59页。
③ 《给为人民而歌的歌手们》,《胡风评论集》(下),第238页。

看,我们也能看到胡风所说的现实主义的实践原则,正是五四以来知识分子的现实战斗精神。五四新文化运动是中国知识分子第一次空前规模的自在运动,当知识分子从传统的政治轨道上脱离开去,第一次不是奉了"圣谕"创建文治武功,而是在庙堂以外自建的"广场"上替天行道。二十世纪的中国知识分子主流,确实存在着一个在"广场"上宏扬人文精神的战斗传统,尽管有各种政治力量在窥探它、利用它甚至左右它的发展,但这种独立的战斗意识,始终是这个世纪以来中国知识分子最宝贵的政治品格。在 40 年代国内各种政党势力加剧逐鹿的时候,胡风对这一五四战斗传统的捍卫尤其显示出知识分子独特的光彩。

胡风所强调的实践,自然还包括了作家在特定历史条件下的艺术实践,他总是警告作家不要去寻求什么写作的捷径,包括所谓"先进的世界观",世界上并无一种先验的"宝筏"引渡你到达艺术真实彼岸,只有真诚地从事艺术实践——它包括真诚地拥抱生活、学习生活和表现生活;和批判生活、揭露生活和改造生活两个方面——才能达到艺术真实境界也就是现实主义的最高境界。为此,他举了日本现实主义作家志贺直哉的例子:

> 如果一个作家忠实于艺术,呕心镂骨地努力寻求最无伪的、最有生命的、最能够说出他所要把捉的生活内容的表现形式,那么,即使他像志贺似地没有经过大的生活波涛,他底作品也能够达到高度的艺术的真实。因为,作家苦心孤诣地追求着和自己底身心底感应融然无间的表现的时候,同时就是追求人生。这追求底结果是作者与人生的拥合,同时也就是人生和艺术的拥合了。这是作家底本质的态度问题,绝对不是锤字炼句的功夫所能够达到的。如果用抽象的话说,那就是,真实的现实主义的创作方法,能够补足作家的生活经验上的不足和世界观上的缺陷。①

这段话,在后来的围剿胡风文艺思想的运动中曾被千百次地批判过,其

---

① 《略论文学无门》,《胡风评论集》(上),第 392 页。

罪名就是反对作家改造世界观,强调艺术至上。但胡风说得很明白,这里所提倡的重视艺术的创作态度,正是一种真诚的艺术实践,是现实主义在根本上锲入生活、把握真实的创作方法,作家要通过个人的创造性劳动来取得与历史运动的本质的一致性,只能通过这样的真诚的艺术实践,如果结合胡风现实主义理论的哲学来说,也就是真诚的人道主义实践。当然这是在现实主义理论范畴理解的艺术真实,其实各种艺术创作流派都有自己对艺术起初的独特理解(包括现代主义文艺思潮否定了历史本质的真实性),胡风的理论是属于马克思主义的现实主义范畴,他当然是肯定历史运动的本质的真实性,但他把对这种客观真实性的认识和表现都置放在作家主体实践的基础上,放在人道主义的哲学基础上,从而拒绝了苏联模式的社会主义现实主义要求文学成为政治斗争的传声筒、要求作家成为政治原则的吹鼓手的虚伪理论。

　　胡风的理论对手们,无论是强调政治斗争的"彼岸"性还是强调所谓的作家先要获得"工人阶级立场和共产主义世界观"才能创作,在哲学上都陷进了"先验化"的模式,被胡风斥为"来路不明的先验的概念"①,这倒不是说这些理论对手们自觉地表达这种唯心主义的世界观,他们仅仅是从政治实用主义出发选择了先验的模式,而这又恰恰反映了一些知识分子缺乏理论联系实践,并通过实践来检验理论的这一马克思主义的科学方法。当时与胡风论战的理论家们,多半是长期从事实际的政治工作,他们所掌握的"理论",主要是苏联或者中共根据实际情况而制订的政策性文件(比如周扬),还有些人本来是 30 年代的颓废派作家,并没有多少革命文艺的实践经验(如何其芳),他们的理论武器,都是在 1942 年毛泽东发表了《在延安文艺座谈会上的讲话》以后,照搬了毛的理论作任意图解,完全没有把毛根据抗战实际总结出来的一套战时文艺理论与中国广大的抗日战场和不同政治环境下的地区的实际情况结合起来加以改造、使这些共

---

① 胡风《关于解放以来的文艺实践情况的报告》,《新文学史料》1988 年第 4 期。

产党的文艺政策成为国民党统治区知识分子也能够具体接受的理论武器,他们无非是占着在时间(1942年)和空间(延安)上的优势首先获得了毛的理论的宣传权,并且用权力崇拜的态度和方式来解释毛的理论,事实上,他们获得了毛的理论的宣传权和解释权也就等于获得了文艺界的话语权力,用以号令和打击其他知识分子。对于话语权力,他们不能不使之"先验"化和绝对化,这跟苏联模式的社会主义现实主义的所谓"社会主义精神从思想上改造和教育劳动人民的任务"又不无暗合之处,所谓反映生活本质、表现艺术真实、社会主义精神等等,一旦转化为专制时代的权力话语,都拥有"先验"的权威性,是无法经受实践检验和证明的,所以胡风一针见血地指出:那些所谓的现实主义,其实是徘徊着"黑格尔的鬼影"[①]。显然,这种先验论的现实主义与胡风从每一步的文艺斗争实践中总结经验、检验自我、提升理论的血肉搏斗式的理论工作是不可同日而语的。

  如果追根溯源,这种实践/先验的对立思维模式,在30年代的左翼文化环境下已经初露端倪。胡风的鹤立鸡群式的理论实践方式与大多数只是凭了热情盲目追随苏联的左翼知识分子也是格格不入的,与那些对文学并没有多少感性知识和实践经验、只是学着简单的唯物主义反映论来演绎文学理论的左翼理论家们早有分歧发生。后来的研究者在探讨30年代左翼内部矛盾时,总是把注意力放到具体的人事纠纷上,这固然是个事实,但我觉得胡风与当时左联领导人的冲突,除了人际关系上的矛盾外,确实在理论思维模式上存在深刻分歧,而且这种分歧产生于新文学史上现实主义理论的两个不同来源和不同起点:一个是从五四新文化运动以来的知识分子实践中总结并继承而来的现实战斗传统,一个则是由苏联"十月革命"以后的政治斗争实践中横向移植而来的革命实用主义;一个是从人的因素出发,一个是从政治原则出发;一个是鲁迅的伟大艺术实践的继承,一个是斯大林政治谋略的产物。它们之间的冲突是

---

① 《论现实主义的路》,《胡风评论集》(下),第309页。

不可避免的。①

与实践/先验对立模式相联系的是写真实/写真理的相对立。"写真实"是胡风关于艺术实践理论的目的,作家严肃真诚的创作态度和创作主体在实践过程中痛苦的自我搏斗,正是为了达到人生与艺术的无间拥合,也就是现实主义的高度的艺术真实。在胡风后来写的三十万言书里,他高度地评价了斯大林关于"写真实"的口号,并从这一口号与苏联拉普派的"唯物辩证法的创作方法"的对立中引申出积极的意义。但这只是 50 年代斯大林的权威是唯一可以与那些用"凡是"态度来注释《讲话》的理论家相抗衡的产物,事实上早在学习斯大林的讲话以前,胡风已经在实践中形成了关于艺术真实的独特理论,而且与斯大林的说法并不一样。斯大林的说法是:"写真实!让作家在生活中学习罢!如果它能用高度的艺术形式反映出了生活真实,他就会达到马克思主义。"②这对胡风反对教条主义地理解毛的"改造世界观"理论当然很有利,但是"写真实"的真实究竟是指什么?似乎仍有疑问。斯氏所说的"真实"只能是生活的客观真实,

---

① 第一次的正面交锋是 1936 年发生的关于典型问题的论争。这场论争的理论层次不高,双方对典型问题的解释也没有什么创造性的见解。无论是胡风还是周扬,在把典型解释成某种阶级性的概括这一点上是共同的。但我认为值得注意的倒是另一个现象,当胡风解释作家如何创作"典型"的工作里面,既需要想象和直观来熔铸他从人生里面取来的一切印象,还需要认识人生分析人生的能力,使他从人生里面取来的是本质的真实的东西。二、他认为典型的形成并不需要艺术家有意识地从一个特定社会群里去取共同特征,而只是"在某一环境里发现一个新的性格,受到了感动,于是就加以创造的加工,结果也就造成了一个典型的性格"。这也就是强调了创造典型的性格必须从具体的人出发,而不是从阶级的定义出发。这两点都突出了胡风对人的重视和关注。而周扬关注的着眼点却不在这里,他更关心现实的政治斗争。因此当他在胡风咄咄逼人的责难下拙于辩解时,他就转移了话题,给胡风扣上了一顶风马牛不相及的政治帽子:"国防文学由于民族危机和民众反帝运动而被推到了第一等重要的地位。文学者应描写民族解放斗争的事件和人物,努力于创造民族英雄和卖国者的正负典型。……胡风先生既以现实的文学形势作立论根据,对于文学的这个最神圣的任务就没有一字提及,这样,所谓典型的创造云云,就成为和现实的历史运动没有关系了。不但如此,胡风先生的关于典型的理论是还有取消文学的武器作用的危险的。"从这次论争已经初步地表明了两种现实主义理论的分歧:周扬关心的是现实的政治斗争,使现实主义更好地为"先验"正确的政策(国防文学)服务;胡风则更多地考虑人的因素,考虑创作主体如何在现实主义创作中更加逼近历史的真实。

② 林默涵《胡风的反马克思主义的文艺思想》,《胡风文艺思想批判论文汇集·二集》,作家出版社 1955 年版,第 61 页。

那么"高度的艺术形式"又是指什么？为什么两者的结合就达到马克思主义？多年来，文艺理论界关于"写真实"的讨论，都是停留在文学作品要不要描写客观的生活真实（主要集中在能否正面揭露社会腐败现象）的争论上，这种争论在国统区可以追溯到抗战时期《华威先生》引出风波；在根据地可以追溯到延安文艺的座谈会以前的歌颂与暴露的论争。其实文学创作要不要表现粗俗的社会黑暗现象，作家要不要对社会腐败现象发出抨击？这是识别传统现实主义（特别是自然主义）流派的一个标志，但胡风的现实主义真实观则完全是两回事，胡风当然没有回避上述两个问题，但他对艺术真实的理解是同艺术创作过程的描绘联系在一起的。为了抗击黑格尔式的绝对理念给现实主义理论带来的阴影，他特别强调了人的感性活动：

> 作家不是"凭借'思辨的头脑'去把握世界"（马克思），它底搏斗过程始终不能超脱感性的机能，或者说，它一定得化合为感性的机能。①

> 人创造了感性的世界，这感性的世界又是活在人底"活的感性的全活动"里面。这样，人就成了具体的人，成了感性的活动。一个人是一个世界。②

强调人的感性活动是抗击先验论的绝对理念的唯一方法，也是作家在艺术创造过程中对生活保持血淋淋的心灵感受的可靠途径，为此，胡风曾经是中国第一个引进"形象思维"的理论家，并且强调了创作需要依靠想象、直观的问题。③

胡风在描述创作过程中突出了人的感性活动、作家的形象思维以后，才正面接触到艺术真实的解释，在评论一部电影时，他说：

> 任何内容只有深入了作者底感受以后才能成为活的真实，只有深入了作者底感受以后才能进行一种考验，保证作者排除那些适合自己的胃口歪

---

① 《置身在为民主的斗争里面》，《胡风评论集》（下），第21页。
② 《论现实主义的路》，《胡风评论集》（下），第317页。
③ 胡风在1935年评价苏联文学顾问会编出的《给初学写作者的一封信》时，就特别注意到"形象的思索"一词的意义，并指出"感觉的世界才是艺术底目的，形象的思索才是艺术家的本领"。1942年，他又一次论述了"形象的思维"的观点，并把"原来的形象思索"当作创作方法上升为"具体的世界问题"，把它与现实主义理论结合起来。

曲的东西,那些出于某种计算的人工的虚伪的东西(更不论那些生意眼的堕落的东西)而生发那些内在真实的东西。

他接下去还说:

> 一个作者,在他自己的精神的感受里面对于题材的搏斗强度是决定他底艺术创造性底强度的。①

在这里"艺术创造性强度"也就是指作品所能达到的艺术真实性,他毫不含糊地把作家取得这种真实性的成功归于作家的创作力度,即一种主观感受对描写对象的"搏斗"。于是我们可以这样理解:胡风所说的真实,不是指生活真实,也不是指作家能不能表现社会阴暗面等具体的技术性问题,而是作家在艺术实践中审美意识穿透生活的种种表象、所能达到的对生活潜在内容的把握与感受。哲学上的客观真实并不等于文学作品中所表现的生活真实内容,当客观对象没有进入作家的创作视界时它自然是不受任何主观影响而存在,但一旦被作家所摄取所描写,就必然会带上了作家的主观烙印,因此在文学作品里,只有真实表达了作家主观对客观对象的审美感受,而不存在纯粹的客观真实。再进一步说,这种主观真实由于通过人的感性活动而融汇了客观对象的真实,它的艺术实践的力度也就决定了两者趋向一致的可能性。胡风的现实主义的哲学基础是人道主义,在这里,人道主义在作家的主客观相生相克的"搏斗"过程中充分发挥了桥梁作用:

> 伟大的现实主义者都是伟大的人道主义者,都痛切地感到了人民底苦难和渴望,从哪里出发,都寻找过"超资产阶级"新的人生观,因而,他们对于社会制度和人生能够"从下面"看,他们的作品中反映了"下层人民"底历史经验,那里面的人民性(即真实性)带来了巨大而激荡的道德力量。②

与这样一种人道主义紧密联系在一起的人民性,也就是胡风所认为的文学的真实性,这与靠图解政治原则来写作的方法是背道而驰。胡风作为一个文艺批评

---

① 《为了电影艺术底再前进》,《胡风评论集》(下),第200页。
② 胡风《关于解放以来的文艺实践情况的报告》,《新文学史料》1988年第4期。

家,他对这艺术真实性的把握,也是通过艺术实践逐渐获得的。起先他作为一个左联盟员,在批评实践中也受到政治意识的干扰,结果反而模糊了它的艺术敏感性。①以后,渐渐地他明白过来:在实践里面寻求真实的东西,从属于人民的感情中发现历史的真实的东西和表现艺术的真实。②

当然,这样一种叫做"艺术真实"的东西,不可能是生活的终极答案,也不可能是所谓的绝对真理,尽管与人民的利益联系在一起的感性活动本质上是包含了相对的真理。胡风的现实主义是强调人的实践的现实主义,所以作家所求得的艺术真实也必须在实践中进一步接受考验,接受发展。假如一个作家不是江湖骗子、不是吃文学饭的市侩,那么他所有的权力只能是向读者承认他的作品有没有讲出了他心里真实的感受(这种真实感受里当然地包括了他对客观对象的真实性的真诚把握),而没有任何资格说他是在向读者宣布一个生活终极答案,一个"真理"。知识分子讲不讲真话,是人格的考验,他可能因为受到客观环境的限制而对生活现象作出错误的判断,但由于他的人道主义的感情是真诚的,他的灵魂依然是纯洁的、高贵的。但这样一种叫做"艺术真实"的东西,显然与那些先验论者心目中的"艺术真实"根本是两回事,先验论者是把文学当作宣传品来利用的,他们必须要在人们的实践之上祭起一个"绝对真理",他们可以抛弃一切可视可感的生活真实现象,封闭一切感受外界的人体器官,让人先验地接受一个对生活的解释原则,并把这样的先验的"真理"当作所谓的"生活本质"和所谓的"艺术真实"。靠图解这样的"真理"写出来的文学作品,即便不是撒谎,从感情上说也是虚伪的。但是,从抗战以来,出于政治上利用文学做宣传

---

① 以胡风对彭岛《蜈蚣船》的评价为例,胡风在《蜈蚣船》的评论中热情赞扬了它"在我们面前展开了未开拓的生活领野,揭示了更高的反映这种生活和艺术的要求"。但后来听说这个作家"没落"了,就在收入这篇评论的集子《文艺笔谈》后记里着重提出了作家的"非现实主义的思想态度和创作方法",而且"提得相当严重,和写这篇评价时的感受和看法几乎完全相反"。胡风晚年对自己的这一行为作了自我批评。(见《胡风回忆录》,人民文学出版社1993年版,第36页)

② 胡风后来的文学批评就克服了单纯政治观点的倾向,他评论了罗淑、端木蕻良等人作品时,并不认识这些作家,但他说:"我不能不在实践里面寻求真实的东西,寻求到了这些,我不能不承认它们是属于人民的,直接地或间接地为了民族解放,有助于民族解放。"(见《胡风回忆录》,第48页)。

的需要,也是出于知识分子对于实践的艰巨性认识不足,都希望有一种可以取代血淋淋地灵魂搏斗的终南捷径,那就不约而同地趋向对政治权威的屈服、廉价地贩卖"真理",欺骗读者也欺骗自己。在这里,我想举一个何其芳的例子,1944年,何从延安跑到重庆,就是以一个"真理"的使者面目出现,去"教导"国统区的作家什么是"现实主义",在他后来编成的这个时期文章的集子后记里,他这样透露文学传播真理的诀窍:如果我们的作品要发生一种更普遍更深刻的教育作用,那就必须善于写一个社会或者一个运动的矛盾和斗争,那么,如何来写这个矛盾的斗争呢?何其芳又来传授诀窍了,话题是从批评一些作品说起的:

> 我们的作品还是往往只能比较表面比较分散地描写生活,而还不能深入地集中地反映一个社会或者一个运动的矛盾和斗争……我是说它们或者抓不到一个社会或者一个运动主要矛盾主要斗争;或者根据简单的常识去写这种主要矛盾主要斗争,但却没有真知灼见和魄力去反映这种主要矛盾主要斗争的两个基本方面的内部矛盾的内部斗争,即次要矛盾次要斗争,结果主要矛盾主要斗争的真正面貌仍然没有可能真切地生动地反映出来;或者根据朴素的生活经验去写了一些矛盾和斗争,其中既有主要矛盾主要斗争,又有次要矛盾次要斗争,但却不能按照一个社会或者一个运动的内部联系把它们有机地组织起来;或者偶然的枝节的东西写得很多,一直掩盖了或削弱了这种矛盾和斗争的必然性和尖锐性;或者各种矛盾和斗争也还大体组织得可以,但却又不知道着重去反映这种矛盾和斗争的主导的一个方面,即最后必然要取得胜利的革命的或者正确的一个方面,结果就不能有力地指出这种矛盾和斗争的发展的前途。[①]

够了,这就是被50年代许多从事文艺理论工作的人誉为最优秀的理论家的理论著作。平心而论,何其芳30年代做些带有颓废倾向的小诗和散文,在文

---

① 何其芳《〈关于现实主义〉的序》,《胡风文艺思想批判论文汇集·二集》,第35页。

学史上尚有一席之地；他在50年代以后对古典文学和现代文学中某些个别问题提出的看法，虽然粗浅仍不失为是个人的劳动，也是应该尊重的；但他在40年代从延安出来写的那些自以为是的文学理论和文学批判文章，实在是不敢让人佩服。就如上面所引的一段话，粗粗一看让人以为是篇《矛盾论》的学习体会文章，他一连所举的五六种文学作品的缺点，都似乎在教育别人如何准确地描写生活，可是既不谈作家如何在社会实践的艺术实践里经受考验，也不谈作家怎样对生活中的大是大非现象如何感受如何把握，却搬出一套套的哲学公式，似乎作家只要把这些公式操练熟了，就会写出好作品来。这种创作方法正是胡风所深恶痛绝的公式主义的创作方法，是脱离生活对象的无限丰富性、扼杀文学最宝贵的自由精神的伪理论。按照何其芳所"教导"而创作、而批评的文学实践后来并非没有，如果反过来问一声，五六十年代中国大陆泛滥着的政治概念化的文学作品和一次次充当大批判急先锋的理论文章，所依据的不正是何其芳津津乐道的获得"真理"的诀窍吗？

　　文学要讲真话，这是中国的知识分子们通过血的教训获得的至理名言。如果我们把这个思想在文学理论上寻找依据的话，那么不能不是胡风的现实主义理论所包含的主要精髓。

　　胡风的现实主义文学理论就其理论实质而言，达到了中国的马克思主义现实主义所能达到的最高水平，即使把胡风的现实主义理论放到当时世界的马克思主义文学理论的范畴里，也是当之无愧。但可惜的是，这仅仅是指理论层面而言，在具体的实践中却没有能够使这些马克思主义文艺理论家的真知灼见产生出实际效应来。这当然首先是由于中国在抗战以来多灾多难的政治环境限制了知识分子的独立思想得以正常传播的环境，但就主观而言，胡风自身也有着不可克服的局限。从"为政治服务"的角度来修正现实主义定义，在当时有着以苏联为中心的国际背景，中国作家关于社会主义现实主义的理论，整个地照搬苏联，再加上中国左翼文艺所处的严酷环境，使这种倾向成为被普遍接受的原则。即使是胡风本人，也从未怀疑过这条原理本身。他反对的只是文艺为政治服务倾向中的两种偏向,即简单化公式化地图解政治原则,他对主观战斗精神的倡导,将人的因素加入到文艺现实政治斗争服务的原则中去,最终目的依然是对这种创作原则的维护。作为一个左联盟员,一个自命不凡的马克思主义文艺理论家,一个同样是在苏俄和日本的普罗文艺运动影响下走上文艺道路的批评家,他无法从根本上摆脱这种文化背景的制约。

这样,他用自己的理论和批评实践把自己推入了一个矛盾的境地:一方面,他凭着诗人敏锐的艺术直觉和为艺术献身的精神,认识到文学创作离不开精神主体的高扬,离不开作家精神主体在现实的血肉人生中真诚的参与,他的现实主义理论中包含着许多关于创作和艺术本体的精神理解,揭示出艺术创作的特殊规律;但另一方面,左翼文化运动急功近利的文学观念依然支配了他,它要求作家只能在现实政治的第一线中体现自身的价值,同时,迫在眉睫的政治斗争以至稍后的民族解放战争也都为文学规定了具体的现实目标,胡风完全了解这种现实斗争的需要,他一再说过这样的话:文学的"一切活动都是为了反映现实问题的"。在这种现实的功利性制约下,他对文学探索的兴趣只能从本体意义上的创作规律缩小到实际意义的文学具体功能之上。

当然,产生这种倾向的,不是胡风个人的现象,它几乎是左翼文学批评的通病,也是中国现实主义理论发展中的一个根本性的局限。20 年代末,中国现实主义理论是在与马克思主义理论结合下得以发展的,但众所周知,中国作家在接受马克思主义文艺理论的历史上曾出现过曲折。20 年代以来他们所接触的马克思主义文艺理论,基本上不是经典作家的原著,而是苏联十月革命初期的一些实验性很强的文艺政策、文艺论争的材料。当时中国出版的一些马克思主义文艺理论的翻译著作,主要就是这样一些政策性的文献,或者是苏俄领导人对当时文艺界的实际情况所作的有关指导性的意见。这些著作只能是过渡性的,但对中国的革命运动却产生了深远的影响,尤其在左翼作家在学习和运用马克思主义的思想方法方面。诸如 30 年代左联内部的那种以一时政策宣传来取代对理论本体的研究,那种在文学领域把阶级斗争扩大到庸俗的程度,以及那种毫无必要的"唯我独革"的宗派情绪,等等。胡风在这种环境下从事批评,如上的弊病不能不在其工作中都表现出来。

其表现特点之一,是过多的政策性研究取代了对理论本体的深入阐述,在40年代,中国新文学在理论和批评方面出现了一批可喜成果。在美学和诗学方面,朱光潜、李广田等人作出了独特的努力,在艺术理论方面诞生了钱锺书的《谈艺录》,在艺术评论方面也有李健吾、唐湜等人的实践,而唯独左翼文学理论阵营,却不断地把精力消耗在搞批判运动以及关于文艺政策的论争上,从批判"抗战无关论"到批判"战国策派"到批判王实味、丁玲,再到批判《论主观》和斥"五色"反动文艺等,破中无立,对马克思主义文艺理论本体的建设上没有作出实质的贡献。本来,瞿秋白牺牲以后,胡风是左翼文学阵营中最有可能承担起这项工作的,他有着很强的理论思辨能力,有着完好的艺术感觉和研究马克思主义理论的热情,更重要的是,他不是政治旋涡中心的人物,完全可以与政治的实体力量保持一定距离,从五四新文学的伟大实践出发,去探索建立中国的马克思主义文艺理论体系的实际途径。在事实上他已经从两个方面着手,针对一些与马克思主义原理在中国实践有关的问题提出了富有建设性的理论观点:关于民族形式问题与现实主义的发展问题,尤其是后者,在未完成的计划里包括了专论形象思维、文学的大众性、民族现实与人民力量,以及人道主义与现实主义的关系等问题,从作者对它们的概括介绍来看,都是一些相当有意思、有深度的理论问题。可惜的是,作者没有完成它们。而且,即使是这两本著作的创作动机,也都出于现实生活中的论战需要,功利的动机超过了理论的兴趣。我近日又一次读了三册《胡风评论集》和他的其他著作,仍然感到有些不满足。其中真正闪烁着艺术光彩的批评文章和体现思辨精神的理论著作并不多,而大量充斥书中的是为当时具体环境而写的一些文学现象的论争、有关文艺政策的讲座和检讨。这些文章里当然也反映出一些闪光的文学见解,但毕竟是零星的、片断的、缺乏理论的整体性。过于关心眼前的一时是非之论,计较于一日之短长而缺乏对长远的、系统的理论本体的研究兴趣,是中国现代文学理论的最大的弱点，胡风个人学术动向正反映了这一点。

其表现特点二，是党派的，甚至是宗派的批评原则高于审美的批评原则。左翼文学批评是在论战中发展着的，在外是党派之争，对内是宗派之争。在这种战斗化情绪的支配下，批评很难在审美层次上展开。胡风早期批评也受过机械唯物论的影响，如《粉碎、歪曲铁一般的事实》和《论主题积极性和对第三种人的批判》等，都有很浓的"拉普"味。这一点胡风是意识到的，在编第一本批评集《文艺笔谈》时，他没有把这类文章收入，表明了自己的态度。他多次说自己文学批评道路的起点是从1934年写的《林语堂论》和《张天翼论》开始的。在这两篇作家论里，他极力改变过去左翼批评那种盛气凌人的作风，从具体材料出发，比较客观地分析了批评对象，做到了有好说好，有坏说坏。但是，由于这种好与坏的标准本身是党派的、政治的而非审美的，因此表现在扶植和培养左翼影响下的文学新人方面，他总是做得很出色，但在批评消极现象的一面，却难免有狭隘的地方。40年代以后，政治斗争愈见剧烈，政治性党派性的判断进一步取代了艺术审美上的批评。这一时期虽然胡风的批评文章写得不多，但通过他或者他的朋友主编的刊物上发表的一些批评文章来看，也可以看到这种倾向。

由于前两特点，进而造成了其第三个表现特点：胡风文学理论所含有的开放性和现代性与其在批评实践运用时表现的狭隘性之间存在着一定的差距。胡风在现实主义创作原则中注入了主观战斗精神，描绘出人对客观世界的存在意义和战斗意义，他拒绝文学为某些抽象的观念而牺牲来自生活本身的血肉的感性材料，并夸张地强调了文学的现时性和具体性。这些理论观点都包含了相当丰富的内涵，它把现实主义原则解释成一种开放型的原则，吸收、融合了二十世纪世界思潮中的一部分现代意识。这与本世纪的另一个马克思主义文艺理论大师卢卡契的封闭型的理论体系恰成对照。但由于胡风没有在理论本体研究方面继续开掘下去，而把更多的兴趣转向对时下政策性的讨论，实际上放弃了这一体系的构建。当他站在左翼文化的立场上将这些理论原则转化为批评原则时，他不能不改变、缩小甚至限制了理论的普遍性，使批评目的变得急功近利。他所提出的"主观战斗精神"理论，本来是对一种创作规律的揭示，而非批评的标准，事实上似乎也很难确定一种测量作品的"主观突入对象"程度的标准。

　　这些批评上的局限，有些并不表现在胡风本人的批评中。一般来说，胡风对批评对象的选择极严，总是从原则上提出问题，抓住倾向，而且他本人有着较好的文学修养和较高的艺术鉴赏力，在运用这种理论从事批评时，有时个人的艺术辨别力超出了功利目的束缚，对作品的分析达到了相当准确的程度。他对曹禺《北京人》的批判就是最好的例子。如果按照主观战斗精神的解释并以之衡量《北京人》，这部作品不能不带有如他所说的"客观主义"的倾向，但胡风在具体的批评中违反了自己的批评见解，凭艺术直观不但肯定了这部作品的现实主义意义，而且为作品中动用表现主义手法设计的"北京人"象征辩护。但是，这种个别的例子不能掩盖一些客观存在的倾向：即在胡风的批评标准下，包含了诸如把现实主义定于一尊，强调主观热情，强调文学现实的功利目的，以至艺术趣味的狭隘等缺点。尤其是，在其他一些年轻人运用胡风的理论从事批评时，由于缺乏胡风所具备的艺术直观能力，仅在表面上继承了对这一理论的解释和使用，这时，上述的缺点就暴露得更为明显。40年代后期关于胡风"八面树敌"的埋怨，正是产生于这种间接的后果之中。

　　值得注意的倒是，既然胡风在文学批评中表现出来的种种局限根于左翼文化背景，既然他比较多地注意了文学中人的实践因素，较之那些只讲政治斗争原则而不惜牺牲人的个性、从观念出发而不是从实践出发的文学理论，仍不失为带有开放性和现代性的意义，那为什么到了40年代胡风反倒成了"八面树敌"而受人埋怨的目标呢？我想其原因正在两种现实主义理论之间的起点差别上。从政治原则出发的左翼批评家们只是把文艺批评当作一种实用的政治工作，他们并无主观的立场可言，当30年代政治斗争需要和文艺为苏区的红色政权摇旗呐喊时，他们毫不犹豫地发动了一个接一个的批判运动，把"革命文学"

搞得面目狰狞。到了40年代后期，中国革命即将发生重大转折，政治上需要建立广泛的民主统一战线，把一切中间力量的作家团结在即将成立的新生政权的周围，这些理论家也就采取了比较宽容的态度，为现实政治需要服务。而胡风始终是一个独立的批判家，他有着自己的批评原则和审美原则，也毋须考虑具体的政治变化，依然保留了30年代左翼文学批评的传统，这反而变得有些不合时宜。本来，作为一个文学批评家，他的文学活动只是个人的活动，并不承担组织统一战线的使命，他的批评也只是凭着个人的良知进行，毋须顾及各种人事关系。何况，任何批评家都不可能是全能的，只有在一定艺术范围里限定自己的批评权利，才能建立有特色有个性的批评风格。但胡风的两难处境就在这里：他既是一个独立的批评家又是左翼阵营中具体战斗的一员，无论他本人的愿望还是政治斗争的需要，都促使他以替革命政权，甚至政党的利益作代言者为己任，他总是以为自己的理论活动代表了革命阵营内部正确的一方，对整个时代的文学具有指导性意义。左联时期由苏联"拉普"那儿继承过来的"唯我独革"的思想方法又夸大了这种错觉，这才使他越出了自己该固定的范围，于人造成了一种威胁的力量，于己则导致了悲剧的结局。这种责任感就像荆棘编作的冠一样，压着他走上了殉道的路。胡风理论上的悲剧，正是由这种人生道路和政治态度的悲剧而来的。

原载《海南师院学报》1997年第2期

文艺与政治的撞击

吴中杰

1955年的"胡风反革命集团"案,是一个大冤案。以言论定罪,以思想定罪,而且,罪状是歪曲罗织的,在共和国的司法史上开了一个极其恶劣的先例。这一点,早就有人提出了质疑,而经过"文化大革命"的浩劫之后,大家都有了共识。中共中央在批转此案复查报告的《通知》中,也明确承认,这是"一件错案",并说:"中央决定,予以平反。"

胡风和"胡风反革命集团"在政治上获得了平反,但是,胡风因以肇祸的文艺思想,到底是正确的,还是错误的,它对中国现代文学的发展,是有利的,还是有害的,却还是一个疑问。

中共中央为胡风案平反,就进行了三次。

第一次是1980年9月发出的76号文件:《中共中央批转公安部、最高人民检察院、最高人民法院党组〈关于"胡风反革命集团"案件的复查报告〉的通知》(简称《通知》),这个《通知》在政治上为"胡风反革命集团"进行平反,但还留了两个尾巴:一是胡风的"历史问题",二是胡风的"文艺思想问题"。《通知》在肯定了胡风在"进步的文化界"所起的积极作用之后,却来了一个很长的"但书":"但胡风的文艺思想和主张有许多是错误的,是资产阶级、小资产阶级的个人主义和唯心主义世界观的表现。一九五四年七月,胡风在《关于几年来文艺实践情况的报告》(即'三十万言书')中,把党向作家提倡共产主义世界观、提倡到工农兵生活中去、提倡思想改造、提倡民族形式、提倡写革命斗争的重要题材等正确的指导思想说成是'插在作家和读者头上的五把刀子',这更是错误的。胡风等少数同志的结合带有小集团性质;进行过抵制党对文艺工作的领导,损害革命文艺界团结的宗派活动。从 40 年代起,革命文艺界多次对他们文艺思想和宗派活动的错误开展过批评。这种批评基本上是正确的、必要的、属于人民内部思想争论问题的性质。一九五五年以后,将胡风等同志的问题定为'反革命集团',这就混淆了两类不同性质的矛盾。"这就是说,对于胡风的"文艺思想问题"和"宗派活动"的批判是正确的、必要的,只是将他们定为"反革命集团"是错误的。

第二次是在 1985 年 11 月,公安部正式撤销了 1980 年平反文件中对胡风"历史问题"的结论,这时胡风逝世已经五个多月了。但有关"文艺思想问题"的结论却并未纠正。

这两次平反文件所传递出的信息是:胡风和他的朋友们被打成"反革命集团"是一件错案、冤案,政治上应予平反;但胡风的文艺思想是错误的,因而当年在理论上的批判,也仍然是正确的、必要的。这种观点曾经相当地流行。

直到 1988 年 6 月,中共中央办公厅下发 6 号文件,才撤销了关于文艺思想问题和宗派小集团问题的结论。这是第三次平反。关于文艺界的宗派主义问题,文件中说:"经复查认为,在我国革命文学阵营的发展历史上,的确存在过宗派的问题,因而妨碍了革命文艺界的团结。形成这种情况的原因很复杂,时间长,涉及的人员也较多,不同历史阶段的矛盾还有不同的状态和变化。从胡风同志参加革命文艺活动以后的全部历史看,总的说来,他在政治上是拥护党中央的。因此,本着历史问题宜粗不宜细和团结起来向前看的精神,可不在中央文件中对这类问题作出政治性的结论。这个问题应从《通知》中撤销。"关于文艺思想问题,文件中说:"经复查认为,对于胡风同志的文艺思想和主张,应按照宪法关于学术自由、批评自由的规定和党的'百花齐放、百家争鸣'的方针,由文艺界和广大读者通过科学的正常的文艺批评和讨论,求得正确解决,不必在中央文件中作出决断。这个问题也从《通知》中撤销。"

应该说,第三次平反文件中的说法是明智的。所谓宗派主义的问题,情况的确极其复杂,并非胡风一方的责任;而文艺思想问题,则应该根据学术自由、批评自由的原则来进行讨论。不过,需要补充说明的是,我们讨论问题的出发点,不是为了维护某种权威理论的领导地位,而是为了推动文艺事业的发展;检验理论是非的标准,应该是文艺实践的效果,而不是某种权威观点。

只有确定了这样一个前提,我们才能着手讨论胡风的文艺思想问题;而且,也只有将胡风的文艺思想放在文艺实践的历史背景中加以考察,才能明了它的理论价值。

一、问题的由来和发展

胡风的文艺思想,在 20 世纪 30 年代"左联"时期开始形成,30 年代后期到 40 年代末抗战和战后时期得到了发展。但几乎同时,也就受到了中共某些文化干部的批判。1936 年的两个口号之争,对方就冲着他那篇《人民大众向文学要求什么?》发难。但当时,胡风被称为"雪峰派",并不是为首分子,又有鲁迅这株大树挡在前面,他所受到的冲击还不是很大。到抗战时期,鲁迅已经逝世,冯雪峰暂时离开了文艺界,而胡风则因为编辑《七月》杂志(后来是《希望》杂志)和《七月文丛》《七月诗丛》等,成绩斐然,在他周围形成了一个很有特色的"七月派",成为文艺界的一支独立力量,这样,他就必需承担所有的压力。

对于胡风文艺思想的批判,是从 20 世纪 40 年代中期开始的。那时,胡乔木、何其芳、刘白羽等人从延安来到重庆,向共产党内和靠拢共产党的左翼文化人传达延安整风精神,宣扬毛泽东文艺思想。他们直觉地认定,胡风文艺思想与毛泽东文艺思想是相违背的,应该加以清算。但当时共产党的力量还处于弱势,从政治上的统战需要出发,他们还没有直接点名批判胡风,却是打了两场外围战。

其一,是对舒芜《论主观》的批判。

《论主观》是一篇哲学论文,发表在胡风主编的《希望》杂志上。因其具有强烈的现实针对性,所以引起文化界的高度重视。胡风在《编后记》里还特别加以提示道:"但《论主观》是再提出了一个问题,一个使中华民族求新生的斗争会受到影响的问题。这问题所涉甚广,当然也就非常吃力。作者是尽了他的能力的,希望读者也不要轻易放过,要无情地参加讨论。"而且还写了《置身在为民主的斗争里面》一文加以配合,这就更加引人注目。

胡风为什么说"再提出了一个问题"呢? 因为类似的哲学命题,周恩来身边的几位秀才已经提出过。陈家康、乔冠华、胡绳都写过一些反教条主义的文章,他们意在配合延安整风,但却受到了党内的批评。因为延安整风运动所反对的是王明路线,一切听命于共产国际的教条主义,而非一切的教条主义,所以当时的中央在一份党内电报中指责他们"自作聪明错误百出",并且指出:"在大后方思想斗争的中心任务不是党的自我批评,而是反对大资产阶级反动派。"这显然是从政治需要出发来提出要求。但胡风是个文化人,而非政治家,他只是从文化思想上来考虑问题,所以他明知陈家康、乔冠华、胡绳等人受到了批评,却仍要"再提出"这个问题。他后来在一份《关于乔冠华(乔木)》的材料中说:"我和他不同,我反对教条主义,是由于20年代鲁迅受到围剿起的那个革命文学内部斗争传统的根源,如阿Q的被诬蔑,《亥年残秋偶作》里的悲怆和至信,等等。我说的主观公式主义是教条主义,我说的客观主义也是和教条主义相联系的。"这就是说,胡风的反对主观公式主义和客观主义,是源于左联内部的文化思想路线的斗争,是为了捍卫鲁迅的现实主义传统,所以他要抓住反教条主义这个题目来做文章。舒芜在《论主观》里宣扬"主观精神",其实也就是要恢复"五四"的个性主义,而这一点,显然与共产党的少数服从多数、个人服从集体、下级服从上级、全党服从中央的组织原则和政治要求相抵触的。这必然要受到批判。胡乔木找舒芜谈过两次话,指出他的观点是错误的,但舒芜不肯接受,胡风陪同在座,却是一言不发。冯乃超又在"文工会"(文化工作委员会)召开了一次文艺座谈会,发动文艺界和理论界人士来批评《论主观》,但胡风认为他们只是骂了一通,而说不出道理来,情绪显然是对立的。

其二,是何其芳在《新华日报》副刊上发起的关于现实主义问题的讨论,意在借批评国统区文艺的"非政治倾向",来宣扬延安文艺座谈会《讲话》中提出的"文艺必须服从政治"的观点。但王戎不同意这种说法,他认为从大后方的文艺现状出发,应该反对的不是"非政治倾向",而是"标语口号公式主义"。他认为:"现实主义的艺术不必强调所谓政治倾向,因为它强调作者的主观精神紧紧地和客观事物溶解在一起,通过典型的事件和典型的人物,真实的感受,真实的表现,自然而然在作品里会得到真实正确的结论。"王戎的文章《从〈清明前后〉说起》一出,就引起党内批评家的批判,何其芳还写了一篇长文:《关于现实主义》,想对此次讨论加以总结。王戎当时是一个青年演员,无足轻重,何其芳之所以兴师动众来对付这样一个小人物,是因为王戎的观点反映了胡风的文艺理论,甚至在文章中运用了胡风的批评话语。他们批评王戎,实际上就是批评胡风。

可见从一开始,双方就处于对立地位,而且分歧也很明显:胡乔木、何其芳是要贯彻延安整风精神,宣扬延安文艺座谈会《讲话》思想,强调文艺必须服从政治,否认作家的独立精神,要求他们根据共产党的政治需要来写作;胡风等人则从文艺实践出发,要继承鲁迅的传统,发扬"五四"精神,强调作家的主观精神(个性主义),要求文艺必须面对现实,写出它的血和肉来。

但这时,"国民政府"已经还都南京,文化机构也都纷纷复员,接着,国共内战就开始了,对胡风的批判只好暂时中止。

不过,中共党内的文化人并没有忘记这件事。在人民解放军由战略防御转入战略进攻,军事的胜利有了把握之时,他们就忙于为未来的文化工作清理基地,着手批判那些文化异见者了。不过这次写批判文章的不是来自延安的使者,而是撤退到香港的红色秀才们,他们创办了一个不定期刊物:《大众文艺丛刊》,专事批判之责。乔冠华、胡绳、邵荃麟和林默涵在这家刊物上集中火力来批判胡风文艺思想。这回不再是打隔山炮了,邵荃麟、乔冠华在批判舒芜《论主观》的同时,直接将矛头指向了胡风,批判他向作家提出的"主观精神""战斗要求"和"人格力量"三个口号,否定他所说的文艺应该写"活的人,活人的心理状态,活人底精神斗争","要反映一代的心理动态"的理论,而把问题归结到《在延安文艺座谈会上的讲话》中所说的小资产阶级知识分子要与工农兵群众相结合,要进行思想改造,要写工农兵生活等方面。而胡绳则对在胡风指导下成长起来的作家路翎进行批判,他提出了这样的疑问:"为什么出现在作者笔下的矿工劳动者显著地分属于流浪者气质与农民气质的两种类型呢?为什么作者以深切的同情写着的人物(不论是劳动者还是知识分子)都带有流浪者的气质呢?为什么呢?"作者接着就自我解答道:"就因为被朦胧地'寻求'着的'原始强力'和'个性解放'似乎是最同流浪者气质相合了。"①这就可见批判者分明看出胡风的理论是"五四"时期个性主义的延续,而他们所要反对的,则正是这种思想。胡绳的另一篇文章《鲁迅思想发展的道路》,则是对胡风的鲁迅论提出了批判,实际上也是借此来否定"个性解放"思想。将鲁迅的思想发展道路归结为"从进化论到阶级论,从绅士阶级的逆子贰臣进到无产阶级和劳动群众的真正友人,以至于战士",是瞿秋白在《鲁迅杂感选集·序言》中提出的观点。他认为"鲁迅在'五四'前的思想,进化论和个性主义还是他的基本",而在当时的中国,城市工人阶级还没有成为巨大的自觉的政治力量,农民群众还只有自发的反抗斗争的时候,这种发展个性,思想自由,打破传统的呼声,在客观上还有相当的革命意义;这就是说,在工人阶级登上政治舞台,农民群众走向自觉斗争的时候,个性主义就起着相反的作用了。所以他特别强调鲁迅的思想转变,说他"从进化论最终的走到了阶级论,从进取的争求解放的个性主义进到了战斗的改造世界的集体主义"。但胡风不同意这种观点,他看到个性主义对于文艺创作的作用,认为应该加以继承,也不同意将鲁迅思想分为两截。他认为鲁迅的思想是一以

---

① 胡绳《评路翎的短篇小说》,《胡风文艺思想批判论文汇集·一集》,作家出版社1955年版,第108页。

贯之的,从"五四"开始,就是社会主义现实主义。有人反对他的"社会主义现实主义"说,认为这是糊涂观念,但我以为对胡风的这个用语,也不可过分当真。这是当时的流行用语,胡风也难免要受到其影响,但他又何尝不是以此为挡箭牌呢。胡风要坚持的,是鲁迅的个性主义,他认为鲁迅的思想虽有所发展,但这个性主义,则并没有放弃。而胡绳之所以在这个时候要写专文来重述瞿秋白的观点,就是要否定个性主义而肯定集体主义。这一点,林默涵说得更直接,他文章的题目就是《个性解放与集体主义》。

胡风和舒芜的文章本是为响应乔冠华和胡绳等人的论文而作,现在乔冠华和胡绳反过来批判胡风、舒芜和路翎,却并没有认真地自我检讨,这就很有借朋友的血来洗自己之手的意思。

冯雪峰将这场批判比作为当年创造社围剿鲁迅,而胡风也的确继承了鲁迅的风骨,他专门写了一本理论著作《论现实主义的路》,对论敌毫不客气地进行反击。这本书的副标题是"对于主观公式主义和客观主义的粗略的再批判,并以纪念鲁迅先生逝世十二周年"。这就是说,作者要坚持的是鲁迅所开创的现实主义文学道路,他所反对的是从概念出发的主观公式主义和缺乏生活激情、缺乏独立见解的客观主义。

为什么胡风要反对这两种倾向呢?因为他从文学实践中看到,这正是从1935年(抗日民族统一战线运动的发动)到1945年(抗日战争的结束)这十年间国统区文学界所存在的问题。而他的批判者却不是从这十年间的文艺实际情况出发,而是从"文艺必须服从政治"等理论原则出发来看待问题,这样就无法解决实际问题,也不能令人信服。所以本书一开始就提出了"实际和原则"的关系问题,而第一章的标题则是"从实际出发",这就指出了彼此讨论问题时,在出发点上就有分歧。胡风说:

> 为了文艺运动的进展,当然要从理论上提出商讨,但如果是由于这样的思想态度:"这里所谈的不是这一类的具体历史或现实问题,而是一个原则问题,作为一个一般性的原则问题",可不可以呢?我以为,不可以。我

们的基本要求是为了实践,我们的基本方法是从实际出发;我以为,理论或原则,应该是从"具体历史或现实"提升出来,应该从"具体历史或现实问题"里面取得具体的性格,因而才能回到"具体历史或现实"里去,才能够找出具体的途径,由这去推进"具体历史或现实"的。用"一般性的"这说法来"抬高"原则,用"这一类的"这说法来轻视、回避、甚至抹杀"具体历史或现实问题",这就把思想内容当作了"一般性"的论点,完全脱离了具体的历史情况或历史要求,因而只能是非实践的、反唯物主义的态度。思想的巨人们不止一次地指出:理论或原则,只能从历史要求或实践性质来衡量,合于历史要求或具有实践性质的就是真的,否则就是错的。使"一般性的原则"远离人间,高高在上,因而弄到不能解决"具体历史或现实问题",虽然说是宽大为怀地不忍"运用过高的尺度或提出过苛的要求",但实际上只是阉割了"一般性的原则",把它变成了没有生命的死的教条以后的、情虚的遁词而已。用这样的遁词,不仅是向"具体历史或现实问题"背过脸去放手不管,事实上却往往骑在"一般性的原则"上飞着铁蹄,把血肉要求中的"具体历史或现实问题"踢乱,以至踢死。①

胡风为什么在一本薄薄的小册子里,要花那么多的篇幅来谈方法论问题?经过20世纪70年代末期的真理标准讨论之后,我们对这个问题应该看得更加清楚,不能不惊叹胡风理论感觉的敏锐性。还在30年前,他就发现问题,并且提出衡量是非标准的正确意见了。当然,那个时候还没有"两个凡是"之说,但以政治权威的言论作为是非标准,用领袖的意见来统一思想的事,却已大张旗鼓地进行了。胡乔木、何其芳所做的就是这种事,乔冠华、胡绳之所以赶快转向,掉过头来攻打自己的声援者,就是因为意识到自己原来的意见偏离了领袖所定的航道。但领袖的意见是否符合实际情况呢?那就不去管它了。胡风正是有感于此,所以才提出了要从实际出发,而不要从原则出发的意见。作为讨

---

① 《胡风全集》(3),湖北人民出版社1999年版,第473—474页。

论问题的出发点,这个意见无疑是正确的。

人们或者要说:何其芳、乔冠华等人虽然是从毛泽东所规定的"原则"出发,但毛泽东的"原则",岂不是根据中国革命的需要而提出的,怎能说是脱离实际呢?这话当然不假。但是我们不难看出,他们所根据的"实际"还是不同的。毛泽东根据的是政治斗争的实际,他从政治需要出发,提出"文艺必须服从于政治"的原则,并由此派生出许多相应的要求;胡风也是将文学作为革命工作来看待的,但他认为,只有使革命文学本身发展壮大了,才能对革命产生助力。他说:"革命的现实主义得在这混乱里面争取发育,凭着逐渐获得坚强性的思想力量去抗击政治的逆流,在逆流里面培养生机,使广大的读者深入广大的历史内容,走向艰苦的人民道路,为新民主主义拓大群众的即物质的基础。"①因此,他不满意简单、空洞的政治宣传,而更看重文学本身的思想力量。于是,他从文艺创作的实际情况出发,要求作家纠正背离现实主义的错误偏向。他说:

> 为了这个任务能够胜利,就不得不正视现实主义自己阵营里面的两个坚强的偏向,和上面那些有害的倾向保持着某种姻缘的偏向。第一是主观公式主义,这是有着悠长的思想渊源的,在战争初期还曾繁荣过一时,现在已逐渐被看出了并没有思想教育的内容和力量,但却依然在挣扎着,飘浮在已经完全空虚了的一般性的爱国主义的概念里面,只是或者苦心地设计一个对于政治斗争现象的暗示,或者多情地编进一些对于历史韵事的感叹,想由这来抵抗政治的逆流,把读者拖回战争里面。脱离了现实的或历史的深刻的客观内容,因而也就不能走进战争发展下面的生活的真实和人民的道路了。

> 和这浮华的倾向相对,现出了繁荣现象的是看来好像实事求是的客观主义。这也是有着悠长的思想渊源的,在日常生活化了的生活地盘和认识现实、反映现实的思想要求下面,就迅速地招引了读者。这里不但有"现

---

① 《胡风全集》(3),第496页。

实",甚至还有对于黑暗面的讽刺和光明面的描写,不但有形象,甚至还有对于形象的阶级特点的刻画,然而,读者满足了以后就反而心安理得在保持和现实的历史要求游离的生活态度了。因为,作家的思想态度上没有和人民共运命的痛烈的主观精神要求,黑暗就不能够是被痛苦和憎恨所实感到的黑暗,光明就不能够是被血肉的追求所实感到的光明,形象就不能够被感同身受的爱爱仇仇所体现出来的形象了。因而在思想内容上,那现实只能是屈服在那局部性下面或飘浮在那表面性上面的"现实",反而把包含着矛盾和冲激的丰富的生活真实庸俗化了,把克服着痛苦和创造着欢乐的光明的人民道路虚伪化了。①

应该说,胡风的意见是切中时弊,有益于革命文艺的发展的。他所要求的,是鲁迅那样直面人生,有着深入的社会内容,同时又有着急切改革的主观力量的作品。他以为这才是现实主义文学。但是,他的这种见解,却不适应于政治宣传的要求,因为政治家需要文艺来宣传自己的主张,而不是如实地反映人生,后来之所以一再批判"写真实"的论点,即此之故。但胡风却不理会这些,只顾他那发展革命文艺的主张,于是,他的坚持就成为顽抗。这正应了鲁迅的一句名言:文艺与政治的歧途。

在中国,一向是政治统帅一切,与领导者的政治要求有分歧,而且还要坚持己见,不肯转向,其命运也就可想而知。新政权建立以后,胡风成为批判对象是必然的。

中华全国第一次文学艺术工作者代表大会是在1949年7月召开的,离中华人民共和国的成立还有两个多月。为什么中国共产党在筹建新政权的繁忙时节,要先行召开文代大会呢?这说明中共领导人对于文艺工作的重视。既然重视,当然也就有所要求。它看重的是文艺的宣传力量,需要它来为自己的政治路线服务。

---

① 《胡风全集》(3),第497页。

在这次文代会上,有两个主题报告:一是周扬所作的关于解放区文艺运动的报告《新的人民的文艺》,讲的是毛泽东1942年在延安文艺座谈会讲话以后,七年多来解放区文艺的发展过程及其在各方面的成就和经验;一是茅盾所作的十年来国统区革命文艺运动报告提纲《在反动派压迫下斗争和发展的革命文艺》,也是以毛泽东《在延安文艺座谈会上的讲话》为准绳,来讲述这十年间国统区文艺创作方面的各种倾向和文艺思想理论上的问题。这次大会的意图是很明确的,就是要将全国的文艺工作统一到毛泽东文艺思想的轨道上来。所以在茅盾的报告中,就突出"关于文艺大众化的问题","关于文艺的政治性与艺术性的问题","关于文艺中的'主观'问题,实际上就是关于作家的立场、观点与态度的问题",这些问题的提出,实际都是针对胡风理论的,特别是第三节,文中说:

> 于是关于文艺上的"主观"的问题,在近几年来就成为国统区文艺界思想中积蓄酝酿着的基本问题,不能不要求解决。

> 问题的实质是:文艺作家当然不能采取"纯客观"的态度对待生活,但文艺创作上之所以形成种种偏向究竟是因为我们的作家们态度太客观了呢,还是作家大多地站在小资产阶级的主观立场上面?如果事实上正是小资产阶级的观点思想与情调成为障碍我们作家去和人民大众的思想情绪打成一片的根本因素,那么问题的解决就不应该是向作家要求"更多"的主观,这不是主观的强或弱的问题,更不是什么主观热情的衰退或奋发的问题,什么人格力量的伟大或渺小的问题,而是作家的立场问题,是作家怎样彻底放弃小资产阶级的主观立场,而在思想与生活上真正与人民大众相结合的问题。

胡风谈的是创作过程中主客观关系问题,而茅盾却牵扯到作家的立场和观点问题,看来似乎是在两个层面上谈问题,有些接不上榫,给人以硬套帽子的感觉。其实细察起来,两种意见还是针锋相对的。胡风反对文艺创作中的主观公式主义和客观主义,实际上就是反对以社会学的观念和某种政策观点来写作,而要求作家面对现实生活,放出自己的眼光来写,这就是"五四"时期所提倡的个性主义。而茅盾则把这种个性主义思想说成是"小资产阶级的观点思想与情调",认为必须加以改造。后来文艺界乃至整个知识界的思想改造运动,就是要打掉知识分子的独立思考能力,而变成"驯服的工具",只是"小资产阶级思想"的定性,逐步升级到"资产阶级思想""修正主义思想""反革命思想"而已,而改造的对象,也由"国统区"知识分子,扩大到解放区知识分子,乃至"老革命"的高级干部。

这种大会主题报告,照例是根据上级意图来写的,而且要得到领导人的批准,不可能是报告者个人的意见,所以人们把这类报告看作风向标也是必然的。而事实上,这个报告的确不是茅盾个人的作品,而是由一个起草小组集体写成的。据说,这个小组原来也有胡风的名字,但胡风不肯参加。胡风的拒绝是有道理的。因为经过重庆的不点名的批判和香港的点名批判,他明知自己的意见已不可能采纳,当然也不愿意参与批判自己文件的写作。但茅盾的报告却仍旧令人震惊。因为胡风毕竟是左联时期的老同志,而且一直坚持革命文艺活动,如今在这个强调团结的大会上,却成为批判对象。虽然人们还无法预料下一步动作,但形势对胡风不利,则是谁都看得出来的。

接着而来的,是何其芳在《关于现实主义》一书的《序》中,把当初在重庆借着与王戎讨论问题而不点名地批判胡风的论点,都一一在注释里注出胡风的名字,矛头就直指胡风本人了。胡风也毫不退让,在《为了明天》一书的《校后附记》里,也用同一方法加以回敬。

这种回敬,本属平等交往,很符合"来而不往非礼也"的古训,在文艺批评中也是常见的现象。但此时,双方已不是处于对等的地位了。在改造者的眼里,这就是被改造者不肯接受改造的顽抗行为,不可饶恕。接着,就有中宣部胡乔木、周扬等人的约谈和内部召开的胡风文艺思想问题讨论会。胡风虽然被迫进行检查,但在主要的理论问题上还是坚持自己的意见。于是,《文艺报》就发表了转向之后的舒芜所写的《致路翎的公开信》,信中点出了自己和路翎的问题,用以说明胡风所给予他们的错误理论的影响。在这个当口上发表舒芜的文章,意在对胡风施加压力,但却更激起了胡风的反感,并没有收到他们预期的效果。

于是问题又升了一级,他们将内部批判发言公开发表了。这就是1953年1月30日出版的《文艺报》第2期上的林默涵的文章:《胡风的反马克思主义的文艺思想》,次日《人民日报》加以转载;而下一期的《文艺报》上又发表了何其芳的文章:《现实主义的路,还是反现实主义的路?》。这样,对胡风的批判就公开化了。

但理论问题是要靠理论本身来说服的,而不能靠政治声势来压服。马克思说:"理论只要说服人,就能掌握群众;而理论只要彻底,就能说服人。所谓彻底,就是抓住事物的根本。但人的根本就是人本身。"[①]林默涵、何其芳的批判,虽然来头很大,但是却脱离了文学实践本身,因此,并不彻底,也就不能说服人。胡风在1954年向中共中央提交的《关于解放以来的文艺实践情况的报告》(俗称"三十万言书"),就是对自己所受到的歧视的申诉,最主要的部分:《关于几个理论性问题的说明材料》,则是对林默涵、何其芳文章的反驳。

二、"五把刀子"说的是与非

双方论争的总题,是对现实主义文学的理解问题。这是何其芳在重庆时期,借批评王戎之机向胡风隔山开炮之时,就定出的题目:《关于现实主义》;胡风在回答香港左派作家的批评时,用的也是这个题目:《论现实主义的路》。可见双方关心的问题是共同的。但他们笔下的"现实主义",显然不是指文学史上的一种思潮和流派,而是指作家对现实生活的态度,即创作思想和艺术精神问题。

胡风的文艺理论是承继鲁迅而来,属启蒙主义范畴。"五四"新文化运动,本来是一个启蒙主义运动,但不久,有些文化人就转向了政治斗争的道路。鲁迅则坚守"五四"文化精神,直到后期谈到小说创作时,还宣称:"我仍抱着十多

---

① 《马克思恩格斯选集》第1卷,人民出版社1972年版,第9页。

年前的'启蒙主义',以为必须是'为人生',而且要改良这人生。"①正是从这种"为人生","而且要改良这人生"的启蒙主义出发,所以他要求作家"真诚地,深入地,大胆地看取人生并且写出他的血和肉来"②。胡风把"写真实"放在第一位,并且强调作家要有"主观战斗精神",正是鲁迅文学思想的延续。如果不能"写真实",就会堕入鲁迅所斥责的"瞒和骗"的文艺中去;如果没有"主观战斗精神",也就不能"真诚地,深入地,大胆地看取人生",更无法写出"他的血和肉来"。鲁迅自己就鼓吹作家要有天马行空似的大精神,认为没有这种精神,就不可能有大艺术,可见他对于主观精神的看重。这是个性主义在创作论中的体现,也是"五四"文化精神的发扬。

胡风曾多次表明他的文艺理论与鲁迅的关系,比如,在为《时事新报》1944年元旦增刊征文所作的《现实主义在今天》一文中,就明确地说出了他的主客观相结合的现实主义论,是从鲁迅文艺思想和创作经验出发总结出来的:

> 新文艺的发生本是由于现实人生的解放愿望,所谓"言之有物"的主张就是这种基本精神的反映。但说得更确切的是,"我的取材,多采自病态社会的不幸的人们中,意思是在揭出病苦,引起疗救的注意。"(鲁迅:《我怎样做起小说来》)这里才表出了真实的历史的内容,而不止是模模糊糊的"物"了。于是,才能说"为人生",要"改良这人生"。
>
> 然而,"为人生",一方面须得有"为"人生的真诚的心愿,另一方面须得有对于被"为"的人生的深入的认识。所"采"者,所"揭发"者,须得是人生的真实,那"采"者"揭发"者本人就要有痛痒相关地感受得到"病态社会"的"病态"和"不幸的人们"的"不幸"的胸怀。这种主观精神和客观真理的结合或融合,就产生了新文艺的战斗的生命,我们把那叫做现实主义。③

而林默涵、何其芳则是延安文艺座谈会《讲话》精神的执行者和宣传者。根

---

① 鲁迅《我怎么做起小说来》,《南腔北调集》,人民文学出版社 2005 年版。
② 鲁迅《坟·论睁了眼看》,《鲁迅全集》,人民文学出版社 2005 年版。
③ 《胡风全集》(3),第 38 页。

据《讲话》精神，他们看重的是文艺的阶级性，强调的是文艺必须为政治服务。从这个大前提出发，他们当然不能容许胡风所鼓吹的"主观战斗精神"，因为这种精神的存在和发扬，作家就有自己的独立思想，而不能统一到党在一定时期的政治要求上来，也就不能很好地为政治服务了。而且他们也必然要反对"写真实"论，因为文艺要为政治服务，就必须根据政治的需要来写作，并不是所有的社会真相都可以揭露的。有些真相揭露出来，要揭露到自己头上，会造成政治上的被动局面。如果作家们真个把"病态社会"的"病态"和"不幸的人们"的"不幸"，都如实地写将出来，那岂不搞乱了政治家们的局面，这是绝不许可的。于是，他们从苏联搬来一种方法，把现实主义分为批判现实主义和社会主义现实主义两种，认为揭露黑暗，写真实的作品是旧现实主义即批判现实主义，也即是资产阶级现实主义，而无产阶级所需要的，则是社会主义现实主义。他们还引用了苏联作家协会章程中关于社会主义现实主义的规定，来论证"写真实"论和"主观战斗精神"论的错误。这个规定说：

> 社会主义的现实主义，作为苏联文学与苏联文学批评底基本方法，要求艺术家从现实底革命发展中真实地、历史地和具体地去描写现实。同时艺术描写底真实性和历史具体性必须与用社会主义精神从思想上改造和教育劳动人民的任务结合起来。

既然艺术描写的真实性和历史具体性必须与用社会主义精神从思想上改造和教育劳动人民结合起来，那当然不是任何生活真实都可以描写的了，而是根据政治需要来加以选择、遮蔽和改造，于是离真实性也就愈来愈远；更不能让作家自由发挥"主观战斗精神"，这里需要的是符合政治需要的"社会主义精神"。

对于20世纪30年代的左翼作家来说，苏联是学习的榜样，是理论的准绳，到了50年代初期，向苏联一边倒又成为基本国策，而"社会主义现实主义"则是斯大林所定下的创作方法和创作原则，赞成或反对，是一个政治态度问题，胡风当然不可能去反对。何况，当初社会主义现实主义口号的提出，也有纠正"拉普"派极左文艺路线的作用，对于深受"拉普"文艺思想之害，思图有所变革的中国左翼作家,自然也是欢迎的,虽然这个口号本身还是从政治出发,仍旧是脱离文学实践要求的。当然,也有赶时髦、抢旗帜而介绍这个口号的。但胡风却对于"社会主义现实主义"创作方法作出了自己的解释。

首先,他用"写真实"论来解释"从现实的革命发展中真实地、历史地和具体地去描写现实"的规定,他认为"作为基本方法……它所要求的是'写真实',这是继承了现实主义发展的宝贵传统的";又用"人学"的观念来阐发用以"从思想上教育和改造劳动人民"的"社会主义精神",并将它作为"对于'写真实'这个要求的补充的说明",他说:"社会主义的基本精神……是对人的关怀,人类解放的精神,人道主义的精神。一方面,历史是人民所创造的,另一方面,文艺是写人的,如高尔基所说的是'人学'。脱离了这个精神,就不能在真实性上写出人来。这,是继承了现实主义传统中宝贵的成果的,过去的伟大的现实主义都是伟大的人道主义者。"①

接着,他又借毛泽东关于中国的社会主义现实主义文学是从"五四"时期开始的说法,认为鲁迅的"第一篇小说《狂人日记》,就开辟了社会主义现实主义的道路。那高度的历史真实性,那反抗人吃人(人压迫人、人剥削人)制度的火一样的热情,正是属于宝贵的社会主义精神,为当时的作家们所缺乏的"。因而提出:"为了现实主义的胜利,要珍视并继承鲁迅传统。"②

这样,就打破了林默涵、何其芳将社会主义现实主义与过去的现实主义割裂开来的做法,而将社会主义现实主义纳入整个现实主义文学传统。这也是接过别人的口号,用以贯彻自己主张的做法。

当然,问题没有这么简单。现实主义只不过是一个总的题目,由此而引伸出了许多具体问题,牵涉到文艺创作的各个方面。

胡风将林默涵、何其芳的批判归纳成五个问题,并系统地进行反驳。不过,

---

① 《胡风全集》(6),第169页。
② 同上,第173页。

这场论争并不是像一年后开始的美学讨论那样,只在纯理论领域内进行"美"的主客观属性问题的争辩,而是彼此都从文艺实践情况出发,来证明自己理论的正确性和对方的谬误性。所以,这实际上是一场影响到文艺发展前途的文艺路线和文艺方向的论争。

胡风所归纳的五个问题如下。

(一) 世界观与创作方法的关系问题

胡风并不是不重视世界观在创作过程中的作用,但他从创作实际出发,认为作家应该忠于艺术,只有在严肃认真的创作过程中,才能逐步加深对生活的认识,以弥补世界观和生活经验的不足。还在1937年,他就在《略论文学无门》一文中阐述了这个观点。他反对那些"作者坐在房子里面凭着无力的想象所铺张出来的应时制品",质问那些作家道:"对于那种生活的经验都不够,为什么能够落笔呢?"他赞扬严肃认真进行创作的日本作家志贺直哉,也赞扬长期在生活的狂潮里搏击的苏联作家奥斯特洛夫斯基,并以志贺为例,向作家提出了严肃认真地从事艺术创造的要求:

> 如果一个作家忠实于艺术,呕心镂骨地努力寻求最无伪的、最有生命的、最能够说出他所要把捉的生活内容的表现形式,那么,即使他像志贺似地没有经过大的生活波涛,他的作品也能够达到高度的艺术的真实。因为,作者苦心孤诣地追求着和自己的身心的感应融然无间的表现的时候,同时也就是追求人生。这追求的结果是作者和人生的拥合,同时也就是人生和艺术的拥合了。这是作家的本质的态度问题,绝对不是锤字炼句的功夫所能够达到的。如果用抽象的话说,那就是,真实的现实主义的创作方法,能够补足作家的生活经验上的不足和世界观上的缺陷。①

这里,关于世界观与创作方法关系问题的理解,显然是受到恩格斯的影响。1932年,瞿秋白根据苏联共产主义学院主编的《文学遗产》第一、二期上所公布

---

① 《胡风全集》(2),第427页。

的材料,编译了《"现实"——马克斯主义文艺论文集》一书,其中收有译文:《恩格斯论巴尔扎克》和《恩格斯论易卜生的信》,还有译者自己的论文:《马克斯、恩格斯和文学上的现实主义》和《恩格斯和文学上的机械论》,都是讨论现实主义问题的。这本书当时虽然没有出版,但瞿秋白牺牲后,鲁迅为亡友编辑纪念集《海上述林》时,还是将它收入,只是将副标题改为"科学的文艺论文集",而其中《马克斯、恩格斯和文学上的现实主义》一文,则在瞿秋白生前就在1933年4月1日出版的《现代》杂志第二卷第六期上发表过。这两种书刊,胡风当然都能够看到。《海上述林》是1936年出版的,胡风在1937年写出了《略论文学无门》,这就不是偶然的了。

瞿秋白《"现实"》一书中《恩格斯论巴尔扎克》这篇译文,就是恩格斯在1888年致玛·哈克奈斯的信。其中有一大段是从政治倾向性谈到现实主义问题,并以巴尔扎克为例,说明现实主义的方法可以克服作家的阶级同情和政治偏见。信中说:

> 我决不是责备您没有写出一部直截了当的社会主义的小说,一部象我们德国人所说的"倾向小说",来鼓吹作者的社会观点和政治观点。我的意思决不是这样。作者的见解愈隐蔽,对艺术作品来说就愈好。我所指的现实主义甚至可以违背作者的见解而表露出来。让我举一个例子。巴尔扎克,我认为他是比过去、现在和未来的一切左拉都要伟大得多的现实主义大师,他在《人间喜剧》里给我们提供了一部法国"社会"特别是巴黎"上流社会"的卓越的现实主义历史,他用编年史的方式几乎逐年地把上升的资产阶级在1816年至1848年这一时期对贵族社会日甚一日的冲击描写出来,这一贵族社会在1815年以后又重整旗鼓,尽力重新恢复旧日法国生活方式的标准。他描写了这个在他看来是模范社会的最后残余怎样在庸俗的、满身铜臭的暴发户的逼攻下逐渐灭亡,或者被这一暴发户所腐化;他描写了贵妇人(她们对丈夫的不忠只不过是维护自己的一种方式,这和她们在婚姻上听人摆布的方式是完全相适应的)怎样让位给专为金钱或衣着而

不忠于丈夫的资产阶级妇女。在这幅中心图画的四周,他汇集了法国社会的全部历史,我从这里,甚至在经济细节方面(如革命以后动产和不动产的重新分配)所学到的东西,也要比从当时所有职业的历史学家、经济学家和统计学家那里学到的全部东西还要多。不错,巴尔扎克在政治上是一个正统派;他的伟大的作品是对上流社会必然崩溃的一曲无尽的挽歌;他的全部同情都在注定要灭亡的那个阶级方面。但是,尽管如此,当他让他所深切同情的那些贵族男女行动的时候,他的嘲笑是空前尖刻的,他的讽刺是空前辛辣的。而他经常毫不掩饰地加以赞赏的人物,却正是他政治上的死对头,圣玛丽修道院的共和党英雄们,这些人在那时(1830—1836 年)的确是代表人民群众的。这样,巴尔扎克就不得不违背自己的阶级同情和政治偏见;他看到了他心爱的贵族们灭亡的必然性,从而把他们描写成不配有更好命运的人;他在当时唯一能找到未来的真正的人的地方看到了这样的人,——这一切我认为是现实主义的最伟大胜利之一,是老巴尔扎克最重大的特点之一。①

在这里,恩格斯是从创作实际出发来论述问题,对于世界观与创作方法的矛盾,说得很透彻,也很明确。胡风只不过将这意思作了简略的、概括的说明而已。

但正如列宁所说,如果违背了人们的需要,连几何学的公式也会被改变。在强调文艺要为政治服务的情况下,认为政治观点愈隐蔽愈好的意见当然不能被接受,而世界观和创作方法相矛盾的观点,也就必然要遭到批判。恩格斯是革命领袖,不便于开刀,而复述此意的胡风,就撞在了枪口上。

林默涵批判世界观与创作方法矛盾说的理由是:社会主义现实主义者"首先要具有工人阶级的立场和共产主义的世界观";"对于社会主义现实主义者,创作方法和世界观是不可能分裂而只能是一元的"。何其芳则以

---

① 《马克思恩格斯选集》第 4 卷(下),第 462—463 页。

为谁要向过去的现实主义作家学习,"就是企图抵抗无产阶级现实主义"。但他们这种简单化的理由不能说服胡风。胡风认为,在作家头脑里,有观念世界,还有感受世界,两者是并不相同的。他举出巴尔扎克和托尔斯泰为例,反驳道:

> 他们不理解,像巴尔扎克的保皇主义,托尔斯泰的基督教无政府主义,只是在他们的观念世界里占着主导的地位。但在他们的感受世界中,由于他们为人民寻找道路的人道主义的精神,正视现实的精神,在托尔斯泰,如列宁所分析的,俄国千百万农民在资产阶级革命到来时期的渴望(思想和情绪)却占了主导的地位;在巴尔扎克,法国革命时期的人民群众的情绪或历史经验却占着了主导地位。这样的"从下面"看的精神,正是推动了他们正视现实、深入现实、保证了他们的现实主义。现实主义的实践又推动了他们的感受世界的扩大和深入,变成了他们寻求美学立场的力量。从艺术实践上看,在巴尔扎克的场合,他的感受世界推动了他的观念世界,在托尔斯泰的场合,他的感受世界压伏着他的观念世界。如列宁所说的,对于他们的观点(世界观)里的矛盾,不应该从现代无产阶级运动和社会主义运动的观点出发去估量(当然,这种估量是必要的,但却是不够的),而是要从当时的历史经验去估量的(《列宁论作家》112—113页)。但林默涵、何其芳同志,不但说不上只是凭着他们所理解的现代无产阶级运动的观点去"估量",而且完全是"胡乱审判古人"的判决了。

应该说,胡风的分析是比较符合实际的。因为人的世界观反映着他对世界事物的看法,世界在变化着,世界观也必然在不断发展变化,不可能是单一的、纯粹的,因此作家经过对现实的感受,超越了或改变了原来观念世界里的观点,也是常事,哪里有一成不变的观念呢?而且,正如胡风所说:"作家要从事创作实践,非得首先具有完美无缺的共产主义世界观不可,否则,不可能望见和这个'世界观''一元化'的社会主义现实主义的创作方法的影子,这个世界观就被送到了遥遥的彼岸,再也无法可以达到,单单这一条就足够把一切作家都吓哑了。"①

但胡风的意见不符合当时的政治要求,他的论点也就必然要遭到批判。虽然批判者都无法作出合理的解释。

(二) 关于作家的生活实践问题

延安文艺座谈会《讲话》提出了文艺的工农兵方向,于是,文艺如何表现工农兵、如何为工农兵服务,就成为文艺界的头等大事。延安作家们在文艺座谈会之后,纷纷下乡、下部队(当时陕甘宁边区的工厂很少,几乎无厂可下),以取得新的生活实践经验,重新开始自己的文艺工作;领导部门还注重培养工农兵作家,以改变文艺队伍的成分。但国统区的情况有所不同,在那里,部队当然是进不去的,就是下乡下厂也受到很多限制,更谈不到培养工农兵作家的问题。所以,胡风在"文化工作委员会"召开的讨论《在延安文艺座谈会上的讲话》的座谈会上,就国统区的环境作了一些分析,说明当时当地的任务要从与民主斗争相配合的文化斗争的角度去看,不能从文化建设的角度去看:"我们应该从'环境与任务的区别'去体会并运用《讲话》的精神",并认为在那样的环境下,主要任务还不是培养工农作家。这意见本是实事求是的,但不符合某种政治需要,当场就受到"紧跟"《讲话》精神的积极分子的反对,左派美学家蔡仪还举出文化工作委员会有一个勤务兵已被提为少尉副官为例,来反驳胡风的意见。胡风觉得这样讨论起来很困难,也就无话可说。②但中国之事,却常常不是以理来喻,而是以势来定,胡风此言给人们留下的印象是:对抗《讲话》精神。

而且,问题不仅是"环境与任务的区别",更在于对社会生活本身的理解。一个时代的社会生活是由该时代各阶级各阶层共同组成的,而各阶级要求表现自己的生活层面,也是由文学的阶级性所使然。当工人阶级兴起之时,恩格斯就提出:"工人阶级对他们四周的压迫环境所进行的叛逆的反抗,他们为恢复自

---

① 《胡风全集》(6),第302页。
② 同上,第311页。

己做人的地位所作的剧烈的努力——半自觉的或自觉的,都属于历史,因而也应在现实主义领域内占有自己的地位。"①那么,当中国的工人阶级政党在一定的范围内取得了权力,并准备要夺取全国政权时,提出文艺的工农兵方向,也是必然之事。但如果把问题延伸为作家只能体验工农兵生活、文艺只能表现工农兵形象,那就会割裂整个社会生活,使"高大"的工农兵形象成为纸人。而且,就以当时共产党所领导的革命斗争来说,除了解放区的工农革命运动之外,还有国统区的以学生和教师为主体的民主运动,这是相互配合的。所以胡风在为北平各大学《诗联丛刊》诗人节创刊而写的《给为人民而歌的歌手们》中说:

> 在受难的人民里面受难,并不是要和被杀者一同被杀了以后才有诗,和被强奸者一同被强奸了以后才有诗,而是要有和被杀者被强奸者共生、共苦、共死的心。在前进的人民里面前进,并不一定是走在前进的人民中间了以后才有诗,前进的人民和任何具体的环境也不能够是绝缘体,而是要有深沉地把握这个前进,真诚地信仰这个前进,坚决地争取这个前进的心。
>
> 因为,历史是统一的,任谁的生活环境都是历史的一面,这一面连着另一面,那就任谁都在可能走进历史的深处。因为,历史是统一而又矛盾的,另一面向这一面伸入,这一面向另一面发展,那就任谁都有可能走在历史的前面。哪里有人民,哪里就有历史。哪里有生活,哪里就有斗争,有生活有斗争的地方,就应该也能够有诗。

在这里,胡风强调生活的多面性,历史的统一性,反对把某种生活环境当做"绝缘体"的看法,是辩证的,深刻的。但却同样不符合政治需要,所以他这段话就被当作"直截了当地否认了革命作家必须到人民群众中间去,必须参加人民群众的斗争"的证据,而加以批判。

对于这种强词夺理的批判,胡风当然不能接受。他特别指出这篇文章的写作背景:"这是在解放战争走向决定关头的1948年,为北平各大学新诗团体联

---

① 《马克思恩格斯选集》第4卷(下),第462页。

合出版的丛刊而写的。当时青年学生的反蒋反美斗争是在迎接解放战争的最前线。"若按照林默涵等人的理论,如果"安于"这种斗争,就会妨碍他们到解放区去接受思想改造了,那么如何看待当时的民主运动呢?而"事实正是如此。当时,林默涵同志等在香港('海外')的言论使国统区的学生运动发生了动摇:既然未经改造的知识分子所做的斗争毫无用处,那我们还干这做什么呢?就我知道的,上海有过动摇,南京有过动摇,北平动摇得更显著些。当时燕京大学校刊上还发表过质问的文字"。

胡风想用事实来论证林默涵等人理论的危害性,但不知这种理论是有政策支持的,它体现在现实生活的各个方面。我们只要看看,当初虽然曾将国统区的民主运动称作"第二战场",但实际上,领导这个斗争的地下党员一直被低看一等,在建国后的历次政治运动中受到审查和打击,更何况参加运动的一般群众。甚至在文艺作品中,地下工作也要让位于武装斗争。如写地下斗争为主的沪剧《芦荡火种》,在改编成京剧《沙家浜》时,就奉命改成以武装斗争为主了;据说,江青曾想改编《红岩》,也是要将这部着重描写地下斗争的作品,改为以写华蓥山武装斗争为主,只是来不及实现而已。

看到这一点,胡风关于生活实践的全面观点之受批判,也就是必然的了。

(三)关于作家的思想改造问题

从晚清到"五四",中国的知识分子都是以启蒙者的姿态出现的。所谓启蒙,即启群众之蒙昧也;而启蒙者,也就是向群众施行教育之人,即改造者。鲁迅提出"改造国民性"问题,正是这种启蒙主义的表现——而胡风所谓"精神奴役的创伤",则是鲁迅"国民劣根性"理论的衍绎。

但是,到了20世纪20年代后期的"革命文学运动"中,问题有了新的提法。那些"革命文学家"们将"五四"时期的作家们都列为资产阶级、小资产阶级作家,要用"普罗列塔利亚"意识加以批判。30年代中期的抗日救亡运动中,一些共产党员学者曾经发起过一种新启蒙运动,在文化界产生过一定的影响,但却受到党内高层的制止,流产于无形,使大家感到莫明其妙,原因盖在于知识分子没有将自己的位置摆正。而1942年的《在延安文艺座谈会上的讲话》，则明确地提出一个立场、观点问题，不过这里指的并非人文主义立场和新的文化观点，而是指阶级的立场和观点，即要求文艺工作者将立足点从小资产阶级转移到无产阶级方面来，在思想感情上与工农兵大众打成一片，这就有一个向工农兵学习的问题，而不是向工农兵进行启蒙。于是，知识分子就从改造者变成被改造者。

从延安到重庆来宣传整风精神和《讲话》思想的特使胡乔木与何其芳，曾一再强调地指出：将无产阶级革命性和小资产阶级革命性加以区别，这是毛泽东对于马列主义理论的贡献。这就点出了问题的关键。

胡风没有接受上述思想，却始终坚持"五四"的启蒙精神。他强调知识分子的进步性，发出为知识分子辩护的言论。

在回答重庆和香港的批判者所写的《论现实主义的路》一书里，胡风从中国社会的实际情况出发，分析了中国知识分子的生存状态，认为他们虽然绝大多数是小资产阶级出身，但却具有进步性：

> 然而，第一，由于中国社会近几十年的激巨的变化，知识分子有不少是从贫困的处境里面苦斗出来的，他们在生活上和劳苦人民原就有过或有着某种联系。第二，在这个激巨的变化里面产生了民主的文化革命和社会革命，知识分子有不少是在反叛旧的社会出身，被反帝反封建的文化斗争和社会斗争所教育出来的，他们和先进的人民原就有过或有着各种状态的结合。第三，他们大多数脱离了原来的社会地盘，激巨的变化的中国社会又没有产生能够雇用广大知识分子的有力雇主（强大的国家机构和发达了的资产阶级），那大多数就变成了所谓下层知识分子，从小资产阶级变成了劳力出卖者，不得不非常廉价地（有的比技术工人还不如）出卖劳力，委屈地（所学非所用）出卖劳力，屈辱地出卖劳力，在没有所谓职业保障的不安情形下出卖劳力，这就击碎了他们的愿望或幻想，使他们里面的真诚想有所追求，有所贡献的人们也感到了失望和痛苦，因而把心情转向祖国的和他

们自己的前途,有可能正视以至走向广大人民的生活或实际斗争,有的甚至是抱着狂热的渴望或带着真实的经验,也就是和人民结合的内容的。那么,就这样的具体内容看,说知识分子也是人民,是并不为错的。这样才能理解知识分子革命性的物质的根源。①

虽然,胡风也承认知识分子的思想需要改造,但所要改造的,不是什么非工农兵的思想感情,而是"残留的所谓'优越感'"和"虚浮的精神状态"。这种"虚浮的精神状态",是由于他们"虽然困苦但却大都可以勉强得到的生存空隙,不容易做到决然地完全抛弃幻想"而产生的。胡风还强调,思想改造可以通过不同的途径进行。国统区的革命斗争也应该是一种群众斗争,知识分子通过这种斗争,也能够获得改造。而且,他也反对那种以为只有改造好了才能从事创作的说法,而认为作家要通过创作实践的过程,来不断地提高自己的认识。他所谓"对于对象的体现过程或克服过程,在作为主体的作家这一面,同时也就是不断的自我扩张过程,不断的自我斗争过程",既是创作过程,也就是认识深入即思想改造的过程。

这样看来,分歧还是明显的:一方是从启蒙主义出发,从创作实际出发;另一方是从阶级利益出发,是从政治要求出发。然而,要以工农兵的思想来改造知识分子的思想,既不符合文化思想的发展规律,也不符合马克思主义观点。马克思主义经典作家早就说过,工人阶级不能自发地产生社会主义思想,它只能从外面灌输进来。由谁来灌输呢? 当然是具有先进思想的知识分子。从历史上看,也的确是如此。那种要进步的文化群体向落后的文化群体学习,无疑是民粹主义观点作祟。

而且,经过此后长期的历史实践,事实上也证明这种思想改造是无效的,甚至是有害的。因为在历次思想改造运动中,改造对象们除了交代政治历史问题之外,所要改造的,就是所谓"民主个人主义"思想,其实就是民主思想、自由意

---

① 《胡风全集》(3),第525—526页。

志和独立精神。这种思想，开始时被定性为小资产阶级思想，还有革命性可言，只是要区别出小资产阶级革命性和无产阶级革命性的不同而已。但思想改造的长期性，却变成无休止性，而且改造来改造去，却由小资产阶级思想改造成了封建思想、资产阶级思想和修正主义思想，就是那些自以为改造好了，而要去改造别人的周扬、林默涵、何其芳等人，也一个个都变成了封、资、修的代表人物而被打倒。这就说明，所谓思想改造，只是要将知识分子改造得紧跟领导意志，符合领导要求，一个个变成驯服的工具。某人是否算改造好了，也是领导上说了算，并没有客观标准可言。所以今天改造好了的标兵，明天忽然又变成资产阶级的代表人物而被打倒。胡风在"三十万言书"中曾指责林默涵等人以亲疏关系来决定作家思想改造的成绩，并以此加以区别对待，从而造成了文艺界的新宗派；他还没有看到的是，这些自以为掌握别人命运的人，他们自己的命运也在别人的掌握之中。可见这种思想改造运动，的确具有某种荒诞性。正如胡风所说，要等思想改造好了再创作，也就等于不能创作。

（四）关于民族形式问题

民族形式问题的讨论，发生在1939至1940年。起因是由于毛泽东在1938年10月在中共六届六中全会上所作的报告《中国共产党在民族战争中的地位》，其中谈到学习问题时，提出了"从孔夫子到孙中山，我们应当给以总结，承继这一份珍贵的遗产"的任务，并且说："共产党员是国际主义的马克思主义者，但是马克思主义必须和我国的具体特点相结合并通过一定的民族形式才能实现。"接着又具有针对性地提出批评道："洋八股必须废止，空洞抽象的调头必须少唱，教条主义必须休息，而代之以新鲜活泼的、为中国老百姓所喜闻乐见的中国作风和中国气派。把国际主义的内容和民族形式分离起来，是一点也不懂得国际主义的人们的做法，我们则要把两者结合起来。在这个问题上，我们队伍中存在着的一些严重的错误，是应该认真地克服的。"于是，延安、重庆两地的左翼文化人就写了很多讨论文章，来响应这个号召。

毛泽东的报告是要解决党内的政治路线问题，他的论旨是要将马克思主义的普遍真理与中国的具体特点相结合,批判对象则是脱离中国实际、机械执行共产国际指示的王明路线。"洋八股"和"教条主义"云云,即指此而言。而左翼文化人则将此题意扩大到整个文化界,特别是文艺领域,他们要求用民族形式来表现革命的内容,并对"五四"文学从国外移植来的新形式加以否定。表现得特别突出的是向林冰,他将民间形式作为民族形式的"中心源泉",却将"五四"新文学说成是"大学教授、银行经理、舞女、政客以及其他小布尔"的东西。胡风认为,否定了"五四"新文学,就等于取消了整个文学战线,是一种极端危害性的倾向。为此,他写了一本小册子:《论民族形式问题》,来捍卫"五四"新文学传统。这本著作,除了着重批评向林冰之外,还涉及许多片面强调民族形式的文化名人和党内理论家,简直是横扫千军。所以1952年林默涵、何其芳写批判胡风的文章时,还把这件事列为胡风的五大错误之一,指责他"否定民族传统,否定民间文艺,毫无批判地崇拜外来形式"。

其实,胡风对于民族传统,对于民间文艺是有分析的,他的取舍标准就是有无民主思想。林默涵、何其芳都以他对《水浒传》的评价为例,来证明他的民族虚无主义——后来周扬在批判胡风的发言中,也举了这个例子。因为胡风在《论民族形式问题》里说,在《水浒传》等书里听不到"发自贰心的叛逆之音","甚至略略带有民主主义观点底要素底反映也很难被我们发现"。《水浒传》被列为我国古典小说四大名著之一,当时正被当作宣扬农民起义的作品而重新出版,并大加推广,所以林默涵、何其芳、周扬等人抓住这个例子来进行批判,是颇能迷惑人的。

胡风对《水浒传》的确持否定态度。20世纪40年代初他写《论民族形式问题》时,还只是点到而已,到50年代初,人民文学出版社重新校点并出版了《水浒传》,中宣部还组织了调查组到苏北兴化去调查作者施耐庵的生平事迹,他对负责这项工作的老友聂绀弩就说得更直白、更详细。他晚年曾回忆此次谈话背景及内容道:

> 当时,他们出版了《红楼梦》和《水浒》。都认定《水浒》是更伟大的作

品,只有它歌颂了农民起义,施耐庵是伟大的现实主义作家。他(按:指聂绀弩)要到苏北施的故乡去调查作者历史事迹,还有发掘施墓的计划。闲谈中,我说了我的看法(当时口谈的当然不都像现在写的用语明确)。

《红楼梦》——是反封建主义的伟大作品,它对维护封建制度的孔孟之道作了全面的否定。与孔孟之道相反,它肯定了女人(人类的一半)也是人,能具有和男人同样的知识和才干。其中也有统治者与被统治者之分,而它认定只有被统治的勤劳分子才有高尚的品质。仅仅这一点,就是历史上的伟大发现。它直接写到农民是仅有的,但却放出了这种品质的一线阳光。它暴露了封建制度对农民的剥削重量。这些是在《水浒》里找不到影子的。

《水浒》——是一部竭力歌颂封建主义、维护封建制度的小说,不是歌颂而是反对农民起义战争。全书只有李逵、解氏兄弟、阮氏三兄弟极少几个人是农民和农村劳动者。其余的,绝大多数是封建统治制度的基层骨干分子,如英雄人物林冲、鲁达、武松、杨志、杨雄等。领导成员,还是地主以至封建贵族,如卢俊义等和宋江本人。它的总主题是为君权主义效死。它是对封建统治下的历史现实的最大的歪曲。而且,它还宣扬了两项最黑暗的罪恶思想:

(1)和《红楼梦》正相反,它对女性抱着极端贱视态度,认为妇女都是淫乱狠毒成性的。只要性欲得到了满足,任何狠毒的事都干得出来,精神上受到任何污辱都当作幸福。它特用英雄人物武松、石秀以至理想人物宋江(阎婆惜事件)来大力宣扬了这种反动思想。

(2)它把文明史上最恶的恶行之一的吃人罪行写成了不足为怪的寻常现象。它让它也是要肯定的人物杀害无辜,出卖人肉包子,后来"光荣"地坐到了忠义堂上。它还让这个忠义军的头领正式地公开施展这种最野蛮的行为,先是对官方对手,后来竟对农民起义的首领人物也如此!①

---

① 《胡风全集》(6),第595—596页。

胡风这番话,当时林默涵、何其芳等人大概还不知道,否则,更加要被批判得体无完肤。

其实,胡风对民间文艺和对《水浒》的评价,都是受了鲁迅的影响。1927年,鲁迅在黄埔军官学校所作的《革命时代的文学》演讲中说:

> 平民所唱的山歌野曲,现在也有人写下来,以为是平民之音了,因为是老百姓所唱。但他们间接受古书的影响很大,他们对于乡下的绅士有田三千亩,佩服得不了,每每拿绅士的思想做自己的思想,绅士们惯吟五言诗,七言诗;因此他们所唱的山歌野曲,大半也是五言或七言。这是就格律而言,还有构思取意,也是很陈腐的,不能称是真正的平民文学。现在中国底小说和诗实在比不上别国,无可奈何,只好称之曰文学;谈不到革命时代的文学,更谈不到平民文学。现在的文学家都是读书人,如果工人农民不解放,工人农民的思想,仍然是读书人的思想,必待工人农民得到真正的解放,然后才有真正的平民文学。有人说:"中国已有平民文学",其实这是不对的。

1929年,鲁迅在《流氓的变迁》中,又从社会思潮的角度论及《水浒》道:

> 司马迁说:"儒以文乱法,而侠以武犯禁","乱"之和"犯",决不是"叛",不过闹点小乱子而已,而况有权贵如"五侯"者在。

> "侠"字渐消,强盗起了,但也是侠之流,他们的旗帜是"替天行道"。他们所反对的是奸臣,不是天子,他们所打劫的是平民,不是将相。李逵劫法场时,抡起板斧排头砍去,而所砍的是看客。一部《水浒》,说得很分明:因为不反对天子,所以大军一到,便受招安,替国家打别的强盗——不"替天行道"的强盗去了。终于是奴才。

但不管是谁说的话,在当时要说民间文学或平民文学不好,都是不能被接受的,特别是对《水浒》提出批评,更是不能允许。只是鲁迅的话不便批评,只能假装视而不见。直到1975年借评《水浒》来批"投降主义",来批"架空晁盖",于是鲁迅的话又被记起了,而且大引特引,弄得那些反对借评《水浒》来影射现实的人看而生厌。其实，鲁迅当年对《水浒》的论述，与1946年后的现实政治毫无关系。但因发挥鲁迅的论旨而被批倒批臭的胡风，却没有人来为他翻案，因为根据当时的政治哲学，被批判、被打倒的人，总是错误的，即使正确的言论，也不能被承认。

而且，问题不在于胡风的意见是否正确，他的分析是否合理，更重要的是要看他的理论是否符合当时的政治需要。就这一点看，胡风与毛泽东的思想完全是背道而驰的。虽然毛泽东在1938年的六届六中全会上的讲话是就政治而言，但1942年在延安文艺座谈会上的讲话，就将这个观点延伸到文艺领域了。他提出了文艺要为工农兵服务，当然就要为工农兵所喜闻乐见。这也是共产党当时要依靠农民来进行战争、来争夺政权这个大前提所决定的。采用说书人的叙事方式来写小说的赵树理，采用陕北民歌信天游的调子来写叙事诗的李季，都成为工农兵文艺的标兵，就说明了那时的需要。

但胡风却要坚持"五四"的新文学传统，不希望它中途夭折。他所论的题目，虽然是民族形式问题，其实却包含着整个文学思想、文学道路。为了证明自己理论的正确性，按照当时的惯例，他必须援引革命领袖的话来加以支撑。所以我们看到"三十万言书"里，特别是谈民族形式这一部分，有大量马、恩、列、斯、毛的引文，那是不足为奇的。值得注意的是，他所引的话中，有列宁《我们究竟拒绝什么遗产？》里的三段话：

> 一切民粹派分子所共同主张的关于俄国独特性的学说，也是不仅与"遗产"没有任何共同之处，而且是与它正相矛盾的。相反地，"60年代"力图欧化俄国，相信俄国会参加全欧的文化，关心把这个文化的各种设施拉到我们的根本不是什么独特的地方上来。任何关于俄国独特的学说，是与60年代的精神和传统完全不符合的。
>
> 我们已经表明：如果讲到现代人所承受的遗产，那就要区别有两种不同的遗产：一种遗产是一般启蒙者的遗产，是对改革前的一切东西采取绝对敌视态度的人们的遗产，是拥护西欧理想和广大群众利益的人们的遗产。另一种是民粹派的遗产。我们已经表明：把这两种不同的东西混淆起

来便是大错特错,因为每个人都知道:曾经有过而且也有保存了"六十年的传统"并与民粹主义没有任何相同之处的人们。

我们(俄国马克思主义者们)在什么时候攻击过把一般西欧理想遗留给我们的遗产呢?——不仅没有攻击过,相反地,而是揭露了民粹派分子在许多重要问题上杜撰各种古怪的蠢话来代替全欧的理想。

这三段引文,值得细细品味。引用者显然是用以证明:他所坚持的"五四"新文学的开放式传统是符合马列主义精神的;而那种坚持中国独特论、提倡用老百姓所喜闻乐见的民间形式来写作的意见,则是民粹主义观点。这是非常尖锐的批评,也是非常清醒的认识。

但是,中共党内文化人一向的做法,是"六经注我",即拉着马、列来为我所用,并不想按照马、列原来的论旨行事。胡风想用"六经"来纠上峰之偏的做法,当然不被认可,而且要被视为大逆不道了。

(五) 题材问题

自古以来,作家总是写他所熟悉的生活,这是公认的创作规律。但是,到了"革命文学"运动兴起之后,写什么样的题材便成为一个问题,而且是非常重要的问题。"革命文学家"们一开始便要求写工农大众革命斗争的题材,但他们却又并不熟悉这种生活,于是就制造出了许多空泛浮面的作品。鲁迅对于这种"纸面上写着许多'打','打','杀','杀',或'血','血'的"所谓"革命文学"一向很不以为然,还在1927年10月间,就在《革命文学》一文中加以批评道:

唐朝人早就知道,穷措大想做富贵诗,多用些"金""玉""锦""绮"字面,自以为豪华,而不知适见其寒蠢。真会写富贵景象的,有道:"笙歌归院落,灯火下楼台",全不用那些字。"打,打","杀,杀",听去诚然是英勇的,但不过是一面鼓,即使是鼙鼓,倘使前面无敌军,后面无我军,终于不过是一面鼓而已。

我以为根本问题是在作者可是一个"革命人",倘是的,则无论写的是什么事件,用的是什么材料,即都是"革命文学",从喷泉里出来的都是水,从血管里出来的都是血。"赋得革命,五言八韵",是只能骗骗盲试官的。

但是,"革命文学家"们的革命热情正高涨,而且信奉的是另一种文学理论,鲁迅那些富有历史经验的话,哪里能听得进去!所以题材愈来愈褊狭,作品愈来愈空泛,而弄得想献身于文学事业的青年作家非常困惑。1931年底,两位青年作家沙汀和艾芜向鲁迅的提问就是这种状况的反映。鲁迅在《关于小说题材的通信》里回答道:"现在能写什么,就写什么,不必趋时,自然更不必硬造一个突变式的革命英雄,自称'革命文学'。"这封信虽然公开发表了,但他的意见却并未被普遍接受,"革命文学家"们的主流意见,还是题材决定论。这只要看看1934年10月9日鲁迅复萧军信便可知道。萧军所提的问题,几乎还是沙汀、艾芜的老问题,鲁迅的回答,也还是原来的意思:"不必问现在要什么,只要问自己能做什么。现在需要的是斗争的文学,如果作者是一个斗争者,那么,无论他写什么,写出来的东西一定是斗争的。就是写咖啡馆跳舞场罢,少爷们和革命者的作品,也决不会一样。"

既然革命文学界的实际情况如此,那么,继承鲁迅文学思想的胡风,在鲁迅逝世以后的岁月里,多次重复这种意见,也就并不奇怪,而且仍然具有现实针对性。

比如,在为《抗战文艺》终刊号所写的《关于结算过去》一文中,胡风对那些想编印选集,对八年民族战争间的文艺成绩作一次总的结算的人,提出忠告道:

> 在民族战争当中,中国人民是走着伟大的然而却是步步流血的,荆棘的道路。而且,为了争取战争目的的实现,现在也还是在这条道路上继续前进。不管做到怎样的程度,新文艺是反映了这一个过程,因而是坚持了这个伟大而痛苦的斗争的。现在我们要来"温故",这应该是中心点里面的中心点。
>
> 然而,文艺作品的价值,它的对于现实斗争的推进效力,并不是决定于题材,而是决定于作家的战斗立场,以及从这战斗立场所生长起来的(同时也是为了达到这战斗立场的)创作方法,以及从这创作方法所获得的艺术

力量。所以,要我们的工作能够守着前面所说的中心点,那就得把握住五四所开拓的革命的现实主义传统是什么,经过了怎样的进程,在战争期间的广大而丰富的现实斗争或现实生活里面得到了什么发展和怎样发展。只有通过文艺发展的内的过程的真实的理解才能够达到文艺成果的外的影响的正确的评价。

所以我以为,应该从"保存史料"这个说法前进一步。结算过去式的"温故",并不是为了保存古迹供人凭吊。

这显然想要防止编选家们抓着"抗战"两个字做文章,只要"题材"是"抗战"的,不管思想倾向如何都入选,而"题材"不是"抗战"的,则即使描写民间疾苦和人民觉醒的作品也不入选。胡风特别提出,编选抗战时期的文艺作品,目的不应该仅仅是"保存史料",而要着眼于把握住"五四"所开拓的革命现实主义传统。

但是,何其芳却摘录了上述引文第二段的前半段,作为胡风提倡"题材无差别论"的论据。他批判道:"诚然,文艺作品的价值并非完全决定于题材,还要看作者对待题材的立场和观点,还要看他在艺术上完成的程度。但是,并不能因此就否定题材的重要性,否定它对于作品的价值的一定的决定作用。文学历史上的伟大作品总是以它那个时代的重要生活或重要问题为题材。而且作家对于题材的选择正常常和他的立场有关。否认题材的差别的重要,其逻辑的结果就是否认生活的差别的重要。"

何其芳并没有参加20世纪20年代末期的"革命文学"论争,也没有参加30年代初期和中期的左联活动——当他在30年代开始写作的时候,他是属于京派作家群,写的是纤巧的诗歌和忧郁的散文。但是,40年代初期,他一走进革命文学队伍,就表现得非常激进。他在题材问题上,还概括出一个公式:"不管什么生活都是一样——那就是旧现实主义。必须有工农兵群众的生活,这就是新现实主义。"①他其实是在工农兵文艺方向的旗帜下,宣扬题材决定论。

---

① 何其芳《西苑集》,人民文学出版社1952年版,第77页。

但是，何其芳试图用"文学历史"来证明的题材决定论，恰恰违背了"文学历史"的规律。所以，胡风在"三十万言书"里，就举出了许多"文学历史"上的事实来加以反驳。他说，普希金的《奥涅金》，写的是一对贵族男女的恋爱经过，却是俄罗斯伟大现实主义文学的开山之作，别林斯基把它叫做"俄罗斯生活的百科全书"；高尔基的《克里姆·萨姆金的一生》，写的是一个资产阶级个人主义知识分子的历史，但它却是高尔基的最大部和最后的作品，苏联理论家把它叫做高尔基所处时代的"俄罗斯生活的百科全书"；肖洛霍夫的《静静的顿河》，虽然写的是一个农民的历史，但他一会儿加入革命一边，一会儿加入反革命一边，最终受到了人民的处罚，结束了不名誉的生命，但却被列为苏联文学中最伟大的古典作品之一；中国也有一部《阿Q正传》，那是既没有"有组织有领导的斗争"也没有"先进人物"的。而且，胡风还从恩格斯论述现实主义的通信里找出了例证，说："左拉不但写了工人生活，而且还写了工人阶级的斗争，但照恩格斯的评断，那个没有写工人斗争的保皇党巴尔扎克，要比过去、现在和将来的一切左拉都要伟大得多。左拉不但不是'新现实主义'，而且连'旧现实主义'都不够，是严重地歪曲了历史真实的自然主义。"胡风并由此得出结论道："以'题材'或'生活'来决定它，凭这来划分'那'和'这'，丢开了它的作为方法的本质，那就等于放弃了现实主义。"①

应该说，胡风的反驳是有力的。"题材决定论"在理论上的谬误是显而易见的。

何其芳在延安时期是"歌颂派"的代表人物之一，这一派在政治势力的支持下，压倒了敢于正视现实矛盾的"暴露派"，他们在建国后的论说，其实就是"歌颂派"理论的进一步发展。这种理论的特点是，回避现实矛盾，在一片歌颂声中闭上了眼睛。只因为这种理论符合了政治宣传的需要，所以它必然成为主导的理论。但这种理论显然与鲁迅所要求的"真诚地，深入地，大胆地看取人生并且

---

① 《胡风全集》(6)，第269—270页。

写出他的血和肉来"的战斗传统不相符合,所以胡风根本无法接受。还在当权者以这种理论来改造作家们的文艺思想时,他就提出了严重的质疑。他描述在这种理论指导下的批评现状道:

> 革命胜利了,一切光明灿烂了,从此万事大吉大利了。谁的作品里写有否定的现象,那就是"不真实"。谁的作品里写的工农兵生活不是一帆风顺的胜利故事,那就是歪曲了革命,是小资产阶级。谁的作品里写的革命斗争有了牺牲者,那就是散布悲观情绪,是小资产阶级。谁的作品里写的工农兵也有"落后"的思想情绪,是在斗争中得到成长的,那就是歪曲了工农兵,是小资产阶级。谁的作品里把敌人写得复杂一点,不像纸人一样,空空洞洞,一碰就倒,那就是立场不稳。谁的作品里不把工农兵的思想感情写成只能说光明的政治话或思想话,还有一些复杂的内容,那就是歪曲工农兵,是小资产阶级。谁的作品里写的农民还有生活贫困或思想落后的,那就是否认了农民已经翻身,是小资产阶级。至于工人,那是没有一个不是"先进人物"的。等等。至于写工农兵以外的生活或人物,那顶好也只能被归到不"重要"的一类去,顶多也不过让应该"团结"的作家写一点,因为写那样的东西一则暴露了作者的"立场"不稳或"立场"不多,二则一定要减少了革命胜利的光彩的。几年来,批评家惯用的"我们的生活是这样的吗?"或"我们的人民是这样的吗?"成了一个流行的公式或棍子。
>
> 在这样的思想支配之下,任何激烈的变化,任何尖锐的斗争,任何艰难痛苦的过程,任何通过斗争锻炼所看到或感到的幸福的远景,都被掩盖了,都被淹没了。现实社会都一天变好了,通体光明而甜蜜。这就叫做"革命的乐观主义"。①

胡风认为这种理论所造成的是一种"政治麻痹"的精神状态。而这种精神状态,无论在文艺创作上还是社会思想上,都会带来很大的危害性。

---

① 《胡风全集》(6),第271页。

在文艺创作方面:"在这种理论批评的支配之下,创作只能走公式化、概念化的独木小桥,现实主义,顶多也不过一个名词而已。谁企图'忠于现实',那是准要惹得一身不干净的,不吃棍子那还算是万幸。"①

"更严重的是",这种理论还渗透到整个社会思想领域,"它已经成了一般的社会气流,至少是文化层的气流,和我们的激急变化着的、到处充满了斗争历史内容形成了一个尖锐的对照。这种精神状态使得无数青年作者不能走上成长的道路,逐渐枯萎了"。本来,青年作者对现实生活大都有一定的爱憎的,"但由于这种理论的影响和压迫,使他们不敢表现他们的真实感受,但他们又不愿照'理论'去说谎,就不能不发生了反感和怀疑。但时间愈久,这种'理论'的'威信'愈高,他们终于对自己的感受也采取了怀疑的态度,逐渐冷却了下来,对现实无动于衷或熟视无睹了"。②

从后来公式化、概念化作品之泛滥,和不敢正视现实矛盾的社会风气看,我们不能不佩服胡风理论感觉的敏锐性。鲁迅在《论睁了眼看》里,论述文艺作品和国民精神互为因果的关系时说:"中国人向来因为不敢正视人生,只好瞒和骗,由此也生出瞒和骗的文艺来,由这文艺,更令中国人更深地陷入瞒和骗的大泽中,甚而至于已经自己不觉得。"胡风所碰到的是同样的问题,虽然对方打的是革命的理论旗帜。鲁迅曾呼唤作家要冲破一切传统的思想和手法,来创造真的新文艺,胡风也在呼唤作家们冲破这种错误理论的束缚,走上鲁迅所开拓的现实主义道路。

胡风将林默涵、何其芳批评他的这五个问题,形象化地称之为"在读者和作家头上就被放下了五把'理论'刀子",并且说:"在这五道刀光的笼罩之下,还有什么作家与现实的结合,还有什么现实主义,还有什么创作实践可言?"③

胡风的"五把刀子"论,虽然提得非常尖锐,但却是切合实际,击中要害。聂

---

① ② 《胡风全集》(6),第272页。
③ 同上,第302、303页。

绀弩就对它作过充分的肯定。他说:"我在北大荒有一次曾经考虑过,胡风这个人真是聪明,他有许多看法是很尖锐很透彻的,他早就说过你们要糟糕的,你们将来会自相残杀!妈的想起来真是惭愧,我就没有这个预见,在许多问题上我就没有他看得深看得远。胡风那'五把刀子',没有一把不是正确的,解决问题的,在文艺问题上是站得住的,你们拿他当政治问题,拿党来压,整个党去跟一个人较量,就算胡风不是一个人,有个集团吧,也不过现在整出来的几十个人,这又算得了什么呢?""胡风有许多见解是接近真理的,他早就说过不能写英雄人物,你自己不是英雄你没有英雄的思想感情,你没有他的生活体验,你写出来只是假的,是捏造的英雄人物,只能骗得了中学生和小孩。"①

胡风的理论虽然符合文艺创作实际,但是却不切合中国的政治需要;他所对抗的理论虽然违背文艺的发展规律,但却来源于政治领袖的讲话。文艺与政治碰撞的结果,不肯服从政治需要的,特别是敢于对抗政治权威、对抗主流意识的文艺家,就必然要撞得头破血流。

但是,从另一方面看,即使胡风被打倒了,他的理论被批臭了,他所培育起来的艺术流派被摧毁了,但是,他所提出的问题却仍旧存在,并没有因为打倒了胡风而使这些问题从文坛上消失。这又是不以权力者的意志为转移的。

三、胡风的幽灵在文坛上游荡

正因为问题还存在,而且由于错误理论的引导而不断地恶化,所以中国文坛上的有识之士,就不断提出纠偏方案。

反胡风运动是在 1955 年,次年,大批判的硝烟还未散尽,以言治罪所造成的惊恐之情尚未平复,作家、学者们在"双百方针"的推动下,就开始针对现实状况提出质疑,并发表了不同于主流意识的理论见解。到 1957 年上半年,鸣放达

---

① 寓真《聂绀弩刑事档案》,香港明报出版社有限公司 2009 年版,第 102—103 页。

到了高潮,意见也日趋尖锐。"反右"运动一开始,这些意见再次遭到批判。接着而来的是"大跃进"运动,浮夸风弥漫全国,文艺领域里的假大空现象也被推到了极致。"大跃进"运动失败之后,随着"调整、巩固、充实、提高"政策的出台,人们重新思考文艺问题,一时间理论界颇为活跃。但不久,毛泽东就在1962年9月召开的中共八届十中全会上提出阶级斗争要年年讲、月月讲的理论,又开始了一轮新的批判运动。到1966年4月《林彪同志委托江青同志召开的部队文艺工作座谈会纪要》出台,则一切符合文艺特点,有利于文艺发展的理论,都被归结为"黑八论"而加以否定——所谓"黑八论"者,即是:"写真实"论、"现实主义——广阔的道路"论、"现实主义深化"论、反"题材决定"论、"中间人物"论、反"火药味"论、"时代精神汇合"论、"离经判道"论。直到"文革"结束之后,才作了否定之否定,仍旧回到原来的起点上来重新思考问题。

这里有一个耐人寻味的现象:这些后来所提出来的许多具有现实针对性的理论问题,差不多都是胡风观点的重复和发挥;其中有些论者,当初还率先写过批判胡风及胡风派的文章,可以说是反胡风的积极分子,而且在重新提出问题时,也不忘与胡风划清界线,但实际上还是走到胡风的论点中去了。可见要在政治上打倒一个人是比较容易的,主事者可以依据权力意志来行事——只是在权力转移之后,政治结论也会随之而起变化;而要在理论上批倒一种观点,那就不是那么容易了,因为这需要经过实践的检验,才能证明谁是谁非。有些理论观点虽然被扫地出门,但它却会从窗口飞了回来。用当年的流行语来说,这是辩证法的胜利。

胡风被打倒之后,人们在文艺上所提出的主要问题有:

(一) 现实主义问题

1956年9月,何直(秦兆阳)在《人民文学》上发表了一篇很有影响的文章《现实主义——广阔的道路》,副标题是"对于现实主义的再认识",也就是说,要对文艺界主流意识的现实主义论提出不同意见。在他看来,这种主流意识是教条主义,他所要谈的就是"教条主义对于我们的束缚"。

文章也是从分析苏联作家协会章程中所规定的关于社会主义现实主义的定义入手，来质疑这种创作方法的合理性的。因为此时已是苏共第二十次代表大会之后，苏联作家也已对此提出非议，所以何直无需像胡风那样必须在承认这个定义的前提下再作出自己的解释，而是直接对这个定义提出批评。他对"定义"中所说的"同时艺术描写的真实性和历史具体性必须与用社会主义精神从思想上改造和教育劳动人民的任务结合起来"这段话，提出三点质疑：首先，这种说法就是认为"艺术描写的真实性和历史具体性"里没有"社会主义精神"，因而不能起教育人民的作用，而必须另外去"结合"，"这就无异于是说，客观真实并不是绝对地值得重视，更重要的是作家脑子里某种固定的抽象的'社会主义精神'和愿望，必要时必须让血肉生动的客观真实去服从这种抽象的固定的主观上的东西；那结果，就很可能使得文学作品脱离客观真实，甚至成为某种政治概念的传声筒"。其次，这所谓"社会主义精神"既是作家主观上的一种观念，那么，它必定是作家世界观的一部分，而"马克思主义的世界观，是在现实主义艺术创作的过程中，在认识生活和形成形象以及写成作品的过程中，起着有机的、自然的、血肉生动的作用。也就是说，作家的思想——世界观，是在探索、认识、反映客观真实时，伴随着形象思维，发挥其能动作用，因此，这种作用是有机地表现在艺术的真实性里面。是无须在艺术描写的真实性之外再去加进或'结合'进一些什么东西去的"。再次，所谓"从现实的革命发展中真实地、历史地和具体地去描写现实"，所谓"艺术描写的真实性和历史具体性"，从文字上和习惯上，我们都可以把它与"典型环境中的典型性格"这一原则联系起来理解，但是，接着又要求它"必须与用社会主义精神从思想上改造和教育劳动人民的任务结合起来"，"于是，我们又不能不怀疑，所谓从'现实的革命发展中……描写现实'，所谓'艺术描写的真实性和历史具体性'，既是似乎可以与思想性（所谓'教育……人民的任务'）分离，自然也可以与典型分离；因为典型性与思想性本来是分不开的，因为现实主义文学本来是将文学描写的艺术性、真实性、思想性，与典型问题和典型化的方法紧密地有机地融合在一起的"。

这里，似乎只是对社会主义现实主义的定义提出质疑，实际上是反对将政治观点强加到文艺作品中去的做法。所以他认为当时文艺界的种种混乱思想的根源，是在于对文艺与政治的关系作了庸俗化理解之故。不难看出，何直的许多观点是与胡风相通的。

与何直文章相呼应的，有周勃的《论现实主义及其在社会主义时代的发展》。他与胡风一样，干脆将社会主义现实主义看作是现实主义文学在社会主义时代的发展，强调的是现实主义的一贯性，而不是两种现实主义截然不同的阶级性。

此外，刘绍棠发表过一篇《写真实——社会主义现实主义的生命核心》，报刊上还有许多提倡"写真实"的短论，更有人发出了"不要在人民疾苦面前闭上眼睛"的呼声，阐发出"写真实"论的真实内涵。

何直等人的理论在"反右"运动中受到了批判，文艺上脱离实际、掩盖矛盾的现象就更加严重了。于是，在1962年8月的"农村题材短篇小说创作座谈会"上，邵荃麟批评了当前文艺创作中"粉饰现实，回避矛盾"的无冲突论倾向，要求"达到政治性跟真实性一致"，提出了"现实主义深化"论。问题又回到了被批判过的胡风理论。

（二）题材问题

如果说，20世纪20年代末期"革命文学"运动开始后，题材问题还只是困惑着那些左翼作家的话，那么，到了1949年以后，它便是所有作家必须面对的问题了。因为工农兵方向已成为全国文学艺术工作的指针，大家必须遵行，而表现何种生活内容又成为这个方向性问题的一部分。还在1949年7月召开的中华全国文艺工作者代表大会刚结束时，上海代表团在归途的火车上，就议论起了文艺作品可不可以写小资产阶级的问题，8月27日，《文汇报》副刊《磁力》上即以此为题展开讨论，一时反响颇为热烈，可见大家的关注心情。讨论时，当然各种意见都有，但何其芳为这个讨论写了一篇近万言的总结性长文：《一个文艺创作问题的争论》，却把问题引向小资产阶级作家思想改造的必要性上来，他说:"不然,要说为工农兵服务是空谈,要说站在无产阶级立场上来写小资产阶级也是空谈。"《文汇报》当然马上跟进,《磁力》"编者的话"说,这个问题进一步讨论时,"作家们应该注意于:小资产阶级出身的文艺工作者应该如何改造自己,和工农兵结合,为工农兵服务这一问题"。讨论的方向是按照主流派理论家的意见拨正了,但原来要讨论的问题却落空了。就这样,到1951年底文艺整风时,还有人认为这个问题提出的本身,就是"以小资产阶级的错误思想"来对待一个早已解决了的问题。

题材问题这时已经成为与文艺方向相关联的一个大问题了,不肯有所松动。所以胡风把它视为妨碍创作的"五把刀子"之一而提出。

胡风的理论受到批判之后,题材狭隘化的倾向更加严重了。所以,陆定一在1956年5月所作的《百花齐放,百家争鸣》的报告中,还特别提到题材问题,他以中共中央发言人的资格说:"题材问题,党从未加以限制。只许写工农兵题材,只许写新社会,只许写新人物等等,这种限制是不对的。文艺既然要为工农兵服务,当然要歌颂新社会和正面人物,同时也要批评旧社会和反面人物,要歌颂进步,同时要批评落后,所以,文艺题材应该非常宽广。在文艺作品里出现的,不但可以有世界上存在着的和历史上存在过的东西,也可以有天上的仙人、会说话的禽兽等等世界上所没有的东西。文艺作品可以写正面人物和新社会,也可以写反面人物和旧社会,而且,没有旧社会就难以衬托出新社会,没有反面人物也难以衬托出正面人物。因此,关于题材问题的清规戒律,只会把文艺工作窒息,使公式主义和低级趣味发展起来,是有害无益的。"在何直的文章中所指出的种种混乱思想中,也有许多涉及题材问题的,如"不应该写过去的题材呀,过多地从是否配合了任务来估计作品的社会意义呀";"不应该写知识分子呀,不应以资本家或地主富农为作品中的主要人物呀,作家最激动和最熟悉的'过去的题材'不要写而硬要去写那些不激动、不熟悉的东西呀";"机械地把生活分成主要矛盾和次要矛盾,并用之作为衡量作品的标准呀"。

不久,何直等人受到了批判,陆定一的话被架空,题材问题更成为一个禁区,而这禁区又严重地阻碍创作的发展,要发展文艺创作,非突破这个禁区不可。于是,《文艺报》在1961年第3期上发表了一篇专论《题材问题》。这是试图冲破禁区之作。文章从生活的整体性出发,来论述题材的宽泛性,它说:"生活是不可分割的整体,体现着各种社会关系、阶级关系、人与人的关系的矛盾统一。作家面向生活整体,从个别表现一般。他从生活的汪洋大海中间,选取他充分熟悉、透彻理解,他认为有价值、有意义的东西,作为自己加工提炼的对象,这就是题材。"同时,又从文艺作品的构成上,来论证题材在文艺创作中所处的位置,它说:"题材本身,并不是判断一部作品价值的重要的和决定的条件,更不是唯一的条件……同样的题材可以表现为各种不同的主题。同样题材在不同的作家的手下,可以得出完全不同甚至相反的思想效果。革命的作家,有时通过不那么重大的题材,也可能表达出比较深刻的思想。"这样,就从根本上打破了题材决定论,它的提法是:"我们提倡描写重大题材,同时提倡题材多样性。"接着,在1962年4月出台的由文化部党组和文联党组联合起草的《关于当前文学艺术工作若干问题的意见(草案)》,即《文艺八条》中,也对题材问题进行松绑。它说:"文学艺术创作的题材,应该丰富多样,作家艺术家有自己选择和处理题材的充分自由。""我们提倡多写革命斗争和社会主义建设的题材,并且引导和帮助作者熟悉这些题材。表现伟大的社会主义时代,应该是我们的作家艺术家的光荣任务。但是,作家艺术家完全可以根据自己的政治经验和生活经历、自己的兴趣和特长,选择任何题材。可以写今天的生活,也可以写历史的事迹;可以写敌我矛盾,也可以写人民内部矛盾;可以写喜剧,也可以写悲剧;可以歌颂,也可以批评或者讽刺。任何题材,只要是用正确的态度去写,并且写得好,都是为群众所需要的。一切文学艺术作品,只要不违背毛泽东同志在《关于正确处理人民内部矛盾的问题》中提出的六项政治标准,都可以存在。"

尽管《文艺报》专论所提倡的意见顾及两面,而《文艺八条》最后还是用六项政治标准来设定范围,但毕竟是松绑的要求,所以仍不能为"左派"所接受。1963年1月4日,中共上海市委第一书记柯庆施在上海市文艺界元旦联欢会上发表讲话,提出了"大写十三年"的口号,说是:"今后在创作上,作为领导思想,一定要提倡和坚持厚今薄古,要着重提倡写解放十三年,要写活人,不要写古人、死人。我们要大力提倡写十三年,大写十三年!"这个极端化的创作口号,在文艺界激起了很大的反响,4月份由中共中央宣传部召开的文艺工作会议上就引起了激烈争论,连周扬、林默涵、邵荃麟这些主流理论家都不能接受。但是不久,这些主流理论家一个个都被逐出主流,并先后受到批判。他们的位置被一些更左的新主流派理论家所代替。在题材问题上,江青所倡导的"京剧革命",就以"现代革命题材"相标榜,而在《林彪同志委托江青同志召开的部队文艺工作座谈会纪要》所列的"黑八论"中,也有"反'题材决定论'",这是针对《文艺报》专论和《文艺八条》而发的。这个案子,直到"四人帮"被打倒,"文化大革命"结束之后,才翻了过来。但当时的所谓"拨乱反正",只是拨"文革"之乱,要返回到"十七年"的轨道中去,并没有想要认真总结1928年和1942年以来的历史经验,所以留给后人的任务还很重,而且远不只是题材问题。

(三) 人物形象的塑造问题

典型人物的塑造,是现实主义的中心问题。随着对现实主义的不同理解,在人物塑造上,意见的分歧也就很大。大体而言,可以分为两派:主张面对生活的写实派,要求按照生活的实际情况,写出人物性格的复杂性;以文学为宣传工具者,则往往把正面人物理想化,要求描写本阶级的英雄形象。早在"革命文学"倡导之初,这种分歧就表现出来了。"革命文学家"们喜欢写革命的英雄,而鲁迅则劝告文学青年"不必趋时,自然更不必硬造一个突变式的英雄,自称'革命文学'"[①]。直到最后病重的时候,他还从病床生活的感悟中,谈到人物描写的全面性问题:"我们所注意的是特别的精华,毫不在枝叶。给名人作传的人,也大抵一味铺张其特点,李白怎样做诗,怎样要颠,拿破仑怎样打仗,怎样不睡觉,却不说他们怎样不要颠,要睡觉。其实,一生中专门要颠或不睡觉,是一定活不

---

① 参见鲁迅的《二心集·关于小说题材的通信》中的相关论述。

下去的,人之有时能耍颠和不睡觉,就因为倒是有时不耍颠和也睡觉的缘故。然而人们以为这些平凡的都是生活的渣滓,一看也不看。"又从报纸文章"教人当吃西瓜时,也该想到我们土地的被割碎,像这西瓜一样"的怪谈里,引申出对战士的看法:"我没有当过义勇军,说不确切。但自己问:战士如吃西瓜,是否大抵有一面吃,一面想的仪式的呢? 我想:未必有的。他大概只觉得口渴,要吃,味道好,却并不想到此外任何好听的大道理。吃过西瓜,精神一振,战斗起来就和喉干舌敝时候不同,所以吃西瓜和抗敌的确有关系,但和应该怎样想的上海设定的战略,却是不相干。这样整天哭丧着脸去吃喝,不多久,胃口就倒了,还抗什么敌。""然而人往往喜欢说处稀奇古怪,连一个西瓜也不肯主张平平常常的吃下去。其实,战士的日常生活,是并不全部可歌可泣的,然而又无不和可歌可泣之部相关联,这才是实际上的战士。"这是非常切实的意见,既是一种人生态度,也是一种描写战士、塑造人物形象的艺术方法。可惜,"革命文学家"毫不在意这个忠告,一心要把英雄人物写得稀奇古怪,拔得愈高愈好。

胡风继承着鲁迅的文学传统,也要求作家按照生活实际来塑造人物形象。但他所指导出来的青年作家路翎却受到了批判,说其笔下的矿工形象都具有流浪汉气质和农民气质。批评家并不探究这种描写是否切合生活实际,他所计较的只是它是否符合政治上的要求。"为什么出现在作者笔下的矿工劳动者显著地分属于流浪者气质和农民气质的两种型呢? 为什么作者以深切的同情写着的人物(不论是劳动者还是知识分子)都带有流浪者的气质呢? 为什么呢? 就因为被朦胧地'寻求'着的'原始强力'和'个性解放'似乎是最同流浪者气质相合了。"[①]批评家所需要的,不是"原始强力",不是"个性解放",而是在共产党领导下的"自觉斗争",所以如实描写的作品就不能符合要求。沿着这条路子,工农兵形象就愈来愈拔高了。

[①] 胡绳《评路翎的短篇小说》,《胡风文艺思想批判论文汇集·一集》,作家出版社1955年版,第108页。

随着全国政权的建立,这种庸俗社会学的理论批评发展得更严重了。胡风在《三十万言书》里痛心疾首地为作者鸣不平,就说明了这方面的问题。这里摘录有关路翎剧本的两个例子:

例子之二。一个剧本(按:指路翎的《英雄母亲》),写的是解放后沿海大城市一个工厂在反美蒋轰炸中的工人们的成长过程。那里面有一个青年团员,在轰炸中抢救机器牺牲了,他的母亲共产党员对他的牺牲感到了痛苦,但因而却更坚强地站了起来。剧本着手排演了,但一位批评家提出了意见:解放了以后不应该死人,儿子被敌人炸死了,共产党员不应该那么痛苦,那里面的一个老工人在作品前半部不该有落后思想,这是散布悲观情绪,是歪曲了工人阶级。作者是小资产阶级,应该去长期改造。剧本停排,还特别开了群众大会斗争作者的思想。这个从一个角度上表现了中国工人阶级在解放后的困难时期中爆发出来的对于自己的党和政权的热爱、对于社会主义前途的纯洁的向往的剧本,就简简单单地被葬送了。

革命胜利了,一切光明,没有落后没有黑暗,没有斗争或牺牲。除了按照公式制造以外,作家还能写什么呢?

那么,退一步,写的是解放前的蒋管区的工人斗争,那里该有困苦,该有激烈的思想变化,该有流血的英勇牺牲,该是从重重黑暗中争取光明的罢? 但也不行,这种理论是不能允许在革命胜利以后还看见流血,即使是解放以前流过的血,也不能允许工人的走向革命要通过思想斗争,即使是在解放以前通过的思想斗争的。

例子之三。一个剧本(按:指路翎的《人民万岁》,出版时改名为《迎着天明》),写的是迎接解放的工人斗争,在庞大的斗争背景和党的领导及影响下面,在工人阶级对于蒋介石统治的火一样的仇恨和爱国主义及解放要求的热情的激荡下面,展开了对于小私有者思想和流氓思想的痛烈的批判,使这种思想的所有者惊醒了,靠近了党,为斗争付出了生命。剧本被总领导人肯定了,但负实际责任的艺术领导人,一次又一次地提出了责难,磨了八九个月之久,终于是"暂停排演"了事。那理由是,工人里面不应有小私有者思想和流氓思想,那侮辱了工人阶级,而且,不应该让辛辛苦苦培养好的工人去牺牲掉了,写革命斗争写到牺牲人,是小资产阶级思想感情。这个表现了从血污里面成长起来的无产阶级的英雄主义,能够对解放后的无产阶级以及千百万人民身上的旧影响作战的剧本就被葬送了。①

胡风是从文艺要面对生活实际这个现实主义大前提出发来看问题的,所以对于上述现象非常气愤。他说:"在这种理论批评的支配之下,创作只能走公式化、概念化的独木小桥,现实主义,顶多也不过一个名词而已。谁企图'忠实于现实',那是准要惹得一身不干不净的,不吃棍子那还算是万幸。"②他所不明白的是,这时已经取得了全国文艺工作领导权的延安时期的"歌颂派",他们从文艺必须"服从党在一定革命时期内所规定的革命任务"这个前提出发,考虑的不是文艺如何反映生活实际,而是如何为当前的政治需要服务。而在他们看来,为无产阶级政治服务,就要歌颂无产阶级及其政党的伟大、光荣、正确,而不是写缺点、曲折和牺牲,于是,塑造工农兵英雄形象的问题就提到日程上来了。

解放以后,最先提出文艺要描写工农兵英雄形象的,是周扬。他在第一次文代会的主题报告《新的人民的文艺》中就说:"我们是处在这样一个充满了斗争和行动的时代,我们亲眼看见了人民中的各种英雄模范人物,他们是如此平凡,而又如此伟大,他们正凭着自己的血和汗英勇地勤恳地创造着历史的奇迹。对于他们,这些世界历史的真正主人,我们除了以全副的热情去歌颂去表现以外,还能有什么别的表示呢?"接着,他提到了"鲁迅曾经痛切地鞭挞了我们民族的所谓'国民性'"这件事,但马上用中国人民经过30年的斗争,"新的国民性正在形成之中"这一说法,就把鲁迅的启蒙主义精神送进了历史的陈列室,而提出了这样的理论:"我们不应当夸大人民的缺点,比起他们在战争与生产中的伟大

---

① 《胡风全集》(6),第273—274页。
② 同上,第272页。

贡献来，他们的缺点甚至是不算什么的。我们应当更多地在人民身上看到新的光明，这是我们所处的这个新的群众的时代不同于过去一切时代的特点，也是新的人民的文艺不同于过去一切文艺的特点"。这时已非30年代，周扬敢于公开否定鲁迅的创作主张，是有大来头的。原来早在延安时期，毛泽东在给周扬的一封信中就说："我同你谈过，鲁迅表现农民着重其黑暗面，封建主义的一面，忽略其英勇斗争、反抗地主，即民主主义的一面，这是因为他未曾经验过农民斗争之故。由此，可知不宜于把整个农村都看着是旧的。"①周扬的"改造国民性"过时说，即据此而来。正是在这种理论基础上，周扬后来干脆提出不能写英雄人物缺点的主张。因为他不是从文艺的角度来看待英雄人物的塑造问题，而是从政治的角度提出要求。

由于周扬当时在文艺界所处的领导地位，他的意见也就成为指导思想。鸣放时期，当人们一旦有机会来表达自己意见的时候，有两个初生牛犊，就在周扬头上动土了。《文艺报》1957年第10期上发表了唐挚的论文：《烦琐公式可以指导创作吗?》，副标题就是："与周扬同志商榷几个关于创作英雄人物的论点"；同年5月26日，《文汇报》发表了杜黎均的文章：《关于周扬文学理论中的几个问题》，除了批评周扬的"写英雄人物不能写缺点"理论之外，还表示不同意周扬批评现代文学创作中的"自由主义"，他认为周扬的文学理论有"教条主义色彩"，"是不利于创作实践的"。在接着而来的反右运动中，这两位青年理论家必然要受到批判，而文艺创作也必然会沿着假大空的轨道上滑得更远了。虽然1958年提出来的"革命现实主义与革命浪漫主义相结合的创作方法"，为这种脱离实际的"理想化"写作提供了理论支撑，但实在无法使作家写出优秀的作品和深刻的典型形象。于是，在1962年的大连会议上，与"现实主义深化"论同时，又提出了描写"中间人物"的意见，早几年因描写了小腿痛、吃不饱等落后人物而遭到批判的赵树理，又引起了人们的重视。有人还把这种"中间人物"概括为"不

---

① 《毛泽东文艺论集》，中央文献出版社2004年版，第259页。

好不坏,亦好亦坏,中不溜儿的芸芸众生",也就是提倡多写充满矛盾的普通人的形象。但不久,"中间人物"论和"现实主义深化"论一起受到批判。

这之后,英雄人物就塑造得愈来愈高大了。"文革"前夕,金敬迈的《欧阳海之歌》被捧作无产阶级革命文学的典范作品,大力推广,"文革"之中,在百花凋零的文艺园地里,浩然的《金光大道》独放异彩,就因为这两部作品的主人公写得高大无比的缘故。《金光大道》主人公高大泉,就是高、大、全的谐音。在当时的评论文章中,已把塑造"新英雄人物"问题,看作是"社会主义文学的根本任务"了。接着而来的是极左理论家从"革命样板戏"中总结出了"三突出"原则,即:在所有的人物中突出正面人物;在正面人物中突出英雄人物;在英雄人物中突出主要英雄人物,并把它上升为"无产阶级文艺必须遵循的一条原则"。直到20世纪80年代,刘再复提出了"性格组合论",要求文艺作品应按照生活本来的面貌,写出人物性格的复杂性来,这才回到现实主义原来的起点上。

单从人物形象塑造这一点上也可以看出,江青的《纪要》和"文革"期间极左的文艺路线,实际上是周扬等"歌颂派"和"贯彻派"的文艺理论和文艺实践发展的必然结果,虽然他们最后因为跟不上领袖的思想,跟不上"旗手"的步伐,而被当作"文艺黑线"的代表人物打倒,其实倒还是制造极左文艺路线的功臣。如果没有他们在前面努力铺垫,后面的调子是拉不到那么高的。如果看不到这一点,只是向某些挨整的人道歉,是纠正不了文艺路线上的问题的。

(四) 文学艺术的特征问题

文艺过度政治化的结果,就把文艺创作与一般的宣传品等同起来,出现了标语口号化倾向。这种倾向,早在"革命文学运动"之初就出现了,所以鲁迅说:"我以为一切文艺固是宣传,而一切宣传却并非全是文艺,这正如一切花皆有色(我将白也算作色),而凡颜色未必是花一样。革命之所以于口号,标语,布告,电报,教科书……之外,要用文艺者,就因为它是文艺。"①这话是有很强的针对

---

① 鲁迅在其《三闲集·文艺与革命》中比较详细地阐明了文艺与革命及相关问题。

性的。但以文艺为政治宣传工具的根本观念决定了中国的"革命文学"始终无法摆脱标语口号化倾向，所以，继鲁迅之后，胡风不断地反对此种倾向。他鼓吹"形象思维"论，也就是想从思维方式上来纠正概念化的倾向。

其实，世界各国的文学史都强调文学艺术本身的特殊性，只不过说法有所不同。西欧理论家们常用"想象"一词来表述诗人的思维特点，我国古代文论中所谓"神思"亦属此意，俄国批评家别林斯基则将艺术的特点说成是"寓于形象的思维"。早在20世纪30年代，冯雪峰和胡风就在译作和评介文章中介绍过形象思维论，到40年代，面对积重难返的概念化倾向，胡风再次提出形象思维论来。他在1940年1月发表的《今天，我们的中心问题是什么？》一文中说："文学创造形象，因而作家的认识作用是形象的思维。并不是先有概念再'化'成形象，而是在可感的形象的状态上去把握人生，把握世界，这就非得在作家的意识上'再三感觉到'不能胜利。从这里，艺术的表现能力正是艺术的认识能力的一面，只有艺术的认识能力才能有艺术的表现能力，这也是为什么我们不惜过高地估计了作家的生活实践和他的主观精神力量。"就艺术创作本身来说，胡风此论应该说是抓住了事物的根本，但中国自有它的特殊性，在这里，文学的发展方向不是由艺术规律自身决定，而是取决于政治的需要。所以，胡风开出的对症药方遭到抵制，反而被指责为意在拒绝马列主义的指导。针对这种情况，胡风原想写一本关于形象思维论的专著，可惜没有实现。

但忽视了艺术思维特殊性的结果，必然加重了概念化倾向，所以"鸣放"一开始，人们必然会再次提出这个问题。

1956年5月初，陈涌在《文艺报》该年第9期上发表《关于文学艺术特征的一些问题》，批评了有些人根据《实践论》的观点，将文艺的认识规律归结于"由具体到抽象再回到具体"这样一个公式，而强调形象思维的感性特点和美感特点，他认为形象思维虽然与逻辑思维有密切的关系，但却是一种独立的思维活动。接着，霍松林在《新建设》1956年第5期上发表《试论形象思维》，周勃在《长江文艺》1956年第8期上发表《略论形象思维》，蒋孔阳在1956年5月间举行的复旦大学第二届科学报告会上作了题为《论文学艺术的特征》的报告,并于1957年在上海文艺出版社出版,这些论著都肯定了形象思维的存在,而且阐述了形象思维不同于逻辑思维的特殊规律。1957年的"反右"运动,也还没有将形象思维论作为右派言论看待,所以不同意见的争论仍在继续。毛星是反对形象思维论的,他的专论也叫《论文学艺术的特征》,发表在1958年出版的《中国科学院文学研究所专刊》上,李泽厚是肯定形象思维的,他写了《试论形象思维》,发表在《文学评论》1959年第2期上。当时的理论界,形象思维论还是占上风,有些教科书也采用此说,如以群主编的大学文科统编教材《文学基本原理》,也将形象思维作为文艺创作的特点写入。

但到了"文化大革命"前夕,情况出现了逆转。《红旗》杂志1966年第5期上发表了郑季翘的文章:《文艺领域里必须坚持马克思主义的认识论》,把形象思维论作为反马克思主义的唯心主义观点加以批判,说它是"拒绝党的领导,向党进攻"的工具,是"现代修正主义思潮的一个认识论基础"。这样,问题就非常严重了。在这种理论的指导下,文艺创作连形象性也不讲究了,只要突出政治就可以了。于是在"文革"期间出现了狂吼性的"造反歌",论述性的"语录歌",还有一些图解政治概念的小说和剧作。这些非文艺性的"文艺作品"之所以能够出现并且盛行,主要当然是政治形势所致,但就创作本身来说,反形象思维论所起的作用也不可忽视。

这一畸形的创作倾向,也是直到"文革"结束之后,才得到纠正的。但因为当初对于形象思维论,是作为反马克思主义的认识论来批判的,所以翻案也必须从政治上寻找依据,否则还翻不过来。于是人们找出了毛泽东在1965年7月21日给陈毅的一封谈诗的信,里面说到"诗要用形象思维",于是,学者们据此大做文章,关于形象思维问题的讨论再次成为学术热点。

形象思维论的案子,在理论上已经翻过来了——当然还有理解上的深化问题;但在创作实践上所起的作用到底如何,却还是一个疑问——因为这还要看政治对创作的干预和影响的情况而定。

（五）人道主义问题

前面说过，胡风用"人道主义"来解释"社会主义的根本精神"时，曾引用过高尔基关于文艺是"人学"的话。无独有偶，两年之后，钱谷融发表在《文艺月报》1957年第5期上的文章，就叫《论"文学是人学"》，也是从高尔基的话出发，来谈人道主义问题的。他认为现实主义文学的基本精神，就是人道主义。这篇文章当时影响很大，但随即就受到批判。这种批判，还涉及人性、人情问题，同时受到批判的，还有巴人的《论人情》和王淑明的《论人情与人性》。当时有一篇小说叫做《达吉和她的父亲》写得人情味较重，在改编电影时，也要把情节改变，将亲情冲淡；后来把《早春二月》和《北国江南》等电影拿出来批判，也因其写了人情和人道的关系。而且，还要把这种批判扩大到国际范围，人民出版社出版过三卷本的人道主义与人性论问题的译文，就是作为反面资料的；对苏联电影《第四十一》和《一个人的遭遇》的批判，也与此有关。

但是，对人道主义批判的结果，却促使兽道主义的泛滥，而且在"文化大革命"中得到了恶性的发展。这不能不引起人们的反思。所以在"文革"结束之后，人道主义问题又被重新提了出来。在理论上可以王若水为代表，从1979年起，他陆续发表了《关于"异化"的概念》《谈谈异化问题》《文艺与人的异化问题》《人是马克思主义的出发点》《为人道主义辩护》等文章，引发了人道主义研究热潮；在创作上可以戴厚英为代表，她在1980年11月出版了长篇小说《人啊，人！》，呼唤人道主义的回归。戴厚英是钱谷融的学生，在1960年中国作家协会上海分会批判资产阶级文艺思想的49天会议上，以批判她老师的人道主义思想而出名，但经过"文革"的磨炼之后，她从现实出发重新认识人道主义问题，却由批判者变为宣扬者。在这本小说的"后记"里，她回顾了这一变化的心路历程，说她再也不愿做"驯服的工具"，而要实现自己"人"的价值。"一个大写的文字迅速地推移到我的眼前：'人'！一支久已被唾弃、被遗忘的歌曲冲出了我的喉咙：人性、人情、人道主义！"戴厚英思想的转变，本身就具有时代意义。

不过，人道主义和异化，在当时还是一个禁忌的问题，所以王若水和戴厚英马上就遭到了批判,而且批判的规模很大。但时代毕竟不同了,这种大规模的批判不但没有批倒王若水和戴厚英,而且使他们的名声大振,人道主义思想也传播得更广了。就连当年批判胡风文艺思想的主持人、后来还曾牵头写批判人道主义文章的周扬,也在马克思诞辰的纪念文章《关于马克思主义的几个理论问题探讨》里,肯定了马克思主义与人道主义的关系,于是也受到了批判,使得他从此一病不起。这真是历史的悲剧。

此外,改革开放之后提出来的一些新理论,如文学的主体性问题、启蒙与救亡的关系问题,看似全新的思维,其实也与胡风思想有着牵连。

主体性问题是李泽厚先从哲学上提出来的,刘再复将它引到文学领域,引起了广泛的注意。因为是一种新理论,所以有些老先生搞不懂是什么意思。听说有一位老先生惴惴的向一个中年学者发问道:什么叫主体性?这位中年学者直截了当地说:就是胡风的主观战斗精神!老先生说:哦,我懂了!这虽然近于笑话,但倒也很能说明问题。当年批判胡风的"主观战斗精神"理论,就是要作家放弃个性主义,放弃独立思考,而做一个"驯服的工具";现在李泽厚、刘再复提倡主体性,也就是要人们摆脱"驯服工具论"的束缚,发扬自己的主观精神。

启蒙与救亡的关系问题,也是李泽厚提出来的。他的《中国现代思想史论》中有一篇文章就是《启蒙与救亡的双重变奏》,认为在五四以后救亡压倒了启蒙。这被看作是一种危险的言论,但说的却是事实。有人反驳他的意见说:救亡本身就是一种启蒙工作,两者并不矛盾,何来压倒之说?这是做概念游戏。实际上,当救亡工作成为政治运动之后,政治的需要就压倒了启蒙的要求。其实也还是鲁迅所说的"文艺与政治的歧途"。胡风在《论民族形式问题》和《论现实主义的路》等著作里,要求文艺从某种政治需要中摆脱出来,回到五四启蒙精神中去。他的语言虽然较为曲折,但他的思想是很明确的。他对老友巴金说明自己受批判的原因,是为知识分子多说了几句话,即是此意。

还有,胡风在《三十万言书》第四部分《作为参考的建议》里,对于"文学运动的方式"的建议,如取消所谓"国家刊物""领导刊物"或"机关刊物",而建立主编负责制的刊物；在三年内逐渐废除供给制和薪金制，作家达到以劳动报酬自给，刊物达到企业化或半企业化，等等。这就是文学工作的体制改革问题。从1957年鸣放时期作家所提的意见看，从改革开放之后文联、作协的种种改革方案看，我们不能不惊叹胡风思想的前瞻性。只是由于实际利益的关系，这种体制改革至今还收效甚微。

当然，并不是说后来这些理论家都是从胡风的论著里得到启发，才提出这些理论的。他们大抵是由现实状况所触发。而提出问题的，有些也因得到当时苏联文艺理论变动的启示，后来有些人又受到西方理论的影响。但从这里，我们也可看出，胡风理论思维的敏锐性和理论观点的正确性。

正因为他敏锐，所以很早就看出了问题，正因为他看得准确，所以才打而不倒，批而不臭，能够经得起实践的检验。

原载《上海大学学报（社会科学版）》2013年第3、4期

"给他们许多话":胡风、路翎与鲁迅传统

郜元宝

路翎在《财主底儿女们》①"题记"中说:

> 我特别觉得苦恼的是:当我走进了某一个我所追求的世界的时候,由于对这某一个世界所怀的思想要求和热情的缘故,我就奋力地突击,而结果弄得好像夸张、错乱、迷惑而阴暗了:结果是暴露了我的弱点。但这些弱点,是可以作为一种痛苦的努力而拿出来的;它们底企图,仅仅是企图,是没有什么可以羞愧的。我一直不愿放弃这种企图,所以,也由于事实上的困难,就没有再改掉它们。

当我们的目光投向重庆以胡风为中心的一批同样年轻的作者群时,所能获得的印象,恰如路翎所自供的,确实满是"夸张、错乱、迷惑而阴暗",而且也诚如路翎所说,他们自己已经意识到语言上的这种面貌乃是某一种弱点的表现,但他们认为这是一种有根据、有传统支撑因而是合法的弱点,一点儿也不感到"羞愧"。

试看《财主底儿女们》的开头:

> 一·二八战争开始的当天,被熟人们称为新女性和捡果子的女郎的,年青的王桂英,从南京给她底在上海的朋友蒋少祖写了一封信,说明她再

---

① 路翎《财主底儿女们》,人民文学出版社2000年版。

也不能忍受旧的生活，并且厌恶那些能够忍受这种生活的人们；她，王桂英，要来上海，希望从他得到帮助。等不及得到回信，王桂英就动身赴上海。因为停在下关的日本军舰炮击狮子山炮台的缘故，熟人们都下乡避难去了，王桂英没有受到她所意料的，或是她底强烈的情绪所等待的阻拦。

只是一个简单的事件，但作者渴望在叙述过程中充分掌握这个事件中人物的复杂处境与同样复杂的心理，他还希望充分表现自己对这些事件、处境和心理的认识与评价。他要把所有这些内容纳入集中而有力的形式中，一口气说出一个完整的世界而毫无遗漏。因此句子就不得不无休止地拉长，毫不顾及小说的叙事口吻是否符合日常说话的习惯，毫不顾及遣辞造句是否符合汉字的规律及其所能负荷的极限，经常不惜将平常的汉语拉长、填满、撕裂、变形。与赵树理的质朴明快和张爱玲、钱锺书的丰美柔和相比，路翎的语言就显得特别乖张了。

再看第十四章第一节如何描写蒋秀菊在订婚期间的宗教体验：

> 她向蒋淑华表露过这些她自己也觉得不可能的思想，企图证明它们是可能的。生病的蒋淑华激烈地讥笑了她。蒋家底姊妹们都认为蒋秀菊已经到了抛开"鬼知道是什么把戏"的基督教的年龄了。蒋淑华和沈丽英都是曾经——那还是孙传芳的时代——接近过这种"鬼知道是什么把戏"的基督教的。沈丽英快乐地说："你看，什么基督教！"在说话的时候她看了看自己底身体，向蒋秀菊证明，在她底身上，是没有什么基督教的。
>
> 蒋秀菊本能地看了她底身体，当然，她并不想在她身上找到基督教。在那油渍的、半截袖子的蓝布袍子上，是找不出基督教来的，在那兴奋得发红，然而愁苦的，常常掩藏着羞耻的脸上，是找不出基督教来的；沈丽英自己觉得这是非常值得快活的，但蒋秀菊，在一种内心底感动下，呆呆地站住了。

这是典型的路翎式的对人物心理以及更加缥缈虚幻的人物灵魂状态直接而粗暴的呈现。路翎总是这样撇开人物行动、交往、冲突而颠顶地"突入"他们的内心,强制性地写出每个人物身体里面的秘密。这种"突入"不仅使叙事部分显得薄弱、零碎、僵硬乃至多余,而且几乎超出每一个人物在现实中可能具有的说话能力。许多时候并不是人物根据自己意识和语言能力在说话,而是作者越俎代庖替人物诉说。这种诉说不仅从根本上破坏了叙事的节奏与真实性,也从根本上改变了人物的说话方式,将一种语言的不可能变成可能。

比如他对西安事变中蒋少祖思想变化的描写:

> 他觉得他是被什么一个巨大无比的东西拖得太久了;他觉得他是受了希望底哄骗;他觉得,这样匆匆地、盲目的奔跑,是不必的;他觉得他已经经历过人类所有的一切了。他渴望安息,渴望一种不明白的东西。——就是说,他渴望人世底更大的赐予,这个赐予是不可能的。他想:拿破仑也未曾得到过这种东西。

> 人类底各种思潮,和内心底叛逆的感情,是智识者底弱点。蒋少祖觉得反抗当代底一切是他底义务,并且,是他底权利——他觉得他是神圣的,光明在他内心照耀。另一些时候,他觉得他是错误的,然而相信这种错误是行动所必需的;他找到了更高的审判,摒绝了内心底审判。就在这些旋涡里,他匆匆地生活了十年。中国没有替他铺好平坦的道路。

在路翎的语言中,偶尔也能看到一点文言的因子,但绝不像朱光潜所说,是为了顺应文言到白话的"历史的赓续性",更不是为了通过文言的借用和化用显出语言的多层次的典重渊雅,而纯粹是偶一为之的挪用。

口语的运用也有,但或许比文言更加稀少,更加突兀。即使在《饥饿的郭素娥》《蜗牛在荆棘上》两篇描写矿工、贫女、农民和士兵的小说中,口语也并不占有什么重要地位。这样撇弃口语的做法,即使在朱光潜看来也是大逆不道的吧,何况作者身处左翼文学的阵营。这确实是一种特殊的左翼,拥有自己特殊的关于语言的思考。

在路翎小说中,真正起主导作用的是大胆的欧化。但,路翎的欧化并非熟悉西方语言的学者型作家有意用西方语言的语法结构和组词方式对自己同样熟悉的汉语言文字进行系统的改写,如鲁迅所做的那样。路翎的欧化,也绝对不是傅斯年当年所提倡的所谓"直用西洋文的款式,文法,词法,句法,章法,词枝(Figure of Speech)——一切修辞学上的方法,造成一种超于现在的国语,欧化的国语,因而成就一种欧化的国语的文学"。如果说路翎小说语言存在着某种极端的欧化,那只不过是表面印象而已,实际上,用路翎自己的话来说,那主要是因为他"走进了某一个我所追求的世界的时候,由于对这某一个世界所怀的思想要求和热情的缘故,我就奋力地突击"。在这里,欧化不是对西洋语言文字的模仿,而是作者表达自己所经历的与所思考的"世界"的一种现成在手边的必须的凭借。他不得不用这种不自然的语言来奋笔疾书,否则在他自己看来倒反而显得不自然了。路翎的不自然,并不等于欧化,虽然欧化的国语在外表上往往也显得很不自然。

作为青年作家路翎的导师和庇护者,胡风不仅在私人交往中鼓励作家在这条充满痛苦的纠缠的语言仄路上勇敢前行,他也在公开的文艺思想的论辩中为路翎的语言探险提供理论支持。某种程度上,这也是胡风的自我辩解。作为一个鲁迅之后左翼文坛重要的批评家和文学组织者,胡风本人的语言就有几乎和路翎同样的"不肯大众化"的特点[①],他对《财主底儿女们》的总体把握就充分显示了他的语言个性:

> 在这部不但是自战争以来,而且是自新文学运动以来的,规模最宏大的,可以堂皇底冠以史诗的名称的长篇小说里面,作者路翎所追求的是以青年知识分子为辐射中心点的现代中国历史底动态。然而,路翎所要求的并不是历史事变底记录,而是历史事变下面的精神世界底汹涌的波澜和它们底来根去向,是那些火辣辣的心灵在历史运命这个无情的审判者面前搏斗的经验。真实性愈高的精神状态(即使是,或者说尤其是向着未来的精

[①] 鲁迅临终前为胡风辩护,谈到胡风的"缺点",除了"神经质,繁琐,以及在理论上的有些拘泥的倾向",就还有"文字的不肯大众化"。(鲁迅《答徐懋庸并关于抗日统一战线问题》,见《鲁迅全集》(6),人民文学出版社1981年版,第535页)

神状态),它底产生和成长就愈是和历史的传统、和现实的人生纠结得深,不能不达到所谓"牵动葫芦根也动"的结果,那么,整个现在中国历史那个颤动在这部史诗所创造的世界里面,就并不是不能理解的了。

令人惊讶的是,无论自我辩解还是为路翎不惜陈辞,胡风在语言上所寻求的传统资源都是"五四"以来的白话文。他不仅如此追认前驱,还要自封为前驱的嫡传,也就是说,在胡风看来"五四"所展开的语言道路按照其合乎逻辑的延伸,必然抵达他和路翎所站立的位置。

如果说"白话文"的"话"的部分的充量发展抵达了赵树理、孙犁,"白话文"的各种可能采取的因素的"融合","以口语为基本,再加上欧化语,古文,方言等分子,杂糅调和,适宜地或吝啬地安排起来"①,抵达了钱锺书、张爱玲,而"白话文"的"欧化"成分被推向极致,就抵达了胡风与路翎。不过我仍然觉得有必要加以强调,所谓被推向极端的欧化其实已经不是真正的欧化了,而是超乎欧化之上的另一种语言的生造。这是需要进一步来探讨的一种确实非常奇特的语言现象。

四十多年以后,路翎在一篇文章中生动地回忆了他和胡风之间关于语言的讨论。这确乎是两个心心相印的朋友之间关于现代汉语的一场别开生面的探讨:

> 又谈到语言的问题。胡风说,我的小说采取的语言是欧化的形态,在这一方面曾有过很多的争论。我小说人物的对话也缺少一般的土语,群众语言。他说,他隔壁的朋友向林冰就说过,我写的工人,衣服是工人,面孔、灵魂却是小资产阶级。还说:"人物缺少或没有大众的语言,大众语言的优美性被你摒弃了,而且大众语言是事实,你不尊重事实了。"我说我的意见是,不应该从外表与外表的多量取典型,是要从内容和其中的尖锐性来看。工农劳动者,他们的内心里面是有着各种各样的知识语言,不土语的,但因

---

① 周作人《〈燕知草〉跋》,见钟叔和编《知堂序跋》,岳麓书社1987年版,第317页。

为羞怯,因为说出来费力,和因为这是"上流人"的语言,所以便很少说了。我说,他们是闷在心里用这思想的,而且有时候也说出来的。我曾偷听两矿工谈话,与一对矿工夫妇谈话,激昂以来,不回避的时候,他们有这些词汇的。有"灵魂""心灵""愉快""苦恼"等词汇,而且会冒出"事实性质"等词汇,而不是说"事情""实质"的。当然,这种情况不很多,知识少当然是原因,但我,作为作者,是既承认他们有精神奴役的创伤,也承认他们精神上有奋斗,反抗这种精神奴役的创伤的。胡风便大笑了。喜欢大笑也是他的特征。我说,我想,精神奴役创伤也有语言奴役创伤,反抗便会有趋向知识的语言。我说,我是浪漫派,将萌芽的事物夸张了一点。胡风又大笑了。我还说,在语言奴役创伤的问题里,还有另外的形态。负创虽然没有到麻木的程度,但因为上层的流氓、把头、地痞性的小官与恶霸地主,许多是用土语行帮语,不用知识语言,还以土语行帮语为骄傲;而工农不准说他们的土语,就被迫说成相反的了。劳动人民他们还由于反抗,有时自发地说着知识的语言。胡风赞成我的见解,他说,这样辩论很好。

  胡风告诉我,向林冰说我的小说中的人物有着精神上的歇斯底里。我说,"唐突",突击的时代我要寻找往前进的唐突与痉挛,因为时代和人的心理都有旧事物的重压,所以有这种唐突与痉挛;沉滞的时代我也寻找,这种重压在沉滞的时代更多些。但歇斯底里,唐突,是一个爆发点,社会总是在冲突中前进的,而反面人物的唐突,也说明他心中的和环境的激战点。胡风十分赞成我的想法。他说,他也是这么说的。这也是我在后来关于描写矿场、工厂生活和农村生活题材的作品《饥饿的郭素娥》给胡风的信里说的,我要在作品里"革"生活的"命"。①

  即使当作纯粹个人的交往来看,这段回忆也足够迷人的了。但事实上,这

---

① 路翎《一起共患难的友人和导师——我与胡风》(1989年4月23日),原载晓风主编《我与胡风——胡风事件三十七人回忆》,宁夏人民出版社1993年版;转引自鲁贞银、张业松编《路翎批评文集》,珠海出版社1998年版。

绝不是两个朋友之间围绕语言的相互激励和彼此肯定,而牵扯到中国现代文学语言发展过程中所面临的一个根本问题,就是如何理解"五四"所开辟的现代白话文的道路。不过,这里所涉及的问题,已经不是单纯的白话文的"质素"和构成,而是白话文作者的立场和出发点。也就是说,不是白话文的材料,而是无论运用哪一种白话文的材料的主体的位置问题。

在胡风看来,由鲁迅开创的"五四"白话文运动,"不但创造了和二十多年来的民族斗争过程相应的'民族形式'的作品建立了一个伟大的传统,不但是千万的多少有文化生活的人民所共同享用的文字,而且,它底基本的语汇和语法也是大众口头语言底基础的部分",胡风显然也承认"五四新文艺底语言"需要吸收方言土语,但他坚持认为方言土语进入"五四新文艺底语言"必须经过"一个长期的艰苦的斗争过程","人民(大众)底口头语言非经过现实主义底选炼和提高,也不能在文艺创作里面获得高的艺术力量",他指责那些"完全模仿文盲大众底口头语言"的人们,乃是"对于语言底落后性——自然生长性的投降理论",他就是这样"不肯大众化",就是这样彻底否定了认为大众语言就是新的民族形式中心源泉的主张。

在这个问题上,鲁迅的一段话无疑给了胡风最有力的支持,也正是这段话,使胡风终于摆脱了在材料的意义上与民族形式中心源泉论者的纠缠,而把问题清楚地归结到创作主体的语言位置与语言权力上来:

> 在乡僻处启蒙的大众语,固然应该纯用方言,但一方面仍然要改进。譬如"妈的"一句话罢,乡下是有许多意义的,有时骂骂,有时佩服,有时赞叹,因为他说不出别样的话来。先驱者的任务,是在给他们许多话,可以发表更明确的意思,同时也可以明白更精确的意义,如果也照样地写着"这妈的天气是妈的,妈的再这样,什么都要妈的了"。那么,于大众有什么益处呢?①

---

① 鲁迅《且介亭杂文·答曹聚仁先生信》,见《鲁迅全集》(6),第77页。

胡风在许多地方一再强调,方言土语进入文学语言必须遵循现实主义的原则,甚至要在现实主义的允许下才能成为有生命的文学语言。这里无须系统地介绍胡风的现实主义理论,他自己在40年代末完成的长文《论现实主义的路》中也反复声明他所遵循的现实主义道路乃是卑微者备受误解、充满泥泞的荆棘之途。这里只需指出,在胡风的现实主义文学理论中,关键一条就是坚持由鲁迅所开创的知识分子和先驱者的启蒙立场,而这在语言上就不得不表现为绝不迁就作为对象的人民大众的口头语言,必要时可以像鲁迅所说,知识分子叙述者完全可以"给他们许多话",使人民大众"可以发表更明确的意识,同时也可以明白更精确的意义"。

在胡风看来,鲁迅这段话是要给人民大众带来"益处"的,并不是像延安的理论所批评的那样,高居于人民大众的口头语言之上,不尊重人民大众的口头语言,自以为是地恩赐给人民大众他们根本不熟悉也与他们无关的陌生的欧化语言。

无论胡风还是路翎都认为,同情和尊重人民大众,确实要同情、尊重并且熟悉人民大众的语言。在这个原则问题上,他们和《讲话》并不矛盾。但他们认为,如果仅仅停留在原则上或者对原则作机械的理解是不够的。如果不能进而同情、尊重和熟悉人民大众在表达自己的时候所陷入的语言的困难,所一直背负的"语言奴役创伤",而只是简单地借用人民大众自然形态的口头语言,还因此沾沾自喜,那就根本谈不上熟悉、尊重和同情他们的语言了。恰恰相反,如果不突破人民大众的语言的困境,如果不"给他们许多话",如果不向处于"语言奴役创伤"中的人民大众伸出知识分子的语言的援助之手,那就会听任人民大众的灵魂一直被囚居在粗鄙的"国骂"中,于他们并无益处。

所以,无论胡风还是路翎都坚决反对用方言土语、民间形式作为新的民族形式的中心源泉,坚决反对用方言土语作为人民大众的生活的自然的界限。他们的工作,恰恰是要拆毁围困人民大众生存和灵魂的这条自然的语言界限,让知识分子和人民大众超越现成的各种伤害性与禁锢性的语言界限,用他们实际并不具备的语言来自由地交流。他们的小说叙述和理论阐述的语言之所以扭曲、紧张、夸张、变形、痉挛甚至阴暗,就因为他们的目标根本上乃是寻求一种超级语言,这种超级语言在他们看来是真正贴近知识分子或人民大众的灵魂,并非简单的"欧化"两字所能概括。

实际上,在路翎小说中,不仅要给人民大众"许多话"(正如鲁迅可以让阿Q"引经据典",路翎也让他笔下的农民、矿工、贫女、兵士口吐知识分子的思考性语言),而且还要给那些知识分子甚至领袖人物"许多话",而这"许多话"甚至并不一定落实为语言文字,而呈现为路翎自己所理解的更能够贴近这些人物灵魂的超级语言。

比如他写陈独秀和蒋少祖会见的情景:

> 陈独秀在衣袖里拢着手,无表情地看着他,然后飞速地环顾,好像觉得身后有什么东西。
>
> "我不坐。你底文章我看到了!很好,很好!"陈独秀大声说;陈独秀毫未寒暄,开始谈话,在房里疾速地徘徊,从这个壁角跑到那个壁角,显然他内部有焦灼的,不安的力量在冲击,并显然地企图控制它。当他第二次走过蒋少祖身边的时候,蒋少祖注意到,他底锐利的小眼睛里的寒冷的,凝固的光芒已被一种热燥的,劣性的东西所代替,而他底眼角强烈底搐动着。蒋少祖不得不注意到这个人底内部突击着的那种刚愎的,热燥的力量了。

胡风在为《财主底儿女们》所写的"序"里说,路翎"汲取甚至征服着几个伟大的作家(特别是 L. 托尔斯泰)底现实主义",这个现实主义的精髓则是"用着最高的真诚向现实人生突进,把人生世界里的真实提高成艺术世界里的真实"。路翎在描写陈独秀的说话作风时,就自以为"突进"到了他的"内部",抓住了如果单纯记录人物语言就肯定抓不住的灵魂的秘密。这个秘密不仅高于"人生世界的真实",在存在和表达的形式上也高于"人生世界"的真实的言语,作者因此不得不超越真实的言语,而乞灵于那种可以随时"突进"人物"内部"的超级语言。

路翎因为大胆地追求这种超级语言,所以他在描写汪精卫与蒋少祖会见

时,就很自然地抛开两人之间实际的交谈,另外为他们设计了一套超乎言谈之上的"密语的方式":

> 他,汪精卫,明了自己底地位,明了蒋少祖。他使蒋少祖获得快乐,他谄媚自己;他底心需要无穷的养料。他在每一个人身上看出对自己的热爱;他生来便会做戏,蛊惑到别人和自己。但时常他底恶劣的阴冷的心情,好像地窖里的冷气,在他底脸上显露了出来……他做了一个手势:他欠腰,以密语的方式说。
>
> 蒋少祖严肃底望着他。蒋少祖安静了,良心和自尊心相结合,在他心里抬起头来。他清楚地感觉到,汪精卫是希望着和他底正直的生涯相违反的东西,他蒋少祖不能满足是汪精卫。他清楚地,有力地意识到潜伏着的,将要来临的政治底风暴,在这个风暴里,指示,并主持着他的,将是他的良心。
>
> ……
>
> 汪精卫显然很懂得蒋少祖。汪精卫垂下眼帘,轻轻地抚摸他底洁白的,柔嫩的小手,脸上有了冥想的,犹豫的烦恼的表情。汪精卫显得疲乏,异常疲乏,他底冥想是如此地深沉起来,以至于未觉察到蒋少祖底动作。

蒋少祖和陈独秀、蒋少祖和汪精卫在密室会晤,却并不说话。实际上,他们如果开口说话,就反而无法表达路翎要他们表达的丰富内容。路翎干脆剥夺了他们正常说话的权利,另外赋予他们一种精神密语的奇异功能。鲁迅所谓"给他们许多话",在路翎这里不仅是给人物与其身份不合的跨越阶级和阶层的谈话内容,而且从根本上改变了人物语言:让他们闭上嘴巴,由灵魂直接"以密语的方式"彼此进行沉默无声的超语言的交流。路翎的小说许多地方因此好像又回到了默片电影的时代。

如果说胡风、路翎所追求的是一种理想状态的超级语言,注定要被新的现实的要求所抛弃,那么赵树理、孙犁、钱锺书、张爱玲和穆旦的语言何尝不是为一种理想所催生,何尝不在后来的发展中随着现实的波动而变化。赵树理、孙犁的语言传统至迟在20世纪80年代以后就少有继承者了。穆旦的诗语后来也渐趋质朴平缓。至于钱锺书和张爱玲,一个彻底回到了文言世界,一个则对方言土语发生了越来越浓厚的兴趣。

语言总是流动。但是,在某个特殊的历史阶段,因为那些影响语言的各种观念因素的凑合,总会形成某些相对稳定的风格。比如我们这里考察的1942年及其前后,就是中国文学语言的一次短暂的凝定。

这样说来,语言的创造确实要经过作家个体的陶冶,而语言的整体走向却始终取决于看不见的历史巨手。

节选自郜元宝《1942年的汉语》,原载《学术月刊》2006年第11期

与名教相搏:以鲁迅与胡风的经验为中心

金　理

一、现代名教、"伪士"、"航空战士"

中国古代,"名教"一般指的是以正名定分为主的封建礼教。近现代以降,谭嗣同①、章太炎②等人持续批判纲常名教,而到了冯友兰③和胡适④这里,逐渐将"名教"表述为"崇拜名词的宗教""信仰写的字有神力,有魔力的宗教"。本文的讨论即从这里开始。⑤

---

① 1896年,谭嗣同在《仁学》中明确地用"以名为教"来表述名教的实质并揭示其中可怕的命定论色彩对人实际生活与实践的压制。
② 1908年,章太炎在《排满平议》中揭示"殉名"的危害,"殉名"可以理解为以身殉名教。同一年在《四惑论》中又批判"以论理代实在"。参见《章太炎文选》,上海远东出版社1996年版。
③ 冯友兰在《名教之分析》中说:"所谓名教,大概是指社会里的道德制度,与所谓礼教的意义差不多。"这仍然是"名教"的基本义,但冯友兰同时指出:"在实践方面,概念在中国,却甚有势力。名教、名分,在中国有势力。名所指的就是概念。"进而将守节、殉夫这种中国历史上"不合理的事情",归咎于"屈服于名、概念"。参见冯友兰《名教之分析》,原载《现代评论》第二周年纪念增刊,1927年版;引自《三松堂全集》第11卷,河南人民出版社2000年版。
④ 胡适在《名教》一文中将冯友兰的意思理解为"'名教'便是崇拜名词的宗教",进而直截了当地说:"'名教',便是崇拜写的文字的宗教;便是信仰写的字有神力,有魔力的宗教。"这里对"名教"概念的理解、对名教危害产生因由的分析,完全已与本文论题相合。参见胡适《名教》,《胡适文存》(3),黄山书社1996年版。
⑤ 关于"现代名教"相关概念的阐述,可参详拙作《在伪士与名教的围困中突围》,《当代作家评论》2009年第4期;《现代名教的界定与成因》,《渤海大学学报》2009年第4期;《"名教"的现代重构、讨论方法及其批判意义》,《东吴学术》2010年创刊号。

名教是指"崇拜名词的宗教",借赫尔岑《法意书简》中的话,即对名词符号的"强迫的敬重",而这样的"敬重将会限制一个人,将会狭隘其自由","这就是拜物",即名词符号的"拜物教"①。语言学家陈原在论述"语言拜物教"时说:"把人的任何一句话都说成是不可改变的,必须照办的'神示',那就是语言的物神化。只有'神示'才能句句照办。但现代社会没有神,所以也就不可能有'神示'。迷信是不能产生力量的。"②与此"语言拜物教"(或米尔斯所谓的"概念的拜物教"③)、"语言的物神化"相类,现代名教本质上是一种迷信。

　　无疑,名教膨胀的相关背景是清末以来中国持续经受的"名词爆炸""主义风行"。胡适明确揭起了名教批判这一中国现代思想文化史上极具意义的事件,对"名教"问题的关注是胡适思想与实践过程中贯穿始终的重要脉络。④然而,我们必须注意到的是胡适在反省新思潮时所标明的方向:他反对的是"空空荡荡、没有具体的内容"的名词、符号世界(这个世界我们叫作"现代名教"),而并非在笼统的意义上反对一切标语口号、主义和学说。显然,胡适也承认"名词是思想的一个重要工具",在其哲学史研究中也曾借荀子等儒家的观念来表述"名"在人类社会中的功效:"名是知识和社会交际不可缺少的工具。名是唯一的交际手段、表达手段、文化媒介、教育工具和通常治理社会、国家的工具。"⑤他揭起名教批判为的是"使这个工具确当,用的有效"⑥,而并非破除"名"。故而,

---

① 赫尔岑《法意书简》:"人惟不屈物以从其理,亦不屈己以就物,始可谓自由待物;敬重某物,如果不是自由的敬重,而是强迫的敬重,则此敬重将会限制一个人,将会狭隘其自由……这就是拜物——你被它压服了,不敢将它与日常生活相混。"转引自以赛亚·伯林《赫尔岑与巴枯宁论个人自由》,《俄国思想家》,彭淮栋译,译林出版社2001年版,第110页。
② 陈原《语言与社会生活》,生活·读书·新知三联书店1980年版,第47页。
③ 他所建构的社会秩序模型是某种放诸四海而皆准的模型;因为他实际上把他的这些概念奉为神明了,此即"概念的拜物教"。参见C.赖特·米尔斯《社会学的想象力》,陈强、张永强译,生活·读书·新知三联书店2001年版,第37、50页。
④ 金理《胡适"名教批判"论纲》,《现代中文学刊》2011年第6期。
⑤ 胡适《先秦名学史"第四编·进化和逻辑"》,姜义华《胡适学术文集·中国哲学史(下)》,中华书局1991年版,第896页。
⑥ 胡适《今日思想界的一个大弊病》,《独立评论》1935年5月第153号。

我们的论述应在一个辩证的结构中展开：反抗现代名教并不是指打破、弃绝"名"的所有形态——言说、概念、理念、主张、学说、主义……就此归于沉默不言，果如是，人们可能就丧失了彼此交流的人类公共平台（如果"名教"只是指名词概念，那么诚如刘大白的提醒："人类是没法自外于'名教'，逃不出'名教'老先生底手掌心的。"①）；也就是说：我们讨论的"现代名教"，是在一个由"名"引导的世界中的一种形态，这种形态是极端的，或者说是有危险的。

我们不妨先考察现代名教的运作机制，只有这样，才能更深入地理解其内涵。鲁迅用"'符咒'气味"来形容"立名为教"、对名词符号的"拜物教"："新潮之进中国，往往只有几个名词，主张者以为可以咒死敌人，敌对者也以为将被咒死。"②由此，揭示出现代名教的神秘性与权威性，及其所潜藏的危险。用胡风的话来说，"他们把思想概念当作一面大旗，插在头上就可以吓软读者的膝盖。旗子是愈高愈好，于是他自己也就腾空俯视了"。"腾空俯视"，即是指通过"思想概念"，把个人从其周围的世界中抽离出来，所以"抢夺思想概念"每每与"脱离生活"相联系。③身陷名教的个人无视、甚至排斥他原本所置身的生活世界与历史实践中的真切经验，转而崇拜、迷信"名的万能"与"神力"。

"信仰名的万能"包含着的另一种祈求为："招牌一挂就算成功"④，可以对具体问题进行"创世记式"地解决。笃信抽象的名词概念，必然最终沦陷为对所谓"绝对真理"与"终极教条"的迷信，由此直接导致脱离了历史、社会发展进程中的实践性。现代名教所衍生的这种近似于宗教般的、对抽象符号、理论原则的信仰，以及尝试用这一符号（或曰原则）来一劳永逸、以偏概全地解决问题的奢

---

① 刘大白《〈白屋文话〉自序》，《胡适文存》（3），第527页。刘大白付印《白屋文话》后，胡适写有《跋〈白屋文话〉》以作评论，刘大白读后又有《〈白屋文话〉自序》提出商讨意见，该文作为附录收入《胡适文存》。

② 鲁迅《现代新兴文学的诸问题·小引》，《鲁迅译文集》（5），人民文学出版社1958年版，第359、360页。

③ 胡风《今天，我们的中心问题是什么？》，《胡风全集》（2），湖北人民出版社1999年版，第614页。

④ 鲁迅《今春的两种感想》，《鲁迅全集》（7），人民文学出版社2005年版，第408页。

望,恰是对"活的现在"、人的实践与精神自由的戕害。恩格斯曾批评道:"对德国的许多青年作家来说,'唯物主义的'这个词只是一个套语,他们把这个套语当作标签贴到各种事物上去……就是说,他们一把这个标签贴上去,就以为问题已经解决了。"①恩格斯的话让我们联想起胡风曾经对陈家康《唯物论与唯"唯物的思想"论》一文推崇备至,认为陈用"唯'唯物的思想'论"来形容教条主义的实质是"一个天才的提法"②。类似"唯……论"的提法,往往凝固成拒绝向实践开放的强势意识形态,封闭、垄断对变动不居的现实的解释。胡风显然敏感到了立"名"为教、唯"名"是举中暗藏的危险。

综上,"名教"本来特指以正名定分为主的封建礼教。本文的论述依据和起点是"名教"概念的历史流变尤其是现代人在具体表述中赋予"名教"的新内涵:首先是名不符实,即"名"对"实"进行脱离、扭曲、侵吞乃至伤害的现象,人沉溺在空泛的符号中,逐渐脱离了对生活直观、真切感受;其次,它指向一种"崇名"(或曰"名词拜物教")的消极思维方式,即满足于空泛的名词游戏,或者脱离具体问题、具体语境而发表一些空洞的言论,甚或"借名""盗名"以徇私自利,最终,这种迷信会沦为一种近似于宗教信仰般的教条主义。

鲁迅曾深入揭橥过不同"名教"的本质,每为名教所苦,恍如跌入"文字游戏国"。中国的"名"(口号、标语、说辞、主义等),往往游离于"想"和"做"的实际之外,自行扩张,不受实际制约,"一切总爱玩些实际以上花样,把字和词的界说,闹得一团糟"③。此处的"文字游戏国"从本质上说就是"名教之国"。鲁迅和胡风曾分别用"无物之阵"④和"花纹繁复的一圈叫不出名目的墙"⑤来形容名教之国,看似一派"花纹繁复"的美丽景象,"头上有各种旗帜,绣出各样

---

① 恩格斯致康·施米特(1890年8月5日),《马克思恩格斯选集》第4卷,人民出版社1972年版,第475页。
② 胡风《关于乔冠华》,《胡风全集》(6),湖北人民出版社1999年版,第503页。
③ 鲁迅《逃名》,《鲁迅全集》(6),第409页。
④ 鲁迅《这样的战士》,《鲁迅全集》(2),第219页。
⑤ 胡风《死人复活的时候》,《胡风全集》(3),第128页。

好名称"，但"名"的膨胀、过剩实则导致了"名"的耗尽、异化。名教把原先的"实名""真名"蛀成了"空名""假名"，使人们对一切"名"失去信心的，恰恰是名教。

鲁迅在早年的文章中将被名教所俘获的奴隶称为"伪士"，他们不停地制造种种时髦言论（"腾沸于士人之口"），却不具任何建设性，反而沦为喧嚣的"恶声"（参见《破恶声论》）。"伪士"在胡风那里有一个对应的称呼，即"航空战士"，整个1940年代，"抢夺思想概念"的"航空战士"形象反复在胡风脑海、笔端出现，比如"驾着概念的飞机在现实的上空腾云驾雾"①"急于坐着概念的飞机去抢夺思想锦标的头奖"②"坐着概念的飞机在现实人生的上空掠过"③"骑在思想的原则性上面腾空而上"④······"伪士"与"航空战士"其实是一类人，他们迷信、热衷于炮制、抢夺思想概念，同时助长了名教的生成。

二、"破名"的意义

在现代中国，"名"（各种主义、学说······）的创制，即新的字词符号及其所代表的崭新的概念、内容的出现、撒播，大抵离不开一个翻译、引介西方现代思想知识的过程。问题的特殊性却在于，它是"一个离开了中国近代化问题就不存在"⑤的问题（由此也可明了与"伪士"相关的何以是一种"现代"形态的名教）。具体而言：我们所接受的主义、学说，大多产生于西方历史发展中；而在中国与亚洲，却往往缺乏产生这些学说、思想与价值的基础和条件等。在这种情况下，"伪士"往往应运而生。伊藤虎丸对"伪士"有精当的概括："'伪士'之所以'伪'，

---

① 胡风《一个要点备忘录》，《胡风全集》（2），第634页。
② 胡风《如果现在他还活着》，《胡风全集》（2），第669页。
③ 胡风《人道主义和现实主义的道路》，《胡风全集》（3），第236页。
④ 胡风《以〈狂人日记〉为起点》，《胡风全集》（3），第424页。
⑤ 伊藤虎丸《早期鲁迅的宗教观》，《鲁迅、创造社与日本文学》，孙猛、徐江、李冬木译，北京大学出版社2005年版，第95页。

是其所言正确（且新颖），但其正确性其实依据于多数或外来权威而非依据自己或民族的内心。"①1908年鲁迅在《破恶声论》中抨击"伪士"所操持的种种时髦言论，"科学""适用""进化"与"文明"四者，正是当时最具典型意味的启蒙话语，鲁迅正面迎击的问题是：含蕴着启蒙价值的话语何以为"恶声"张本？本来合理的主张何以堕为沸反盈天的名教？1933年，刚回国的胡风写了一篇短小的杂文《辩证法与江湖诀》，文章批评的是这样一种现象："一些术语如'积极性'啦，'革命的主题'啦，'契机'啦"满天飞，尤其是"辩证法"成为众人哄抢的"话语"，但是"辩证法"恰在"声名鹊起"中堕为"江湖诀"，其本应具有的"战斗性洗刷得干干净净"。②这些都启发我们重视现代名教的吊诡面貌：即便我们所迎接、承受的是科学的、有着充分时代合理性的概念、主张，如果缺乏了一个环节，同样容易助长名教。这个环节，为便于论述我用"破名"来表达。

胡风理解鲁迅，往往是在整合、发扬他自身所宝爱的理论素养。这里似乎有两组概念，"思想"或"作为意识形态的思想内容"，以及"战斗方法"或"作为思想生命的人生态度"。思想的形态（其实也就是"名"的形态）有多种多样的表现，比如"思想本身的那些概念词句"，比如某种集体分享的意识形态；但是在胡风看来，这些都远远比不上"态度"或"战斗方法"来得重要。于是就出现了"智慧""神经纤维"这样的字眼，"智慧"在胡风这里是一个根本的概念，它不是指任何"思想"的概念实体，而是指深植在这一切"思想"的根柢处的一种机能、一种能力，他自己有过解释："不是一种知识性的东西，而是消化成了他自己的血肉内容的一种智慧。"③于是"智慧"变成了对"思想"进行合法性论证的媒介，所有"意识形态的思想内容"和身外的"名"，必须在"智慧"的烛照下"吸收到他的神经纤维里面"，变为"自己的生命机能"，如此"才能算是思想"。反之，没有经过这一论证的"思想"，则"容易记住也容易丢掉"。1947年，在《逆流的日子·后

---

① 伊藤虎丸《亚洲的"近代"与"现代"》，《鲁迅、创造社与日本文学》，第13、14页。
② 胡风《从"有一分热，发一分光"生长起来的》，《胡风全集》(3)，第53、56、57页。
③ 胡风《关于陈辛人》，《胡风全集》(6)，第493页。

记》中，胡风不无微讽地说："最可贵的当然是专谈至理，圆滑无际的大块文章，但普通的文字总是对于具体历史情势下面的具体事象的理解或感应。"①"至理"是决计不会有错的，但是跟通过"具体历史情势下面的具体事象"所求得的"理解或感应"相比，到底孰轻孰重？说得更清楚的是下面这段文字："我们反对合理概念吗？不是，创作过程可能而且应该受合理概念的领导，限制，但虽然如此，文学却还有它自己的道路，文学的认识作用要求作家的意识在特殊的方法上最高度地进行搏斗。"②

胡风没有否定"一般原则"，即"健康的人生观"，也没有否定"革命的主题""人民的要求"等为一个时代所共享的"至理"，而是要求主体通过一条文学"自己的道路"（"对于具体历史情势下面的具体事象的理解或感应"）来亲证这些"原则""至理"，主体对"名"的认可，非得经此主体内部的砥砺、摩擦（"作家的意识在特殊的方法上最高度地进行搏斗"）不可。就是说，"合理概念"要具备实践的可能性，必须经过严格的"合法性"论证过程，而不是"一笔死的资本"（别林斯基语）。准确地说，这个过程论证的不是"名"本身（政治倾向、本质内容、价值判断）的"合法性"（这往往是不言自明的），而是主体在接受这一"名"时在精神立场上的"合法性"。

由此，在遭遇崭新的名词概念与主义话语之后，褪去它们纯粹的概念形态，而化合成自身的血肉，即为"破名"的意义。用胡风的话说，就是让理论"失去了理论的形态"而变成"思想要求，思想愿望"。这样一个过程，胡风多有表述，比如"题材所有内容上的意义"要经过"血肉的培养"，"成为作者本人的主观要求"；"艺术家身外的东西……非得透进艺术家内部"；"只有当思想成了自己的生命机能才能算是思想"；神经的"指挥只有化成了肉体的动作以后才能够实现"③……在现代中国这样一个启蒙时代中，找到科学、合理的概念、主义也许并

---

① 胡风《逆流的日子·后记》，《胡风全集》(3)，第 301 页。
② 胡风《今天，我们的中心问题是什么？》，《胡风全集》(2)，第 613 页。
③ 胡风《祝福祖国，祝福人民》，《胡风全集》(4)，第 213 页。

不困难,但我们要做的,是必须让这些主义、概念与个人生活经验、生命"实感"相联系,最终化作"生命机能"在日常生活中持存、践行。

三、"主见"和"主观战斗精神"

下文会将反抗现代名教与鲁迅、胡风的文学主张相参证,需要说明的是,这并不是随意的比附,而是试图通过此具体途径,探析鲁迅、胡风的理论形态与实际经验为反抗现代名教所提供的"这一份"资源。瞿秋白曾说过很沉痛的一段话:中国现代的"书生""文人""对于宇宙间的一切现象,都不会有亲切的了解,往往会把自己变成一大堆抽象名词的化身。一切都有一个'名词',但是没有实感。……对于实际生活,总像雾里看花似的,隔着一层膜"。①名教的阴霾在今天并未散去,那种立"名"为教、唯"名"是举的思维定势与运作(比如对现实的隔膜,同时又喜好将各种主义、思潮膜拜为普遍、终极的真理,或者走马灯似的轮换符号……)并没有绝迹,甚至依然大行其道。故而鲁迅与胡风提供的资源在今天依然值得我们深思、借鉴。

在具体的创作过程中,我们可以把反抗名教与胡风的主客观化合论相联系,后者的要义之一即是创作主体决不能臣服于身外之"名"(不管是以"本质"或"规律"等面貌出现)而必得体现出积极主动的姿态。反之,作家的创作精神愈是疲软、衰竭。

这也启示我们,主观战斗精神的衰微会导致名教的产生。"一个作家,怀着诚实的心,在现实生活里面有认识,有感受,有搏斗,有希望或追求,那他的精神就会形成一个熔炉,能够把吸进去的东西化成溶液。"②正是为了强调这个过程中主观因素(所谓"通过作家的主观而结晶"③)的作用,胡风很少讲思

---

① 瞿秋白《多余的话》,《多余人心史》,东方出版社1998年版,第63页。
② 胡风《关于创作发展的二三感想》,《胡风全集》(3),第15页。
③ 胡风《为初执笔者的创作谈》,《胡风全集》(2),第240页。

想、观念的指导作用,而特别注重主观想象、感觉等等。胡风晚年时更是将这一观念进行了升华,认为,只要"熔炉"中主观战斗精神燃烧到极致,那就不止于思想褪去名词符号的形态,而是思想如盐入于水,完全融解在感情之中,彼此再难分解。

作家的精神态度在鲁迅的文学中是一个关键问题。他强调高扬"主观内面之精神"来投入现实生活与创作。胡风正是从这个地方出发来理解、承继和发扬鲁迅的传统。在把握鲁迅的"主见"时,胡风没有停留在一般所谓"启蒙思想"的概念层面,而是选取作家在穿透、包融名词概念之后对现实人生的主动态度。①这样的写作可以突破公式化,将人物从符号的牢笼中解放出来,依靠主观精神深入人的灵魂,作家与人物体验、撞击,从而达到高度交融。

鲁迅坚信"非有天马行空似的大精神即无大艺术的产生"②,他将"大精神"作为创作中主客观的联结点,在胡风那里则化成"心"与"力"的结合。胡风强调作家的世界观、立场等不能停止在作为思想概念的"名"的形态上,所以他喜欢在表达"思想""观念"的词汇后面加上"力""态度""要求"之类的修辞,来突出"名"的主观化与属己化的过程,以及在这一过程中化为"力"的主观因素。思想、观念应该作为主观欲求("人生的战斗能力")而存在,即由身外的观念形态变作体内的实践意志,由此才能发挥现实力量。胡风的友人王戎这样理解"思想力":"所谓思想力,包含有科学的观念(辩证法)和正确的立场(人民大众的立场)……以及社会学的,历史学的科学和正确的结论,但是,更重要的是作家必须根据这些,在实际生活中进行搏斗和冲击,使这些概念的合理的理论和自身的生命结合为一,使思想溶解在自己生命的机能里,使这种思想变化为一种力量,使这种力量变成作家献身的行动,在实际生活中这样向作家要求,在创作实际中也同样向作家这样要求"。当政治倾向与科学概念都已被思想力所含化、

---

① 胡风《文学与生活》,《胡风全集》(2),第319页。
② 鲁迅《苦闷的象征》引言,《鲁迅全集》(10),第257页。

把握,"那么有什么必要在作家所表现的作品里另外再要求抽象的概念的政治名词呢?"①所谓"心"与"力"的结合,就是能使"思想本身的那些概念词句"消失得"几乎无影无踪"的"破名"的精神能力。

四、"挣扎"和"搏斗"

在竹内好、伊藤虎丸等日本近代学者看来,启蒙必须和"破名"的实践相联系,"破名"本就是"挣扎""抵抗"的题中应有之义。②启蒙必须由先验的"名"的形态转化为一种更加本源性的存在,而并非由外在或"众数"权威自外而内植入的绝对命令。因此,在现代中国,思想与价值,必须褪去抽象、凝滞的形态(它们不应该只是名词符号),而是应该在个人的血肉生命抗争中受到检验,并将其肉身化。笔者认为,东亚启蒙必须在这样诚实的生命源头上,通过"破名"实践,确立自己的资源。③

鲁迅的"挣扎"到了胡风那里,就是"搏斗"。他鄙弃高悬着先验的世界观,把"搜集"来的材料写下来,或者把"题材""主题"分配给作家以"完成任务"。在胡风看来,这些举措实在是"最省事"的把戏,廉价地对名教的应和,只是贪图便宜的概念游戏。而他们省略的过程,胡风以为恰恰必不可少,而且这个过程是"艰难困苦"的。比如:"以为概念可以直接产生文学……这样一来,作家底精神活动就用不着什么准备,实际的创作过程就成了不带艰苦性质的东西了"④;创作与生活是合一的,"在现实主义者,创作过程是一个生活过程,而且是把他从实际生活得来的(即从观察它和熟悉它得来的)东西经过最后的血肉考验的、最

---

① 王戎《"主观精神"与"政治倾向"》,《何其芳选集》第2卷,四川人民出版社1979年版,王戎文章作为何其芳《关于现实主义》一文的附录而收入。
② 伊藤虎丸《鲁迅与日本人——亚洲的近代与"个"的思想:序言》,河北教育出版社2000年版,第7页。
③ 金理《在伪士与名教的围困中突围》,《当代作家评论》2009年第4期。
④ 胡风《今天,我们的中心问题是什么?》,《胡风全集》(2),第613页。

紧张的生活过程"①;"主题积极性"只有"通过艰难的艺术制造的完成才能够达到"②;思想改造并不仅仅是对时代课题的感应,"同时也是他们内部的,伴着肉体的痛楚的精神扩展的过程"③……上面这些过程并不完全属于一个范畴,但在最根本的意义上有着同一指向,即:将"身外的观念""透进""作家内部"去的"破名"的过程。胡风苦口婆心地劝说众人忠实于这一搏斗过程,要求大家清醒地正视这一过程的"艰苦""紧张""痛楚"与"血肉考验"。即便是面对"科学内容"与"无限力量"兼具的"合理概念",这个过程也无法省略,必得以自身的搏斗来亲证"名"的天经地义。"这一步不是随随便便地可以达到,但却非得争取达到不可。"④

鲁迅的"挣扎"与胡风的"搏斗"经验一并启示着后人正视、忠实、并勇于身受心思与学说之间痛苦而必要的磨勘淬砺,否则只能在思维世界中留下空白的"跑马场",供名教大行其道地加以填塞。

五、结　语

在表达方式上,鲁迅一向不用严格的概念、逻辑与推理,而是基于人的真情实感与生存体验来进行一种感性的定义。"不是从抽象的理论出发,而是从具体的事实出发的,在现实生活中得其结论。"⑤因此,鲁迅乃是以一种文学的方式来把握人生与社会。笔者曾认为,鲁迅的经验证明了,有效的知识生产必须渗透着实感,与生活息息相关,与主体的存在往复沟通,这成为一种根本性的态

---

①④　胡风《论现实主义的路》,《胡风全集》(3),第 523 页。
②　胡风《关于"主题积极性"及与之相关的诸问题》,《胡风全集》(5),第 179 页。
③　胡风《置身在为民主的斗争里面》,《胡风全集》(3),第 190 页。
⑤　许寿裳《我所认识的鲁迅·鲁迅的人格和思想》,《鲁迅回忆录》上册,北京出版社 1999 年版,第 520 页。

度,由此才能避免空洞的名词堆砌与冷漠的符号操作。①胡风所处的时代对文学的理解愈趋褊狭,对文学的要求日益峻急,但总体来说,胡风没有听任文学为时代名教所裹挟,尽管他的论述中不可避免地留有本质论痕迹,但即便是沿用本质论,现代名教炮制的本质与经过"破名"后的本质还是天差地别:在前者,生活本质似乎并不存在于客观真实中,也不存在于人的感觉世界所能触及的范围内,而完全封闭在人们在现实生活中无法感知和经验的空洞世界中,这样的本质显然可以由"伪士"来任意更换、决定;而后者追求的"时代本质""历史规律"必须是在真实的生活中被感知,时代与历史包含了人民的生活与实践,以及从生活与实践中产生的理想、规律,而彻底的现实主义者置身于人民,置身于"活的人生真实"与实践中,那么他必然能够从切身的经验感受中领悟,"用自己的肉体和心灵"来把握时代的理想与历史的趋向。

进而,"伪士""航空战士"这般被名教所俘获的奴隶与鲁迅、胡风这样的知识人,共同揭示出了"对待现实"和"进入知识活动"两种截然不同的方式:以现代名教组织出来的种种口号、标语来宰割现实;依借实感,从生命经验最深切处摸索现实,求得"对于具体历史情势下面的具体事象的理解或感应"②。前者"急于坐着概念的飞机去抢夺思想锦标的头奖"③,但实则为名教"大势"所挟持而"灭裂个性""人丧其我";后者从切己处出发,没有"腾空俯视"的虚骄姿态,却是对己对人对世界的负责。④

> 我的理论是我多年积累的,一寸一寸地思考的。我要动摇,除非一寸一寸地碎。⑤

这是胡风在血污中屡仆屡起的自信之源、力量之源。他的理论与他的身

---

① 金理《在伪士与名教的围困中突围》,《当代作家评论》2009年第4期。
② 胡风《逆流的日子·后记》,《胡风全集》(3),第301页。
③ 胡风《如果现在他还活着》,《胡风全集》(2),第669页。
④ 金理《文学"实感"论》,《南方文坛》2008年第6期。
⑤ 路翎《一起共患难的友人和导师:我与胡风》,载晓风主编《我与胡风》,宁夏人民出版社2003年版,第736页。

体、生命、生存如此亲密无间、合而为一,即便利刃相磔,如剥鱼鳞般片片脱离,那也定然"一寸一寸"地渗出血来……其师鲁迅就分明说过:"被刀刮过了的鱼鳞,有些还留在身体上,有些是掉在水里了,将水一搅,有几片还会翻腾,闪烁,然而中间混着血丝……"①

  我要问的是:在今天这样一个据说"改变思想就像更换内衣一样随便"②的年代里,理论家前后辈出各领风骚,理论话语纷繁更迭让人目不暇接,但是凭心而言,其中有多少当得起这一个"磔"字?

原载《晋阳学刊》2013 年第 4 期

---

① 鲁迅《忆韦素园君》,《鲁迅全集》(6),第 65 页。
② 葛兰西语,转引自索飒、海因兹·迪特里齐《知识分子危机与批判精神的复苏》,《读书》2002 年第 6 期。

射击与坚守：胡风的狱中写作

刘志荣

  胡风自 1955 年 5 月 17 日被捕起，完全失去自由。在隔离审查三个月之后，被关押在功德林监狱的单人牢房中，1960 年 3 月秦城监狱建成后第一批被押送秦城关押①，直至 1965 年底被判处十四年徒刑后监外执行，十年来首次回到家中。但在第二年 2 月 15 日，就与梅志被迫离开北京，到成都"安家落户"，9 月份又被转到芦山县苗溪茶场居住。1967 年 11 月，被成都公安厅来人单独押解去成都，在看守所单独关押。1970 年 1 月被押解到大竹县第三监狱，被四川省革委会人保组加判为"无期徒刑"，与重刑犯一起住在大监里劳改。这中间因为"看到国内形势很坏，终于对解决自己的问题完全绝望"，开始精神混乱，到 1973 年梅志被调去照顾生活，方始有所好转。至 1979 年 1 月方获得自由。

  胡风在失去自由的日子里的写作，最大数量的是各种各样的交代。但在交代之外，他还"写作"了为数不少的旧体诗。②胡风自己说："在与世隔绝的二十多

---

  ① 一般的记载都说胡风一开始就被关进秦城监狱，这一点不确切，因秦城监狱在 1960 年才建成。这一点承张晓风女士告知，特致谢意。

  ② 这种"写作"从被关押不久就已经开始，因为无法以笔墨书之，他只好凭借顽强的记忆力默吟默记。最初十年间默吟的诗歌在 1965 年底监外服刑后开始抄录，在成都方始凭借记忆完全抄完，得几千首。在成都期间与聂绀弩、萧军等时有书信往来，以诗歌唱和。在 1967 年又被单独关押在成都看守所时，也默吟了一些诗篇，记录在报纸的空白处，被搜去后作为加刑的"罪证"。1976 年 9 月后又写作了一组《〈石头记〉交响曲》。胡风的这些诗篇，数量庞大，但现在的《胡风诗全编》中成都看守所期间的诗作一首未录，大约被抄去后已经完全亡佚，所以现在我们能看到的胡风狱中诗作仅仅是其他三部分内容的选录。本章所引用胡风狱中诗篇均依据绿原、牛汉编《胡风诗全编》（浙江文艺出版社 1992 年版），以下引用时仅在正文或括号内注明篇名，不再一一注释。

年中间，由于环境的限制，创造了传统格律诗的变体，用它记录了在我的感情里反复出现的劳动人民的艰苦生活和希望，战斗者们的坚强性格和情操经验。"①他对旧体诗的形式颇有微辞，曾经这样写道："我对旧体诗，只青年时读过若干，毫无研究，又早忘了。它限制严，早已僵化了，很难反映现实生活。""这是一种特殊环境下的产物，绝对不宜学的。"②虽然如此，他的狱中诗作还是采用了这种"僵化"的形式，只是为了表现与记忆的方便，加入了"连环对"的因素："旧格律限定每首诗内不能重复字或词，这就一开始使它自己僵化了。我打破了这一条。不但重复，而且是有意重复，这就大大扩大了它的表现力。但重复也有规则，即成对地重复。上句重复一字或一字以上，下句也就和它成对地重复。这就如同把字或词当做音符，除意义之外，还表现出一种感情的旋律。"③胡风在被囚期间，绕室默吟的这些旧诗，数量达几千首之多，这与他在理性思考中对旧诗的鄙视构成一种尖锐的对比。就这种创作行为而言，已经给人造成绝大的震撼，尤其是在秦城的十年中，这种默吟更是构成了一种习惯，几乎天天如此。这显示了一种强烈的表达欲望，这种欲望持之以恒地存在，既说明了胡风在心理上感受到的压力之巨，也说明了他反抗这种压力的意志的强烈与坚韧。在这种意义上，胡风的狱中诗歌可以看做是面对自己的写作，其作用主要是对自己的：即在不断的磨炼中对自己的坚守，使自己在孤独之中不放弃自己的身份认同与精神立场。因为狱中环境的恶劣，诗人为了记忆方便不得不采用自己并不崇奉的表达形式，这使得胡风狱中诗作中不少诗显得直白浅露，尤其是《怀春曲》中的不少诗，更是如此，其文学价值不应夸大，但即使是这些直白浅露的诗歌，也显示出作为战士与诗人的胡风的独立的精神面貌，它们并不缺少成为"诗"的诗质，只是因为表达的急迫感使得它们没有经过更严格的诗艺的锤炼与淘洗，更何况《怀春室杂诗》《怀春室感怀》与《流囚答赠》中不少诗忧愤深广，诗艺也颇为

---

① 《〈胡风评论集〉后记》，引自《胡风全集》(3)，湖北人民出版社1999年版，第628—629页。
② 绿原、牛汉编《胡风诗全编》，浙江文艺出版社1992年版，第308页。
③ 同上，第332页。

成熟,即使置于最严格的批评眼光底下,也自有其卓越的一面。李辉曾经将郭沫若晚年的旧体诗与胡风、聂绀弩的旧体诗进行比较,他发现,在前者那里:"在诗的苍白无力的背后,应该有更为内在的决定性因素——精神。……作品所缺乏的并不是形式的新鲜感、或者语言与节奏,恰恰是精神的活力。而在我有限的了解中,他似乎并没有感受到这种精神的消失,至少,他没有为精神的消失而苦恼。"李辉由之引申出的判断可能得到大多数人的承认:"即使在旧体诗这样的一种旧体裁中,一个作者只要仍然保持着思想的流动和生活的感应,他同样能在有限的天地里展示着精神的活力。"在胡风与聂绀弩那里典型地体现了这一点:"陷入逆境,他们的精神并没有死去。在极其艰难的条件下,他们始终没有放弃生活的勇气,更没有放弃思想的权利。他们以不同处世方式和性格,继续着生命的发展。这样,他们的旧体诗,以及创作过程本身,都充分表现出他们这种类型文人的坚韧、执着与真挚。在不自由的环境里,却实现了精神的自由,这便决定了他们的旧体诗,总是洋溢着精神活力。读他们的诗作,能感受到他们人格的力量和情感真挚。他们不是在营造文字,而是在拥抱生命。它们是生命本身。"①这可以看做对胡风的狱中诗作之诗质的一个准确的揭示。正是这种精神,显现出诗人胡风的风骨,将之置于当代文学史的背景下,更能看出现实战斗精神在特殊时代、特定环境之下的延伸与变异。

在这些旧诗之外,胡风在失去自由的时间里,也留下了部分颇值一读的文稿,尤其是1965年致梅志的一封信,其中含有丰富的思想,显示出在狱中他的思想的发展的一面。下文也将重点讨论。

一、狱中诗篇中的两种声音及其内在矛盾

狱中的胡风,笼罩在一种悲愤的感情之中,这在下面几首诗中有充分的表现:

---

① 李辉《太阳下的蜡烛》,引文见《李辉文集》第1卷,花城出版社1998年版,第32—33页。

江声浩荡七月诗

> 一九五六年五月十七日
> 竟到周年受谪时,沉冤不白命如丝;
> 惯从一面窥全面,忍见红旗变黑旗;
> 发肤已焦犹烤火?舌唇尽裂怎吟诗?
> 成千手印兼签字,只为循真脱黑衣。

> 一九五六年秋某夜
> 又是囚房入夜时,月光如水亦如丝;
> 梦中恍惚儿颜泪,墙外飞扬帅手旗;
> 宁向童年哀故友,不将孤烬铸新诗,
> 只因错把真言发,锁在囚房着黑衣。

> 一九五六年冬某日
> 不堪一错各分时,友谊伤残似断丝;
> 狱室几间关闯将,文场一片树降旗;
> 东逢死叶西逢茨,拔掉鲜花葬掉诗,
> 极目两间休荷戟,铁窗重锁失戎衣。

　　仔细阅读胡风的这几首诗,可以发现胡风的悲愤的几个层面:首先是因为自己而导致对朋友的牵连的"友谊伤残"的悲愤;其次,因为整个冤案的发生导致现实战斗精神的衰落,整个文坛一片荒凉,笼罩在一种向庸俗的"教条主义"与"宗派主义"投降的气氛之中;再次才是对自己被剥夺了"战士"身份的悲愤;最后,自己之所以"锁在囚房着黑衣",完全是因为"循真"、发"真言"的结果。诗中的悲愤不可谓不深广,而"发肤已焦犹烤火?舌唇尽裂怎吟诗?"更显示出创痛之巨。这也是胡风在狱中最基本的心态。但在悲愤的感情之下,他的诗作里仍体现出复杂的心态与分裂的意象。例如现在能看到的其狱中诗作中最早的一首《一九五五年旧历除夕》:

射击与坚守:胡风的狱中写作

竟在囚房度岁时,奇冤如梦命如丝;

空中悉索听归鸟,眼里朦胧望圣旗;

昨友今仇何取证?倾家负党忍吟诗!

廿年点滴成灰烬,俯首无言见黑衣。

这首诗在胡风的狱中写作中显然也最引起研究者的注目,例如何言宏就指出"对于探讨其牢狱心态这首诗有着极其重要的原型意义"①。这种复杂性说明胡风的悲愤之所以深广,不仅是因为外在的灾难,在其精神内部也有着深刻的原因。

胡风狱中心态的复杂性使得其主体结构中固有的角色感的分裂、冲突与紧张的一面鲜明地呈现出来。在胡风的狱中诗作中始终交织着两种声音:一种是在对自己和亲友的表白中不断地确证自己,另一种则在确证之外又不断地向权势者提出怀疑、质问,同时诉说自己对党忠诚的心曲。这反映了胡风的"知识分子"与"革命战士"双重身份认同中的内在矛盾,也是一直困扰胡风的问题:启蒙传统本身要求一种独立的知识分子立场,但革命战士的身份认同又促使胡风自己认同于集体大业,表达对集体的忠顺。这是胡风狱中诗篇中刺目的矛盾,也构成了中国潜在写作的一种特殊形态的典型标志。例如,从文本层面看,《一九五五年旧历除夕》这首诗中的意象分裂与感情的复杂性,其实来自于这首诗作中隐含着的两种声音的交织:一种是在内心中对自己的独白,另一种则是在对象不在场的情况下的表白、申诉与抗辩。例如《一九五五年旧历除夕》这首诗已经典型地体现出两种声音与两种感情的冲突:作为写实抒怀的声音概括了自己心情的流程,难以置信、奇冤难平、孤独萧索的愤激悲苦的心情,但因为对"圣旗"满怀感情,愤激之后又马上因为"倾家""负党"而感觉到惭愧,最后是满怀失望,俯首无言;另一种声音则对不在场的权势者提出了严重的质问:"昨友今仇何取证?倾家负党忍吟诗!"在题为《一九五六年春某日》的几首诗中,感情形态也大半类似于此,在突然之间出现一种感情的强烈转折,前面的表白抒写了为理想与共同事业的忠诚奋战:"为射骄阳曾铸

---

① 何言宏《胡风的牢狱写作及晚年心态》,《文艺争鸣》1999 年第 6 期。

剑,因攻纸虎又摇旗","斫地曾挥三尺剑,开天初颂五星旗","曾经沧海曾经火,只为香花只为诗",后面马上转折到对现实际遇的悲愤:多少年的"心花""心香""痴情"付之东流,自己身在囚室,仿佛处身噩梦,几首诗最后一句都是"春光荡漾上囚衣",将"春光"与"囚衣"并列,对其处境与心态的矛盾作了一个意象化的定格。类似的两种声音的冲突贯穿了胡风狱中诗篇的绝大部分。

这些诗作中的不在场的权威的形象都颇值得琢磨。鉴于胡风冤案的特殊性,其中最值得注意的自然是旗帜的意象。可以看出胡风的心目中有两种旗帜,一种是"圣旗""红旗",另一种则是"纸旗""黑旗",在他心中,前一种"旗"与后一种"旗"断然有别,绝对不可混为一谈。所以,他一方面以孤臣孽子自比,将自己的被囚比做古代的受谪,不断表达自己对"圣旗"的忠诚,《怀春室杂诗》中不断出现的"开天初颂五星旗"(《一九五六年春某日》其二)、"牢里无花献大旗"(《一九五六年五一节》其三)、"屡梦晨昏屋上旗"(《一九五六年五月十七日》),都是在对"圣旗"倾诉自己的衷情;在另一方面则不断对后者进行抗辩与批判:"忍见红旗变黑旗"(《一九五六年五月十七日》其八)、"文场一片树降旗"(《一九五六年冬某日》)、"莫向文场讨纸旗"(《一九五七年春某日》),愤慨于"圣旗"被篡夺与变质。这样,胡风在潜在写作中一再表现的忠诚就可以看做是对自己观念中的理想——"圣旗"的忠诚,这种忠诚不是对一家一姓的忠诚,也不是对一党一派的忠诚,而是对自己投身的整个人民的解放事业的忠诚。不过,虽然在胡风的观念之中,"圣旗"与"纸旗"之间的界限是分得清清楚楚的,但在现实生活中,两者却难以得到准确的划界,这种在胡风观念之中不成为矛盾的感情——对"圣旗"的忠诚与对纸旗的"批判",一落到实处却构成一种触目的矛盾。因为,理想之中的"圣旗"与其现实体现者总是不完全一致的,理想中的圣旗一落入实际的政治权力斗争中甚至总是变为"纸旗"。对此,胡风在观念中却没有作出清楚的划界,从而为他的思维与批判设置了一个固有的界限。而胡风对现实势力的批判依据其观念中的"圣旗"与"纸旗"来划界,忽略了现实之中这二者的相通之处,也导致了其思维与社会身份认同的混乱。

射击与坚守:胡风的狱中写作

胡风的所有痛苦与内在矛盾由之而来。他坚决认为自己与最高领导一致,对之有一种坚定的信仰,实际上无形中导致了将理想中的"圣旗"与其现实体现者的混淆。因为这个原因,胡风狱中诗篇中对冤案的反思就只至于宗派势力的迫害,而始终没有反思到其制度层面与社会历史根源。对最高领导的信仰使得胡风的现实处境出现了一个莫大的矛盾,何言宏这样描述这种矛盾:"身处一个高度政治化的历史时期,政治意识形态'要么是敌人,要么是朋友'这样一种雅各宾党人式的二元对立的思维方式以及特殊的政治处境(牢狱),使得胡风对其政治身份的认同变得尤为紧迫,他不仅在自身的身份结构之中突现出自己的政治身份,而且要努力将其置入当时的主流意识形态和政治权威之中,这样,便产生一个相当深刻的矛盾,一方面,当局将其坚决地视为'反党'和'反革命'分子,另一方面,胡风却拒不'服罪'。"何言宏进而从身份认同方面分析了胡风这种心理出现的原因,他指出:"胡风不仅在实际上具有'革命知识分子'的身份,而且在内心深处对此也有固执的自我认同。"在胡风这里,"一旦出现与'革命者'相反的身份认同(即'反革命'),那他所背叛的,就不光是党和党的领袖,而且还有其自己数十年的奋斗与追求,这在理想主义者胡风,显然是不会出现而且也是无法容忍的"①。不过对于胡风来说,这种身份的被强制剥夺,在内心虽然无法容忍,但现实中他实际上根本没有力量消除自我认同与外界强力的矛盾。所以,他针对外界不在场的"对象"的表白与抗辩就越来越强烈。

对于被幽禁的胡风来说,虽然独居囚室,现实中不在场的交流对象在他的心灵中却始终存在,制约着他的思维与心绪。这外界的"对象"当然不限于政治权威——所以他的诗作中除了对"圣旗"的复杂心态与对冤案制造者的质疑外,还不断出现对亲友的怀恋、歉意与痛悔:"累汝孤零依老祖,可怜白发补童衣"(对子女),"万事负卿呼负负,剩余苦恋对牛衣""何期累汝成囚首,从此低眉只浣衣"(对妻子)(以上见《一九五六年五月十七日》其二、其五、其六),"赢得交情皆铸错,仅

---

① 何言宏《胡风的牢狱写作及晚年心态》,《文艺争鸣》1999年第6期。

余遗憾不成诗"(对朋友)(见《一九五六年五一节》)……在胡风狱中诗作中占最大比重的《怀春曲》,其中的《百花赞》就可以看做是在隔离环境之中与亲友在想象中的交流——但不在场的政治权威始终是他需要面对的最大的无所不在的"对象",也是他心中无法解开的"纽结"。他的整个创作不断出现的表白、交流与抗辩的声音就可以看做企图与这个"对象"对话、以解开这个纽结的努力。但这种对话始终是虚拟的,在现实生活中无法实现的,所以,胡风始终摆不脱外界权威的阴影,后者的不在场更使得其力量无所不在,在他的心目中构成巨大的压力,从而最终导致了他的神经错乱:在幻听中,他仍然在进行那种不可能的对话与申辩。这颇类似于屈原在《离骚》之中的因忠信见嫉,但仍痴心不改、一再表白的心态。

这显示了中国的潜在写作中一种非常普遍而典型的心态。陈思和先生站在文学史立场上这样分析胡风牢狱心态的复杂性:"胡风为坚持自己的文艺思想和文艺理论而受难,进而也是为了捍卫五四以来鲁迅为代表的新文学战斗传统而受难,表现出一种现代知识分子的价值取向。从文学史的立场来看,胡风冤案尖锐反映了50年代两种文化规范、两种文学传统之间的冲突,而冲突的一方来自当时的政治权威。可是胡风在这场冲突的全过程中始终回避这一点,而宁可将冲突严重性质降低到文艺界的宗派之争。"陈思和在此处实际上是将胡风作为中国"潜在写作"的一种基本形态的典型个案来分析的,这种形态就是"一部分作家因为文化美学领域的自觉卫道而构成了与现实相对抗以后,仍然回避了现实政治层面上的对抗。在一批批被剥夺了写作权力的受难者当中,自然有真正的殉道者,他们所殉的道,都是属于知识分子学术传统进而也是知识分子的精神传统范围的'道',而同时与现实权力与社会体制却形成相当微妙的关系"①。胡风的悲剧正在于他的现实战斗精神与现实政治力量的合流。

不过也应该看到,陷身危难之后,胡风似乎也有从政治斗争的是非场中抽

---

① 本段上引文均见陈思和《试论当代文学史(1949—1976)的"潜在写作"》,《文学评论》1999年第6期。

身而退的意思,如"学剑不成当学稼,铁衣脱却换牛衣"(《一九五六年冬某日》其二)、"避贵相如宁卖酒,让才李白不题诗;明朝还我归真路,一顶芒冠一布衣"(《一九五七年春某日》),但是政治斗争如火如荼的大时代已经决没有可能满足他这种善良而渺小的愿望。同时,从另一方面看,胡风的狱中诗作前十年与后十年情绪上有很大区别。前十年仍然"泪眼朦胧望圣旗",后十年却"痴情已醒"。他仍坚持自己的立场,不过对外界势力已不抱太大希望,而是相信自己的冤案总有按照实际解决的一天,这时候的自信,是对真理的自信。这在《流囚答赠》一辑似很明显。从这方面看,他似对庙堂意识有了一定的清醒,所以写下了这样诗句:"太息书生无史识,几曾读懂党人碑?"(《次原韵戏报阿垅兄·二》)

二、剥离现实纠葛之后精神立场上的统一性

从与现实权力和社会体制的关系来看,胡风的心态表现出一定的复杂性。但从另外一方面看,胡风对"宗派势力""教条主义""文侩"的批判,则表现出其精神立场的一贯性。在对宗派势力和文官阶层进行批判时,胡风向来不遗余力。研究者认为,在这些诗作中,"'现实'的面目已经是昭然若揭,'文官'的嘴脸也遭到了有力的刻画和无情的讽刺","在表达其对'文官'的厌恶的同时,无疑也对这些'文官'的'入仕'方式实际上也即政治组织制度的一个重要方面提出了质疑"。尤其在《除虫菊赞》这组诗中,"胡风以集中的火力进行了自己的'射击'",除"对'文场'以及混迹其中的'文官'的鞭挞之外,还对后者的'虚假''平庸''虚无''荒唐''空虚'与'逢迎'等作了漫画式的有力嘲讽:'屠场谈画意,赌桌讲文心''过关抄社论,报帐置官书。吃菜能务实,喝汤会务虚''拍马他皆敌,吹牛我即王。牙膏都拌醋,脚水也加糖''未读先称快,将谈已赞成'……这些类似打油的诗句无疑活画出了'文官'们的灵魂与嘴脸"[①]。就胡风对文官阶层面

[①] 何言宏《胡风的牢狱写作及晚年心态》,《文艺争鸣》1999年第6期。

目的刻画来说,这里的概括与判断是相当准确的。

我们的思考需要从这里再深入一层。应该看到,胡风在这里并不是泄私愤,如果将其与他早年的文学评论及通信联系起来,不难发现其中显示出的他的精神立场的统一性。他的射击,不仅是直接针对宗派势力,而且直接揭示了双方在精神立场上的"真"与"伪"的区别。在最主要的着眼点上,他着重批判的是标志着其对象在精神立场上的"假""伪"的"做戏"与"媚态"的一面。如《次原韵报阿垐兄》(十二首)中的下面三首:

一

竟挟万言流万里,敢擎孤胆守孤城。
愚忠不怕迎刀笑,臣犯何妨带铐行。
假理既然装有理,真情岂肯学无情?
花临破晓由衷放,月到宵残分外明。

九

不到黄河不畅怀,终知假往始真来。
难堪士路空文苑,莫奈官场大戏台。
夺理有条挥巨棒,装情无泪奠三杯。
韩康药店今何在?屡将招牌倒又开。

十

何堪不假还无信,岂可无私又不公。
装雅文官胡盖印,吃荤和尚乱敲钟。
骄声刽子凶挥手,媚态奴才怕挺胸。
害理何堪伸正气,伤情岂可整歪风。

在这里,胡风将自己的"愚忠"归结为"真情岂肯学无情"的流露,同时直接批判"文官"阶层精神立场上的虚伪与凶残:一方面是"假理""装有理",另一方面则是"夺理有条挥巨棒"。不过胡风自己将之看得很清楚,他认为他们不过是在做戏而已,所以才会出现"不义方能称义士,无文更会做文官""不耐辛劳当惯贼,无能思想做文官"的现象。他认为所有的这些表现只不过是"官场大戏台"上的惯技,这里他直接用了鲁迅杂文中的典故,"大戏台者",是在直接讽刺没有精神立场的"做戏的虚无党"。在这一点基本认识的基础上,胡风直接剥去了他们的假面:他们声称"不假"实则"无信",标榜"无私"却又"不公",所以他们只不过是官场大戏台上"伤情""害理"的"装雅文官""吃荤和尚""骄声刽子"与"媚态奴才"而已,谈不上有什么信仰与精神立场。胡风称自己是在用诗写杂文,就这几首诗来看,确实有鲁迅杂文画取典型、"从麒麟皮下揭出马脚"来的批判风骨。对于胡风来说,在激烈的批判之后他仍然有自己的信念在这里,不过这时候已经不仅仅是对现实势力的相信,而是相信"假"终于会受不了时间的考验,而"真"终会到来,不但自己陷身的冤案终会真相大白,而且求真的风骨终会留于天地之间。

这里所说的"真",既不是指现实主义真理所声称的"真实性",也不是可以当作大棒"横扫千军"的"客观真理",这里的"真"指的是主体心灵上的"真",即他在上文所说过的"意实"与"情真"——即对于自己所宣称的东西到底有没有真正的信仰,还是追随潮流,"惟顺大势而发声"。在这一点上,胡风与鲁迅在《破恶声论》中表达的精神立场,表现出一定的连续性:真正的主体性的树立,需与自己的本心经过摩擦,而非凭借外来权威或仅随大势而发声。对于鲁迅的这一精神立场,张新颖吸取木山英雄与伊藤虎丸的意见,对之作了一个集中的阐发。①他认为,鲁迅从章太炎的"以国粹激动种性"②"这一思想的理路和架构中继承了核心的精神,即以个人的主体性的确立为根本要务,而要完成此种确立,则必须立基于个人自身的历史和现实境遇,必须从个人最深切处出发,仅仅靠引进的西方近代观念,靠流行的种种新式说词,是完全不足恃的。他早期的论

---

① 张新颖《鲁迅现代思想的内部线索》,《文学评论》1999 年第 1 期。
② 张新颖特别强调了对章太炎的这一理解:"章太炎张扬国粹论,是与个人的主体性觉醒和主体性建设密切相联的,是要把国粹作为个人的自觉意识的思想和精神资源。"

江声浩荡七月诗

文之一《破恶声论》(1908年),就像章太炎一样对引进的、流行的'恶声'进行了相当严厉的指斥,而与此相对,则标举出根植于个体之中的'心声''内曜''白心'等概念。置于全篇之首的'本根剥丧,神气旁皇'一句,显明地揭示出鲁迅思想关注的重心:'本根'。而这民族、国家的'本根',实系于个人的'本根',所以接下来就说:'吾未绝大翼于方来,则思聆知者之心声而相关其内曜。内曜者,破晦暗者也;心声者,离诈伪者也。'"①在下文,张新颖特别引用伊藤虎丸对"伪士当去,迷信可存,今日之急也"这句话的阐述,进一步说明鲁迅的这种精神立场。伊藤虎丸认为:"鲁迅所说的'伪士',(1)其议论基于科学、进化论等新的思想,是正确的;(2)但其精神态度却如'万喙同鸣',不是出于自己真实的内心,惟顺大势而发声;(3)同时,是如'掩诸色以晦暗',企图扼杀他人的自我、个性的'无信仰的知识人'。也就是,'伪士'之所以'伪',是其所言正确(且新颖),但其正确性其实依据于多数或外来权威而非依据自己或民族的内心。"②鲁迅后来屡屡批判的"正人君子""做戏的虚无党",他潜意识中出现的"无物之阵",也显示出这一思路的延续性。

可以看出,在世纪初写作《破恶声论》时的鲁迅,与在20世纪50至70年代系身牢狱的胡风,面对与思考的是同一个问题,他们也作出了基本相同的选择,从这里,很可以看出中国社会的连续性与知识分子精神立场上的连续性。如果说有一个鲁迅的精神传统的话,这一点应该是鲁迅传统的重要内容。在另一方面,胡风所面对的文官集团及其主宰下的"文场",他主要的批判者与敌人,其精神立场与鲁迅所批判的"伪士"也可以说是一脉相承,只是与其"先驱"相比,他们的思路显得更加狭隘,心灵更加萎缩,他们已经没有足够开放的眼光从异域吸取新知,所有的言行惟有依据"经典"教条和政治权威。不必在意他们的言行正确与否,他们仅仅是顺随权威与大势而发声,并没有与自己的心灵发生摩擦。

---

① 张新颖《鲁迅现代思想的内部线索》,《文学评论》1999年第1期。
② 《亚洲的"近代"与"现代"》,伊藤虎丸《鲁迅、创造社与日本文学》,北京大学出版社1995年版,第17页。此处转引自张新颖《鲁迅现代思想的内部线索》,《文学评论》1999年第1期。

在另一方面,因为和现实权力的结盟,他们在"掩诸色以晦暗""扼杀他人的自我、个性"时则显得青出于蓝。实际上,他们的凶残和没有独立的精神立场是相辅相成的。正因为他们没有独立的精神立场和主体性,类似于鲁迅后来屡屡批判的"做戏的虚无党",所以,他们才能够在依据权威、教条"以理杀人"时,没有任何的心理负担。

胡风在狱中对"假""伪"与"做戏"的不懈批判,其实在另一方面也就昭示了自己的精神立场,所谓"厌听装腔假气娇,敢忧雨顺与风调"(《次耳兄原韵并慰三郎·四》)、"卅年苦斗遗言怒,再斥文场旧鬼多"(《次原韵寄慰三郎并请正耳兄·二》)、"耻举木枪充武士,愧抓泥印扮文官"(《怀春室感怀·记往事》(二))、"懒执皮鞭当马弁,愿吹牧笛做羊倌"(《怀春室感怀·记韵事》)等等,已经流露出一些信息。在《怀春曲》的《大号音——对口四晨歌》中胡风对自己的冤案发生的原因有一个清醒的概括:"误会因何起?疑团为啥生?惟人羞拜物,信实怒争真。"这里所说的"怒争真"应该不仅是对"真理"的追求,而且也包括对探求"真理"时精神立场上的"真"的追求。所以,一部《怀春曲》通篇抒写的其实就是"求真"的历程,在一开始的《短笛音》中胡风写道:"爱恨如何辨?友仇怎么分?热、光皆互引,水、火定相争。哭、笑如何发?悲、欢怎么生?悲、欢生色相,哭、笑发声音。理待声音实,情求色相真。"这里的"实"与"真",一开始就标举出了自己的精神立场,原情度理、喜怒哀乐,都从这里自然生发,而爱恨友仇的分界,也从这里开始。从《怀春曲》中离析出去单独成篇的《勿忘我花赞》,通篇也是在歌颂"意实"与"情真",并且自己担负起"誓尽传真责,倾诚告接班"的责任。"意实"与"情真"的重要表现就是"惟人须血热",失却这一点,就会沦为教条主义者的"空"与"假",没有固定的精神立场,随物俯仰,忍心害众,以理杀人,对这一点胡风一贯有尖锐的批判,如"教条空吓唬,修正假逢迎;吓唬名欺众,逢迎实害群!""教条贫血冷,修正黑心瞒;血冷挥明棍,心瞒使暗钳;明神拦道路,暗鬼拆城垣!"(《怀春室辑余·勿忘我花赞》)等等。在胡风狱中诗歌里,将"真"与"伪"对举,崇真斥伪,类似的例子很多,如悼念丘东平的诗歌中出现的"朝中党内多沉痛,岂有真亡假不来","敢指文场嗤白脸,何堪武道苦黔顽","丹心耿耿倾声泪,叹绝情真一代师"(《次耳兄悼东平原韵》其一、其二、其三),"敢是敢非真待友,装忠装顺假称臣"(《次耳兄原韵并慰三郎》其一)。对于像丘东平这样的"敢是敢非"的"情真"之士,胡风一贯有真挚的认同。本来,对"诈伪""阴险"的批判的另一面,就是对自己的"实"与"真"的坚守与树立。这其实是一种对"赤子之心"的坚守,类似鲁迅在《破恶声论》中用"心声""内曜""白心"等概念表达的对离开诈伪的个人的主体性与精神立场的坚守。从这一点看,胡风狱中诗篇里"愚忠"的心态显示出的情感的复杂性又有其精神立场上统一和一致的一面。所以,有必要再重复一遍,在深受其苦之后,胡风狱中的"射击",不仅仅是意气用事和理论之争,也不仅仅是社会批判,他所揭橥的更是精神立场上的真伪之辨。这是胡风所继承的新文学传统中鲁迅精神的重要内容,也是狱中的胡风所殉的"道"的根本。这一点历来不为人注意,甚至有许多人认为胡风攻击的"文侩""文官"等是宗派性激化的表现,但实际上胡风对文侩、文场、官员的批判,在其自身来说,确实有精神立场上深刻的分歧。对这一点的忽视,可能导致对胡风留给后代的最重要的精神遗产的遗忘。

  胡风对精神立场上的真伪之辨更多地体现了一种精神传统的延续,同时,即使是在狱中,他的思想仍然在发展,甚至在某些方面很有超前性。譬如说,他对真伪之辨的思考进一步深入到了语言层面,表现出对一种腐败的语言的深刻的清醒。这尤其体现在1965年9月写给梅志的一封信中。在这封信中,胡风依据马克思主义经典作家的一些论述,将语言看做"思想的实现",而在实践之中,感觉与思想是二而一的东西,所以语言"所表现的既是思想也是感觉,二者为一物的两面,恐怕连抽象的逻辑语言都可以这样说的"。胡风由此得出结论,认为"从基本性格上说,语言是极老实、极诚恳的东西"。这实际上是将语言看作对由客观事物引起的感觉、思想的反映的语言上的反映论,与本世纪一些语言学方面的新进展(如索绪尔的语言学理论)有相当的差距。但是胡风的思考实际上有自己的出发点,他关注的是:"为什么又出现了极不老实、极不诚恳的语言,像'错误的''糊涂的''低能的''欺骗的''无耻的''丑恶的''黑暗的''凶恶的'等等语言呢?"胡风认为这种语言出现的原因一方面在于认识上的错误,另一方面则出于统治者对这种错误的利用以及有意识的捏造。他尖锐地指出了这种虚伪的语言毒害人的感觉与思想的危害:

> 在统治阶级利用下的这种语言,有的原来就没有实际事物和运动的感觉(例如"圣人""天命"),有的在这样的运动中失去了具体事物和运动的感觉,即所谓陈词滥调。这就反转来加深了认识上的错误。剥削阶级的思想文献,绝大部分是这种东西。这种东西,除了以思想内容本身毒害人以外,更可怕的是,它使人的感觉伪化,因而使人的思想力虚化,也就是,完全拒绝新鲜的具体的事物和运动进入受害者的主观世界。这就是所谓"非礼勿视,勿听,勿言,勿动"。两千多年来圣贤之徒所做的,就是这个工作。①

对于本世纪的许多左翼知识分子来说,其思考不约而同都接触到这个问题,例如西方马克思主义鼻祖葛兰西在监狱中思考统治阶级的意识形态的麻痹奴化作用,又如奥威尔在其著名的《动物庄园》与《一九八四》中揭示的语言的统治功能。在前一部小说中,语言的败坏表现为一种诡辩,例如"所有的动物都是平等的,但有些动物比别的动物更平等";在后一部小说中,语言的败坏表现为对之的有意识的控制、缩减,例如编纂"新词"词典有意识地消灭语言中原来含混复杂的词汇,使之成为标准、统一、简单的"新词",只需要很短的时间,对词语与语言的控制就会塑造出一代代在其范围之内思想与感觉的新人,对语言的控制最终达到对人思想与感觉、对人的自由意志的控制。胡风的思想显然也自发地达到了这一点。在和外界隔绝、缺乏思想交流的基础上,他的这种思想显然是来自于现实在他的心灵上的强大的压力。所以,胡风在这里并不是对语言和历史泛泛而谈,他的思考有特殊的现实处境的刺激。实际上在这里,胡风可能是在从语言角度,对缠绕他、笼罩他、使他不能脱身的教条主义者,乃至整个时

---

① 胡风《致梅志》,收入《胡风遗稿》,山东友谊出版社1998年版,第7—9页。

代的败坏的语言,进行探本溯源的清理。胡风在过去的论战中,多从参与实践斗争的爱爱仇仇的主观战斗精神这一面与之作战,在这里,他却很难得地将对之的思考深入到语言的层面。在这种情况下,败坏的语言实际成为维系统治、使之获得合法性的惟一依据。胡风写这封信的时间是1965年,正是阶级斗争的话语愈演愈烈的时候,对于"文革"中新的一轮对语言的毒化与控制,胡风不知道有没有预感,但是,他写下了这样两段很有启示意义的话语:

> 但反映革命思想的语言,如果脱离了具体事物和运动,从语言本身说,那同样也可以成为陈词滥调,那就是所谓教条主义、公式主义、新八股、庸俗社会学的语言即文风,像毛主席在关于整风的文章中所痛切斥责的。这种东西,同样会使人的感觉力伪化,思想力虚化,具有点金成石、化神奇为腐朽的"本事",也就是"祸国殃民"。

> ……如果占主导地位的是使人的感觉力伪化、思想力虚化的文风,即令它打的是堂皇大原则的旗子,到时机一转,那些原则话(空洞话)和过头话(积极话或漂亮话)所造成的如花似锦的大戏场,即刻现出全是假相的本质,变成最卑污的东西。①

胡风将现实生活中这种使人感觉力伪化、思想力虚化的堕落的语言与文风,称之为"圣贤之道在新装下面起作用",初初看来,胡风将之与"祸国殃民"联系起来,似乎有些夸大,但仔细思索,你就会发现这里并没有任何修辞上的夸张。对于"脱离了具体事物和运动"的"革命语言"来说,它们使人的思想、感觉整个变形与假化,从而失去最后的现实感,对明显荒谬的东西也会信以为真,对时代营造的神话失去最后一点辨别力。如果整个社会被这种语言所控制,制造出一种集体性的幻觉,那么确实也离"祸国殃民"不远。在这个意义上,从语言可以看出国运,从文风可以观察天道,不止是见微知几,也是理有必然。当经历过"文革"再回头看的时候,人们会发现胡风在这里所说的确实是透底之言。一

---

① 胡风《致梅志》,《胡风遗稿》,第7—9页。

个时代的虚化膨大的语言最终营造出强烈的集体幻觉,害人者自以为是在革命,被害者也以为罪有应得,像巴金那样在《随想录》中反思自己喝了"迷魂汤",已经是胡风写下这段话十几年以后了。这段话实际上暗示了胡风思想可能会有的一个发展方向,假如他有适当的时机,也许会发展出更加丰富的思想。历史不能假设,胡风仅仅留下了这一段话,让我们低徊不已。

三、现实战斗精神的延续

胡风不仅在狱中诗篇中表达了对自己"求真"的精神立场的坚守,在狱中生涯里,他也竭尽全力维护自己的人格独立与完整。这不仅体现在他坚持认为自己的问题是理论问题,"三十万言书"是在向党尽忠,因而对强加在他头上的"反党""反革命"的罪名拒不服罪,而且在时移势迁,他昔日的对手在"文化大革命"中又纷纷倒台的情况下,他也不顺随时俗,"以其人之道还治其人之身",在被迫写的材料中对之强加罪名,而是本着"求真""实事求是"的原则,实现了自己"求真"人格的完整。与此同时,即使身陷狱中,强弱悬殊,自己被剥夺到一无所有、甚至失去了做人的基本权利的情况之下,他也不放弃在精神立场上对"伪""诈"的教条主义进行批判的不懈作战的现实战斗精神。

与鲁迅一样,胡风深深地牵涉到中国社会现实纷争的具体性的混战之中,而他面对的势力是那样的强大,他在现实之中根本不可能取得对之的胜利,但他并不因此放弃对之的不懈作战。在这一点上,他也继承了鲁迅传统中韧性作战的彻底精神。例如,在他的诗篇中常常出现眉间尺、愚公、青皮那样的形象,如:"沉冤大案定重提,可早虽然也可迟。敢任权威诬托特,羞凭利势寄安危。凌烟绣像休加我,蹈火销形敢让谁!永谢先师垂大训,坚持韧性学青皮。"(《次原韵报阿垦兄(十二首)》之十一)"除奸曾敢斥权谋,博得孤囚十度秋。林黛玉终还爱泪,眉间尺竟索仇头。"(《次耳兄悼东平原韵(五首)之五》)"曾磨铍斧当吟诗,竟斩文妖黑帅旗。毒手阴谋凶手打,强心激怒善心悲。胸中有火羞饶敌,

江声浩荡七月诗

朝里无人敢告谁?莫谓寻仇头冒险,拼他一煮学吾师。"(《次耳兄原韵并慰三郎》)这里表达的不管是愚公的坚持、眉间尺的与敌偕亡,还是青皮的死缠烂打的韧性,都是在自己势单力薄、对手极其强大的情况下仍不懈作战的鲁迅传统的体现。"鲁迅曾经有过著名的'痛打落水狗'论,可是终其一生,他实际上很少获得过这样的优势,他与之撕扯、搏斗的势力总是过于强大,对比之下,他个人的力量倒是每每处于劣势。在这种经常性的情境中,鲁迅表现出了一贯的坚强韧性和彻底的精神。"[①]胡风在狱中的"射击"实际上也体现了类似鲁迅《铸剑》中表现的死缠烂打的现实战斗精神。

在狱中的胡风对这种韧性的战斗精神有了更强烈的体认。如果说在上面所引的诗句中胡风还仅仅对之作了一个概括叙述,在系狱十年之后,胡风则在致梅志的书信之中对重读鲁迅的感受作了更加详细的、充满激情的叙述:

……在我说来,读鲁迅不是为向后看,反而是为了吸取向前看的力量。对于大多数党员文化战士和进步文化人,鲁迅是过时了,应该被跨过去,或已被跨过去,这是不用说的。但像我这样的人,还绝无资格把鲁迅埋掉的。……当然读鲁迅,并不是向他取理论;如他自己所说,他并没有什么理论,能有的一些具体论点之类也大半过时了或已成为常识了(除了文艺上的)。读鲁迅,是为了体验反映在他身上的人民深重的苦难和神圣的悲愤;读鲁迅,是为了从他体验置身于茫茫旷野、四顾无人的大寂寞,压在万钧闸门下面的全身震裂的大痛苦,在烈火中让皮肤烧焦、心肺煮沸、决死对敌奋战的大沉醉;读鲁迅,是为了耻于做他所慨叹的"后天的低能儿",耻于做他所斥责的"无真情亦无真相"的人,耻于做用"欺瞒的心""欺瞒的血"出卖廉耻、出卖人血的人,耻于做"搽了许多雪花膏,吃了许多肉,但一点什么也不留给后人"的人;读鲁迅,是为了学习他的与其和"空头文学家"同流合污,不如穿红背心去扫街的那一份劳动者的志气,是为了学习他的绝不拉大旗

---

① 张新颖《鲁迅现代思想的内部线索》,《文学评论》1999年第1期。

做虎皮或借刀杀人的那一点大勇者的谦逊,是为了学习他的为了原则敢于采用表面上和原则正相反的反击法(例如说和某某斗争是为了"报私仇"),置身败名裂于不顾的那一腔战斗者的慷慨;读鲁迅,是为了学习他对敌人要做一个二六时中执着如怨鬼的怨鬼,纠缠如毒蛇的毒蛇,对人民、对友人、对爱人要做一个"吃的是草,挤的是奶和血"的"牛"和"别有烦冤天莫问,仅余慈爱佛相亲"的"佛子";读鲁迅,是为了学习他耻于占用任何堂皇的招牌,却全心全意地、始终如一地、大小不改地,用反语,用"伪装"以致敢于站在"假想敌"的地位,在个人"孤军作战"的地位下,也要做一个没有任何杂质的真正的集体主义者;——毛主席所说的"骨头最硬"等等,等等。①

可以看出,胡风在这里表现的对鲁迅传统的体认与他对"文官"们的精神立场的批判以及他自己坚持的战斗精神有着本质的一致性。除过"集体主义者"这一标示不太准确之外,他对鲁迅精神显示出非常准确深刻的体认。在对鲁迅精神的描述中,他也将自己狱中处境与心态写了进去,那种茫茫旷野之中的大寂寞、闸门之下的大痛苦以及面对深重的苦难的大悲愤,分明也是他自己的感情;那种"无真情亦无真相"、"用'欺瞒的心''欺瞒的血'出卖廉耻、出卖人血的人",也是他自己在现实与意识之中经常遭遇、不断作战的势力;而"执着如怨鬼,纠缠如毒蛇"的韧性战斗精神,也一直是鼓舞他支撑他的力量。自然,胡风对鲁迅精神的体认不自狱中始,在这里他仅仅是对之作了更为显豁与真挚的表述,但从这种表述中,我们还是可以发现他在狱中诗篇中不懈作战所赖以支撑下去的精神力量的源泉所在。

在另一方面,胡风也标举出鲁迅精神中"对人民、对友人、对爱人要做一个'吃的是草,挤的是奶和血'的'牛'和'别有烦冤天莫问,仅余慈爱佛相亲'的'佛子'"的一面,这可以看做胡风所一贯坚持的作战的最终目的,即一切斗争为了人,为了人民。而他认为自己的对立面则是在愚弄人,残害人。胡风在狱中研

---

① 胡风《致梅志》,《胡风遗稿》,第 11—12 页。

读的另一本书是《红楼梦》,并在这基础上写了一部长诗《〈石头记〉交响曲》。在这里,他特别注意其中体现出来的"崇人""爱物""爱才"等思想,这些思想不见得完全是曹雪芹的思想,不过倒很能看出胡风自己思想关注的中心所在。例如他这样解释曹雪芹的"惟人主义":"曹雪芹毕生用了整个身心追求一个理想,我把那叫做'惟人主义'(或崇人主义):世间一切严肃而正义的事业都是为人类幸福服务的,都是为人与人之间的合理关系和合理生活服务的。在这个限度上说,他是和'世界上一切事物中,人是最宝贵的'的马克思主义原则相通甚至相合的。在中国,以儒家学说为主力的各种各样的反动的主观唯心主义,他们的各种各样的伪装和层出不穷的变态,他们的总目的是愚弄人、剥削人、奴役人、残害人、牺牲人;对于他们,曹雪芹的唯人主义是人类思想的骄傲。不但如此,就是对于'见物不见人'的各种各样的庸俗唯物主义,打引号的唯物主义,惟人主义也是人类思想的骄傲。"① 这种思想和胡风自己在文艺理论中坚持的"感性的人""实践的人"的立场是一致的。有学者认为:"胡风的现实主义的哲学基础是人道主义,在这里,人道主义在作家的主客观相生相克的'搏斗'过程中充分发挥了桥梁作用……与这样一种人道主义紧密联系在一起的人民性,也就是胡风所认为的文学的真实性,这与靠图解政治原则来写作的方法是背道而驰的。"② 正是基于这样一种一贯的"人"的立场,胡风才从《红楼梦》中发现了"惟人主义",并引起了巨大的共鸣。而他自己一贯批判的"教条主义",其哲学基础实际上就是胡风指出的"'见物不见人'的各种各样的庸俗唯物主义,打引号的唯物主义",其支持者将之奉为客观真理,不但在精神立场上抹杀了人的主体性,而且在现实生活中借助权力"愚弄人、剥削人、奴役人、残害人、牺牲人"。胡风冤案不过是其中的一个例子。

也正因为有这种亲身经受的创痛,胡风在狱中诗篇中对之做了不懈的战

---

① 胡风《读〈红楼梦〉随想》,《胡风诗全编》,第553页。
② 陈思和《胡风对现实主义理论建设的贡献》,收入其论文集《笔走龙蛇》,山东友谊出版社1997年版,第41页。

斗。胡风自述他的狱中诗歌是记录他"感情里反复出现的劳动人民的艰苦生活和希望,战斗者的坚强性格和情操经验",正是对这种在"惟人主义"精神支撑之下的韧性作战的一个很好的概括。在《怀春曲》的《重音篇——十章·悲歌》中,胡风将中国传统几千年的黑暗面概括为"吃人""瞎说""盗血"的"刀兵史",慨叹"一部刀兵史,民情似火煎。无权皆可杀,有力不能闲。……骨碎心难碎,汗酸泪更酸。心伤空易敌,泪竭妄求天。地黑真官吏,天昏假圣贤。圣贤名压榨,官吏实凶残。吁地山河惨,呼天日月寒!一生除九死,苦痛几千年!"他同时看到"一部刀兵史"中反抗黑暗的"梦想几千年""摸索几千年""感动几千年""战斗几千年"的一面。在这样的一部历史中,胡风将自己归于"求真"的一类,而以战斗做结。从中可以看出,对于新文学中的现实战斗精神,胡风终其一生对之有深刻的认同。1978年,他虽然还没有被释放,但处境已经有了相当的改善,在这时候,他写作了一首《猴王赞》,其中有这样两句,用来概括狱中诗篇中显示的他自己的性格与风骨,非常合适:

  翻天无畏惧,系狱不凄惶。

原载《书屋》2003年第5期

语言与"实感"
——从胡风的一封家书谈起

金 理

对于今天的文学创作来说,胡风早已是渐行渐远的一个模糊背影。但不容忽视的事实是,新时期文学在废墟上的重建,得益于胡风者着实不少。①尽管胡风理论中不可避免留有特殊时代的痕迹,但重新打开这一资源,确实可以发见

---

① 当胡风思想在20世纪80年代初走出幽闭时,人们惊讶地发现了一个瑰丽的宝藏,与人们已然厌倦的那些理论不同,胡风当年的许多探讨,竟仿佛有先见之明一般,为人们在废墟上的重建提供了极有针对性、建设性的方案。新时期的"破晓啼声"《为文艺正名》中义正词严地指出:"'文艺是阶级斗争工具说',要求文艺创作首先从思想政治路线出发,势必导致'主题先行'","文艺的生命力在于它服从生活,服从生活的真实。"(参见《为文艺正名》,《上海文学》1979年第6期)这同胡风从1930年代开始抗拒从概念直接产生文学的实践,多有沟通。1970、80年代以创作过程为中心的一系列主体性的理论探索,实际上延续着胡风所构筑的理论框架。这一时期文艺理论"拨乱"的对象,如"庸俗社会学""机械反映论"等,正是由1930年代起艺术工具论等延续而来,而这也正是胡风毕生反抗的不良传统。刘再复在长文《论文学的主体性》中说:"那种认为作家的世界观可以决定一切的观点,就是作家可以任意干预笔下人物的灵魂和行动的观点,就是不尊重笔下人物,剥夺笔下人物的主体性的观点。"而胡风一直呼吁的就是:不管是作家还是作家笔下的人物都不能沦为"工具":"不要把作家看成留声机,只要套上一张做好了的片子(抽象的概念),就可以背书似地歌唱;作家也不能把他的人物当作留声机,可以任意地叫他替自己说话。"(胡风《M.高尔基断片》,《胡风全集》(2)第356页)。刘再复借用皮亚杰的认识发生论探讨"批评家的心理组织过程":"一方面批评家主体同化了客体(作品),作品被自己的审美眼光所穿透,即被自己的审美理想所溶解。……如果作品的刺激异常强大,以至强大到必须涨破原来的审美意识图式才能适应作品的客观现象,批评家内心的图式就不得不改变。这实际上是主体在与对象的接触中,又被对象所影响,所感动,此时,主体的部分本质会被客体所占有,所改造……"(刘再复《论文学的主体性》,《文学评论》1985年第6期,第19、20页;《文学评论》1986年第1期,第14页)这里何尝没有胡风相生相克的主客观化合论的影子呢? 1980年代涌现的很多新思潮、新话题,如果联系到胡风文艺理论,似乎都可以找到深刻的历史共鸣。比如1987年探讨"向内转",童庆炳撰文指出:"生活不会自动地进入文学,生活必须经过作家心灵地过滤、发现和创造才能进入文学。"(童庆炳《文学的"向内转"与艺术创作规律》,《文艺报》1987年7月4日)新时期高扬"主体性",对创作过程中作家主观作用的突出,让人不禁感慨历史的诡谲,绕了这么大一个圈子,费尽波折,最后似乎还是回到了长期被视为"异端"的胡风。

极具价值的滋养。这里准备通过胡风写给妻子的一封家书,描述其语言文字的基本形态,并在"心思—语言—文字"往返沟通的结构中来观照胡风对文字所秉持的严格标准,进而由高度主体性、真诚无伪的文字以及理论形态,来揭示其中的启示意义,这不仅关涉到今天的文学创作,也关涉到思想与文化建设。

一

借路翎的话来说,胡风是用"有'血肉'感觉的""充满实感"[1]的语言方式来表达其见解。他的文字最直接的,是其持续紧张的内心图景的外化,这是他文字风格的内在成因。罗洛曾记有如下一则回忆:有一次胡风请吃橘子,"他拿起一只橘子,剥了皮但没有吃,突然对我说:'自然界真是奇妙,你看这橘子,外皮是粗粗拉拉的,说不定还有细菌,但它的内心却是这样干净,这样纯洁,没有杂质,没有污浊,你可以毫无顾虑地吃下去'"[2]。胡风文字的内外情形恰如这只橘子,"外皮是粗粗拉拉的",不但论敌们谴责他理论"晦涩",即便是中立派的知识分子也讥诮其行文"纠缠"[3]。但是内里却"这样干净,这样纯洁,没有杂质,没有污浊",完全忠实于主体内部的"自我斗争",真正实现了"言为心声"。

其次,胡风的理论是自己头脑"一寸一寸地思考"得来的,他从来不作蹈空之论。而一旦将所要表达的理论化作了自身血肉,则在表达过程中充满自信、激情洋溢。这是一种"属己"的文字,有这么多只属于他的"个人词汇":燃烧、主观战斗精神、思想力、拥抱力、突击力、把捉力……胡风的很多句子都如燃烧一般,毋宁说,他自己就烧在他的文字里面,透显出"真的悲痛,真的追求,真的反

---

[1] 路翎《一起共患难的友人和导师:我与胡风》,晓风主编《我与胡风》,宁夏人民出版社2003年版,第727页。
[2] 罗洛《琐事杂忆:我所认识的胡风》,晓风主编《我与胡风》第966页。
[3] 参见叶圣陶1948年10月19日日记:"此君(指胡风——笔者注)自名不凡,否定一切,人家之论皆不足齿数,而以冗长纠缠之文文其浅陋。"参见《叶圣陶文集》(21),江苏教育出版社1994年版。

抗"①。在文字观上,他对人对己都作如是要求,在给妻子的信中说:"你知道,我是没有真情就写不出一行字来的。"又教诲年幼的女儿:"你应该学会写出自己的感情。"②对于那些从他的批评中"抽出一些理论似的端绪来加以讨论"的举措,胡风往往不以为然;但是有普通读者从中读出了"我的'愿望'和我的'愤怒'",胡风却"深为感动"③。胡风对文字的要求如此一丝不苟,简直达到了"以心见心""以心传心""以心契心"。他要求自己、也勉励读者能够越过表述的本体,而洞察本体背后以及表述过程中的精神、心性,"能够从诗本身(仅仅是诗本身!)直接读出作者本人的心、感应那血脉涌动的源头和流向"④。

1965年,胡风在狱中给妻子梅志写了一封家书⑤,其中有这样两段:

> 常见的把感觉和思想分为二事的说法,只有在极限定的意义上才可以用。至于语言,它所表现的既是思想也是感觉,二者为一物的两面,恐怕连抽象的逻辑语言都可以这样说的。人对某些语言(文字)所以没有感觉,是因为那语言所表现的事物和运动他没经验过。没有注意过哲学问题或读过哲学书的人,"哲学"这个词就对他是无感觉的,神秘的,正如热带没有见过雪的人对"雪"和"下雪"这类词一样。所以,从基本性格上说,语言是极老实、极诚恳的东西。没有被客观事物所引起的感觉(思想),人怎么会创造某一个词呢?

> 那么,为什么又出现了极不老实,极不诚恳的语言?……在统治阶级利用下的这种语言,有的原来就没有实际事物和运动的感觉,有的在这样使用中失去了具体事物和运动的感觉,即所谓陈词滥调。……这种东西,

---

① 胡风《密云期风习小纪·序》,《胡风全集》(2),湖北人民出版社1999年版,第349页。
② 胡风致梅志信(1952年10月24日)、致晓风信(1952年12月12日),《胡风家书》,复旦大学出版社2007年版,第329、460页。
③ 胡风《在混乱里面·序》,《胡风全集》(3),第4页。
④ 朱健《胡风这个名字……》,晓风主编《我与胡风》,第746页。
⑤ 胡风《致梅志》,这封家书可以参见《胡风遗稿》,山东友谊出版社1998年版;或《胡风全集》(9),以上这两个版本均有删节;新近出版的《胡风家书》提供了一个较为完整的版本,本文对《致梅志》一信的引录,均自《胡风家书》,以下不再注出。

语言与"实感"

除了以思想内容本身毒害人以外,更可怕的是,它使人的感觉力伪化,因而使人的思想力虚化,也就是,完全拒绝新鲜的具体的事物和运动进入受害者的主观世界。

在形而上学的传统中,知识是依靠理性获得的,只有理念代表了真正的存在,而人的感官直觉与本能被忽略、甚至完全否定。而胡风在这里却无限压缩了"感觉"与"思想"的区隔(恰如尼采对西方哲学传统的反抗),"感觉和思想分为二事的说法,只有在极限定的意义上才可以用"、"二者为一物的两面"。文字所表达的感情、感觉与思想合而为一、高度融合,其实正是胡风心目中理想状态的文学,这是他素所追求的。在1930、40年代,左倾机械论让很多人迷信作家的头脑是反映生活的"镜子",传达思想的"容器",或宣传某种观念的"留声机",对所有这些比喻胡风都是不屑为之的,他所钟爱的是"熔炉"。第一次出现是在1935年的《为初执笔者的创作谈》,他劝告文学青年们"不要看到了一点事情就写,有了一点感想就'写',应该把这些放进你的熔炉里面",胡风的意思是作家应该写自己受了感动的、消化了的东西,"真正的艺术上的认识境界只有认识的主体(作者自己)用整个的精神活动和对象物发生交涉的时候才能够达到"①。"交涉"的过程就像"熔炉"的熔铸,所有外界"客观的东西""借来的思想",都要经过选择、渗透的化学过程,胡风还用过"燃烧""沸腾""纠合"等等来形容。"一个作家,怀着诚实的心,在现实生活里面有认识,有感受,有搏斗,有希望或追求,那他的精神就会形成一个熔炉,能够把吸进去的东西化成溶液"②,从"现实生活里面"来的结论,就仿佛是身外的"固体",即便是科学的、合理的,但总也显得隔身,这个时候就需要用主观精神来铸造一个熔炉,"把吸进去的东西化成溶液",灌输到体内各个部分,终于结合为感性机能与实践意志。正是为了强调这个过程中的主观因素(所谓"通过作家的主观而结晶"③)参与,所以胡风特别关注想

---

① 胡风《为初执笔者的创作谈》,《胡风全集》(2),第239、247页。
② 胡风《关于创作发展的二三感想》,《胡风全集》(3),第15页。
③ 胡风《为初执笔者的创作谈》,《胡风全集》(2),第240页。

象、直观、感觉……，而很少讲思想、观念的指导作用，思想、观念不应该是创作过程中外加的指标。晚年胡风升华了这一表述："托尔斯泰所说的感情，正是指的表现包括思想在内的作者的主观实际和客观实际的感情。"①这里对应的正是他早年摘译过的托尔斯泰的格言："为了使作品有魅力，不只是一个思想指导作品，那作品的一切还非被一个感情所贯串不可。"②胡风晚年指出的是：只要"熔炉"中主观战斗精神燃烧到极致，那就不止于思想褪去纯粹观念的形态，而是思想完全融解在感情之中，如盐入于水彼此再难分解。胡风对语言文字的看法，是与上述文学理想交织在一起的。

在这封家书中胡风多次提到鲁迅（并且说产生这番"感慨"的导引之一正在于"去年又重读了鲁迅有关汉字和文字改革的文章"），其中的那个比方显然来自《摩罗诗力说》，"直示以冰，使之触之，则虽不言质力二性，而冰之为物，昭然在前，将直解无所疑沮"③。突出感觉的作用，是因为"感觉"来自主体与具体事物最直接的接触，饱含着"感觉"体温的文字，"直语其事实法则"、将"具体事物和运动""直笼其辞句中"，认可这样一种语言文字，就最大限度地关联着具体事物、日常生活和生活世界，也就是说，主体直接置身于存在，而不是被关于存在的种种整合、编排所淹没。胡风的"极老实、极诚恳"的语言，是为了强调言辞符号的模糊而肿胀，会使人"失去了具体事物和运动的感觉"。强调生动而丰富的感性机能，执着于感觉和促生感觉的具体事物，往往可以避免被名教世界所攻陷。

二

鲁迅通过《域外小说集》的翻译实践，"有意识地使用尽可能古的字词义，这

---

① 胡风《简述收获》，《胡风全集》(6)，第 609 页。
② 列夫·托尔斯泰著，胡风译：《关于文学与艺术（摘录）》，《胡风全集》(8)，第 658 页。
③ 鲁迅《摩罗诗力说》，《鲁迅全集》(1)，人民文学出版社 2005 年版，第 74 页。

语言与"实感"

与鲁迅'白心'的思想紧密结合。这个'白心',是与中国知识分子的文化传统正相反的东西,是被这一传统污染之前的、执著于内部生命真实的心灵状态"①。这种溯求的方向并不意味着简单的文化复古,而是指向"厥心纯白"的"朴素之民"那种未经文化沉疴与思想腐叶所遮蔽的、最自然而真实的心灵图景,而语言文字应该在这样的心灵图景中孕育而生。"心思—语言—文字",正是在这样一幅图景中,胡风来结构文字与主体的关系。无"心思"则无主体,不与"心思"往返沟通的语言文字则不是主体性的语言文字。他在信中说得很明白:"语言是什么呢?那是普通劳动者在劳动中在生活中彼此表现他们的理解和需要等等的感觉(思想),那是还没有受到有害的旧思想的腐蚀的纯朴天真的儿童表现他们的欲望和印象的感觉(思想)……"正是着眼于语言和心灵之间最自由而真实的映射,胡风在家书中这样劝告妻子:"你虽然写了点什么,但你不是以什么作家身份写,而是以一个青年母亲的身份写。你的语言是青年母亲的语言,是儿童和老母亲之间的语言,幼稚一点,但没有存心骗人,存心唬人,或存心媚人的感觉,你只是想凭单纯的愿望向你用血肉喂养的孩子们诉说一点平凡的单纯的欢喜或悲哀,希望他们少点苦难,多点纯洁、聪明和坚强。"

在这样"心思—语言—文字"往返沟通的结构中来观照胡风的看法,则可发现:不脱离"具体事物和运动",主要是追求主体对"具体事物和运动"的"经验"与"感觉",并且必须在文字中实现这一"经验"与"感觉"。而这就是胡风所谓的"实感",他在文论中如此偏爱地使用这一词汇:"对客观事物要有实感,自己主观上发的要是真情。这不是能不能的问题,而是诚不诚的问题。"②大量公式化的写作"从信念出发","从观念看现象,看生活",高悬着"抽象、空洞"的"人民的本质",而不去"探测到他们内心的存在",这样的写作"是不会有生活实感的"③……"感

---

① 参见张新颖《主体的确立、主体位置的降落和主体内部的分裂:鲁迅现代思想意识的心灵线索》,《20世纪上半期中国文学的现代意识》,生活・读书・新知三联书店2001年版,第74页。
② 胡风《简述收获》,《胡风全集》(6),第650页。
③ 胡风《创作上的三个现象和一个问题》,《胡风全集》(6),第16、17页。

觉"与"感受"这样的字眼在胡风笔下高频率的出现,因为在"实感"的依托下,它们都有特殊的涵义,它们指主体对对象真诚无伪的、"血淋淋"的突进与拥合,在这一过程中所迸发的力量往往就能刺穿名词概念、理论说教的空壳而抵达鲜活的具体事物与流动的生活世界。有的时候,为了强调这一突进、拥合过程的动态性,尤其是为了将这一突进、拥合的力量实体化,胡风还创造了"思想力""感觉力"这样的词。也就是说,"思想力""感觉力"是为了抓取、获得"实感"的力量,经由它们的作用,文字就能够置身于"具体事物和运动"之中,就能够呈现生命内部真实的心灵状态。

而相反,"思想力虚化""感觉力伪化",往往就会导致胡风所说的"极不老实,极不诚恳的语言"。这个问题值得再深入一步讨论。胡适在《新文学大系·建设理论集》"导言"中盛赞周作人《人的文学》是"最平实伟大的宣言",因为它顾及到了新文化草创期"我们还没有法子谈到"或仅仅是"悬空谈"的议题,即"新文学应该有怎样的内容"。显然,这个问题不解决好,"非人"的思想或内容,仍然能借壳而生,故鬼重来,白话文仍然可能沦为腐朽价值内容的载体。所以,胡适将"活的文学"与"人的文学"视作"我们的中心理论",前者解决了"文字工具的革新",后者保证了"文学内容的革新",1935 年在写下这一长篇"导言"之际,胡适大有"总结"历史的意味:"中国新文学运动的一切理论都可以包括在这两个中心思想的里面。"[①]那么,是不是有了这两个条件就足够了,显然胡风在家书中并没有如此乐观,相反,他忧心忡忡:

> 用革命的人民的要求推翻了这个传统,在语言(文字)上说,于是出现了表现新鲜活泼的具体事物和运动的感觉(思想)的语言,反映革命的思想内容的语言,新的文风。但反映革命思想的语言,如果脱离了具体事物和运动,从语言本身说,那同样也可以成为陈词滥调,那就是所谓教条主义、

[①] 胡适《中国新文学大系·建设理论集》"导言",《中国新文学大系·建设理论集》(影印本),上海文艺出版社 2003 年版,第 18、28—30 页。

语言与"实感"

公式主义、新八股、庸俗社会学的语言即文风……这种东西,同样会使人的感觉力伪化,思想力虚化,具有点金成石、化神奇为腐朽的"本事",也就是"祸国殃民"。

胡风是从白话文运动的实绩开始谈起的,但是在他看来,具备了革新后的工具(白话文)与内容(反映"革命思想"),仍然会产生危险。他素来强调:"题旨有某种人生意义或政治意义以至应时的或重大的直接政治意义但作者的感情淡漠或虚伪作态,文字没有实感,也很难读下去","不愿看那些解释或演绎原则的寡淡的所谓通俗文章,也不愿看那些用没有切肤之感的政治术语来表白自己的文章,甚至对它们的客观效果也怀疑,以为是假效果或反效果"。[①] 也就是说,"思想力虚化""感觉力伪化",文字不能具备"实感","没有切肤之感",那么即便它表达着"某种人生意义或政治意义"的题旨,也会导致"假效果或反效果"。这一点被前人极大的忽视了,但是它又为害甚广,胡风甚至提到了"祸国殃民"的高度,这只是杞人忧天、危言耸听么?如果我们长期使用"脱离了具体事物和运动"的语言,人的思维和感受就会"虚化""伪化",对现实逐渐隔膜,转而在空洞的说教中不能自拔。如果整个社会被这一丧失"实感"的语言所控制,即用胡风的话说,"完全拒绝""具体的事物和运动进入"人的"主观世界",人们完全被标语口号、名词概念及流行意识形态所制造的幻梦集体俘虏,这样导致的危害在历史上并不鲜见。

胡风在胡适、周作人"工具""内容"的主张之外,出示了更为严苛的标准(胡适在《文学改良刍议》中以"真挚之情感"来讨论"言之有物",但基本上是以个性伸张作为"真"的实现;胡风强调语言不脱离具体事物似乎也不外于《刍议》所开示的范围,但显然胡风的设想与标准远为艰深),严苛到会让你觉得这一标准观照下的语言已经不是一种自然状态里的语言——其实毋宁说,他追求一种至高标准的"自然"。在家书中他反复强调语言的"极老实、极诚恳",又以鲁迅为典

---

① 胡风《简述收获》,《胡风全集》(6),第602、614页。

范,号召学习他"极端诚恳地对待语言的劳动精神,学习他的语言的血肉的感觉力"。终于,胡风作了这样的总结:"我的意思是,语言是做人的工具;要做一个真诚的人,非有对语言的真诚的感情不可。"由此我们真正可以理解上面提到的"心思—语言"往返沟通的内涵,这里严苛的标准是双向的:语言要真实地呈露主体对生活世界的"置身"以及这一"置身"状态中生命内部的心灵图景,而主体要对语言付诸"真诚的感情"——综合起来,就是"极老实、极诚恳"的语言与"一个真诚的人"。由此不难理解胡风的如下表白:"文字能对感情负责,自己的行为能对文字负责。否则,宁可掷笔不写。"[①]

同样可以理解的是,胡风在家书中添上的这样一段话:

> 如果占主导地位的是使人的感觉力伪化,思想力虚化的文风,即令它打的是堂皇的大原则的旗子,或者不如说,尤其因为它打的是堂皇大原则的旗子,到时机一转,那些原则话(空洞话)和过头话(积极话或漂亮话)所造成的如花似锦的大戏场,即刻现出全是假象的本质,变成最卑污的东西。

主体对语言应该有严格、自觉的担当与责任,由此,浸透着"实感"的语言才不是身外可以相机而变的"空言""大话"。"实感"是"心思—语言"往返沟通时的介质,语言文字的"实感",是指文字的及物性,种种不负责任的说教往往编织出名词符号的迷梦让人身陷其中与现实世界隔离,而"实感"昭示的是一种"回到事物本身"的力量。语言文字的"实感",同样指向主体与语言之间的高度认可、彼此"负责"。按照胡风的推论,"语言是极老实、极诚恳的东西",它亲密地附着于"被客观事物所引起的感觉",而如果"原来就没有实际事物和运动的感觉"或者在"使用中失去了具体事物和运动的感觉",那么你就根本没有必要去放言高论这种没有"实感"的"陈词滥调"。所以反过来,如果是浸透着"实感"的语言,它必然最真实地反映着人的内心世界,在心思与语言之间,本就没有"原则话(空洞话)和过头话(积极话或漂亮话)"所横亘。语言是"极老实、极诚恳"的,而"行

[①] 胡风《简述收获》,《胡风全集》(6),第607页。

为能对文字负责",这样真正主体性的语言,即和主体彼此"认定"后的语言,既不自欺,又不欺人,当然不会随"风向"而转变。

在与外界隔绝的情况下,胡风取得的这番思索,显然来自历史、现实的特殊境遇以及这一境遇对他心灵造成的强大压力。也可以说,他是从一个特殊的角度,对"作戏的虚无党"以及整个时代败坏的语言,进行探本溯源的清理。所以,这又不仅仅是一个语言的问题,借用胡风上面的话,从语言文字扩展开去,主张、思想、主义等等,都可以包容在"堂皇的大原则的旗子"之下,所以,不仅是对语言真诚、负责,对主体标举的所有主张、思想、主义……一并都要真诚、负责。而"实感",以及为求得"实感"而存在的"思想力""感觉力",往往能够使合理的主张、思想、主义溶解在主体生命的机能里,变成一种自觉的实践。故而,它们才不会沦为身外的"空言","到时机一转"。而相反在"如花似锦的大戏场"里可以随"风向"转变的语言、主张、思想、主义,则全是丧失主体性的道具罢了(先前"你"高擎这些"堂皇的大原则的旗子"时,是否真的出以"真诚的感情"真的相信它们?)

胡风在这里讨论的问题似乎和"文风"有关,但又未必尽然,至少在他本人看来远没有如此简单。胡风所秉持的理论,是他经过多么创痛酷烈的挣扎以及狂风巨浪般的人生淬炼而获得的,当它一经化合为体内的血肉存在,则再也不是任何外力所能轻易动摇:

> 我的理论是我多年积累的,一寸一寸地思考的。我要动摇,除非一寸一寸地碟。

这是他在血污中屡仆屡起的自信之源、力量之源。他的文字、理论与他的身体、生命、生存如此亲密无间、合而为一,即便利刃相碟,如剥鱼鳞般片片脱离,那也定然"一寸一寸"地渗出血来……

三

文学研究界对"语言"的探究近年来已渐成气候,比如总结现代汉语创生至今的得失、寻觅方言土语对文学创作的滋养……但从根本而言，文学不是在真空里的，我们必须注意到在今天的时代风习中，形形色色"作戏的虚无党"与漫天飞舞的文字游戏已将语言败坏得千疮百孔。这绝不仅仅是一个文学创作或研究的问题，或者说，现代以来中国人的语言与文学时刻不能脱离我们自身的现实境遇，我们每个人每一天都在和白话文、现代汉语照面、打交道，白话文能否"担负重大的责任"，既显现于每个人的每时每刻中，也需要每个人的每时每刻来落实。由此不难明白胡风所谓"极老实、极诚恳"的语言与"一个真诚的人"的意义所在。

即便在文学创作的范围内来讨论，朱小如先生曾指出："仔细考量这一代作家在功成名就后的平常生活和创作出来的作品之间的关联。不难发现他们都已不再具有写作初期那种'自然的、时刻体验着'的与生活肌理交融，血脉相连关系。"[1]语言不及物、文学不再面对元气淋漓的生活世界，这一切的起点，是否始于我们丧失了那种饱含"实感"、浸透着"感觉"体温、充溢着"血肉的感觉力"的文字？转而再注目于今天的文化建设，各种学术思潮、理论话语诚然纷繁更迭让人目不暇接，甚至"改变思想就像更换内衣一样随便"[2]，但是凭心而言，其中有多少当得起上面引文中那一个"磔"字？

原载《小说评论》2008 年第 6 期

---

[1] 朱小如、贾梦玮《由"创作局限论"引出的问题》，《南方文坛》2008 年第 2 期。
[2] 葛兰西语，转自索飒、海因兹·迪特里齐《知识分子危机与批判精神的复苏》，《读书》2002 年第 6 期。

以想象参与现代民族国家的建构

——胡风《时间开始了》的一种解读方式

梁燕丽

一、颂歌与政治抒情诗

20世纪50年代初的中国大陆,"胜利者的政治抒情诗创作,成了唯一高昂的声音"①,此时政治抒情诗的主体内容即对新建立的国家政权及其领袖人物的直接歌颂,严格说起来是"颂歌"。陈思和教授主编的《中国当代文学史教程》一书指出:"'五四'新文学启蒙传统下成长起来的知识分子显然缺乏相应的语言表达能力。最典型的例子是'五四'时期的著名诗人、自由诗体的创始人郭沫若,竟用古典词赋形式写出了歌颂新政权的《新华颂》,柳亚子等旧体诗唱和也风行一时。"②诚然,中国古诗有颂歌传统,如《诗经》中风雅颂的"颂"是宗祭时歌颂祖先的诗,由此奠定了宫廷或贵族文人的颂歌体,如南朝《宋书·谢灵运传·撰征赋》:"士颂歌于政教,民谣咏于渥恩";唐代宋璟《三月三日为百官谢赐宴表》:"欣欢之声浃于亿兆,衔感之至形于颂歌。"在"五四"新文学传统里,本来没有什么"颂歌"因素,"大约先是抗战环境促使一部分诗人对灾难中的祖国的颂扬,进而在抗日民主根据地的民间文艺中出现了对地方政权和领袖人物的颂

---

①② 陈思和主编《中国当代文学史教程》,复旦大学出版社2011年版,第22页。

扬,有些诗人(如艾青等)也初步尝试了歌颂题材的创作"①。1949年新政权建立起来后,"颂歌"进一步发展为诗歌创作的普遍范式。《中国当代文学史教程》一书总结:"用自由诗形式来写颂歌的作品虽然数量不少,但流于空洞抒情或概念化叙事的粗制滥造倾向也不在少数。……散文式口号式甚至语录式的叙事句比比皆是,泥沙俱下,既粉碎了一般抒情诗歌的规律和节奏,以宏大叙事来重新创造诗歌的巨无霸形式;又反映出诗人主观感情的大自由大解放与'颂歌'体的英雄崇拜心理奇妙混合的矛盾,它构成了一个特定时代的诗歌特色。"②这个总结不可谓不到位,但我们还可以进一步认识"颂歌"的根本属性。无独有偶,在当代文学中,旅居台湾的马华作家李永平的《出埃及记》也是彻头彻尾的一篇颂歌:

> 时在中华民国第三十八年。九州之人,褓负万里,有如赤子之归慈父、追随蒋公穿渡百里宽的海峡……自由中国以二万余平方公里弹丸之地,在蒋公一根手杖指引下,尊奉国父遗教,揭橥三民主义,戮力一心……四十年间,在这美丽之岛……缔造了傲视寰宇的经济奇迹。

全文采取一种神话叙述者的视角(雕的视角),民国时空被投射了一道乌托邦的金光,而光源则是叙述里的"蒋公",他如同水晶球内缩影世界的发光体。如此把蒋介石神格化的方式和戒严时代国民党宣传机器的修辞方式高度重合,一些惯用语诸如:"尊奉国父遗教,揭橥三民主义""自由中国""戮力一心"等更是如出一辙,作品叙述显然是一种民国台湾的自我建构。无怪乎本尼迪·安德森在《想象的共同体》中认为现代民族国家是一种"想象的共同体"③。

胡风所创作的被称为"共和国文本"的《时间开始了》,今天读来并不是一首简单的颂歌。七月派诗人绿原曾高度评价这部诗:"当时歌颂人民共和国的诗篇实在不少,但从眼界的高度、内涵的深度、感情的浓度、表现的力度等几方面进行综合衡量,能同《时间开始了》相当的作品未必是很多的。"④把《时间开始

---

①② 陈思和主编《中国当代文学史教程》,第22页。
③ 本尼迪·安德森《想象的共同体》,吴叡人译,上海人民出版社2011年版。
④ 绿原、牛汉对话录,载《文艺运动史料选》第5册,上海教育出版社1997年版,第617页。

了》放在同类颂歌创作之中来考察,这样的判断无疑是准确的,然而复杂的政治抒情诗更像是胡风创作的自我期待,且不是后设的,而是前瞻的,长诗内在的诉求也许是以想象的方式参与现代民族国家的建构,这就是为什么"当时以至后来者贺敬之、郭小川、闻捷等50年代重要政治抒情诗人的创作都难以达到这样的独创程度"①。诗人叶匡政站在今天的角度认为,"重读胡风的《时间开始了》,需要重新思考诗歌对政治话语的介入,需要非常有价值观和历史观的书写。诗人不能成为时代温和的文学记录员,而应成为有良知的诗人",由此把《时间开始了》对当代政治抒情诗的借鉴意义归结为"从小我通向大我的艺术策略"。②诚然,诗中极度赞美毛泽东固然出自诗人主体强烈的真情实感,但细细回味写伟大领袖的诗句不如写诗人母亲的文字感人至深。问题也许只在于:人民家国之感情和参与建构现代民族国家的雄心壮志,都必须经由领袖人物的意志,此外别无他途。因此,一首富于时代担当与深邃思考的政治抒情诗,只能以颂歌的面目曲折地表达出来。这使得《时间开始了》今天读来仍然有许多值得深思的地方。

二、以想象参与现代民族国家的建构

《时间开始了》显然是以诗人对于"时间"的感知和隐喻作为诗的基调。时间跟空间不同,时间本来是不存在的,时间体现的是人类社会的规则。所谓"时间开始了",即胡风找到一个非常准确的比喻,表达了对创立伊始的新的现代民族国家的期待,希望一个更为自由和美好的时代开始了。这首诗代表了一个时代人们的共同期望,即参与现代民族国家和新社会形态的建构。诗中通过意象从各个角度表达了诗人对新中国的想象,如"大海""黎明""小

---

① 陈思和主编《中国当代文学史教程》,第25页。
② 叶匡政《〈时间开始了〉:一部时代的欢乐颂》,http://www.sina.com.cn/c/2009-08-31/193618549462.shtml。

草""雪花"等。

(一)"大海"和"黎明"

第一章《欢乐颂》新的时间开始了,最先出现的想象却是空间上的"大海",诗人把新中国、毛泽东、诗人自我统一在"海"的意象:

> 我是海
>
> 我要大
>
> 大到能够
>
> 环抱世界
>
> 大到能够
>
> 流贯永远
>
> 我是海
>
> 要容纳应该容纳的一切
>
> 能澄清应该澄清的一切
>
> 我这晶莹无际的碧蓝
>
> 永远地
>
> 永远地
>
> 要用它纯洁的幸福光波
>
> 映照在这个大宇宙中间①

所谓海纳百川、有容乃大,诗人希望新的中国是一个全新的国度,如同大海一样容纳一切和澄清一切:不仅让一切"从地层最深处冲出来的""沾着树木花草香气的""千千万万的清流含笑地载歌载舞地"流到这里来,而且让"带着泥沙的""浮着血污的""沾着尸臭的""百百千千的浊流含羞地迟迟疑疑地"流到这里来,隐喻新的国家及其领袖人物作好了准备包容一切消化一切,而"我是海/我要大/大到能够/环抱世界/大到能够/流贯永远",更直接道出他

---

① 胡风《胡风全集》(1),第104—105页,以下原诗引用都出自该书,恕不一一另注。

心目中的新中国将是一个自由、民主、开放的新起点,走向世界走向未来。那被诗人推上历史最高峰的毛泽东的形象,不是"火焰似的列宁的姿势",也不是"钢柱似的斯大林的姿势",而是"神话里的巨人","抓住了无数的中国河流",一切都跟着他前进。这里运用神格化方式塑造毛泽东的形象,隐约地透露出一种个人崇拜和自我膨胀的忧虑,但很快地诗人又为一种新的时间开始所振奋:不同于但丁在地狱门前的预言:"到这里来的/一切希望都要放弃!"诗人在中国新的时间开始时预言:"一切愿意新生的/到这里来吧/最美好最纯洁的希望/在等待着你!"

如果说,把新的国家政权比作汇聚百川的大海,是出于诗人胡风深阔的想象力和知识分子的深谋远虑,那么把毛泽东比作大海的最高峰,今天读来却别有一番滋味。美国诗人惠特曼也写过不少歌颂美利坚合众国及林肯的诗作,如流传久远的《啊,船长!我的船长!》,诗人并没有把林肯比作大海,而只是茫茫大海上的船长;在《最近紫丁香在前院开放的时候》中赞美和怀念林肯,更是一曲紫丁香、星星、小鸟和我的灵魂交缠之歌。① 有趣的是,在封建时代就有"水能载舟,亦能覆舟"思想传统的中国,到了现代民主共和国时代,在一首意在拉开新的国家时间序幕的诗歌中,却直接把领袖泛化为大海或大海最高峰。但我们在诗中依然不觉得诗人胡风完全匍匐于自己塑造的"大海"之下,我们依然更多的是感受到诗人强大的主体性,以及中国知识分子拳拳的使命感,因此,如果《时间开始了》也可以说是开了个人崇拜之先河的作品,那么最悲哀的问题也许是,虽然中国人民从此站起来,但在精神上却付出了领袖崇拜和马首是瞻的代价。现代民族国家的建构必须建立在现代理性的基础上,这就是《时间开始了》的深刻悖论,以及它悲剧命运的深层原因。

除了"大海",我们看到诗人用另一个鲜明的意象"黎明"比喻革命胜利的到来,这是另一个关于时间的想象:

---

① 参见惠特曼《草叶集·纪念林肯总统》,赵萝蕤译,上海译文出版社1991年版,第571—613页。

江声浩荡七月诗

  黎明

  像一个花苞

  她吐着清丽的香味来了

  黎明

  像一个爱情

  她亮着温馨的微笑来了

  祖国,祖国啊

  黎明的处女的光波

    照到了你的身上

  你抬起了愁苦的头

  你心灵里面的最敏感的神经

    着火似地欢跃了起来

中国终于摆脱了多少世纪的积贫积弱,迎来现代的"黎明",到处充满了爱情的芬芳、幸福和光明,生活在这里的人民,则可以自由自在地哭、笑、活和爱,不再是虫豸和蝼蚁,肥料和粪土。革命者驱逐黑暗,用生命换来的新中国,是解冻、回春、发芽、吐叶、开花、结果。与此同时诗人情不自禁回忆他的母亲,一个祥林嫂似的"劳苦了一生冤屈了一生"的女人,意在对比"生活还会有另一种过法/世界还会变成另一个样子"。然而,诗人并没有让个体生命淹没于"欢乐的海洋",而是以强大的个体意识,站在民众立场上表达对个体生命的认知与肯定。在一次次的盛大庆典上,许多诗人写了颂歌,但大多只能看到盛大的广场和宏大的历史叙事,而个体生命却消失了,但《时间开始了》诗人的个体生命意识非常强,如《欢乐颂》中:

  祖国

  伟大的祖国呵

  在你忍受灾难的怀抱里

  我所分得的微小的屈辱

>   和微小的悲痛
>   也是永世难忘的
>   但终于到了今天
>   今天
>   为了你的新生
>   我奉上这欢喜的泪
>   为了你的母爱
>   　　我奉上这感激的泪。

祖国的一切屈辱与新生,"我"是作为活生生的个体生命去承担与感受的。由此,诗人念念不忘那些以血肉之躯为新的国家政权奠定基础的英雄们,突出他们个体生命的意义。在《英雄谱》里展现了非常多的具体细节,读来特别震撼人心。而新的国家使人可以成为真正的人:坚强的烈士母亲李秀珍被唤醒了智慧,诚实的农民戎冠秀不甘心做市侩,热情的工人李凤莲成为集体主义的生力素。新中国应该属于真正的人和人的尊严:

>   人——
>   是庄严的!
>   人——
>   不可损害
>   不可侮蔑
>   违反这个的就是反动
>   革命斗争正是要
>   　　唤起这个庄严
>   　　保卫这个庄严
>   　　培养这个庄严
>   这就叫做推翻旧制度的
>   　　人类解放的神圣事业

在诗人看来,现代民族国家和新社会形态的建构,根本上是人的解放和人的建构。在狂风暴雨中,在雷声电火中,"宇宙生命融合在一起","全地球未完的战斗连结在一起"。

(二)"小草"和"雪花"

第三章《青春曲》是全诗最富于诗意与生机的篇章。第一曲《小草对阳光这样说》,小草就像一个人的童年,阳光就是慈爱的母亲,二者的关系充满了爱和感恩,却是一种仰视的关系。第二曲《晨光曲》以晨光象征青春,那个在阳光和奶汁中成长起来的青年,作为个体生命的符号象征,"要走出门",从"小家"的归属到"大家"(时代、国家)的忠诚。这二曲以个人式的朴素稚拙、单纯明朗的艺术语言,表达了强有力建构中的主流意识形态话语。"小草"之于阳光,少年之于晨光,作为叙事形象或空间形象,其实也可以解读为新社会形态对于"我"并不是一个非个人性的结构,而是一个"对我说话"的主体,这正如阿尔都塞所谓的意识形态"询唤",是一种施恩者对受恩者的召唤,此中开始隐含着对个人主体性的否定与潜抑,因其将有损那份绝对的爱、感恩和忠诚。

我们看到同样用小草象征个体生命的惠特曼的《草叶集》,伴随着"哪里有土,哪里有水,哪里就有草"的主旋律,诗作展现出美国土地上长满了芳草,生机勃勃地迸发出清香之息,草叶是最普通、最有生命力的东西,透露出普通的美国人才是生机勃勃的美国的主体。诗中堂而皇之地出现"自我"形象,"我"和广大的工人、农民、渔民、船夫、马车夫、男人、女人、小孩……以个体的方式和自我的感受参与建构美国精神。显然惠特曼不必担心被批评为个人主义,他也无意于使用"小我通向大我的策略",在他那里每个小我,都是大我,整个美国的精神就是立基在这些个体或个人的基础上,没有超越于此的更本质性、整体性和抽象性的存在,任何个体生命不必因为张扬"自我"个性和诉求而蒙羞,因为"美利坚合众国的天才的最佳表达者是普通人……总统向他们脱帽而不是他们向他——这就是不押韵的诗"①。

---

① 惠特曼《草叶集·译本序》,赵萝蕤译,第3页。

我们看到胡风亦是中国土地上具有强烈主体意识的诗人。在第三曲《雪花对大地说》中，雪花之于大地，不同于小草之于阳光。这个在晨光中"走出门去"的个体生命作为符号象征，自愿化作"小小"的"洁白"的雪花，义无反顾地贴近或投身于大地（来自土地和民间的询唤），此时，诗人心目中无比仰慕、感恩、热爱的形象（党、毛泽东、事业），不是以天空或偶像出现，而是以承载、滋育和容纳一切的大地意象出现，而雪花贴近和投向大地时，"我还原成了我自己"，而且"我要还原成你身上的一滴水／我要还原成你心里的一滴血"。曲终诗句落在"我化成了你，化成了你，化成了你自己！"诗人并不能舍弃自我意识，而是个体与群体，诗人自我及其通过想象建构的新中国完全水乳交融在一起，成为"你中有我，我中有你"的关系。惠特曼在1855年出版《草叶集》时也表达过类似的感受："一个诗人必须和一个民族相称，他的精神应和他国家的精神相呼应……他是她地理、生态、江河与湖泊的化身"，而"那种亲密，那种热烈，那种陶醉，简直是无与伦比的"。① 同样，《时间开始了》当抒情主体与新的国家亲密无间地融合后，《月光曲》和《睡了的村庄这样说》就充满了平安、美好与祥和，这时诗歌反复强调："我们走的是人间／不是梦境。"幸福生活无疑是古往今来人类最大的愿望，也是诗人对新的国家的最高想象和期待。

（三）知识分子的自我反思与建构

第四章《英雄谱》结合诗人自身的成长经历，怀念革命导师、战友和烈士，仍然着眼于未来，着眼于知识分子的自我反思和建构。如回忆革命引路人宛希俨：

> 亲爱的兄弟
> 我这才懂得了
> 你是在恋爱着权力呀！
> 这第一个人民的权力

---

① 惠特曼《草叶集·译本序》，赵萝蕤译，第3—4页。

> 你用真诚追求了的
> 你用斗争争取到了的
> 　　　人民的权力
> 使你沉醉得仅仅只能感觉到了自己了——
> ……
> 你离开那个僵硬的三段论法
> 却只能跌进了热情没有生根的加引号的"唯物主义"

在一首颂歌里，诗人的这些忧虑和警戒显得十分独特而深刻：新的国家如果仅仅是权力更替，历史依然逃不出轮回的怪圈与劫数。现代民族国家权力是人民赋予的权力，而不是少数人的特权，诗人指出新中国的缔造者所恋爱的不应是权力本身，而应该"是权力所代表的那个神圣的事业"。这才是亘古未有的新生事物，才是新中国开创的万年基石。而马克思主义作为治国的理论基础，诗人提醒执政者一定要理解其真髓，而不流于教条主义或功利主义。这些近虑与远忧其实对于新政权的建设极为重要，事实不幸被胡风言中，所谓最好的诗人是个预言家或先知，在此至少胡风先生是个富有政治远见的诗人，《时间开始了》不是一般的颂歌，也不是一般的政治图解。而一个富于历史与现实批判精神的知识分子，在对于新的国家想象性建构之中，他的批判和反思也指向知识分子自身。

在对革命作家丘东平的怀念中，诗歌反思了知识分子的"虚浮"和"冷漠"：曾经"虚浮的灰白生活闷住了你心里的神圣的东西"，知识分子成长历程必然是艰难与曲折的，与血与火的现实斗争同样激烈的是内心世界的自我搏斗。这可以看作胡风对新中国知识分子未来的改造与自我改造的探索，充满了批判、理解和隐忧等复杂感情。对于日本"赫赫的无产者作家"小林多喜二的怀念，既是诗人进一步回顾与思考知识分子思想的发展历程，也可看作诗人所焦虑的知识分子问题一个比较正面的建构，虽然当中也反思了"极左"的问题："我模糊地感到了你是把左翼文化战线/往绝路上带去"，但诗人从小林多喜二身上，更多思考的是投注生命和血肉的战斗精神:"我,这小小的一团血肉/居然和全世界无产阶级的神圣战列有了联系!"另一个诗人心目中最崇高的精神导师和知识分子典范是鲁迅。胡风一直想继承鲁迅的国民性批判,因此诗中强烈的批判和反思精神与50年代一般应景的颂歌不同。诗人清醒地意识到,旧中国为了维护统治所进行的话语建构,对于新中国可能是有百害而无一益。知识分子只能接续"五四"传统,在反思与批判旧传统的基础上进行现代知识分子身份的重新建构:

在我们这个古国
已经积起了
多得不能再多的文字垃圾堆
一层一层地堆在人民的周围
把劳动的心灵团团地围住
想把他们围得不能呼吸不能喘气
我们有什么权利
反而盗用他们的名字
在那上面再添一叠叠
写着冷清的文字的废纸?
……
谁想做一个用文字作战的士兵
他就得在人民面前、在斗争面前
把自己看得卑微、卑微、再卑微
卑微到除了真诚一无所恃
……
文字如果没有带着血温
(虽然那不免要沾上自己的体臭)
就没有脸放它们到
这个战斗着的世界上去!

江声浩荡七月诗

胡风希望新中国知识分子要"卑微到除了真诚一无所恃",要让文字带上"血温",与生活、与人民真正血肉相连,而不是无病呻吟、制造文字垃圾,甚至盗用人民的名义来对他们施加文字暴力和精神统治。这是一种真正破旧立新的深切反省与期许。这些诗句今天读来依然非常有力度,有启示意义。

《胜利颂》歌颂1949年10月1日"这个人类史上伟大的胜利",诗人对新中国的想象性建构达到了高潮。诗在重复第一章《欢乐颂》极度赞美和神格化毛泽东的同时,开始进入更深沉的思考:"这不是万国来朝——/滚你的吧/你这原始的故事!……这不是群贤上寿/滚你的吧/你这东方的传说!……这不是'自由''平等''博爱'的集会——/滚你的吧/你这西方的大谎和哑谜……"诗用三个排比的自然段,想象新中国不是什么:不是弱肉强食,不是封建余毒,也不是资本国际,新中国及其领袖应该是万流归海,应是"从一切方向流来的海!/向一切方向流去的海!"是继往开来、博大精深的海,包容了破烂的草棚、淌汗的田野、冰冻的森林、火烫的山地、奔腾的江河、简陋的作坊、繁忙的街市、污秽的工厂、争夺的码头、熬夜的窑洞、深思的书房……新中国是劳动的/战斗的/创造的人民的中国,这样的人民应是有血有肉的生命,有能爱能恨的心灵和奔腾的热血,能认识自然和历史的敏感的神经。诗虽以毛泽东的形象为中心,思考的重点却是新中国既不能背叛历史(井冈山、长征、雪山、草地、延安、窑洞),又要成为"历史的起站",发展现代农业("谷物")、现代工业("马达")、现代军事("原子")与国际外交("花")。毛泽东则被喻为"新生的赤子""初恋的少女""开荒的始祖",能够"悲天悯人""百折不挠"和"创造幸福",诗人对于新中国及其领袖寄予太多太多的期望,期望实现国家的种种目的而并不牺牲公民的个人性格,期望新中国人民(包括知识分子)成为"更好的人"。

在中国古代,曹丕在《典论·论文》中说文章乃"经国之大业,不朽之盛事",曹植却认为文章是"小道"。曹丕的话不知他自己是否相信与践行,但他的文学侍从可能是深信不疑,整个封建时代的文人传统也以"学成文武艺,货与帝王家"和"书中自有千钟粟"为主流。在胡风的潜意识中,他也许更相信曹丕所谓文章乃"经国之大业,不朽之盛事",而不是曹植所谓文章是"小道",但他最相信的还是新中国知识分子不是传统文人。正如美国精神与美国文化是林肯与惠特曼们的共同建构,某种程度上,胡风也是一个惠特曼式的诗人,具有强烈的自我意识与主体意识,《时间开始了》不仅是共和国及其领袖的颂歌,更是以想象的方式参与新中国及其文化精神的建构。那么胡风的问题纠结也许在于,他是一个"五四"精神传统孕育出来的现代知识分子。

三、胡风和"五四"新文学传统

"50年代初期是一个旧的文化规范不适应新的形势、新的文化规范正在酝酿的新旧交替时期。"①这句话作为一种后设理解,应是50年代新中国成立了,从30年代以来形成的战争文化规范不能适应和平时代的文化发展需要,因此新的文化规范需要重头建构。作为现代民族国家建构的一个部分,新的文化规范不可能是旧中国传统的,或者完全民间传统的,那么可以借鉴的最直接的经验就是"五四"新文化传统了。"五四"新文化传统的核心精神是"人",人的解放、个性的解放,人道主义、人文主义,随之而来则是人的主体性建构。《时间开始了》想象一种新人的主体建构,包括内在世界的破裂和外在的战斗精神,通过自我批判和社会性的团结,这不同于资产阶级的个人主义,也不完全等同于启蒙主义自由自主自律的主体,而更接近于阿尔都塞意识形态询唤的主体:个体必须受到社会和集体的承认,并且以这一承认行为而使个体成为自由而自律的主体。自我(小我)应该与社会结构紧密联系在一起,以此给予自我一种统一的目的感和身份感,这个自我由一系列社会因素所决定,个体接受并服从于这个

---

① 陈思和主编《中国当代文学史教程》,第22页。

自我形象，通过这种服从，自我才成为一个主体。①作为一个左翼知识分子，胡风不仅"对毛泽东所怀有的亲近和钦佩是真实的"②，而且他对于意识形态作为自我与社会之关系的媒介，也是趋同的。如"颂歌"的主题样式，是"'五四'新文学传统中所没有的因素"③，但胡风还是以之为木铎，试图传达出自己政治的创造性想象力。犹如雪莱、布莱克等浪漫主义诗人，诗的想象力具有深刻的社会、政治和哲学意义，诗人以艺术所体现的能量和价值的名义改造社会，胡风也一样，他的文学信念和社会信念之间不是冲突而是连续的。然而，革命所释放出来的理想的希望和活跃的能量，可能成为创作赖以为生的创造性想象力，也可能与新制度控制的文艺现实发生足以导致悲剧的矛盾。《时间开始了》试图表现当时整个中国社会新的精神状态，和建国伊始知识分子身份意识的转变，同时因为诗人也是文艺理论家，对未来文化生态的变化也有一番筹划的雄心壮志。他主张对以鲁迅为代表的"五四"启蒙传统的继承，他的文艺理论主张就是建立在"五四"新文学传统的基础之上，但是新中国成立后以政权作为后盾，政治全面掌控文艺创作，对文学创作题材和美学都有许多规限，甚至把苏联在30年代中实行的社会主义现实主义奉为金科玉律。胡风试图接续"五四"传统的文艺思想，在精神上与此有较大分歧。现代民族国家建构的基础是现代人本主义理性。胡风创作《时间开始了》有一种强烈的动机是为了证明自己的文学理念"能够创造出对得起这个时代，而且非常重要的文学作品。他用他这首诗作为他的观点和理论也是能够创作出好作品的例证，所以他倾注了一切完成了这个作品"④，然而今天看来，仅此足以成为胡风悲剧的根源。

《时间开始了》所表达出来的历史愿望、思想命题、文化精神、人格力量与

---

① 参见特雷·伊格尔顿《二十世纪西方文学理论》，伍晓明译，北京大学出版社 2007 年版，第 172—173 页。
② 陈思和主编《中国当代文学史教程》，第 24 页。
③ 同上，第 22 页。
④ 同上，第 23—24 页。

"五四"新文学所要求的一脉相承,而新中国的文艺路线正是要切断"五四"文学传统,而使文艺全面由意识形态控制。直到 80 年代开始清除文艺的极"左"路线,新时期文学才对"五四"新文学传统有了接续和发扬,而这 30 年断裂对于中国文学所造成的损害是无可估量的。回到历史现场,胡风这位在 50 年代退到无可再退的底线的知识分子,他的卓识远见和创造性想象力,他参与建构现代民族国家的使命感,他对于"五四"新文学传统的坚持,即使对于今天的中国知识分子,依然是一个非凡的启示。

原载陈思和、王德威主编《史料与阐释》贰零壹壹卷合刊本,复旦大学出版社 2013 年版

一双明亮的充满智慧的大眼睛
—— 为《路翎文论集》而序

贾植芳

原来以为人进入了老年,感情就比较麻木,遇到关涉生死之类的大事,因为参透了人生的经验,也能处变不惊,不再像年轻人那样会有大的感情起伏。所以当年轻的朋友张业松和鲁贞银告诉我他们编了一本《路翎文论集》并要我写一篇序文时,我没加思索就答应了下来。谁知,当这部书稿放到了我的案头,看到了那两个年轻人四处奔波,辛辛苦苦地从当年的《希望》《泥土》《蚂蚁小集》等旧报刊上影印或抄录下来的文字时,我这个年过80的老年人又不由得激动起来,只觉得脑子里"轰"的一下,浑身的血都涌了上来。我仿佛听到了自己感情深处发出的悲愤而嘶哑的呼喊:"路翎!我的苦命的兄弟!"……也因此,笔握在手里却颤抖不已,画在纸上却不成句样。我只能把它搁在一边,自己才慢慢平息下来。

文章就这样拖了下来。每次拿起笔开了一个头,就感情起伏,思绪万千,不知从何说起。大概是心里总是搁着这件事,渐渐地,在我眼前浮现出一双眼睛,一双久别了的眼睛,大大的、圆圆的、充满了智慧的明亮的眼睛。这双眼睛在长夜弥天的时代里,曾经是那样闪烁着希望的火花:他从乡下女人郭素娥的感情"饥饿"里,看到了人性的原始强力;从财主儿子蒋纯祖泥泞般的生命挣扎路上,看出了中国知识分子追求个性解放的艰难历程……我是先从这些胡风送给我的小说作品里认识了路翎这个名字——路翎当时的作品几乎都是经过胡风的手编成书介绍给读者的——感受到他有一副能够看穿这个黑暗世界,看到黑暗底处隐藏着无穷孕育光明的力量的眼睛。抗战胜利以后,我流落到上海,一度住在胡风家里,路翎那时在南京工作,经常来上海看望老胡,每次来都和我同住在胡风家的楼下客堂里,我们这才渐渐地熟悉了起来。那时候的路翎虽然在南京当个小职员,但应该说是他生活比较安定幸福的时期。他的文学创作活动也正进入了最旺盛状态,几乎每期《希望》上都有他的好几篇稿子,而且还出版了短篇集《求爱》和中篇小说《蜗牛在荆棘上》等等。那时的路翎格外有精神,有自信,他仪容整洁,穿着笔挺的西装,有点像当时上海人常说的"奶油小生"的味道。他对生活、对我们这个国家的前途,也抱着很乐观的向前看态度。我那时从徐州日伪警察局特高科的监狱里放出来不久,多年的华盖运已经狠狠地教训了我,比起单纯而充满亮色的路翎来就要粗野得多,也复杂得多。那时我们对一些生活的看法不尽相同,也会常常进行争论,但争些什么内容,今天想起来脑子是一片空白,唯一记得起来的就是路翎那一双明亮的眼睛,看世界充满着希望,但又有一些疑惑而调皮的神情。

这样,随着时间的积累,我们就成了有交情的朋友了。

可是谁也想不到,时隔30年,当一场让我们彼此都不知生死的灾难过去以后,那双圆圆的大眼睛黯淡了、迟钝了,变得有些可怕了。那是在1979年初冬,我们头上的"胡风分子"的帽子仍然还没有摘掉,但似乎可以以"戴罪之身"为社会主义建设所用了。我在复旦大学已经离开了强迫劳动多年的印刷厂,用当时的政治语言说,是"解除监督",回到中文系资料室里坐班,除过做一个图书管理员的日常事务性工作外,还参加了一些有关中国现当代文学资料的编辑工作。胡风也已走出了关押20多年的监狱大门,住在成都的招待所里,但已经与我恢复了通信。当时中国社会科学院文学所正在筹划国家"六五"社科规划中的一套大型资料丛书,复旦中文系也参加了其中的一部分工作。社科院文学所通知派有关人员去参加会议。后来会议在发给我的通知书上特意用墨笔批写着:

江声浩荡七月诗

"贾植芳同志何日进京,请电告车次车厢,以便安排车接。"这是1955年以来第一次称呼我"同志",并且在我的问题平反之前,第一次恢复了我"教授"规格的待遇。我把将去北京开会的事写信告诉胡风,他随即来信,说:"你代我在北京看看嗣兴和李何林。"并把两人的地址抄给我。徐嗣兴就是路翎。我看他的地址在芳草地西巷六号,到了北京一问,说路不远,离我当时住的总工会招待所不过是一站半路程,同时还听人说,芳草地是中国文联的宿舍。一天下午,我抽了个空余时间,事先也没有打招呼,就买了一瓶二锅头和一包花生米、猪头肉之类的熟菜,自己一人找去了。到了芳草地,果然有一幢文联宿舍大楼在那儿,大约是三四层的样子。可是我在里面走来走去,问上问下,却没人知道路翎或者徐嗣兴的家住在哪里。我失望之余,只好一人跌跌撞撞地走出那幢大楼。外面一片空旷,那是个大阴天、北风在呼呼地吹,人影也没有一个。我不甘心,独自绕着大楼走,终于发现大楼背后有一排平房,破破旧旧的,有几个小女孩在巷子口踢毽子,我上去一问,总算问着了。一个女孩用手指着那排平房说,那间没有门的屋子就是。我走过去一看,果然是有间屋子没有门。我一走进去,正好路翎一家三口全在,路翎、他的妻子余明英和小女儿徐朗。路翎枯坐在床边,看见我马上就惊异地吆喝说:"贾植芳,你还活着?"他迎上来,我们俩就在这光线暗淡的屋子里面对面地看着,就仿佛是两个幽灵在地狱里相会一样。

这时,我打量着这间小屋里的陈设,除过一张大床、一张小床占了屋子的大半空间外,还有一张写字桌和一个书架,但看不见有书,书架上摆着些瓶瓶罐罐的,装油盐酱醋等调味品;书桌上只有一张《北京晚报》,乍一看,像是外地逃荒来的三口之家,这哪里像是一个由40年代到50年代初期就出版了200多万字的作品并驰誉海内外的作家路翎的家庭呢!……

我更想不到路翎竟这么苍老了!头发全白了,像刺猬一样,乱糟糟地向上翘着;眼睛还是那么大大的,圆圆的,可没有一点锐气,没有一点亮度,浑浊的眸子里充满的是疑虑和恐惧。现在我回忆起这个场景还觉得心酸。他与我面对面坐着,没说上几句话,就一个劲地问:"老贾,你说我们这些人到底是属于什么性质的矛盾？是人民内部矛盾，还是敌我矛盾？"反反复复地问着，似乎我不是与他一样的同案犯而是公安人员。他女儿徐朗在一旁看着我不知如何回答的模样，忍不住对她父亲说："你又来了，碰到人就老问什么矛盾！"路翎听了，忽然撇下我，一个人冲到屋子外面，站在院子里向天大声嚎叫，发出的声音好像受伤的野兽的哀嚎，恐怖、凄厉，惨伤里夹着愤怒和悲哀……余明英母女看我有点惊慌，才告诉我，路翎自1964年起就患精神分裂，病时好时坏，清楚的时候还能写点东西，但经常要发出这种嚎叫。我默默地听着，这哪里是疯病？就像太史公说的，"劳苦倦极，未尝不呼天也；疾病惨怛，未尝不呼父母也"。路翎与胡风一样，在文学领域如同奥林匹斯山上的宙斯，能所向无敌；可是一离开文学领域进入社会，他们就变得单纯而幼稚，特别对于中国历史社会发展中的黑暗与野蛮，知识分子命运的复杂性和残酷性，都缺乏深刻的认识，所以一旦天塌地裂，他们的精神都会受不了。胡风是这样，路翎也是这样。他们始终不明白，他们为什么会碰到这样不公正的遭遇？他们不能想象，他们如果得不到他们所衷心拥护和信赖的政府和社会的承认，活着还有什么价值？可以说，胡风和路翎直到他们凄凄凉凉地离开这个世界，这个心病依然纠缠在他们的心头，他们是十足的书生。

路翎嚎叫以后稍稍平静下来，又回到屋里与我说话。他告诉我：他在狱中犯病以后，一度保外就医，不到两年，又被送回劳改队，他上书中央为自己辩护，结果被判了20年徒刑。1975年刑满释放后，就住在这里长期扫街，接受监督。余明英在街道办的麻袋车间缝麻袋。最近才让他到戏剧家协会当编辑，也不用去上班，剧协的人曾经送来一篇稿子让他审读，他读得很认真，写了两大张意见送回去，以后就再也没有回音，也不见人再送稿子给他审读。他说到这里，脸上显得很忧郁，担心人家嫌他审读得不好，再也不要他工作了。我听了很难过，就劝他说："这是人家落实政策，你看也行，不看也行，没有人会在乎你的意见，也不会不发你的生活费，你就放心静下心养病，别的什么都别管吧。"话虽是这么说，但当时我们头上的"胡风反革命集团骨干分子"的帽子还没有摘掉，中国事情又特别复杂,谁知道下一步的命运是怎样呢?我们的心情当然是沉重的。

大约是因为路翎的态度影响了我,在北京开会期间,我也开始注意一些有关我们这个案件的命运。但听来听去,似乎也没有什么值得高兴的消息可以去安慰路翎。我听人说,周扬在第四次文代会前曾表过态,胡风的问题是政治案件,非文艺界所能解决。他还有个说法:胡风在文艺理论上比他有成就,但有一点不如他,就是没有他那么对党"忠诚"。后来我又听人说:胡风问题最终也会像右派问题那样,也是扩大化问题,真正的反革命还会有几个的,等等。风风雨雨,这些话我都无法让路翎知道,无法帮助他恢复起对自己的信心。在我离开北京的前一天傍晚,我又去看他,本来是想随意地告别一声,但他这次看上去情绪好一点,他动情地说:"上次喝剩的二锅头还有半瓶,咱们就继续喝吧。"于是,余明英又忙着去烧菜,我们又在一起喝了一回酒。那天告别路翎出来,我独自走在街上,脑子里不断出现路翎年轻时那对明亮的大眼睛,不断出现过去在契诃夫小说里写到的"负伤的知识分子"的形象,我不禁想起罗曼·罗兰的话:"屠杀灵魂者,是最大的凶手……"

路翎已经死了,他不安息的灵魂终于归复于平静了。他去世的时候我没有写什么文章纪念他,可是今天我看到这本《路翎文论集》的稿子,感情一下子就像关不住闸门的洪水一样哗哗地流出来。我对这本《文论集》不想多说什么。路翎是以小说和戏剧创作贡献于中国文学的,他年轻的时候生活在社会底层,接触各个社会阶层的生活,他把握创作题材的方法和审美精神,都来源于他的特殊的生活经历,他用他创作的成功,证明了胡风许多文艺理论观点的正确;同时,他也努力学习中外文学特别是俄罗斯文学的成功经验,接受了胡风文艺理论的观点,并在生活和创作实践中,充实和完善了它,又通过自己的理论活动捍卫它和宣传它,这些文论就是一个证明。"五四"以来中国作家都有比较开阔的文化视野和比较完整的知识结构,他们不但从事创作,同时还有自己较稳定的文学观点和理论主张,像鲁迅、茅盾等都是这样。胡风也是一边写诗,一边探索理论。因此,对于路翎来说,有了这本《文论集》,他在文学史上的形象就更加完整、更加真实。为此,我很感谢张业松和鲁贞银两位年轻朋友做完了这件很值得称道的工作。我认为,他们这本花了力气与下了功夫编就的《文论集》不仅为研究路翎的为人与为文,研究胡风派或七月派的文学业绩与理论活动,保存了一些基本史料,也为中国现当代文学的研究,提供了富有历史意义与学术价值的文献资料。

写下这些文字,可以作为本书的序文,但在我的心里,它更是我对小我 8 岁却先我而去的路翎兄弟的祭文。他因为他的文艺创作与理论活动而受难,也会因他的文学创作与理论活动而永生,这就是历史的辩证法。他的灵魂应该得到安息了。

1996 年 7 月在上海寓所

原载贾植芳《历史的背面——贾植芳自选集》,山东教育出版社 1998 年版

为什么会有这样的批评

张业松

这里所要谈论的,是我在和我的一位同学合作从事一项从诸多方面看都显得较为特别的学术工作——《路翎文论集》的搜辑整理时的所思所感。此时此刻,面对我们历经半年辛苦理就的这一摞书稿,悬想其在当前文化环境中所可能有的遭遇,我的心境的确可以用"复杂"二字来概括,但在本文中,我却不准备谈论这复杂,也没有依据所掌握的这些一定会在有心人心灵上引起不同程度的"复杂"感受的材料去为一种众所周知的历史纠纷添一点是非,或借此勉为其难地勾画一种"我"字当头的历史图式的打算,而只想老老实实地陈述一些识见所及的文本事实,并将自己在遭遇它们时的"震惊体验"和震惊之下的潜思默想尽可能忠实地传达出来,以就正于方家和识者,并诉诸我们这个时代呼之欲出的清明理性。

请允许我还是从我们的工作经历谈起吧,因为正是在这里面,我体会到了一种特别沉痛的感情。从一开始,我们就为自己确立了一个工作原则,即按"全集"的编法,将所有可以名之为"文论"的路翎作品全数搜罗拢来,毕其功于一役地将这位在文学史上通常只因别人对他的"批评"而闻名的"天才"作家自己的理论批评文字完整呈现在世人面前,但也是从一开始,我们便碰到了一个令人无法可想的难题,即因其一生坎坷多难、遇合舛异,路翎的许多理论批评文字并没有能够留存下来。仅据《胡风路翎文学书简》(晓风编,安徽文艺出版社1994

年版)一书所提供的线索,我们便得知,至少还有以下诸篇路翎文论是我们无法求得的:

  a. 题名为《病在就急》的短论(见 1944 年 12 月 17 日致胡风,第 113 页);
  b. 论及巴金的"文化情调"的书评(1945 年 1 月 12 日致胡风,第 117 页);
  c. 纪念鲁迅的文章(1949 年 10 月 22 日致胡风,第 175 页);
  d. 《平原》后记(1952 年 11 月 17 日致胡风,第 261 页);
  e. 《英雄母亲》后记(1952 年 3 月 11 日致胡风,第 271 页);
  f. 关于《朱桂花的故事》的反批评(1952 年 6 月 15 日致胡风,第 321 页);
  g. 关于《祖国在前进》的反批评(1952 年 6 月 21 日致胡风,第 323 页)。

这些文章,或是投稿未采用(如 c, f, g),或因未赶上书籍排印(如 d, 现存《平原》后记,是胡风以"校对者"名义代写的一篇),或碍于某种情势当时未能发表遂致久拖不彰(如 b."某种情势"请参见 1945 年 1 月 17 日胡风致路翎,《书简》第 119 页),总之最终似乎都不曾公诸于众,而只在小范围内传阅过。试想,它们若能存留下来,将会怎样丰富我们的文学史知识呢?

而这些还只是见诸载记,现在我们有线索可得而知者。以路翎之笔健和勤于著述,想来他应该还有更多的理论批评文字都付劫灰了。比如,据其晚年《我与外国文学》一文所述,他早年曾读过许多翻译作品,并每有借镜,那么,他是否曾更多地记下自己这方面的心得体会呢?而现在我们能够搜集到的他的外国文学评论文字,仅得四则篇幅不大的"书评"而已。

在答复我们的路翎佚文征询函时,他的难友耿庸先生曾感叹道:"被埋没的东西实在太多了!"这样的感慨和遗憾,我们在《路翎文论集》的编集过程中是经常性地遭遇到了。

以上是凡事欲尽全功、例必不易的一方面的情形。此外,我们的工作也遇到了一些出版方面客观条件的限制,即为合于《路翎文论集》所属的丛书(上海文学发展基金会主持策划,李子云、赵长天、陈思和主编的"世纪的回响"文学、文化丛书)体例要求(每册不超过 20 万字),我们无法在"外国文学评论""当代文学批评""文学(文化)论争""创作日记""作品序跋""文学回忆录"各辑之外按计划另立"文学书简"一辑,致使此书留下了一处显眼的"硬伤"。而路翎文学书简,仅就现存和易得者而言,其"文论"价值之大,每每令我们有痛心疾首的感觉。其中一些篇章记载着他对某一文学问题或作家作品的看法和认识,不仅对了解其文学观念和美学旨趣极具价值,而且,在某些特定方面,它们还是现存资料中几乎仅有的原始证言,对了解他本人以及他所属的整个"胡风派"在翻腾多变、动荡不宁的生活和文学环境中的思想与理论动向均至关重要。如1948年9月15日致胡风函,寥寥数百字,所谈主要却是他和他的朋友对当时登载在一些游击性刊物(《呼吸》《荒鸡》)上的本"派"青年批评家的某些"纯然是出气"的批评文字的不满:

> 登泰(逯登泰,复旦大学学生,其时正主编《文艺信》——引者。下同)来信提到北平朱君(朱谷怀,其时在北京大学主编《泥土》)对于《呼吸》的意见,梅兄(陈守梅,即阿垅)也谈到你(指胡风)曾有信说到这个。我觉得那意见是实际的。看了最近的《天堂的地板》(《荒鸡》丛刊之一),就有这个感觉:有些东西,比方方兄(方然)底文字,就纯然是出气的做法。出出气有时自然是痛快的,但却把自己的存在漏掉了,没有了广阔的信念。好像挡住自己的路的只是文坛上的这一批人(方然的批评对象,具体所指待考),好像是他们挡住自己的"文学之路"的。其实这些首先是社会的存在,单是知识分子式的厌恶和高傲的感情不能把握什么东西的。认真的说,这是颇为冤枉的:那些家伙其实又何曾挡住什么路!但自己不走,或自己希望得到和别人同样的"效果"时,却喜欢觉得别人挡住了路!
>
> 而梅兄的文字,是太老成、单调了!

这段文字,是编者所见到的"胡风派"内部自我检讨其理论批评文风的唯一材料。按文学史的通常叙述,胡风及胡风派所以会在40年代中期之后陷于"八面树敌"、动辄得咎的艰难处境,其中一个重要原因就是该"派"的青年批评家们在诸多场合以迹近"谩骂"的方式对他们不能认同的文学现象和作家作品加以攻击,"得罪"了太多人。这段材料从一个侧面证明了此种叙述并非全无根据。但更重要的是,这段材料与此同时还雄辩地证明了,即便"谩骂"式的批评确曾存在于"胡风派"之中,但也并不是该"派"批评家的通病,相反,作为该"派"的主要理论家和批评家,胡风本人和路翎对此是葆有清醒的认识和警惕的,并曾以通信方式互相提醒,作出过遏止和扭转此种不良倾向的努力;单就路翎而言,从这里我们可以清楚地看到,不论在从事理论批评还是创作时,他始终是将"广阔的信念"放在第一位的,从来不曾仅仅从"知识分子式的厌恶和高傲的感情"出发对待他人和文学事业,而且强调以自己的诚实劳动和努力在文坛上显示"自己的存在"——这一点,无疑应成为我们读解其人其文的基本参照,尤其是当我们读到他的若干对文坛现象和作家作品作出峻切批评的篇章(如《谈"色情文学"》《市侩主义底路线》《评茅盾底〈腐蚀〉兼论其创作道路》)时,就更应该联系此一材料,认真思考一番其立论的依据和出发点究竟何在。

类似这样具有重要史料价值和理论价值的路翎书信,我们从《胡风路翎文学书简》和《路翎书信集》(张以英编,漓江出版社1989年版,此书编、注方面错误甚多,须小心使用)中还可以见到许多,如曾为胡风在《饥饿的郭素娥·序》中加以引用,并因此在后来的大批判中变得十分著名的创作自述"我企图'浪漫地'寻求的,是人民底原始的强力,个性底积极解放"(胡风引用时将"浪漫地"误作"浪费地",以致长期讹传),便出自其1942年5月12日致胡风信;1947年12月7日致逯登泰长信详细述及了他对巴尔扎克、罗曼罗兰以及新旧现实主义的理解;1947年7月14日致欧阳庄信则就其剧作《云雀》所引起的误解作出了解释……好在,路翎书信经研究者整理汇编,已有专集行世,此处撮其精华略加指证,如能引起有心的读者的搜求兴趣,我对自己的工作失误也就于心稍安了。

啰里啰嗦谈了这么多编书体会,仍无一字给出编这样一本书值得一谈的说明,似乎有点虚张声势的嫌疑了,那么让我言归正传。

作为一位因1955年"胡风反革命集团"案身系牢狱,长期遭受不公正待遇的文学前辈,路翎带着深重的身心创伤获得平反已经十余年了,现在辞世也已

江声浩荡七月诗

经两年余,关于其人生道路和文学成就,按理早该有一个"盖棺论定"或至少也是说得过去的"说法"了,但迄今为止,且不说文学史家和评论界对他的研究与评断与其实有的文学地位远远未符,甚至就连作为研究评断的基础的路翎著述文献发掘整理工作都还留有许多空缺亟待填补,《路翎文论集》会轮到我们来编即其著例,但这也还不能算是最主要的。因为,作为活跃于整个40年代国统区以迄50年代中期的著名小说家和剧作家,路翎的主要成就和贡献毕竟还在创作方面;他的剧作,文革后由中国戏剧出版社出过一册《路翎剧作选》,收入《云雀》《迎着明天》(又名《人民万岁》)、《英雄母亲》、《祖国在前进》这几种现存作品,算是有了个比较完全的集子,但其小说,尤其是为数不少的中短篇小说的整理重印情况就远远未如人意了。他在解放前后共出过《青春的祝福》《求爱》《在铁链中》《平原》《朱桂花的故事》五个中短篇小说集(此外还有《饥饿的郭素娥》《蜗牛在荆棘上》两个中篇单行本和《战士的心》《洼地上的"战役"》等一批当时未结集的朝鲜战争题材名作,这些作品文革后均曾结集重印),而文革后除四川文艺出版社和作家出版社各出过一册内容多有重复的《路翎小说选》外,对其上述诸集中的作品就再无交待,也即是说,至今我们还无法见到一个比较完整的路翎中短篇小说集,这种情形导致了研究者往往只能凭借几种习见易得的作品来估量其创作得失,当然就很难做到"客观"评价了。在这里有一点是需要提请研究者高度重视的,即,在其个人文学生涯的黄金时段(1939—1955),路翎的文学际遇与中国新文学史上的其他知名作家相比是比较特殊的,他的创作实践,可以说从来不曾从一个相对自由、开放和公正的当代文学环境中获得过充分的滋养,而基本上处于封闭操作的状态。具体来讲,也就是尽管曾有李健吾(刘西渭)、唐湜、巴人等非"胡风派"批评家对其个别作品或作品集作出过善意和客观的评价,但这些批评根本不足以使得他自己能够借助一种别样的文学眼光来对其创作作一番比较全面的自我审视和反省,而只能更深地走进"胡风派"的语境之中,使自己的创作完全落入特定规范,成为一名胡风文艺思想的忠实实践者;同时,因其片断随机,这些批评也未能在胡风文艺思想和完全政治化的批评之外担荷起以别种文艺观点对路翎创作作出"客观公正"的总体估价的任务。这就意味着,当我们今天试图"重评"路翎的时候,我们需要做的,就不仅是以自己的文学眼光独自面对他,而且尤其要面对一个完整的他,使我们的眼睛见到所有应该见到的东西。

当编者最初从自己的文学史学习和研究中发现路翎曾写下如此之多的理论批评文字,在创作之外还曾以其真诚而苦痛的理论思考深深介入过解放前后动荡不宁的中国文坛,而他的理论素养和成就又几乎从未得到过研究界应有的重视和估价的时候,真是惊讶不置。我们搜集到的那些路翎文论究竟具有怎样的价值,稍具文学史素养的人只要见到,相信都是不难作出判断的。经过初步的分析梳理,我认为,这些材料足以表明,20世纪中国文学史上的路翎,不仅是曾占据40年代文坛半壁江山(就其社会影响而言)的重要文学流派"七月派"(这一概念在通常情况下可与"胡风派"通用,但二者并不完全等同:"胡风派"是一个文学集团概念,其若干成员的主要活动成就不在文学写作方面,而"七月派"则是专就文学写作而言的风格流派概念,前者的概念外延要远远大于后者)中成就最著的创作家,而且还是继胡风、阿垅之后该派第三位主要理论家和批评家;他的这些理论成果,不仅对理解其本人的文学道路、人生选择、创作思想、作品内涵等至关重要,同时也是"七月派"共同拥有的理论财富,作为该派以"胡风文艺思想"命名的理论批评话语系统的有机构成部分而存在。

总的说来,路翎并不是一位有着充分的角色自觉的文论家,他自己生前可能就从未设想过百年之后会有我们这些好事之徒要为他编集一册《文论集》,因此,他的这些文论作品也就并不是为理论而理论、或在"冷淡而微温"的职业心境下的产物,而往往是出于某种无可避易的现实需要,"有所为而作"。较之那些从容论道的理论批评文字,它们的特色和长处,也许并不在于就所论问题作出了多么高深或富于权威性的说明,相反却正在于其直奔主题的现实针对性。其中属于"文学(文化)论争"的若干直接针对某种现实压力作出回应与反击的篇章,如《论文艺创作底几个基本问题》和《为什么会有这样的批评》,以及几篇带有明显自我剖辩性质的作品序跋,如《〈云雀〉后记》《〈祖国在前进〉后记》等,所负载的为自己及"七月派"的文学生存讨一个公道的现实使命之重大自不必说,即便那些看似与当前现实并无直接关联的篇章,也仍然有着极深的现实因缘。只要将上文提及的一组外国文学评论与同期路翎胡风之间的通信对照起来看,就不难发现,它们的写作也并非完全自发性的:首先,它们是在胡风创办《希望》杂志期间,为使栏目更多样化而应胡风的要求撰写的"书评"(其中《认识罗曼罗兰》本是为《希望》拟刊的罗曼罗兰纪念特辑撰写的,但这一特辑后因故未能刊出,特辑文稿遂汇编成书出版);其次,这些文章的立意均在于考索文学与时代的关系,通过分析引导读者以新时代的立场观点看待普希金、莱蒙托夫、车尔尼雪夫斯基、托尔斯泰、罗曼罗兰、纪德这样一些"旧"作家,从他们的作品中汲取反叛黑暗现实和对抗庸俗生活的勇气,同时又对他们的软弱和妥协加以扬弃,借以养育今天的现实战斗精神,张扬一种战斗的人生态度:其最终的落脚点,依然是路翎自己和胡风派的现实关怀与文艺信念。

此种性质和风格的文论作品,对于那些对胡风派及路翎在特殊环境下的特殊存在样相所知不多的读者来说,初读之下可能会有难于进入的障碍,但对所有对中国新文化尤其是左翼文化的发展路向怀有严肃的关切,或有志于索解胡风派及路翎的特殊遭遇之谜的读者来说,其中所透露的诸多原初的历史信息,可能是比世间的任何东西都更珍贵难求的。

在我们所搜集到的那些路翎文论中,最容易引发后一类读者的兴趣的,可能莫过于一组当代文学评论,尤其是其中对"色情文学"、《淘金记》、"市侩路线"以及茅盾的尖锐批评了。须知,这些批评所针对的,都是一些在当时文学界有着相当影响、与胡风派同属左翼阵营的"进步"作家(碧野、姚雪垠、沙汀、茅盾),因此也就属于通常所说的"左翼内争"。如前所述,长期以来人们对胡风派在40年代中后期"八面树敌"的艰难处境怀有一种深刻的怀疑,即或明或暗地认为他们在此一时期的诸多活动确实带有浓厚的"宗派"情绪,凡事不问情由、不分是非,惟从自己"小集团"的立场、观点和利益出发,党同伐异,以夸张而恶劣的骂

为什么会有这样的批评

派批评,对那些与他们的文艺观不同、甚至仅仅是未曾对他们的立场观点寄予同情的作家作品大加挞伐,以至于如周扬在50年代初向处于灭顶前夕的胡风"摊底"时所说,"骂尽了党的作家"(见胡风1952年5月11日致路翎信,《胡风路翎文学书简》295—296页),因此咎由自取。虽然要就此一牵涉范围极广的宏大历史疑窦作出实事求是的评说,仅仅依据我们辑存的那些材料是远远不够的,但现在我们将一部分直接相关的原始文献汇聚起来,公之于众,是非长短,见仁见智,多少总可以提供一些助益。倘若单就路翎个人所遭受的不公正待遇是否"咎由自取"而言,我想,首先需要弄清楚的是:一,他的这些文字,是否属于正常的文学批评范围?二,促使他对"同一营垒的伙伴"提出如此峻切的批评的原因究竟何在? 对于前者,我的回答是不容置疑的肯定,因为他始终在凭事实说话,讲究有理有据;对于后者,我的看法是,他的这些批评,建基于与胡风相同的对新文学的当前发展状况的悲观估计,即,他们认为以鲁迅为旗帜的五四新文学现实主义传统已经遭到歪曲,深深陷于"主观公式主义"和"客观主义"大倡其道的"混乱"之中,文坛上充斥着求逞一己之私的迎合读者、取媚政治的投机主义和市侩路线的作品,以及耽溺于个人趣味、对真实的人生战斗和现实苦难无动于衷的客观主义乃至色情路线的作品:这样的振衰起弊的批评动机,不能不说是良善的。至于他的批评方式(是否过于简单化?)、具体结论(是否过于绝对化?)乃至他所执持的文学理想和文学观念本身(是否排他性太强?),则当然都还有可以讨论的地方,我们从事这些材料的搜集整理工作的最初动机,也正是为了使一个完整而真实的路翎充分呈现在自己面前,以求达至更好地检讨其文艺实践和人生实践的目的,我相信,不管他曾经表现得多么天才纵横,作为一个"人",路翎也必然会犯下一些生而为人在所难免的错误和过失,但若说因为这些出于良善动机的错误和过失,路翎(和他的朋友们)就该付出灭绝性灵的惨重代价的话,则无论如何是不能令人心服口服的,更何况就他那些作家作品评论本身而言,以我浅见,至少他对沙汀《淘金记》所提出的更高要求和对茅盾写作《腐蚀》时仍然"停留在他所出发的那个时代"、对于当代生活"只是一个在艺术思想上的旁观者——虽然是政治思想上的同路者"的"状态"的议论,现在看来也仍然是敏锐而富有见地的。

饶有兴味的是,关于那些惹是生非的当代批评,我们从《胡风路翎文学书简》中可以找到确凿证据,证明至少其中两篇的确是在胡风的"授意"——不仅出题,而且命意——之下"炮制"出来的:

> 所以,暂找别的典型的东西罢。《戎马恋》(姚雪垠作)、《幼年》(当为新文学作品,作者待考)都可以,可能时,望赶写一两则来。——我专忙杂事,什么也不能写了。(1945年1月17日致路翎,119页)

这是《谈"色情文学"》的来历:

> 能弄两三则书评么?或者把春暖花开先生(指姚雪垠)追击一下,赏给他一点分析。但这得追到什么《半车》(指《差半车麦秸》)去,那是穿着客观主义的投机主义,而且是从《八月的乡村》偷来的。(1945年6月12日致路翎,126页)

这是《市侩主义底路线》的来历。这两则材料所能说明的问题,对于我们解读路翎文论具有非同一般的重要性:前者使我们了解到,在胡风心目中,路翎的理论批评文字是可以起到替代他自己因无暇顾及而未曾发表的对某些问题的意见的作用的;而后者则可以表明,路翎所具备的理论能力使他足以承当胡风的信赖和重托——在《市侩主义底路线》一文中,他不仅对胡风的上述批评意图作出了忠实的传达,而且还对此一意图进行了创造性的提炼,将胡风的"(贯)穿着客观主义的投机主义"这一累赘说法概括为"市侩主义",可谓言简意赅。

由此可见,在一种以笔为枪的特殊战斗和患难与共的战斗情谊中,胡风路翎确曾各显其能,通力合作,他们之间的互补性,不仅表现在理论与创作的相互增益之上,而且还表现在对同一种文艺观念的共同探求和鼎力张扬之上。进一步的观察和研究表明,路翎文论的存在和作用方式,在许多场合恰足以构成对胡风理论批评著述的补充和完善:在一些问题上,它们起到了填补胡风因种种原因来不及述作而留下的空白的作用;在另一些问题上,它们起到的则是救正因胡风"文字的不肯大众化"(鲁迅语)所带来的对"胡风文艺思想"的理解上可能出现的偏差的作用。关于前者,除上述作家作品评论外,我们还可举出若干胡风仅是点到即止,而路翎则对之作出了较为详尽的阐释的例子,如《〈祖国在前进〉后记》在论及现实主义文艺为何要以描写人物为中心时,便正面提出了"人物是社会斗争的全部集中点"这一马克思主义文艺理论的重要命题;而《对于大众化的理解》一文,不仅是现存资料中罕见的"七月派"作家正面接触和讨论《讲话》命题("普及与提高")的文献,而且还对胡风《论民族形式问题》中的论旨有所深化,从中可以清楚地见出胡风派理论与《讲话》理论的分歧焦点。关于后者,《论文艺创作底几个基本问题》是一个非常突出的例证,它就"主观的精神要求究竟是指什么""甚么是真正的和人民结合""几千年的精神奴役创伤""关于知识分子和个性解放""文艺究竟是什么和表现什么"这几个胡风派与其批判者长期纠缠不清的大问题以及其中包含的"客观主义"等具体命题所作的集中阐释与说明,较之胡风散见各处且多显艰涩的论述,无疑要清楚简直得多,也就难怪后来的"胡风集团"的批评者们(如何其芳)要一再对此文加以征引了。

不过,概观路翎的理论批评活动,应该承认,与胡风派的其他青年批评家尤其是阿垅相比,路翎在其文论中所表现出来的理论个性相对要薄弱一些,他的理论视域和对所论问题的认识深度,基本未出胡风思想的畛域。他与胡风之间的理论批评合作的基本方式,是胡风致力于深层的理论探求,对于种种问题,务求穷其根源,而他则偏重于将胡风的结论应用于当前文艺环境中,或从事作家作品评论,或回应责难与批判。他们的合作是默契而成功的。在50年代的灭顶之灾即将降临之前,胡风会选择路翎作为其《三十万言书》的主要合作者之一,并在自己被迫提交《自我批判》时因身体不适将代拟初稿的重任交托给路翎,肯定不是没有对其理论能力和表现方面的考虑的。作为一位杰出的创作家,路翎具备非凡的艺术敏感和领悟力,与胡风的长期友谊又使他获得了良好的理论素养和应用能力,再加上切迫的现实需要;或许正是这些因素,才使得他不期而然成为了一位真诚、坦率且"有时有着奋勇"(语见《〈燃烧的荒地〉新版自序》)的文论家,以其敏锐畅顺而不失深切独到的理论批评在胡风派的整体理论构成中占据着不容忽视的重要地位。

而且,除开作为特定历史存在的原始证言之外,路翎文论也不乏凌越具体的历史情境的独立存在价值。如前所述,他的一些当代作家作品评论时至今日仍不失其批评锋芒,今天的读者要想求得对他的批评对象的较为深入的了解,他的意见仍然是值得重视的。除前举沙汀、茅盾评论之外,他对绿原和S.M即阿垅的评论(《两个诗人》。现在还有谁记得起阿垅的诗,并对其中显露的人生隐痛有如此深切的感受吗?)、对李季长诗《王贵与李香香》的评论(《〈王贵与李香香〉》,尤其是见于《对于大众化的理解》后半部分的对其"大团圆"结局提出的尖锐批评)等,也都是极富见地的。值得一提的还有属于"文化论争"的《林语堂博士在美国搞些什么》,此文为今天的读书界保存和提供了这位"幽默大师"很不幽默的另一面的真相,使我们得知,在如今大量印行的诸种名著之外,这位大师还曾写作过一部在其中以个人名义"宣布未经宣布的内战"的另一性质的"名著"《枕戈待旦》,而此书即便是现在的林语堂研究专家也往往避而不谈的。

而在其外国文学评论中,我们还可以见到一些非常有意思的东西。比如《纪德底姿态》。尽管路翎是从其一贯的思想立场出发,即抓住"历史现实"的发展路向,按合则取、不合则弃的原则对纪德作出"总清算"的,而且此一"清算"还有着因纪德1936年发表对苏联现实提出批评的小册子《从苏联归来》而招致共产国际的围攻的政治背景,基本可以说是以无产阶级的思想感情强求纪德,有点货不对板的味道,但其中对纪德作品内涵和思想要点的概括叙述,却有着一种奇特的正确性。也即是说,路翎例举出来作为攻击靶子的那些纪德论调以至他深不以为然的纪德的总体"姿态",却正是纪德思想艺术的菁华所在:"艺术品里面,思想只是在这些人物某一特殊而瞬间的境遇下所产生的;它们始终是相对性的,始终只直接适用于由它们所产生或产生它们的某一事件或某一姿态……""在每一个不能追替的瞬间去体验生命底热诚""一切事物都会惊慌地引起我底崇敬""我底作品是为了未来的人们""永远的今日""永远的青春"等等,这些词句深刻地表征着纪德作为一位伟大的艺术家与他所处的当时法国和欧洲最尖端和最前沿的思想现实之间的深切感应,以及他对此种感应的出色表达。这一思想现实便是后来以"存在主义"的名目遍及全世界,滋养、抚慰和塑造了并至今仍在滋养、抚慰和塑造着数代知识分子的心灵和知识性格、处世态度的一股巨大的现代文化潜流,在它的淘镕和冲刷下,现代知识人失去了对于"未来"的确信,他们的未来只是一连串"不可追替的瞬间"的物理连缀和绵延;他们所拥有的,只是一种不由自主而陷身其中的"境遇",在那里如果不是"他人即地狱",至少也是"一切事物都会惊慌地引起我底崇敬"(卡夫卡则哀叹:"一切障碍都在粉碎我。")能够渴望的,只是从面对生活的"千百种可能的姿态"中"觅取你自己的",或在"永远的今日"里"诗意地栖居"……总之,较之路翎对于由许许多多在通向未来的途中必须被不断克服的瞬间与人间的事事物物组接而成的严密整体即"历史现实"的确信,和对从中产生的"历史的渴望"的忠诚,以及勇敢地投身"英雄的集团"战取未来的幸福和辉煌,纪德的世界虽然并非一无是处和完全无法可想,但确乎是"灰白和贫乏""孤单和无力"以及"苦闷""淡漠""疲倦"……的——这两个世界和两位杰出艺术家之间的差别是多么巨大啊,然而他们之间却并非完全隔膜的,至少在路翎这一面,他对自己所完全不能认同的另一面的世界和艺术作出了惊人准确的把握和触探。这一切是怎样成为可能的呢?

我们说,这也正是路翎此文令人兴味盎然的地方:它为我们提供了一个跨文化"对话"中"创造性误读"的经典性文本,其中包含的对话方式和误读方式也都是经典性的,即尽管因为所处语境和所持话语之间的差异,妨碍了相互之间在意识形态上的沟通和认同,却仍然可以凭借各自的文化敏感在某种程度上达至对对方的有效认识;而且,此种有效认识的"有效"性,还不仅体现在可以增进对对方的了解上,更体现在可以增进第三者对持论一方自身的了解上。也即是说,路翎此文的价值,不仅在于他对纪德歪打正着的批评本身,更在于他在批评纪德的过程中充分表达出了他自己的精神立场,我们作为第三者,由此可以达至对路翎本人的思想感情和艺术理想的更好的认知。就此而言,笔者敢下一断语曰,路翎一生思想行为的许多始源性和基准性的东西或曰深层动机,均可求之于他的此类理论批评文字;这个"类",不仅包含他的其他外国文学评论,还包含他的当代文学批评与论争。譬如说,人们在拟于诟病他对同时代的某些新文学作家持有的评价过于苛酷时,就还应该看到,他的"苛评"并非仅仅施于中国作家作品,在西方和苏俄的大师杰作中,他同样读出了"在现实人生的表象之上滑行"和"思想表象底演述"之类,亦即"客观主义"和"主观公式主义"的痕迹,并予以了同样猛烈的抨击。

最后值得一提的是,关于路翎所具有的非凡创造力,长期以来人们满足于简单地视之为一个"神话"或"奇迹",但一个最后学历高中二年级的流亡学生,在短短的十几年中迅速成长为一位成就卓著的文学家,拥有总字数不下于三百万言的作品,而且其中不乏杰作和经典,如果说这的确是一个"谜",那么就总有它的"谜底"。我们认为,此一谜底是可以求之于他的创作自述和文学回忆的。依据《我与外国文学》《我读鲁迅的作品》《〈路翎小说选〉自序》以及《〈燃烧的荒地〉新版自序》等文提供的材料,可以对此一谜底简单勾画如下:路翎早年虽因战乱失学,但他通过广泛阅览外国文学和中国新文学作品所获至的文学修养,在当时的文学青年乃至所有作家中恐怕都是罕有其匹的。一方面是"统统翻译过来的著名的文学作品",尤其是高尔基和其他俄苏作家的作品,不仅影响了他的世界观,使得他终其一生都对"劳动世界"怀有亲近的感情,而且还帮助他"形成了美学的观点和感情的样式",落实在创作中,便使他对某些特定主题(如流浪汉)和特定情感样式(如"浪漫"心性)始终怀有深刻的爱好;另一方面是在他生命中的"各个时候"始终与他朝夕相伴的鲁迅著作使他日甚一日地获得了对中国历史与现实的切身体认,并时时刻刻提醒他将自己灿烂的艺术思维落实和锁定在脚下的这片苦难土地上,从实际生活和创作实践中不断学习"理解社会的各样的人们的心理和内心世界"以及"人们的社会的各联系与各因素";再加上与胡风之间亦师亦友、切磋砥砺的长期深厚友谊,以及抗战这一彻底掀动了中国社会各层面的特定成长环境的激发与催化……种种因素凑合在一起,最终便促成路翎将自己的天赋潜能完全倾注于"文学的努力",从而创造出一个关于自己的"神话"和"奇迹"。

1996.9.22,改。

原载《文艺理论研究》1997年第1期

没有凭借的现代搏斗经验

——与胡风理论紧密关联的路翎创作

张新颖

一

胡风直到晚年,丝毫也没有改变他在40年代就做出的对路翎创作的非同一般的肯定,他在给朋友的信里说:"即使只到1955年止,他也是世界文学史上的作家。"那时胡风刚恢复自由,但尚未"平反",听到路翎受摧残的情况,非常震动,"原来,我只想在余年里依然做一个普通劳动者,但也许要改变主意了。只要给我起码的条件,我要为四个冤案用去生命",其下他在曹雪芹、鲁迅之后写的是路翎的名字。①

在中国现代文学史上,理论和创作之间的联结,恐怕很难找到比在胡风和路翎之间发生的互动更为密切、更为深刻的关系了。从某种意义上说,40年代胡风的理论和路翎的创作是纠缠在一起共生同命的。胡风曾经这样表示:"别人都说路翎的文艺创作,受我的文艺理论的影响,岂不知我的文艺理论,正有不少地方受路翎文艺创作的影响呢,正是从他的创作中,形成了我的一些理论观

---

① 胡风1979年9月23日从成都写给牛汉的信,以《致牛汉》为题首次发表于《中华读书报》1998年12月30日;收入《胡风全集》(9),湖北人民出版社1999年版,第452页。但胡风信里的看法,此前已经披露于牛汉的《重逢》一文,见晓风主编《我与胡风》,宁夏人民出版社1993年版,第626—627页。

点。"路翎也回忆道:"他认为,我赞成他的理论;而他,在遇到我(而我一直在努力从事创作)之后,就找到了创作实践上的依据,我也支持了他……胡风又热烈地对我说:'我们两人见解相同,你受我一些理论的影响,但不要弄成你的作品是我的理论的什么体现。'"①

这里主要探讨路翎40年代的创作,由相关联的胡风的文艺理论谈起。

二

1948年,胡风为了回应来自左翼阵营的对路翎小说和自己的文艺思想的批判,也为了更清楚地概括和表明自己的理论立场和观点,用更加严密、更讲究逻辑性的语言阐述以前多以富于感性形态的文字表露的见解和主张,用近三个月的时间匆匆赶写了《论现实主义的路》。这本书分两部分,第一部分"从实际出发",回顾和清理抗战十年来文艺思想的发展;第二部分题为"围绕着一个理论问题",试图从思想的根底上揭示他所反对的主观公式主义、客观主义和他所坚持的现实主义的基本分歧点。他锐利的目光一下子就看到了"黑格尔的鬼影",剖析了这个"鬼影",就可以明白几个问题:一、黑格尔所说的客观对象是被"绝对理念""外化"出来的,艺术所要反映的是客观对象里面的绝对的东西,"绝对者",因而艺术家只是一个"工具";二、但艺术家分明是现实的人,所以要"把他的主观的个别性及其偶然的特殊性彻底抛弃",从而达到对现实历史形成的、以经验为基础的人(艺术家)的内容的否定,否则艺术家就不可能成为"工具";三、艺术家的创作要求,如果不能从客观现实"净化"出绝对的东西,就是"一种坏的创作要求";四、艺术家如果能够彻底抛弃"主观的个别性及其偶然的特殊性",让"理念从自己本身里面规定它自己的现象形态",就可以成为"绝对理念"的"自我意识"的"工具",只须直观客观对象,"自我意识"就能够在艺术里面把"理念"发展

---

① 路翎《我与胡风》,晓风编《胡风路翎文学书简》,安徽文艺出版社1994年版,第10页。

到"绝对精神",完成黑格尔规定的艺术任务。①在抗战以来的中国文学情境中,身上附着"黑格尔的鬼影"的主观公式主义和客观主义,"往往骑在'一般性的原则'上飞着铁蹄,把血肉要求中的'具体历史或现实问题'踢乱,以至踢死"②。

胡风对黑格尔的形而上学及其中国影响的批判,应当看成一个非常重要的信息:它表露了胡风文艺观的理论起点。由此看胡风的理论,其中的现代意识就有可能获得新的理解。

几年前,胡风就个性鲜明地指出,"文艺创造,是从对于血肉的现实人生的搏斗开始的。血肉的现实人生,当然就是所谓感性的对象,然而,对于文艺创造(至少是对于文艺创造),感性的对象不但不是轻蔑了或者放过了思想内容,反而是思想内容的最尖锐的最活泼的表现"。具体地说,"对于血肉的现实人生的搏斗,是体现对象的摄取过程,但也是克服对象的批判过程"。"这就一方面要求主观力量的坚强,坚强到能够和血肉的对象搏斗,能够对血肉的对象进行批判,由这得到可能,创造出包含有比个别的对象更高的真实性的艺术世界;另一方面要求作家向感性的对象深入,深入到和对象的感性表现结为一体,不致自得其乐地离开对象飞去或不关痛痒地站在对象旁边,由这得到可能,使他所创造的艺术世界真正是历史真实在活的感性表现里的反映,不致成为抽象概念的冷冰冰的绘图演义"。进一步,"对于对象的体现过程或克服过程,在作为主体的作家这一面同时也就是不断的自我扩张过程,不断的自我斗争过程。在体现过程或克服过程里面,对象的生命被作家的精神世界所拥入,使作家扩张了自己;但在这'拥入'的当中,作家的主观一定要主动地表现出或迎合或选择或抵抗的作用,而对象也要主动地用它的真实性来促成、修改、甚至推翻作家的或迎合或选择或抵抗的作用,这就引起了深刻的自我斗争。经过了这样的自我斗争,作家才能够在历史要求的真实性上得到周围扩张,这艺术创造的源泉"③。

---

① 胡风《论现实主义的路》,《胡风全集》(3),第516—517页。
② 胡风《论现实主义的路》,《胡风全集》(3),第474页。
③ 胡风《置身在为民主的斗争里面》,《胡风全集》(3),第187—189页。

胡风的这一见解，蕴涵着未经充分阐释的、导向文学的新的现代理解的可能性。他强调感性的对象和对象的感性，强调对象和主体之间的交互作用关系，并以这种交互关系来贯穿文艺创作的整个过程，这实质上改变了通常意义上的现实主义对于主体和对象之间的关系的理解。在胡风的思想里，对象不是作为客体、作为物来进行观察、分析、定性，主体和对象之间的相互搏斗，也就意味着对象不是凝固的完成了的客体形象，而有自己的活的独立意志；与它们之间的关系，究其实质是对话的交际关系，由于这样的对话，才会引发深刻的自我斗争。这其实与M.巴赫金在研究陀思妥耶夫斯基时提出的复调小说的对话理论相通。巴赫金说："复调小说的作者，必须具有很高的、极度紧张的对话积极性。一旦这种积极性减弱，主人公便开始凝固和物化"，"复调小说要求于作者的，并不是否定自己和自己的意识，而是极大地扩展、深化和改造自己的意识。"[①]这样的理论与胡风倡导的与血肉的现实人生进行搏斗的主观战斗精神存在着明显的一致性。而且，复调理论的对立面——相对主义/客观主义、教条主义/主观公式主义——也与胡风所反对的两种创作倾向存在精神上的一致性："应该指出，相对主义和教条主义都同样地排斥任何争论、任何真正的对话；把对话看成是多余的（相对主义），或是不可能的（教条主义），而复调作为一种艺术方法，根本上是另一回事。"[②]

还需要特别注意的一点，胡风所强调的主体和对象的搏斗是要转化为主体内部的"自我斗争"的，表达的过程也一直是主体内部"斗争"的过程，也正因为如此，胡风本人的理论写作充满了持续的内在紧张性。这种持续的内在紧张性造成了表述上的鲜明个性，譬如为人诟病的胡风理论文字的"纠缠"[③]，其实正是

---

① M.巴赫金《陀思妥耶夫斯基诗学问题》，白春仁、顾亚铃译，生活·读书·新知三联书店1988年版，第100页。
② 同上，第101页。
③ 如叶圣陶1948年10月19日日记说到胡风"行文"的问题："下午，杨慧修来谈胡风为人及持论。此君自名不凡，否定一切，人家之论皆不足齿数，而以冗长纠缠之文文其浅陋。余于文艺理论向不措意，惟此君之行文，实有损于青年之文心。"见《叶圣陶文集》第21卷，江苏教育出版社1994年版。

内在搏斗的过程所透显的思想痕迹。

而在创作中最能充分体现这种血肉搏斗并把搏斗内在化的特征,从而有力地支持着胡风理论主张的,在抗战以来的文坛上,当然首推路翎的小说。从路翎的叙述中强烈凸现出来的"在重压下带着所谓'歇斯底里'的痉挛、心脏抽搐的思想与精神的反抗、渴望未来的萌芽"①,诸如此类的征候,都可以看成是激烈的心灵纠葛的文字显现。在路翎的小说中,很难看到对外在事物的"客观"叙述,他的作品虽然涉及长久的历史和广阔的现实,但"生活本身的泥海似的广袤和铁蒺藜似的错综",以及"生活的一个触手纠缠着另一些触手,而它们又必然各自和另外的触手绞在一起"②的特征,全都是经过充分的内在化——经过紧张的"自我斗争"——才叙述出来的。

二

路翎1940年起首写《财主底儿女们》,这一年他才17岁,刚刚开始创作不久,写出的几篇作品大都发表在胡风主编的《七月》上。次年胡风赴香港,带去完成了的《财主底儿女们》手稿,准备在香港发表,不意太平洋战争爆发,稿子丢失于炮火之下。1942年路翎重写这部作品,用两年的时间完成了80万字,规模和分量已大大不同于原来的样子。希望社1945年先印行作品的第一部,到1948年,又把两部一起出版。胡风序的第一句话就毫不含糊地说:"时间将会证明,《财主底儿女们》的出版是中国新文学史上一个重大的事件。"③在这部长篇从开始写作到最后完整出版的期间,路翎还完成了一系列的重要作品,如《饥饿的郭素娥》《蜗牛在荆棘上》《罗大斗的一生》《两个流浪汉》《王兴发夫妇》《在铁链中》等小说,话剧剧本《云雀》等。40年代结束在即,时间还没有来得及充分证

---

① 路翎《我与胡风》,《胡风路翎文学书简》,第10页。
② 胡风《一个女人和一个世界——序〈饥饿的郭素娥〉》,《胡风全集》(3),第99—100页。
③ 胡风《青春的诗——路翎著〈财主底儿女们〉序》,《胡风全集》(3),第263页。

明路翎作品的重要,另一种"时间开始了"①,等待着胡风和路翎去经历的是一种新的人生搏斗的经验。

做上面这个简略的叙述,不是为了介绍,而是想把路翎40年代创作的数量很大的作品理解为具有某种统一性的整体,它们虽然面目各异,各自独立,却并非单独地、互不相关地存在着,把它们彼此联系起来的,是年轻的创作者本人在现代图景中左冲右突的紧张激烈的精神活动。

胡风称《财主底儿女们》是"青春的诗","作者路翎所追求的是以青年知识分子为辐射中心点的现代中国历史的动态。然而,路翎所要的并不是历史事变的记录,而是历史事变下面的精神世界的汹涌的波澜和它们的来根去向,是那些火辣辣的心灵在历史运命这个无情的审判者前面的搏斗的经验。真实性越高的精神状态(即使是,或者说尤其是向着未来的精神状态),它的产生和成长就愈是和历史的传统、和现实的人生纠结得深,不能不达到所谓'牵起葫芦根也动'的结果,那么,整个现在中国历史能够颤动在这部史诗所创造的世界里面,就并不是不能理解的了"②。

这里可以提出一些问题:那些火辣辣的心灵——路翎的和路翎所创造的人物的——是凭借什么和纠结得很深的历史、现实进行生死搏斗的?我们感受到了精神世界的汹涌波澜的强烈冲击和震撼,可是我们辨得清楚它们的来根去向吗?做这种描述和评论的胡风,早已是一个成熟的理论家,有自己的根基、信仰和关注重心,而这时候的路翎,是一个卷入生活的感性经验的漩涡中并依靠个人非凡的文学天赋把这种感性经验表达出来的青年,他的文学表达和胡风的理论之间,会产生怎样的互相重合、印证、支持、启迪和偏差、抵触、冲突、遮蔽的复杂关系?当我们一开始就说胡风理论和路翎创作之间的深刻关联的时候,题中应有之义其实就包含着方方面面的纠结关系。

---

① 《时间开始了》是胡风为新中国的诞生而创作的大型交响乐式的政治抒情长诗。
② 胡风《青春的诗——路翎著〈财主底儿女们〉序》,《胡风全集》(3),第263—264页。

在这部长篇的《题记》里，路翎坦言："我特别觉得苦恼的是：当我走进了某一个我所追求的世界的时候，由于对这某一个世界所怀的思想要求和热情的缘故，我就奋力地突击，而结果弄得好像夸张、错乱、迷惑而阴暗了；结果是暴露了我底弱点。但这些弱点，是可以作为一种痛苦的努力而拿出来的；它们底企图，仅仅是企图，是没有什么可以羞愧的。我一直不愿放弃这种企图，所以，也由于事实上的困难，就没有再改掉它们。""我所追求的，是光明、斗争的交响和青春的世界底强烈的欢乐。在有些地方，如前面所说，这是失败了。"①这里虽然说的是《财主底儿女们》，其实用来描述路翎40年代的整个创作过程，也不失准确性。那么，"奋力地突击"为什么会导致"夸张、错乱、迷惑而阴暗"的结果呢？就像上面我们已经提出的那样，他用什么来"突击"呢？

路翎是那样一个急于反抗和斗争的青年，在他特别敏感的意识里，历史和现实的重压似乎已经快要将生命窒息了，容不得他从容准备、仔细思考用什么来抗争就不得不投入到抗争的激烈行动中去。创作《饥饿的郭素娥》的时候，他好像找到了精神的武器，于是在给胡风的信里，就有了这样的解说："郭素娥，不是内在地压碎在旧社会里的女人，我企图'浪漫'地寻求的，是人民底原始的强力，个性底积极解放。"②为什么要靠底层普通民众的原始强力来抗争呢？恐怕就是因为找不到更切实的力量，在现实的绝望中而只能做这样的寻求吧？把目光投向原始，返回到未受文化污染和精神奴役的状态，凭借生命的本真反应来做一次孤注一掷的冲撞——如此的思路，和青年鲁迅寄希望于"古民""白心"何其相似。路翎创作中出现过"一长列的形象：没落的封建贵族，已经成了'社会演员'的知识分子，纯真的青年，小军官，兵士，小地主，小商人，农村恶棍……但最多的而且最有特色的却是在劳动世界里面受着锤炼的，以及被命运鞭打到了这劳动世界的周围来的，形形色色的男女"③。这并不只是一个题材选择的问

---

① 路翎《题记》，《财主底儿女们》（上），人民文学出版社1985年版，第1页。
② 路翎1941年5月12日致胡风的信，《胡风路翎文学书简》，第37页。
③ 胡风《一个女人和一个世界——序〈饥饿的郭素娥〉》，《胡风全集》（3），第99页。

题,对于路翎来说,更要紧的还是要从其中发掘出可以作为精神支撑和即兴的搏击力量。

然而,现实的民众毕竟已经不是古时的初民,几千年的文化熏染和精神奴役的历史没有办法抹除,这样地寻求原始强力和个性解放,路翎自己就觉得是有些"浪漫"了。在给胡风的同一封信里,他接下来就说:"但我也许迷惑于强悍,蒙蔽了古国底根本一面,像在鲁迅先生底作品里所显现的。我只是竭力扰动,想在作品里'革'生活底'命'。事实也许并不如此——'郭素娥'会沉下去,暂时地又转成'卖淫'的麻木,自私的昏倦……"①也就是说,在内心深处,他其实并不相信他抓在手里的武器,他只是没有别的可抓,只能如此罢了。他清楚地知道,为鲁迅所揭示的几千年的精神奴役的创伤是根本的一面,由于这根本的一面,他明了事实会如何,而承认这不堪的事实,就等于否认了自己的浪漫寻求,也就等于承认了自己在现实中的绝望。不过他还是要挣扎,要"竭力扰动",精神上抓了一件武器,虽然并不相信这武器,但有可以亮出来的东西,有了精神上的说法,这挣扎看起来就像更有力量的抗争、突击和搏斗,而绝望多多少少能够遮掩一些。

但他自己清楚,他其实是无所凭借的。无所凭借而"奋力地突击""竭力扰动",结果是"夸张、错乱、迷惑而阴暗",也就不难理解了。

可是胡风却并不这样看,他否定了路翎所说的郭素娥"会沉下去"的事实:"但我看,事实许并不'并不如此'的。郭素娥,是这封建古国的又一种女人,肉体的饥饿不但不能从祖传的礼教良方得到麻痹,倒是产生了更强的精神饥饿,饥饿于彻底的解放,饥饿于坚强的人性。她用原始的强悍碰击了这社会的铁壁,作为代价,她悲惨地献出了生命。"——"但她却扰动了一个世界。"②针对作者关于《财主底儿女们》所做的自白,胡风也是略一提及其中的"弱点"和"失

---

① 路翎1942年5月12日致胡风的信,《胡风路翎文学书简》,第37页。
② 胡风《一个女人和一个世界——序〈饥饿的郭素娥〉》,《胡风全集》(3),第100页。

败",而突出地强调"光明、斗争的交响"。胡风把他对社会历史的看法、他在现实中的力量、他对未来的信念、他的文学理论灌注到对路翎的阐释中,使路翎的作品生发出更为积极的现实意义,而实际上,路翎的精神世界并没有胡风那样坚强,也没有像胡风所说的那样明晰(虽然胡风已经相当敏锐地感受和描述了路翎世界的错综纠葛),倒是远为混杂和繁复,而且始终处于急剧的变动和强烈的冲突之中。

胡风在重庆创办《希望》的时候,设想的宗旨是将民主斗争作为纲领,著名的卷首文《置身在为民主的斗争里面》就是这个思想的鲜明表达。路翎回忆说,"他希望有反映民主要求或揭发沉重的封建黑暗的作品,希望我想想,写一篇。胡风说,他想用文学刊物叫喊出声音,要有尖锐的、又'用绸子包着'的文章,希望我描写实际生活里的'蠢动'着的事物。我犹豫很久,不知怎么写法。正面表现民主要求的主人公,我一时想不起来。我便写了揭发黑暗的作品《罗大斗的一生》,描写了一个反面的小奴才人物,他身上的'精神腐蚀'的情形;我把这带有病态的情形写了出来,也写了周围人民对这的反应。我觉得,这时代的民主要求,除了通过正面人物来表现以外,也可以通过作品的主题来表现。胡风说,这当然可以。我以为,我这作品的内容是带着广泛性的,因为我写了这小奴才主人公的精神腐蚀,这不叫精神奴役创伤,虽然他也被流氓头奴役,但他沦落为极恶的奴才,是'精神腐蚀'本身了。我写好之后,他说,就这样吧,似乎直接描写正面人物的民主要求更好些,但这个也可以"①。胡风力图用文学直接应对、直接介入当下的社会现实和精神要求,而这种"直接性",却让路翎感到为难,虽然路翎也同样深深地卷入了现实之中。

也许正是因为路翎缺少胡风的这种"直接性",同时也就较少这种"直接性"的限制,他在感受现实的时候,反倒能够从更深远的处境中着眼吧。

在《财主底儿女们》第一部第九章的开头,年青的路翎似乎显得比他笔下的

---

① 路翎《我与胡风》,《胡风路翎文学书简》,第11页。

人物更能清醒地认识他和他们所共处的时代与现实,他说,"厄难,水深火热,以及其他类似字眼,是已经无法表达出"那些年的"中国底生活底意义","因为,从卖鸦片和不许卖鸦片的那个精神的战争开始,中国人便面对了现代的劫难:他们已经艰难地斗争了一百年"。"在这一百年里,生活展开了现代底图景,但这个现代底图景是在废墟上拼凑起来的。在人底生活里,这也一样。"[①]

我们理解路翎及其创作的时候,往往很自然地对应于40年代中国的现实和文学情境,在切近的形势中探究和思考。这当然是必要的,却常常显得不足以回答我们面临的问题。切近的情境不自觉地成为一种限制,我们受局限的目光为眼前的复杂现象和浓烈色彩所吸引,所迷惑,往往忽略更为深广的图景:现代的图景——面对现代劫难艰难挣扎的中国图景及其意义。路翎自己提醒我们把这作为思考和探究的起点。由此而言,不仅路翎本人的创作,就是路翎所置身其中的40年代中国的现实和文学情境,也应该放在深广的现代图景中进行理解。

胡风并非不深知中国人正处在40年代、同时又是处在比40年代的社会现实更为深广的百年现代历史情境中挣扎斗争,他违逆众声反复强调五四传统的现实意义和文学意义,正是一种难得的现代自觉和警醒。他在评价《财主底儿女们》的时候强调路翎为坚持并发展鲁迅传统付出的努力,强调他学习世界文学的战斗经验的努力,都能够见出他思想中的现代图景的作用。可是胡风直接介入现实斗争中的愿望和冲动太强烈了,他用更大的力量突出了《财主底儿女们》的彻底的反封建主题。他特意谈到了作者在蒋少祖身上的"控诉",特意谈到了蒋纯祖痛苦搏斗的意义,他强调作品"在众声的和鸣中间始终有着一条主音在。人不难看到,被民族解放战争中间的时代要求和人民要求所照耀,被对于半封建半殖民地意识形态的痛烈的批判所伴奏,回旋着前一代青年知识分子的由反叛到败北,由败北到复古主义的历程,这一代青年知识分子的个人主义

[①] 路翎《财主底儿女们》第一部,第384页。

的重负和个性解放的强烈的渴望这中间的悲壮的搏战"①。胡风没有谈蒋家的长子蒋蔚祖,而在作品的第一部中,路翎用相当多的篇幅叙述了蒋蔚祖和他的妻子金素痕之间的是是非非,蒋蔚祖的柔弱、他对金素痕无法克服的迷恋、他的疯狂、他的沦为乞丐和死亡,金素痕对财富的贪婪、无法控制的欲望、她的疯狂,以及由此而导致的名门大户蒋家的崩溃,是《财主底儿女们》写得最为精彩的篇章。从蒋蔚祖和金素痕身上,听不到反封建的"主音",可是这两个被强烈扭曲、都不能自我控制的人物的激烈的挣扎,正是在现代劫难的废墟上本能而盲目的反抗,这反抗因为盲目而显得更加惊心动魄。

胡风强调《财主底儿女们》叙述的精神搏斗"在走向未来的历史路程上"有着重大的意义②,在胡风的思想和意识里,很明确地有着一个"未来",正是为了这个"未来",才需要介入现实的"直接性",也正是因为有这个"未来",才获得了斗争的希望、信念和力量。现实的行为和思想从"未来"那里获得支持。路翎并非不渴望"未来",可是他始终没有办法确信会有这么一个"未来"。路翎小说中的人物是没有"未来"的,蒋蔚祖和金素痕没有,蒋少祖没有,就是"举起了他底整个生命在呼唤着"③、被视为最年轻一代青年知识分子代表的蒋纯祖也没有。这不仅仅是因为蒋纯祖孤独地死在他临终还念叨着的"这个……中国"④的一个荒僻的角落,更因为在他短短一生无休止的搏斗经验中,从来就没有真正有过凭借,他没有凭借,只能"举起"自己的"整个生命"呼唤,用自己的生命以自己的心灵为战场进行生命不结束就不会止歇、因而也毫无胜利可言的战争。

路翎是残酷的,在1947年创作的四幕悲剧《云雀》里,李立人并非不能向自己深爱的妻子伸以援手,可是因为内心的骄傲,因为人要实验自己、人要自己选择自己承担的思想,他硬是不肯给妻子一个凭借,眼看着悲剧发生。他知道自

---

① 胡风《青春的诗——路翎著〈财主底儿女们〉序》,《胡风全集》(3),第266页。
② 同上,第264页。
③ 路翎《题记》,《财主底儿女们》(上),第2页。
④ 路翎《财主底儿女们》(下),第1317页。

己很冷酷，又觉得自己还冷酷得不够。路翎在为演出写的解释中说："李立人是这样的一种男性形象：他们负荷着现实人生的斗争，和沉重的旧的精神负担作着惨烈的格斗，渴望着庄严地去实践自己。这庄严的要求和热望在现实底压迫下受着挫折，就使得他带着一种渴望牺牲，渴望最后地试炼自己，甚至渴望毁灭的色彩了。压迫太重、创伤太深的时候，由于戒备并征服自己弱点的需要，就发生着之中孤注一掷的昂扬的冷酷心情。他底道路明显地是很艰难的。要求过高，有时候就不是孤独的个人的能力所能达到的了。"①

这个形象在很大程度上也是蒋纯祖的形象，而且，同样在很大程度上，也可以看成是创造了蒋纯祖和李立人的路翎的自我写照。

四

胡风和路翎曾经谈到过小说的语言问题，在路翎 80 年代末的回忆文章《我与胡风》里，生动地描述了当年的讨论。

胡风说路翎小说的语言是欧化的形态，人物对话也缺少一般的土语、群众语言，胡风还转述向林冰的意见，说路翎写的工人，衣服是工人，面孔、灵魂却是小资产阶级。胡风还说，"人物缺少或没有大众的语言，大众语言的优美性就被你摈弃了，而且大众语言是事实，你不尊重事实了"。

"我说我的意见是，不应该从外表与外表的多少来量取典型，是要从内容和其中的尖锐性来看。工农劳动者，他们的内心里面是有着各种的知识语言，不土语的，但因为羞怯，因为说出来费力，和因为这是'上流人'的语言，所以便很少说了。我说，他们是闷在心里用这思想的，而且有时也说出来的。我曾偷听两矿工谈话，与一对矿工夫妇谈话，激昂起来，不回避的时候，他们有这些词汇的。有'灵魂''心灵''愉快''苦恼'等词汇，而且还会冒出'事实性质'等词汇，

---

① 路翎《〈云雀〉后记》，《路翎文集》第 3 卷，安徽文艺出版社 1995 年版，第 398 页。

而不是只说'事情''实质'的。当然,这种情况不很多,知识少当然是原因,但我,作为作者,是既承认他们有精神奴役的创伤,也承认他们精神上的奋斗,反抗这种精神奴役创伤的,胡风便大笑了。喜欢大笑也是他的特征。我说,精神奴役创伤也有语言奴役创伤,反抗便是趋向知识的语言,我说,我还是浪漫派,将萌芽的事物'夸张'了一点。胡风又大笑了。我还说,在语言奴役创伤的问题里,还有另外的形态。负创虽然没有到麻木的程度,但因为上层的流氓,把头,地痞性的小官与恶霸地主,许多是用土语行帮语,不用知识语言,还以土语行帮语为骄傲;而工农不准说他们的土语,就被迫说成相反的了。劳动人民他们还由于反抗有时自发地说着知识的语言。胡风赞成我的见解,他说,这样辩论很好。"①

在一封给胡风的信里,路翎还做过这样的辩解:"文句上的毛病,那起源是由于对熟悉的字句的暧昧的反感:常常觉得它们不适合情绪。"②

路翎小说里的人物,尽管职业、身份、阶层各异,讲的却差不多是同一种语言,也就是作者的语言。在这一点上,与陀思妥耶夫斯基非常相似,而他们所受的责难也非常相似,列夫·托尔斯泰甚至也为此而批评陀思妥耶夫斯基。但是,问题的症结在于,巴赫金在讨论陀思妥耶夫斯基的语言时指出,"采撷语言的多种成色,为主人公写出鲜明不同的'语言个性',这些原则惟有在塑造客体性的完成论定的人物形象时,才会获得重大的艺术意义。人物的客体性越强,他的语言面目就越鲜明突出"③。这也就意味着,某一社会阶层的典型性语言是客体性很强的语言。而对于陀思妥耶夫斯基和路翎来说,他们并非是要塑造"客体性的完成论定的人物形象",而是在一个永远也无法完成的过程中探索他们的人物和他们自己的进行着复杂剧烈的精神活动的内心世界,他们牺牲了所谓的语言个性,摈弃了客体性,而获得了主体的存在。这也就是胡风所说的人

---

① 路翎《我与胡风》,《胡风路翎文学书简》,第6—7页。
② 路翎1943年5月13日致胡风的信,《胡风路翎文学书简》,第68页。
③ M. 巴赫金《陀思妥耶夫斯基诗学问题》,第251页。

物的"活的意欲"——卓越的批评家胡风敏锐地感受到了这种主体性的降临极其非同一般的文学意义:"在路翎君这里,新文学里面原已存在了的某些人物得到了不同的面貌,而现实人生早已向新文学要求分配座位的另一些人物,终于带着活的意欲登场了。"①而胡风所说的精神奴役创伤和路翎敏感着的语言奴役创伤,及其对它们的反抗,并非就是某种本质性的规定,也并不静止地存在于客观对象上,只要去剖析去揭示就能够露出其面目,而是活动于主体的精神世界中并通过主体的全部活动显现出来。

与一般的现实主义作家要刻画典型环境中的典型性格不同,对于路翎来说,重要的不是某一个或几个确切的形象,某种由确定无疑的客观特征构成的特定的面貌,某些生活事件,而是他笔下人物的意识和自我意识,也就是这些人物对世界和对自己的看法。蒋纯祖远非一个稳定的完成的人物形象,作品的第二部叙述他跨度很大的经历,从雄阔的旷野、混乱的城市,各色人物和思想会聚的演剧队,到荒僻却也绝非世外桃源的乡场,他经历了种种起伏曲折的生活;不过,重要的不是这种种起伏曲折的生活,重要的是蒋纯祖随时随地把自己这些外在的经历变成了内心的经验。对于蒋纯祖来说,更艰难更酷烈的不是外在的抗争,而是发生在自我内部的永无休止的搏斗。这里重复胡风的话来描述外在经历化为内心经验的过程,应该是非常鲜明生动的:那就是体现对象的摄取过程和克服对象的批判过程,并在这过程中引起深刻的自我斗争。在此,一种富有特殊意味的文学变化发生了:"通常,主人公的自我意识只是他现实存在的一个因素,只是他完整形象的特征之一;然而在这里恰恰相反,全部现实生活成了主人公自我意识的一个因素。"②这种变化向一般的现实主义文学观念提出了挑战,而一般的现实主义文学观念,不是对这种变化做出价值上的否定,就是用颇为勉强的含混解释,尽量减弱、消除其异质性。

---

① 胡风《一个女人和一个世界——序〈饥饿的郭素娥〉》,《胡风全集》(3),第100页。
② M. 巴赫金《陀思妥耶夫斯基诗学问题》,第83页。

可是路翎的异质性太显眼了,不那么容易遮蔽和消除。他对待自己的人物,特别是蒋纯祖,确实有些像陀思妥耶夫斯基那样"残酷":他让年青的蒋纯祖承受着持续不断的精神折磨和搏斗,逼迫他达到极度紧张的状态,并把这种状态下的自我意识呈现出来。而在精神折磨和搏斗状态下的自我意识的呈现,就使得一切客体物、稳固定型的东西、中性的存在、外在的经历,全都融入这血肉的活的过程中而成为精神的因素。

蒋纯祖把路翎笔下很多人物共同具有的一个特征表现到了极致:冥思苦想,要在精神的折磨和搏斗中弄明白自己的思想。如果把精神世界里的思想斗争排除掉,就差不多等于排除了人物的全部。蒋纯祖的未完成性,其实是思想过程的未完成性。而思想某事某物,即意味着同某事某物对话,所以,就是在蒋纯祖个人的自我意识内,我们也看到了全面对话的复杂紧张的情景。如果细分,大致可以听到三个层面的对话声音:一是主人公的意识中所包容的不同意识之间对话的声音,以及主人公和这些意识之间的对话的声音;二是主人公和自我意识对话的声音;三是作者和主人公对话的声音。在实际的情形中,这三个层面的对话是混在一起的,互相争辩、渗透、交织,也互相推动,从而使精神的搏斗和思想探索持续展开,而思想也就成为不同的意识在某一个或几个相遇的对话点上演出的生动事件。

这里有必要特别谈谈作者和主人公的对话。路翎和蒋纯祖在相当大程度上的同一性早已为许多论者指出,蒋纯祖的精神搏斗在相当大的程度上也可以看成是路翎的精神搏斗,蒋纯祖成为路翎自我的一个化身。这样,路翎的自我斗争,就可以形象化地转化为作者和人物之间的对话,也就是说,蒋纯祖成为路翎自我斗争的对话者。这意味着路翎面对蒋纯祖的时候,他面对的是一个具有充分价值的主体,而不只是作者的语言讲述的对象。

其实不仅蒋纯祖如此,路翎小说中的人物大部分都具有充分的主体性,这样,作者在叙述这些主体性人物的时候,他是面对着主体说话,而不是在主体的背后说话,也就不能用定性的客观化语言——这种语言往往是主体不在场的判断的语言、指物的语言,也被称为"背靠背的语言"。说到这里,也就回到了上面所说的胡风和路翎关于语言问题的讨论。

而现代的搏斗经验,在一个意义上也正是主体间的语言搏斗经验。

在另一层密切相关的意义上,未完成的、一直处于紧张过程中的主体思想,在要求语言来表达、捕捉语言来表达的时候,必然发生摩擦、冲突、搏斗,这不仅见于路翎小说的叙述过程,也见于胡风理论的叙述过程。敢于自称"当今世界最了解胡风的一个人"的聂绀弩,曾经这样谈论胡风:他不是文字的奴隶,他的文字是他自己创造出来的,只属于他,或者说只属于他的理论和他的诗。别的什么学问都跟他的诗和文章无缘。胡风的文字所以让人感到艰涩,不顺,甚至难以理解,因为他是一个探索者,而且探索的是险境,是谁都没有去过也不敢去的地方。你可以说他是一意孤行,是的,他单枪匹马,不顾死活,必然会弄得头破血流,遍体鳞伤。他绝不是那个外国的堂吉诃德!胡风追求的文学境界,我以为他其实并没有真的到达,他只不过是在艰难的探索中望见和感觉到了,或者自以为达到了。因此他的文章就有许多一时很难说透的地方,因为说不透,文字就必定带点生涩。可他自己却已经沉浸在开拓者的狂奋和欢乐之中了。①聂绀弩谈论胡风所触及的个人主体和语言之间的紧张情形,在相当大的程度上也可以移用来谈论路翎。

而把现代的搏斗经验深化到语言搏斗的复杂过程中来探索、历险、挣扎、痛苦、欢乐,正是深入到现代文学的核心展开的工作。

原载《当代作家评论》2001 年第 5 期

---

① 聂绀弩的这段话是牛汉转述的,见牛汉、绿原《胡风诗全篇·编余对谈录》,《胡风诗全篇》,浙江文艺出版社 1992 年版,第 780 页。

"一生两世"与强制遗忘

——关于"路翎叙述"的叙述

张业松

关于路翎(1923.1—1994.2)的生平事迹和文学活动情况,虽然迄今为止仍有诸多疑点尚待澄清,也并无任何一种详备的年谱或传记资料可资放心引据[①],但总的说来,不论在普通知识界抑或专门研究领域,人们对他似乎都并不陌生,相反,此前经由各种渠道传播开去的关于他的知识和信息是那样的多而一致,以至人们早已形成了某种定见,一提起这个名字,差不多总会在自己脑海里迅速组织起一套大同小异的"路翎叙述"。此种"叙述"的经典表述形式,来自路翎生前的文学伙伴和"反革命"难友之一的冀汸先生,道是:

> 1955年那场"非人化的灾难",将你一个人变成了一生两世:第一个路翎

---

① 迄1997年3月,笔者见及的路翎年谱和传记资料计有如下数种:

沈永宝、乔长森《路翎传略及其创作》《路翎生平及其创作的若干考订》《路翎作品系年目录》,均载南京《文教资料简报》1985年第4期。

张以英《路翎的生平、小说和书信》《路翎年谱简编》,均见《路翎书信集》,漓江出版社1989年版;

杨义《路翎传略》,见《路翎研究资料》,北京十月文艺出版社1993年版;

未具名《路翎著作年表》《路翎著作目录》,同上;

朱珩青《路翎年谱简编》,见《中国现代作家选集·路翎》,三联书店(香港)有限公司1994年版;

朱珩青《路翎早期的文学活动》,《新文学史料》1995年第1期。

以上数种就可靠程度而言各有长处,但详备程度均未如人意,总的来说侧重于前期路翎(1955年之前)资料梳理,后期路翎(1955年之后)资料基本付阙,可以参考的成果仅有张以英和朱珩青各自的《年谱简编》,但都十分简略,且多错讹。

虽然只活了三十二岁(1923—1955),却有十五年的艺术生命,是一位挺拔英俊才华超群的作家;第二个路翎尽管活了三十九岁(1955—1994),但艺术生命已销磨殆尽,几近于零,是一位衰弱苍老神情恍惚的精神分裂患者。①

路翎早慧,根据他自己的回忆,他的创作活动始于1937年,处女作是一篇题为《在古城上》的散文②,但研究者一般都根据现存资料将1938年发表在《弹花》杂志上的另一篇散文《一片血痕与泪迹》视为其创作起点③;他正式踏上文学道路的标志,是1939年因投稿结识胡风④。如所周知,正是因为与胡风之间切磋砥砺、互为助益的长期深厚友谊,才使得他出众的创作潜能得以有效调动、规范和激发,迅速成长为40年代国统区以迄50年代初期的一位声誉卓著的"天才"作家,也才使得他不可避免地与胡风等人一同沦为"共和国第一大文祸"的主要受害者。1955年5月"胡风反革命集团"案发之前,路翎实际上早已被迫搁笔,他在自己前半生的文学活动中留下的最后一篇文字,是写于1954年11月的长篇创作申诉《为什么会有这样的批评》。冀汸先生的"第一个路翎……有十五年的艺术生命"之说,推算起来大约是以路翎1940年5月首次在胡风主编的《七月》杂志上露面为起点的。⑤此说尽管与其实际创作历程略有出入,但泛泛说来亦无大碍。因为前期路翎的重要作品的确都是在此一期间创作的。所以,冀汸先生对"第一个路翎"的界说应许基本准确。由于入狱和出狱之后的路翎的确发生了十分显著的变化,"一生两世"的区分,也是人所共知的事实,相信不会有人对此持有异议。那么,在以冀汸先生此说为经典表述形式、几成定论的"路

---

① 冀汸《哀路翎》,《新文学史料》1995年第1期。
② 《关于自己生平和创作的一些说明——路翎致本刊编者信(摘要)》:"我是1937年开始写作,投稿赵清阁主编的《弹花》,题为《在古城上》散文一篇……"《文教资料简报》1985年第4期,第45页,但此文迄未发现。
③ 《弹花》2卷2期,1938年12月6日出版。朱珩青《路翎年谱简编》将此文的写作年份系定于1937年,未具名之《路翎著作年表》亦将此文列于表首。
④ 现存最早的路翎致胡风书信写于1939年4月24日,见晓风编《胡风路翎文学书简》,安徽文艺出版社1994年版。
⑤ 《"要塞"退出以后——一个年轻"经纪人"底遭遇》(短篇小说),《七月》五集三期。此文写于1939年。参见前注,尤其是作为该书《代序》的路翎回忆录《我与胡风》。

翎叙述"中,值得推考的就只剩下一个细节了,即,"第二个路翎"的"艺术生命"是否确实已经"销磨殆尽,几近于零"?

如果答案是肯定的,那确乎是要令人感觉到"真正的恐怖"的。①

路翎于1955年5月16日即《关于胡风反党集团的第一批材料》公布后的第三天被隔离审查②,几天后被移至另一处关押时曾有人见过他一面:"目光匆匆相遇,我忽地发现几天不见的路翎竟垂下了一绺白发。这一绺白发几十年来都使我惊怖而战栗!"③足见路翎因此一变故而遭受的心理创伤之深巨。入狱后的路翎被单独关押着,与他咫尺天涯的同案难友们除隔墙听音外,不可能对他的情况有更多的了解,他们"常常听到路翎在房间里困兽一般发出几声叫声,或者无可奈何的叹息声"④;在他们中,绿原开始攻读德语和法语,徐放练习翻旧体诗,谢韬、严望也已经定下神来,做好长期打算,"唯有住在隔壁的路翎最不安宁,经常大声吼叫,立即被制止,鸦雀无声。不久复又大声吼叫,骂人,他已精神分裂"⑤。

"精神分裂"!在我们所处的社会文化环境中,这是一个过于触目惊心、令人谈虎色变的词汇。但是且慢,还是让我们先看一看吧。

由于路翎本人出狱后一直对自己的狱中生涯持克制慎言态度,在不能不有所交代的情况下,往往也只是大略说明动向,比如被从某处移至某处,"因与看管者冲突、吵架"而"被捆绑起来关入角屋"⑥。措辞客观冷淡,基本不带感情色彩,也不涉及当时情绪、心理、想法之类,这就终不免使其此一阶段的真实生命状态形貌模糊,难窥其详。好在,经研究者多方努力,路翎狱中经历的大致线索

---

① 钱理群《精神界战士的大悲剧——说〈路翎——未完成的天才〉》,《读书》1996年第8期。
② 余明英《路翎与我》,未刊,已收入张业松、徐朗编《像是要飞翔起来——路翎晚年作品集》,上海东方出版中心1997年版。以下引用文献凡属未刊稿,均见该书,不另说明。
③ 杜高《一个受难者的灵魂——为〈路翎剧作选〉出版而作》,《路翎剧作选》,中国戏剧出版社1986年版,第427页。
④ 李辉《胡风集团冤案始末》,人民日报出版社1989年版,第308页。
⑤ 涂光群《严望——一个角色》,收入涂著《中国三代作家纪实》,中国文联出版公司1995年版,第313页。
⑥ 张以英《路翎年谱简编》,1955—1975部分。此年谱曾经路翎修订,但亦每有错讹。

是清楚的,即,他曾于 1961 年被从监狱移往精神病院接受治疗,至 1964 年 1 月被"保外就医"释放回家;在家中曾多次上书中央自我申诉(总共写了三十多封信),1965 年 11 月事发后复被收监,并随即转往精神病院继续治疗;1966 年 10 月被遣回监狱,直至 1973 年,才被正式宣判犯有"集团"案和"攻击党中央"的双重"反革命罪",处有期徒刑二十年(从 1955 年起算);此后,他在一间监狱工厂和一间农场各劳改过一段时间,1975 年 6 月 19 日刑满释放。在漫长的牢狱生涯中,路翎自己究竟在想些什么呢?他有着明确的作为动机和足够的自省能力吗?他自己是怎样看待这一阶段的生活的?

针对一位"精神分裂"症患者提出这样的问题,似乎本身即是一种"疯狂"举动。但我们还是不要忙于下结论吧。——尽管在笔者见及的资料中,绝大多数作者都十分肯定地将路翎在狱中所患的精神疾患称之为"精神分裂",但这似乎并非路翎自己乐意接受的一个说法,相反,在经他校订过的张以英所编的《路翎年谱简编》中,对此给出的说法是"精神受挫",此一说法后来亦为慎重的研究者所沿用。①但"精神受挫"含混其辞,看起来像是一种刻意的文饰,此地无银三百两,越发令人狐疑。事实真相究竟是怎样的呢?看来惟有去路翎当年曾经就诊的医院查阅档案,才可望揭开谜底了。在谜底揭开之前,我们所能做的依然只是文字追索而已。以我所见,惟有一人曾将路翎的病指实为"心因性精神病"②。倘此说可靠,则路翎与胡风在狱中所患的是同一种病。胡风病状多见载记,主要是"幻视幻听",路翎的病状是否即是众所周知的间歇性"长嚎"、吵闹之类,不得而知。

在这一问题上细加纠缠是没有意思的,而我所以还要说一说,是因为它或多或少可以为十分难得的路翎的狱中生活自述提供一点阅读参照。下面一段引文,取自路翎晚年的未刊文稿《喷水与喷烟》,其中加括号的部分,是原稿中拟于删除的:

我作为胡风反革命集团的骨干分子,一九五五年夏季起被囚,于"文化

---

① 朱珩青所编《路翎年谱简编》中便沿用了这一说法,见前举书 392 页。
② 邹霆《路翎和他的家人》,原载 1982 年 1 月 12 日香港《新晚报》,收入《路翎研究资料》,第 13 页。此文同时也曾将路翎的病称为"精神分裂症"。

大革命"的时候因个人猛烈反抗案被移动到了北京郊区的一个监狱，与前一度的监狱在同一乡间；这中间曾因病住院及被保释回家医病。我在这监狱中维持着我度岁月的方法：每日回忆往事，其余的时间便对将我判为反革命的、伤害、侮辱我的人们和形势进行抗议，我的抗议活动有说道理、叫骂，包括大声唱歌。监狱荒凉（有时押下楼劳动，在院子里拔草，觉得隔绝了人间——监狱墙外是荒凉的旷野，不知亲人与友人在何处），荒凉的痛楚的感觉中也想到，中国似乎在沉静地进展，于是更愤慨地呐喊与高声唱歌。（我想到，我也是爱国的人，却被认为反革命囚在这里。对于田野和远处的城镇、城市的人间的想象使我更愤慨地抗议、呐喊与高声唱歌。）这使我几次被从原来囚室押出去，关押到走廊角落里的小的窄的幽暗的囚室里去。

——路翎在说些什么？难道他那些几乎被所有人毫不犹豫地视为"精神分裂"征象的狱中异动，竟然都是有目的、有意识的自觉"反抗"行为？难道他的疯狂只是"佯狂"？难道他在借"佯狂"舒泄内心的"痛楚"和"愤慨"时，还曾非常仔细地注意着将自己的"猛烈反抗"行为控制在"适度"的范围内，以不造成对他人和"国家财产"的破坏为目的？

这些疑问都可以留待另文去做结论，此处需要肯定下来的其实只有一点，即：上引路翎的狱中生活自述是否可以算作一种有效表达？我想，这应该是没有疑问的吧。倘是，那就意味着，就算路翎的的确确是一个"疯子"，恐怕也与普通的疯子有些不同，在于他即使疯狂了，也仍然有能力为自己的行为赋予一种"疯狂的逻辑"，并且努力依此过活，将它贯彻到自己的劫后余生之中去。强调一遍：在我们所处的社会文化环境中，"疯子"固然无需认真对待，可以轻而易举、轻描淡写、毫不犹疑地被打发到社会文化生活的"另册"之中去，不予理睬，（天哪，我在崇洋媚外！这些难道不是米歇尔·福柯一直在说的事情吗？）但是，"逻辑"就不同了，那是我们必须无条件地加以尊重的东西。

一生两世。路翎在狱中"走"过了他的"人生的中途"，重回人间两世为人时，已经年过半百（五十二岁），步入晚景了。当他"穿着监牢犯的衣裤"，回到

"离别二十年的北京,离别二十年的家"时,除了仍旧背负着"双重反革命"的社会身份,必须为自己的"公民权"奋斗之外,还面临着一个家已不家,首先"必须谋生"的局面。①他在当时栖居的北京芳草地街道做了四年半扫地工,才等到1979年11月的个人"反革命罪"案平反,恢复公民身份。他的另一项"反革命罪"是在一年之后的1980年11月才初步平反的。据他自己说,"平反后我最初见到的友人是曾卓与绿原"②。曾卓先生于1982年追述见面情形时写道:

> 我两年多前见到他时,他已是那样苍老了,虽然还只五十六岁。在他身上,已很难想象当年英俊的身影。更使我感叹的是他的精神状态,显得冷漠,迟钝,健忘。他抽着烟,眼神漠漠地望着窗外,谈到过去的遭遇和谈到一些老朋友时,他都用的是平淡的语气,而且话语是极其简短的。他还能够写作么? 坐在他面前,我不禁这样悲痛地怀疑。③

十年后,曾卓先生对此次见面(1979年9月)作过更详尽的记述,其中可与上引文互为参证的,是以下一段话:

> 路翎见到我丝毫没有激动,一如我们昨天才分手。问到他的情况,他三言两语就带过去了,只是向我打听胡风和别的几个朋友的消息,我告诉他胡风已出狱,现住在成都,并将我所知道的一些朋友的情况告诉了他,说现在政治形势已好转,问题会得到公正的解决的。他也并没有表示出欣喜。他说话很有条理,看不出任何精神病兆。但他有时沉默不语,两眼茫然地凝望空间,无意识地移动着下颚的样子,却使我心酸直至心悸。④

但是在此之前,其实已经另有朋友见过他。牛汉先生所记述的他在1978年初冬见到的路翎,是这样一副形象:

---

① 路翎《错案二十年徒刑期满后,我当扫地工》,原载《香港文学》1992年第1期,已收入《路翎晚年作品集》。以下所引路翎晚年已刊稿同此,只注原刊出处。
② 路翎《一起共患难的友人和导师——我与胡风》(即前举《胡风路翎文学书简代序》),收入晓风编《我与胡风——胡风事件三十七人回忆》,宁夏人民出版社1993年版,第500页。
③ 曾卓《读路翎的几首诗》,收入《曾卓文集》第3卷,长江文艺出版社1994年版,第149页。
④ 曾卓《重读路翎》,《曾卓文集》第2卷,第497页。

……我透过窗玻璃朝里仔细望望,屋里地下站着一个人,背对着门,一动不动,背有点驼……我喊了几声"路翎,路翎……"我的嗓门很大,可是那黑憧憧的站立的人,并不应声转过身来……我几乎哭喊地叫起来:"路翎,你怎么不答应我?"同时伸手臂环抱他的肩头。想不到路翎异常平静而清醒地对我说:"你不是牛汉吗? 我从第一声就听出是你的声音。""哦,我的好朋友,你还没有忘记我的声音。那你为什么不答应呢?"他说:"余明英教我买两毛钱的肉,我把它忘了。"回答的莫名其妙。他刚才呆呆地立在那里,原来是想着忘了买两毛钱的肉的事。我的心酸痛起来。①

看来,为"两世为人"的路翎与他的普遍有着"起死人而肉白骨"(绿原用语)的强烈再生之感的故人和难友们劫后重逢时,他不仅曾以其外观形象上的巨大变化使他们惊为异人,而且,在他与他们之间,还存在着一种情感和精神状态上的巨大反差。"他还能够写作么?"当他们悲痛地发出这样的疑问时,一个潜在的结论向度事实上就已经开始生成,单写路翎以他的实际行动来予以应答、调校、扭转或催生了。

当我们今天来就晚年路翎的写作能力、活动成就和"艺术生命"作结论时,我们必须面对的前提条件是:从1981年3月重新执笔为文到谢世,晚年路翎写下了总字数不低于五百五十万的诗歌、散文、小说和回忆录。②尽管迄今为止,其中占总数百分之九十以上的中、长篇小说仍然未能公开发表,亦即不能为我们所置身的当代文化环境中的文学体制的"正常"动作所吸纳和接收,但我想,在对此一巨大的文本和精神存在作出全面检视之前,任何先期结论恐怕都是要暂且存疑的。

回头来看前引冀汸先生的结论,他的结论依据便不能不首先受到质疑。他据以对晚年路翎的"艺术生命"作出"几近于零"的悲观估价的事实依据究竟何在呢?从其长篇(两万余字)路翎追述中可察,那仅仅是他们劫后四次重逢所得的外观感性印象,他零星接触到的路翎晚年已刊作品和他亲手处理过的两篇"最后还是没

---

① 牛汉《重逢第一篇:路翎》,收入牛著《萤火集》,中国华侨出版社1994年版,第86—87页。
② 这一文体区分是按《路翎晚年作品集》的编排体例作出的。

被采用"的中篇小说手稿;而且,在谈到他对晚年路翎未刊文稿的"失望"时,他也并没有作出具体的艺术分析,而只是感叹说:"你的艺术创造力可惊地萎缩了,你的审美力也同样可惊地衰退了,我更痛惜的是你的思绪像一匹脱缰的野马在方寸之地的稿纸上随意东窜西突,留下来的只是一片混乱的蹄痕。"

很遗憾,在冀汸先生的表述中,我见到的只是过多的自我情感倾注,过少的"异在"事实揭显。他显然是在以己度人、以关于"第一个路翎"的记忆衡量和要求"第二个路翎",他简单而不情愿地接受了路翎已经发生变化的事实,同样简单而不情愿(不甘心)地将导致变化的原因归结为"非人化的灾难"之下的"精神分裂",以至事实上拒绝了对晚年路翎所拥有的自己的情感和精神逻辑的深入了解和思考,失却了对他依据此一逻辑创造出的一种首先属于他自己,其次也深深牵系着某种群体状况的文本和精神事实的充分尊重和把握。以我陋见,"衰弱苍老神情恍惚的精神分裂患者"的概括即使是一种经得起推敲的事实陈述,所陈述的也不过是一种外在形象,与"艺术生命"的内在存活并没有铁定不移的联系;而且,将此一说法与"挺拔英俊才华超群的作家"对举,适足以说明"第一个路翎"在冀汸先生的情感记忆里所据有的位置太过雄大和显要,以至"第二个路翎"无论出以何种形象,只要不足以与之相匹配,都可能会遭到前者的本能抵拒。

我因此明白,以冀汸先生的"一生两世"说为经典表述形式的"路翎叙述"之所以会广为流传、深入人心,一个重要原因即在于早期路翎的文学表现过于卓特,使得大多数人都自觉不自觉地在向晚年路翎要求着同一样式的卓特表现,倘若他做不到,或者变化太大,便难免要令人失望,乃至打入另册("疯子"),"强制遗忘"。

至少迄于目前,关于晚年路翎的人生和文学形象认证的诸多"正面"信息是被我们所处的当代社会文化环境"强制遗忘"了。

比如,关于晚年路翎的人生形象,前引曾卓先生的"他说话很有条理,看不出任何精神病兆"的记述便几乎从来不曾为人注意过,人们津津乐道的,总是他的诸种"病态"表现。

谈到晚年路翎的文学表现,人们不惮词费地加以强调的总是他以多么大的

"毅力"写出了多么大量的"不能发表"的"残品或者废品",偶或提及那些发表出来的作品,也差不多总要名之曰"小诗""短文",在措辞周到地评价说"令人欣慰"之后,再更为周到地找补一句:40年代的那个路翎是已经永远逝去了……

诗就是诗,文就是文,我搞不懂它们为什么非要被压榨得又短又小地来谈论;从40年代到80年代,许多人红脸唱完唱白脸,翻来倒去不知变幻了多少副嘴脸,大家似乎并不觉得多么奇怪,这就更加令我搞不懂,一个遭遇那么悲惨的路翎,付出了那么巨大的努力,想做的不过是重塑一回自己的文学形象,为什么就那么难以被接受,以至总要被与他的注定追不回来的过去绑在一起被谈论,而始终得不到就事论事的认真对待?

晚年路翎的文学表现真的就那么糟糕吗?

早在路翎刚刚"重返文坛",在《诗刊》1981年10月号和《青海湖》1982年1月号上相继发表了《果树林中》《刚考取小学一年级的女学生》等五首晚年诗作之后,曾卓先生即怀着欣喜的心情对路翎写作能力的"恢复"作出了热情洋溢的肯定:"这里没有任何伤感,他歌唱的是今天的生活。这里没有矫揉造作,他朴实地歌唱着在生活中的感受。这里没有感情上的浮夸,他的歌声是真挚、诚恳的……"曾卓先生说:"能够在平凡的生活中发现诗,这是需要热爱生活的心灵。能够将平凡的生活提升到诗的境界,这是需要敏锐的感受力和高度的表现力。"又说:"这是真正令人惊奇和欣喜的。"还说:"我喜欢这几首诗,而且通过这几首诗所说明的和预示的东西也使我喜悦。"[①]

我们看到,曾卓先生同时也在表达他的个人情感,但与别人有所不同的是,他是将他的个人情感和审美判断建立在对作品的具体而细致的分析了解基础之上的:"这里展开了平凡的生活场景……""语言是清新的,而又有着一种朴素的美。跳跃性比较大……但融合着生活的脉流的是作者情绪的脉流;情绪的节奏融合在生活的节奏中间……"

---

① 曾卓《读路翎的几首诗》,《曾卓文集》第3卷,第150页。

其实，就在曾卓先生撰文勾勒晚年路翎的第一幅文学形象的同一时期，路翎还在《光明日报》、香港《新晚报》、兰州《雪莲》上发表了另外五首诗，而且其中刊载在《雪莲》1982年1月号上的《黎明》一首，今天看来当与《刚考取小学一年级的女学生》并居为路翎晚年创作初始阶段的"杰作"，只可惜曾卓先生当时没能读到；阴差阳错，倒是刊载在《新晚报》上的两首并不优秀的诗作《阳光灿烂》、《鹏程万里》立即在香港引来好评："前者歌颂中国现时代的灿烂……，后者则纵情唱出'青年一代成长，壮年一代稳重，年老一代威严'的歌声，并且试图勾画出一幅'鹏程万里，雄鹰飞翔'的壮丽景象。"论者称："对于一位脑病患者来说，堪称难能可贵。"①经过这样的出口加工转内销，附加在这两首诗上的对于"脑病患者"的作品的"鼓励性好评"从此大畅其道，渐渐变演成事实上不利于路翎的对其晚年文学形象加以评估的一个基本模式。

此后，晚年路翎的文学努力虽然并非不受关注和肯定，如冀汸先生在上引长文中所记述的，《人民文学》1987年1—2期合刊上发表了他的小说新作《钢琴学生》后，"读者高兴，朋友们更高兴。汪曾祺同志就在《人民日报》副刊上撰文表达了他的喜悦心情"②；对于他在《诗刊》上发表的诗，"唐湜读后就说过：'这才像现代派的诗……'"如此等等。但总的说来，反响既不热烈，评价也并不高，大多数人的持论倾向近于冀汸先生："总体说来，都只是火星一闪，并没燃烧起来……"甚或更为悲观。③直到1996年9月，我们才终于见到了李辉先生针对路

---

① 邹霆《路翎和他的家人》，见《路翎研究资料》，第15—16页。
② 汪曾祺先生此文笔者未见。但事实上，当初读到过《钢琴学生》的人恐怕并不多。如罗飞先生所指出的，这期刊物"因为一篇什么作品闯了祸，刊物被收回了，连他这篇……好不容易发表了的小说，也等于没有发表。"参见罗飞《悼路翎》，收入邵燕祥、林贤治编《散文与人》第4集，花城出版社1994年版，第18页。《人民文学》1987年1—2期合刊上"闯祸"的作品是马建的小说《伸出你的舌苔或空空荡荡》。
③ 如罗飞："路翎从写'疯人'、'半疯人'，到自己成为疯人、半疯人，到完全丧失了作为一个作家的全部智慧和灵气。"同上引文，第25页。在这篇文章中，罗飞先生还引用了一封路翎致他的短信，以印证晚年路翎思维混乱、文句不通，显例如"现问你问题，便之。"一句，读来与上下文毫无关系。但其实是有关系的。根据笔者对路翎晚年手迹的了解，猜想起来，在这个句子中罗飞先生可能至少认错了两个字：第一个"问"字应为"因"字，"题"应为"起"。但实际情况究竟如何，因我未见原件，不敢遽断。错处也可能是路翎笔误所致。此事虽小，所关实巨，不可不察。引文出处同上，第17页。

翎晚年诗作和散文所作出的一种近于曾卓先生的充分肯定性的评价：

……

  这是令人难以置信的一种诗意。痛苦日子的生活，在晚年路翎那里，竟然酿出如此宁静与清新的诗句。这是真正的诗。……它们表明，他内心中仍然以一种特殊方式潜藏着艺术激情和才华。……在沉默的时刻，在给人一种近乎于呆滞印象的时刻其实他的灵魂正在飞翔。①

行了，我耗费在别人对晚年路翎的人生和文学形象认证上的精力和笔墨已经够多，回头看看，却还有若干尖锐的问题不曾触及。一口吃不成一个胖子，暂且打住吧。但在结束本文之前，我还想做一件事，即请求本文的读者现在尽可能将此前已经获得的关于晚年路翎的诸种"干扰信息"统统抛开，以便以自己的洁净之躯和明净的眼睛感受和注视晚年路翎灵魂深处巨大的诗性存在——以下是完整抄引的一首路翎晚年诗作，请您自己来作一个判断吧：

红果树

  干枯的红果树在昼与夜静默着/别的树都长了树叶了/羞惭的红果树/用它的魂魄在挣扎着/风吹过/用关切的声音喊着：杭唷/泥土屏息着/也在喊着号子：/杭唷

  杨树和枣树/长了很茂盛的树叶了/那些树叶似乎是被春风带来/落在树干上的/仿佛是魔法似地/从膨胀的风和膨胀的泥土/膨胀的树浆……/这些树也觉得一种羞惭/红果树沉默着

  太阳照耀得很欢快/发出金色的箭镞/夜晚有有力的风/红果树听见自己枝干内/有顽强的声音又中断了/它发出痛楚的叹息/周围的树木替它/喊着鼓舞的号子：/杭唷/房屋内睡着的儿童/也似乎在替它喊着号子/而诚

---

① 李辉《灵魂在飞翔——〈像是要飞翔起来——路翎晚年作品集〉序》。此文曾以《像是要飞翔起来》为题，先期删节发表于1996年9月18日上海《新民晚报》。

实的泥土用很大的/元气沛沛的声音喊着/而在夜间发芽的小草也喊着/而在夜间月光下开放的花也喊着/而在夜间幸运地孕育着果实的桃树也喊着/而在夜间未睡着的蜜蜂也喊着/而远处的江流也喊着/而在城市边缘鼓动着的/旋转着的车轮也喊着

红果树被一些亲爱之情围绕/泥土在它的根须下嗞嗞发响/它的树干内又起了颤动了/它用它的魂魄奋斗着/它的树叶的脉络在树浆里形成了/它的树叶的绿色/又得到泥土的补充了/它的新的树浆灌满树干了/它的花的形态在激动里形成/而果实还连着果核的形态/连着对下一代的预想/含着爱情痉挛着形成/泥土高喊着:杭唷/红果树在一夜之间长出树叶/树木群中/林荫路上/楼房旁侧/不缺红果树

这棵"被一些亲爱之情围绕""用它的魂魄奋斗着"的"红果树"是否感动了你？需要说明的是,这首写于1986年4月23日的路翎晚年杰作并非未刊秘笈,而曾公开发表过;刊载它的杂志也并不冷僻,是重庆出版的大型文学双月刊《红岩》,1986年第6期。

同等优秀的路翎晚年诗作当然并非仅此一首。我可以负责地说,晚年路翎首先是一位诗人。今后各种辞书和文学史论著在谈到路翎时,看来是有必要在他早经获得的小说家、剧作家、文论家[①]等头衔之外,再为他添置一项诗人头衔的。

1997.3.9-15 复旦

原载《当代作家评论》1997年第4期

[①] 路翎前半生曾写下为数不少的文论,介入当时的文学论战,晚年又写出了大量理论性的文学回忆录。他在这一方面的成就和贡献,迄未引起研究界充分注意。现经笔者与人合作搜集整理,已结集为《为什么会有这样的批评——路翎文论集》(鲁贞银、张业松编),由珠海出版社出版。有关论说请见张业松《为什么会有这样的批评》,《文艺理论研究》1997年第1期。

路翎晚年的"心脏"

张新颖

> 马的心脏有红色的火焰与白色的闪光外溢,/它自己看见。
>
> (《马》)
>
> 我的心脏是,/穿着多层火焰衣服的,内核是极强的火焰的、血液盈满的心脏。
>
> (《旅行者》)

一

路翎(1923—1994)晚年的创作,孤独地持续了十多年的时间,贯穿了整个80年代以至90年代初,而在这一时间段落,"新时期文学"正成为时代文化和社会生活表述的强音,热点频繁转换,思路和格局不断调整,真可谓是意气风发、挥斥方遒的时候。在这样的时候,有几个人会关注到路翎的创作?即使关注到了,又有几个人会不感到巨大的失望和伤痛?因而,路翎的创作不被纳入到"新时期文学"的整体构成中,几乎是必然的了。也就是说,对于自觉着本身的构成已经足够丰富的"新时期文学"——或更平实地称之为当代文学——来说,路翎的创作,不管是已经发表的少数篇章,还是大量未能发表的作品,都是完全可以忽略不计的。

路翎晚年的"心脏"

《路翎晚年作品集》①的编成和出版,似乎在有意识地反抗着时代的文学意识、文学潮流、文学史叙述的冷漠、残酷、偏见和盲视,编者特别提醒道:这些作品揭开的,"是一个从未向外界充分'敞开'、近乎置身于'黑洞'之中的晚年路翎的人生、精神和文学形象"。"由于种种原因的共同作用,晚年路翎是在一种几乎将自己彻底与外界(包括家人和难友)隔绝开来的状况下从事其与时间竞赛、与自我搏战的创作活动的,也许只有这样,他才能够保证在写作过程中将其自我向自己的内宇宙彻底敞开,重温往日的追风逐电、狂飙激荡的激情体验,逼迫自己保持高昂的写作热情。此种大约只能为路翎一人独有的特定情境下的特定写作方式所导致的一个直接结果,便只能是使得所有'他者'都惟有通过阅读其作品才能对'晚年路翎'的真实生命状态获得真切的了解,而且,依据我们在前后历时将近一年的本书原始材料清理过程中所获得的'约翰牛'式的阅读经验,这种对'晚年路翎'以及由此而通盘照亮的20世纪中国文学史上的路翎的阅读还必须是仔细而全面的,否则就恐终不免为他的某些外在形象或浅表形象所迷惑,以致随他历经身心两方面的重创之下在所难免的创伤遗痕而左右摇摆,也陷身于某种价值歧义之中不能自拔。"②

也许我们还可以把话说得更明白一点。在大部分关于晚年路翎的叙述中,已经形成了某种定见和共识,典型的表述如冀汸的"一生两世"说:"1955年那场'非人化的灾难',将你一个人变成了一生两世:第一个路翎虽然只活了32岁(1923—1955),却有15年的艺术生命,是一位挺拔英俊才华超群的作家;第二个路翎尽管活了39岁(1955—1994),但艺术生命已销磨殆尽,几近于零,是一位衰弱苍老神情恍惚的精神分裂患者。"③而钱理群更从这"感到了真正的恐怖"的"事实"中概括出"精神界战士的大悲剧":路翎以残病之躯写下的大多数作品不能发表,"不仅是因为艺术质量的急剧下降,而且整个写作都仍然纳入在'文

---

① 《路翎晚年作品集》,张业松、徐朗编"20世纪文学备忘录丛书"的一种,东方出版中心1998年版。本文所引路翎作品,皆据此书,以下不再一一注明。本文的写作得益于张业松研究路翎的一些见解,特此说明。
② 张业松《编集说明》,《路翎晚年作品集》,第7页。
③ 冀汸《哀路翎》,载《新文学史料》1995年第1期。

化大革命'时期'四人帮'钦定的标准模式之中！这就是说，当路翎伏案写作时，他就回到了那个'时代'：怀着巨大的恐怖（那是千百次施虐的审讯造成的永远不能摆脱的恐惧），手不由己地按照那个'时代'的命令写作，除了'遵命'（那也是那个'时代'千百次强迫灌输给包括路翎在内的每一个中国作家的）以外，他已经不会写作！但他又似乎在反抗着这一切。于是，在按照既定模式写作的工整的文字旁，又出现了粗笔触的'混蛋'之类的骂语，到了最后时期他的写作已经陷入了狂乱之中。这样，晚年写作的路翎，实际上只剩下了生命的躯壳，或者说，写作着的，仅是那个被彻底'改造'了的'非我化'了的路翎，被'迫害'的半疯狂的路翎。那个'才华盖世'的，在思想、艺术天地里自由驰骋的，独一无二的小说家、精神界战士的路翎，哪里去了？他已经永远的消失，已经'死'了！……这'精神的死亡'对于一个'精神界战士'是格外残酷的，而'精神界战士'的被'强迫改造'，而且改造得如此'彻底'，如此'成功'，这样的'大悲剧'则更让人悚然而思"①。

  这样的叙述基本上遵循的是"时代灾难——对个人精神的摧毁——个人创作才能的完结"的理路，进而唤起和达到对于"时代灾难"的集体性痛恨、深刻的反省和强有力的批判。这种叙述模式的形成有着极大的现实合理性和广泛的心理基础，它所能够探及的深度和产生的批判力度也很难为别的方式更为有效地替代。可是，当叙述模式的力量过于强大，超过了事实给出的可能性限度，或者当叙述醉心于模式的力量和模式急欲达到的目的，而疏忽于对事实的耐心考索和诚心尊重的时候，问题就可能产生了。其实不难发现，这种叙述模式的情节性很强，一般总是环环相扣，因果关系简洁明了，而且包含着戏剧化的倾向。因为这种倾向，所以它能够听到一个充满诱惑的声音：个人所遭受的摧残越彻底，个人的情形越不堪，对于"时代灾难"的批判就越深刻、越强烈。天才作家路翎竟然被彻底摧毁了！——这是一个多么"合理"、又是多么"惊人"的"事件"

---

① 钱理群《精神界战士的大悲剧》，载《读书》1996年第8期。

啊。可是,充满诱惑的声音同时也藏匿着巨大的危险:为了"时代灾难"的充分展示和表现,个人的全部复杂性就得割舍掉一部分甚至全部割舍掉吗?说到这里,也许就触及到了上述叙述模式必须面对的一个根本问题:在这种模式中,是什么居于叙述的中心?是达成对于"时代"的反省和批判吗?那么"时代"的受难者——具体个人——的位置何在?如果看起来深刻的反省和有力的批判,不能落实到对于反省和批判过程中出现的个人的全部复杂性的尽力恢复和诚心尊重上,这种反省和批判极有可能是虚妄的。

也许我有点儿言重了,可是读着路翎晚年的作品,特别是他那一首首的长诗和短诗,我由衷地感受到了精神透过重重迷障散发出来的动人光辉。人是经不起摧毁的,可是人也绝不就是轻易能够彻底摧毁的——特别是这个人,路翎,"一个对生命的'原始强力'和生命意志的不甘屈服有着常人罕及的深切了解,在其文学活动中久已习惯于使其生命能量在巨大的压力之下作出更为猛烈的释放的激情型作家,这样的作家所具有的生命自我救治能力和创造潜力差不多是与生俱来、与身俱在的"①,所以在上引钱理群的一段话中,我特别注意到"但他又似乎在反抗着这一切"这一句——它透露出路翎内心世界的一点儿信息,而路翎内心世界的信息,应该是更为丰富的。我绝对无意以路翎的未毁来削弱对于"时代灾难"残酷性的认识和记忆,我也绝对无意看轻路翎身心所遭受的巨大创伤,诚如钱理群在同一篇文章中所说:"一切对历史'血腥气'的消解,都应该受到诅咒,而且是鲁迅所说的'最黑最黑的诅咒':他们正是'强迫忘却'的权势者的帮忙与帮凶。"但我却有意以路翎承受了异常残酷、血腥的遭遇和身心的巨大创痛而未毁,来证明穿透黑暗时代的人性光辉。

二

路翎于 1955 年 5 月 16 日《关于胡风反党集团的第一批材料》公布后的第

---

① 张业松《编集说明》,《路翎晚年作品集》,第 6 页。

江声浩荡七月诗

三天被隔离审查,入狱羁押了18年即1973年才被宣判二十年徒刑(从1955年算起)。这种"不告诉时间的囚禁"对路翎所造成的精神上的压力相当巨大,中间曾有一段时间被移往精神病院接受治疗和"保外就医"。1975年6月刑满释放后,在北京做了四年半扫地工,直至1979年11月为其在"保外就医"期间"上书攻击党中央"的个人"反革命罪"平反;1980年11月他的另一项"反革命罪"即胡风集团案初步平反。

从1978年起,路翎过去的朋友们,如牛汉、曾卓、绿原、贾植芳、冀汸、罗飞等等,差不多都是怀着劫后重逢的不平静心情来看望过他,可是几乎无一例外地惊异于路翎的冷漠、迟钝,寡言少语,没有交谈的欲望。他甚至跟家人极少说话。友人和亲人都对他的生活和精神忧心忡忡,特别是对他能否恢复创作能力耿耿于怀——路翎可是二十出头就完成了《财主底儿女们》——胡风称它的出版"是中国新文学史上的一个重大的事件"[①]——的作家啊。

谁也想不出路翎内心的感受。可是他自己知道,他没有用表情和语言显示给朋友和家人的,用诗表达了出来。请看下面这首完整的《红果树》——

干枯的红果树在昼与夜静默着/别的树都长了树叶了/羞惭的红果树/用它的魂魄在挣扎着/风吹过/用关切的声音喊着:杭唷/泥土屏息着/也在喊着号子:/杭唷

杨树和枣树/长了很茂盛的树叶了/那些树叶似乎是被春风带来/落在树干上的/仿佛是魔法似地/从膨胀的风和膨胀的泥土/膨胀的树浆……/这些树也觉得一种羞惭/红果树沉默着

太阳照耀很欢快/发出金色的箭镞/夜晚有有力的风/红果树听见自己枝干内/有顽强的声音又中断了/它发出痛楚的叹息/周围的树木替它/喊着鼓舞的号子:/杭唷/房屋内睡着的儿童/也似乎在替它喊着号子/而诚实

[①] 胡风《青春底诗——路翎著长篇小说〈财主底儿女们〉序》,收入《胡风评论集》下册,人民文学出版社1985年版。

的泥土用很大的/元气充沛的声音喊着/而在夜间发芽的小草也喊着/而在夜间月光下开放的花也喊着/而在夜间幸运地孕育着果实的桃树也喊着/而在夜间未睡着的蜜蜂也喊着/而远处的江流也喊着/而在城市边缘鼓动着的/旋转着的车轮也喊着

红果树被一些亲爱之情围绕/泥土在它的根须下嗞嗞发响/它的树干内又起了颤动了/它用它的魂魄奋斗着/它的树叶的脉络在树浆里形成了/它的树叶的绿色/又得到泥土的补充了/它的新的树浆灌满树干了/它的花的形态在激动里形成/而果实还连着果核的形态/连着对下一代的预想/含着爱情痉挛着形成/泥土高喊着:杭唷/红果树在一夜之间长出树叶/树木群中/林荫路上/楼房旁侧/不缺红果树

这首诗至少足以造成这样的强烈印象:它突出地显现了对于被"亲爱之情围绕"的敏感和心领身受的系念,一连串的排列并行的诗句使对此的表达相当充沛而深远;这与路翎外表的无动于衷适成鲜明对比。整首诗叙写"红果树"从干枯到复苏的过程,虽然未做任何的渲染,却能够于平静中令人惊心动魄,因为这是"静默的红果树"用"魂魄""挣扎着"、"奋斗着",尽了全力才达到的。像"红果树听见自己枝干内/有顽强的声音又中断了/它发出痛楚的叹息"的句子,该包含着怎样深重的精神创痛呢?

然而,奇异的是,灾难过后的路翎并不怎么直接叙说个人身经的灾难和创伤,从《路翎晚年作品集》来考察,他的很多作品都给人一种罕见的宁静、明亮之感。他恢复创作后写的一些散文,"清新、细腻,用一种难得的平静,描述自己对往事的回忆和对市井生活的观察"。特别是写得最多的做扫地工的生活的篇章,"委婉、温馨,并非一种伤痕式的记忆",类似的心情反映于诗歌创作中,更散发出"令人难以置信的一种诗意"。① ——

暮春,/扫地工在胡同转角的段落,/吸一支烟,/坐在石头上,/或者,/

---

① 李辉《灵魂在飞翔》,《路翎晚年作品集》,第4页。

江声浩荡七月诗

靠在大树上:/槐树落花满胡同。

  扫地工推着铁的独轮车,/黎明以前黑暗中的铁轮/震响,/传得很远,/宁静中弥满/整个胡同。 （《槐树落花》）

而早在路翎80年代初刚刚恢复创作,发表了五首诗①之后,曾卓就以诗人的敏感,立即作出反应,他撰文指出:"这里没有任何伤感,他歌唱的是今天的生活。这里没有任何矫揉造作,他朴实地歌唱着生活中的感受。这里没有感情上的浮夸,他的歌声是真挚、诚恳的。""这里展开了平凡的生活场景……能够在平凡的生活中发现诗,这是需要热爱生活的心灵。能够将平凡的生活提升到诗的境界,这是需要敏锐的感受力和高度的表现力。"②

  为什么会是这样? 如果我们愿意回顾一下同时期的文学创作,大致不难发现,路翎创作中所"没有"的,差不多却正是被那一时期的文学凸现出来的表征:"伤痕式的记忆""伤感""矫揉造作""感情上的浮夸",诸如此类。路翎怎么可能避开这些呢? 路翎本来是更有资格作这样的表现,而且被认为应该作这样的表现的。

  可是真正经历过大苦难的人也许并不需要靠苦难来证明和表现什么,他们甚至对自身非凡的、可以充分夸张和戏剧化的过去说也不愿多说,也许正是因为刚刚摆脱的恐怖经验,他们才会比常人更懂得体会平凡、今天,才会发现和朴素地歌唱平凡中的诗意。牛汉特别注意到,路翎重新回到家里那几年,"固执而焦渴地到阳光下面行走",他还写了几行诗,记下了路翎的姿态:"三伏天的晌午/路翎独自在阳光里走//他避开所有的阴影/连草帽都不戴//他不认路早已忘记了路/只认得记忆中的阳光//他的性格孤僻的女儿/远远地跟在他的身后。"③这种对平常日子的"阳光"的非同寻常的"固执"和"焦渴",其实可以看作

---

① 《诗刊》1981年10月号发表《果树林中》《城市和乡村边缘的律动》《刚考取小学一年级的女生》,《青海湖》1982年1月号发表《月芽》《白昼》。
② 曾卓《读路翎的几首诗》,《青海湖》1982年第6期。
③ 牛汉《重逢第一篇:路翎》,《随笔》1987年第6期。

是一种心理和精神状态的隐喻。

呈现在人们眼前的路翎,如同一棵"黑绿色"的"老枣树","有着狰狞的外貌/度过峥嵘的岁月",只是"静静地""站立着"(《老枣树》),近乎呆滞地面对一切,无感无应;可是他的心灵世界却异常地活跃、丰富,并且相当奇特,他的灵魂"像是要飞翔起来":在沉静的夜晚,"星斗闪烁像是要飞翔起来","刺目的亮光像是要飞翔起来","顶端的窗户亮着像是要飞翔起来","夜的寂静像是要飞翔起来","婴儿的笑像是要飞翔起来","深沉的夜像是要飞翔起来"(《像是要飞翔起来》)。

三

路翎内心世界的紧张似乎在灵魂的飞翔中消失了,平常生活中一点点的诗意似乎也可以让精神放松下来。那么,他个人的那些苦难和经历,他未曾激越夸张地述说过、未曾大肆直接描绘过的恐怖经验,是不是在他的思想和感受中处于不那么重要的位置呢?他是不是能够让自己忘记——哪怕是强迫忘记、假装忘记,以使自己活得稍微舒心一点儿呢?

这怎么可能。你看他在1984年的"池塘边上",分明就看到了新旧重叠的影子——

> 池塘深底里有旧时候的倾诉上浮,/池塘闪光荡漾着/各时候捣衣、洗米的勤勉的农妇的影子,/以及/愤激的殉难者。 (《池塘边上》)

历史的经验和意识使路翎没有沦为一个现实"新时代"的简单的歌颂者,"经过了患难"的人在"新时代"的现实经验往往格外纷繁复杂,要"突破缠绵的痛苦",哪里是一件容易的事——

> 每日和恶梦搏斗,/行进于适时的雨、雪、晴朗与工作与想象中,/过去的年代死难了,/过去的年代鬼魂时时显影,/徘徊在现时的雨、雪、晴朗与工作与想象/与对这想象的想象中,/出现着恶魔的战斗精神;/时代也有这种纵深,/阳台上凝望着国家的疆土,/面前的都市有远处的巨大山河的/重

叠的影,/与过去流血的纵深,/——高大的幻象里有善良的建设者自己的成就与/死难了的年代恶魔的形影。

(组诗《在阳台上》之十二《经过了患难》)

路翎有长达二十年的徒刑,可是写这种生活的诗只有两首,一首写拉车,一首写种葡萄——

囚徒拉着车子行走,/囚徒用绳圈套在肩上拉着车子前行,/凛冽的冬季的狂风里被陷谋的囚徒拉着车子,/太阳升起在监狱的劳动场上空,/太阳升起在生死场的上空,/太阳黄昏落下去了,红色的、冷的、严峻的。

(《拉车行》)

塞上寒冷/荒凉的黄土里扒出去年的葡萄/冷风和白云一同飞翔/夜晚有寒月和监狱的探照灯照耀/冤案错案里的犯人们种植葡萄/冤案错案的犯人们夜间谛听着/从荒凉的黄土里出来的葡萄/在风里轻微地响着的声音/伸出来的柔嫩的枝/嫩绿的叶子 (《葡萄》)

这种遭遇造成的精神上的根本痛苦是——

我因欠时间的债而心跳恐怖,/我因劳动力被迫丧失/或无人来雇佣而痛苦战栗,/我行走在黑色死亡的空间。

(《旅行者》)

这可能是路翎最直接地表达个人恐怖经验的诗句了。在我想来,路翎就是用这些诗句,既泄露着又压抑着他那最惨烈的嚎叫。曾经被囚禁在路翎隔壁的难友绿原描述道:"每天二十四小时,除了睡眠、吃饭、大小便之外,其余时间都侧耳可闻他一直不停的、频率不变的长嚎;那是一种含蓄着无限悲愤的无言的嚎叫,乍听令人心惊胆颤,听久了则让人几乎变成石头。"[①]

路翎内心世界的奇迹在于,他把个人这样恐怖、惨烈的经验承担了起来而没有被压倒,没有让这样黑暗的经验把心灵占满、把思路阻塞、把精神的不断生成能力扼杀。他的灵魂还有能力、还有空间飞翔,"劫灰深处拨寒灰",晚年竟然

---

① 绿原《路翎走了》,载《南方周末》1994年3月11日。

在自己的内心世界里造就出巨大的诗性存在。

四

我们在使用诸如"内心""心灵世界"这一类的词汇的时候,常常会觉得浮泛、模糊、无力,特别是当我试图以它们来描述和揭示路翎埋藏极深的那一面时,更觉得词不达意。就在这时,路翎诗中一个反复出现的词突然灼疼了我的眼睛,这个词就是——"心脏"。我一下子明白过来,"心脏"就是很难抓住的路翎内心世界的核心,而且也就是路翎晚年诗歌的核心。路翎晚年超过五千行的诗,因此而融会贯通。

看看这是什么样的"心脏"吧。路翎写了"老枣树"的"心脏",写了蜜蜂的"心脏",还写了蜻蜓的"心脏"——

  蜻蜓的心脏是有豪杰的火焰的蜻蜓的,/蜻蜓。 (《蜻蜓》)

还写了马的"心脏"——

  马的心脏知觉着经过的空间——危急的空间,/和时间,紧张的时间;/马的心脏有红色的火焰与白色的闪光外溢,/它自己看见。 (《马》)

他写了"丧失者"渴望"心脏的新的繁荣"(《阳台上》之二十《丧失者》),写了"失败者""火焰熄灭着的心脏痛苦"(《失败者》),写了"经过了患难"的人"夜间的睡眠里有心脏的那时的痛苦的战栗形成的恶梦",而从患难中复苏的老人"由于心脏跳动/来到阳台上了"(《经过了患难》)。

长达六百行的长诗《旅行者》无疑是路翎晚年诗歌中的重要作品,他反复修改,"可能直至临终都不认为自己已将它改定了"[1]。这首诗以"旅行者"第一人称写道——

  高耸着的是心灵的渴望/心脏是血液盈满穿着多层火焰衣服的火焰,/我探索和意识和敏感和看见和触摸历史,/于水泵厂的机器震动声的夜,/

---

[1] 关于《旅行者》的"编者附记",《路翎晚年作品集》,第139页。

>我的幻想使我进入过去时代和新时代综合的炼狱。

又写道——

>我于是从心脏里极深地和黑暗的地狱结成仇恨,/仇恨——刀子是总在我的身边/而有对于黑暗的知识。

他又重复道——

>我有旌旗与带着刀刃/我的意识是我的心脏越过炼狱时的凶狠的冷静的火焰

他特别醒目地重复道——

>我的心脏是,/穿着多层火焰衣服的,内核是极强的火焰的、血液盈满的心脏。

在上引的诗句里,最突出地显明"心脏"特征的意象是"火焰",与"心脏""火焰"发生过最紧张关系的词应该是"炼狱"。这是一颗"越过"了"综合的炼狱"仍然有"极强的火焰"与"闪光"的心脏,只不过别人看不见——这也不要紧,"它自己看见。"

这颗"越过"了"炼狱"的心脏的坚强性、凝聚力、爆发度实在是罕见的,它的诗性表达创造出了几乎是不可思议的事实。从 1990 年 3 月 1 日到 12 日,是路翎晚年诗歌创作的巅峰期,在短短的十几天时间里,这位老人写下了两千多行诗,其中包括篇幅巨大的组诗《阳台上》和异常优秀的短制《落雪》《雨中的青蛙》《马》《蜻蜓》《失败者》等。自此以后,再也没有见到路翎的诗作。仿佛路翎积聚了全部的心力,在这一个巅峰期辉煌地消耗光了。这是多么复杂的消耗啊,要贪婪地体会平常日子的宁静,要时刻与浮到日常生活中的苦难和恐怖的阴影搏斗,要"在幻觉中呆站,又走回去寻找"(《丧失者》)。要"做战栗的停空的飞翔"(《蜜蜂》)——而且还要消耗在对于自己和自己的同道们的毕生追求的无力的沮丧上面:忍心看看这颗"穿着多层火焰衣服的,内核是极强的火焰的、血液盈满的心脏"的最后的沮丧吧——

>事业失败,生活挫败者沿着朦胧、似乎变异的路归来,
>
>>来到阳台上凝望命运了。
>
>>>(《失败者》)

五

  长期受到深重摧残和伤害的人在身体上、在精神上留下伤疤，是再自然不过的事了。路翎没有本领脱胎换骨，却凭借着一己生命所具有的强大的自我救治能力，开始了晚年的创作。他的晚年创作既可以说是他自我救治的结果，同时，在更大的意义上，也是他进行自我救治的方式，而且是最重要的方式，特别是诗歌创作。那么，在路翎的诗中，时常跳出一些刺眼的词汇、句子，表露创伤尚未完全恢复时的意识和思想形态，乃至于呈现已经结了口、定了形的伤疤，这不是很自然的吗？所以对此是一点儿也用不着讳饰的。不但不需要讳饰，而且应该睁大眼睛，看个清楚。然而另一方面，面对这样的伤疤，如果有谁竟能产生优越感以及因此而起责备心，那还是请他走开吧。要求一个人饱受摧残和伤害却不允许留下伤疤，即使留下伤疤也不允许伤疤太难看，谁有这样的权力？谁可以这样发昏？

  路翎从1981年到去世，创作了不下于550万言的作品，占总量百分之九十的中长篇小说至今未能发表和出版，《路翎晚年作品集》尽可能全面地囊括了此外的作品，其中最引人注目的是诗歌。本文所论，基本限于诗歌。钱理群曾经发出过这样的呼吁："如果我们真有勇气的话，应该把路翎的著作（包括晚年所写那些难以发表的长篇小说）全部出版，留给后人一个完整的遗产。"[①]而晚年路翎为了留下这份遗产，他全部的"魂魄"进行了怎样的"挣扎"，他"火焰"般的"心脏"穿越了怎样的"炼狱"：他"死前几天竟然还在服用——冬眠灵。知道吗，这种药为了抑制病人的狂躁，宁可让他变得痴呆……"[②]

1998年11月16日

原载《南方文坛》1999年第1期

[①] 钱理群《精神界战士的大悲剧》。
[②] 绿原《路翎走了》。

在庆祝贾植芳先生九十华诞学术讨论会上的发言

章培恒

敬爱的贾先生,诸位女士,诸位先生,今天我们聚在一起,以崇敬和欢乐的心情,祝福贾先生的九十大庆。

我是贾先生的早期的学生之一,所以除了和大家一样具有崇敬和欢乐的心情以外,还具有很深的感激和骄傲的心情。感激的心情是因为就我个人来说,贾先生教给了我很多。既教给了我做人,也教给了我做学问。尽管我现在所从事的是中国古代文学研究,但是我在中国古代文学研究方面,如果说能够有一点成绩的话,那么跟我的古代文学的两位老师蒋天枢先生和朱东润先生的教导固然是分不开的,跟贾先生的教导同样也是分不开的。贾先生所教给我的当然不是具体的研究中国古代文学的方法跟路径,但是贾先生教给我研究中国文学的方法和路径。而这个研究中国文学的方法和路径,是体现在中国现代文学的研究里面,同时也是研究中国古代文学非常需要的。如果没有这样的一种指导,我当然还会做中国古代文学的研究,但是跟现在的情况可能会很不一样。——而这一种很不一样在我来看并不是我所希望的,我应该说,正是我所害怕的。我在中国古代文学研究里面,有人说我的功夫都是邪派武功——就是武侠小说里面的邪派武功。换句话说在古代文学研究领域里面并不是正宗的,但是我觉得这个不正宗,实在是我很喜欢的,而这个不正宗也就是从贾先生的方法和路径里面所学到的。所以我想,贾先生对我的影响是一辈子的,既在做人方面也在做学问方面。我

在庆祝贾植芳先生九十华诞学术讨论会上的发言

所具有的这样一种感激的心情就是从我个人与经历感受到的。

另外还有就是骄傲的心情，这个骄傲是因为作为学生有贾先生这样一个老师，这个是很值得骄傲的。我想刚才彭裕文书记讲到贾先生对复旦大学的贡献，也确实是这样。贾先生是1952年到复旦的，到1955年就被弄到监狱里面去了，所以执教的时间非常短。但是在那个短短的时间里，贾先生就培养出来了一大批的学生，包括今天在座的范伯群先生，还有现在的华东师大的张德林先生等等一大批，也不过是短短的两年多时间。但到贾先生复出以后，一下子又培养出来了一大批学生，在复出以后的学生里面，陈思和先生、李辉先生当然是最早的，那么像谢天振先生不算是真正的学生，也算是从贾先生那儿学到很多东西。下面还有一大批，这个一大批简直就数不清了，大概这里面比较年轻就是张新颖先生他们了。50年代的学生数得清，80年代以后的学生就数不清，就不去数它了。那么诸位学生能够有这样的一位老师在做人上、在做学问上、在培养学生上，还有培养广大的青年上——我现在在中国古代文学研究中心工作，我们的单位里面都是研究中国古代文学的，但是我们单位里面的很多同事都是从贾先生身上学到很多东西，而且也经常到贾先生家里。贾先生也都是把他们当作朋友一样对待。比如今天在座的我们中国古代文学研究中心副主任陈广宏教授，他翻译的一个著作，是关于周作人的，那就是贾先生给他写的序，实际上这个书的翻译也是受到贾先生的指导。所以很多年轻人都是很自觉的拥在贾先生的周围，从贾先生那儿吸取营养。我想，一个九十岁的老人在今天还有那么大的青春活力，能够和青年打成一片，这个是非常不容易的。所以我想，有这样的一个老师是我的一个很大的骄傲。

今天我们在一起庆祝贾先生的九十华诞，我衷心的祝愿贾先生健康长寿，祝愿贾先生永远保留这样的青春的活力。谢谢大家。

2004年10月15日

（根据录音整理，未经作者本人审查过）

原载陈思和、王德威主编《史料与阐释》（贰零壹壹卷合刊本），复旦大学出版社2013年

也说贾植芳先生

许道明

贾植芳教授是我的老师,尽管我不是他的及门弟子。然而,我敢说我比先生五十岁以下的所有门生都要早些知道在中国这块土地上还有一个姓贾名植芳的人物。四十多年前的批判胡风反革命集团,在当时是一场全民的运动,远不像对《武训传》的批判,也不像由《红楼梦》研究的批判发展成的对胡适学术思想的批判。因为《武训传》《红楼梦》和胡适那两场半的玩艺,还局限在知识分子的范围内,知名度充其量与当今的钱锺书相仿,是及不得电视台上的那位胖子赵忠祥的。在我的孩提时代,先是会唱"雄赳赳,气昂昂,跨过鸭绿江",继之便知道胡风这个"反党反人民反革命的大坏蛋"。

贾植芳的风采,我是从当时沪上流布的一种小十六开的连环画册上看到的,自然是漫画,画的作者已经记不得,画面却记得异常真切。瘦小的个头,尖削的脸,稍稍三角形的细小眼睛,西装革履,嘴巴上叼着燃烧着的烟卷,还有是一双腿搁在办公桌上,一副洋场恶少的派头。画上的贾植芳是个中年男人,男人名字居然可以叫"芳"或"某芳","老怪的",看看我周围名字中凡带"芳"的全是女人或者是女孩子。这也算是我的一个新经验,由此,贾植芳这个怪怪的"反革命",也在我的小脑袋中扎下了根。

天算不如人算,也许因应"冤家路窄",当我的小脑袋变大以后,我竟然面对面地看到了贾植芳!随我的脑袋变大,当然他已是老"反革命"了,那年是 1967 年。

也说贾植芳先生

最初在复旦登辉堂旁边的印刷厂,他站在稍高的台阶上,久违了,不过从他身上好像找不到洋场恶少的痕迹,一副可怜巴交的模样,难以想象他会把双脚搁到公家的桌子上去。他照例地挂着胡风骨干分子的木牌。贾植芳三个字照例是倒写的。上面照例地打着血淋淋的一个大叉叉。工人和学生照例地义愤填膺。老"反革命"照例地嘟嘟囔囔地说着什么。他的一口山西腔自然照例地听不清,但是他的"反革命是臭狗屎"几个字却不照例地钻进了我的耳廓。

重睹这位"反革命是臭狗屎"是前番两星期后。记得是到工会礼堂开什么会刚结束,已是苍茫时分。在第八宿舍的门口,一群男女老少围着贾植芳,贾植芳背靠着门前墙壁上画着的伟大领袖。已经领教了前一次,我也无心再轧什么闹猛了,斗"牛鬼蛇神",在复旦像吃饭屙屎一样稀松平常,而当时我的肚子也正在咕咕叫。谁能料到人群中有人喊着勒令贾植芳唱《敬祝毛主席万寿无疆》,好家伙,这倒比较新鲜了,我和同伴们的双脚于是又面对贾植芳钉在了地面。更没有料到的是这个老"牛鬼"居然唱了起来,因着歌儿熟,他的那口山西腔难不倒我。"我们有多少知心的话儿要对您讲,我们有多少热情的歌儿要对您唱……"与其说在唱歌,毋宁说在背词,歪着脑袋,大概方便记忆,不过有些抑扬顿挫的味道。我和同伴都屏住呼吸忍着笑,实在屏不住了,飞一样地跑到对面的大操场上,轰地大笑起来,差不多眼泪都给笑出来了。

从"反革命是臭狗屎"到"我们有多少热情的歌儿要对您讲",荒谬也罢,滑稽也罢,这是那个年代日日时时演出着的活剧,而临对这一切都显出好像满不在乎的样子,这是识得贾植芳先生真相后他老人家留给我的印象。

80年代伊始我重回复旦,已经可以在中文系资料室里见到贾植芳先生了,先生老矣,依然那样的干瘦,但矍铄有神。有人说他重新焕发了青春,心意算得美轮美奂,但我没有丝毫如许的感觉。

他在复旦第六宿舍住过,在路上只要遇上他,他硬是说,"你住着我住过的房子,我俩有缘"。我去拜访他,向他说起文前所说的那幅漫画,他呵呵地笑了,乐不可支。"你把它找来,大概一定很好看的",这是他对我最初的吩咐。后来熟多了，话就随便了。他向我谈起过他的"狱里狱外"的情况，空气相类于他后来的那本书。他当时所说的许多细节都记不明晰了，惟记得他在"狱里"能吃，而且拼命地吃，一口气能对付六到八两馒头。说时脸上堆满了得意的神色，我不知道自己的感觉是赞赏还是凄楚。还记得他说过，他没有亲生的孩子，最近的一次入狱到放出来赶跑了十年时间，之后"文化大革命"又是十年，他们老夫妻已经不可能生育了，这权称"狱外"。这类话当然凄楚之极，但在我的心底却强烈地感受到某种只能用高贵来概括的情感。

后来我在路上常时能看到他在师母任敏先生的伴随下散步，最终还读到了他的《狱里狱外》。他以"稀有动物"自况，总是乐呵呵的，不时从他的削薄的嘴唇中滚出联翩的充满睿智的亦庄亦谐的甚至石破天惊的"怪话"。外间报刊多有报道他的消息，他的传奇般的生活，他的道德文章，他的奖掖后学，他的宽厚，他的诚恳，等等等等，他的门生张新颖先生借《狱里狱外》则揭橥导师的"乐观和忧愤"。在我看，所有意见都对，但似乎总不愿强调贾先生的通达，总不愿透过他的"满不在乎"说说他的"自由的心灵"。说他年事已逾八十，说他曾经沧海，还不足以实证他心灵的自由，因为这种概括虽深刻但毕竟只囿于个人本位。一个人四度在狱里狱外跑来跑去，对人的这类遭遇一较真，从习常的经验看去，无论消沉还是激扬，都不会有今天的贾植芳了。他的乐观，他的含茹于乐观中的忧愤，甚至包括他有时显现出来的无奈，大半出自于他对必然的认识，以及对必然的适应，于是他赢得了自由。说他业已勘破世俗，说他已得宝光寺那幅著名对子的神韵——"世外人法无定法从此知非法法也，天下事了犹未了何妨以不了了之"，恐怕并不错。但贾先生并不世故，决非虚无。他到底是"五四精神"的传人，"五四"给他带去了正义的福音，"五四"也使他懂得了人的权利。他作为他们那一代的知识分子代表，比后起的几代人对民族的前途和人类的命运执著得多多，在历经惨淡之后，从未放逐过理想和责任。贾先生是傲岸的，他的全部通达的话语和行为，表明了他始终不敢忘怀正义的准则，始终不敢轻薄他人的权利，于是才有可能结合他的年事和经验，敢说敢为，如入无人之境。他们一代人普遍倾心罗曼·罗兰,正是这位法国的自由战士说过:"一个勇敢而率真的灵魂,能用自己的眼睛观照,用自己的心去爱,用自己的理智去判断,不做影子,而做人。"

已经有不少时间没有在路上遇见散步的贾植芳先生了,我有些愧对他,我没有完成他对我的最初的嘱托,最终没有找出那幅"洋场恶少"的画。先生还健康着,还像一个老顽童,还是那样给我们以智慧,学术的,更是生活的。当然我再也没有信心一睹他双脚搁在办公桌上的神情,甚至直到当今卡拉 OK 满天飞的日子里再也没有听到他的半句歌声。

原载许道明《挽歌的节拍:复旦纪事(1964—1970)》,南方日报出版社 2003 年版

把"人"字写得端正
——记贾植芳先生

吴中杰

1950年代前期,当贾植芳先生在复旦大学中文系讲授"中国现代文学"和"俄罗斯—苏联文学",大受学生欢迎的时候,我虽然已经进入复旦,但还没有机会去听他的课。因为我们班的"中国现代文学作品选"是由别的老师教的,而"俄罗斯—苏联文学"则是高年级课程,我们低班生无缘聆听。所以那时我并不认识贾先生。当我即将进入高年级时,反胡风运动开始了,贾先生以"胡风反革命集团骨干分子"罪,被关进了监狱,从此,他就在复旦人的视野中消逝了。

待到他刑满获释,再度出现在复旦园时,"无产阶级文化大革命"即将开始,学校里已是山雨欲来风满楼的局面,人人自危,相视何敢相问。况且,在当时,服刑结束被放出来的人,叫做"刑满释放分子",仍是被管制的对象。贾先生自然不能回到中文系,他被安排在出版科监督劳动。矮小的个头,精瘦的身躯,却干着最繁重的生活:打扫厕所,油印讲义,搬运重物。不知情的人绝对看不出这个穿着破衣服默默干活的小老头,是当年活跃在讲台和文坛上的教授、作家。

我与贾植芳先生相识,是1970至1971年在奉贤五七干校。那时,我也被打成了一个"反革命小集团"的"分子",押送到干校,监督劳动。我们成了难友。

本来,当年在看了《人民日报》公布的三批"胡风反革命小集团"(先称"反党小集团")的材料,学习过毛泽东执笔的"编者按语",拜读过许许多多揭发文章,并参加过大大小小的批判会之后,我对于他们的反革命性质是深信不疑的。但是,1970年,张春桥及其属下按照"胡风反革命小集团"的样板,炮制了"胡守钧反革命小集团"案,并且把我也"团"了进去之后,我切身感受到制造冤假错案者在编排材料时,如何掐头去尾、移花接木、无中生有、主观臆断、无限上纲的伎俩。从而也就怀疑起胡风集团案件的真实性了。

因为同是监督改造对象,我们常常在一起劳动。干的自然是重活:挑水、挑粪、挑稻草、挑花萁(即棉花秸)、挑沟泥……差不多是一根扁担不离身。那时,贾先生已是年近花甲之人,但仍得与我们年轻人一起挑。不过,他倒也挺得住。他说,他在监狱里每天要挑十多担水,锻炼出来了。有时,"革命群众"开会或听文件去了,我们几个"对象"(按:此非乡下农民所谓"谈恋爱,搞对象"的"对象",而是工宣队、军宣队对"监督劳动对象"的简称也)得以偷闲在田头多坐一会,也聊聊天。案件的事,自然是绝口不谈的,所谈大抵是日常琐事。比如,我们称赞贾先生身上穿着的那身粗布衣裳好,耐磨,他就告诉我们:"这是俺老婆自己种棉花,自己纺纱,自己织布,自己给俺做的衣服。她现在在俺老家种地,积了钱,就到上海来看俺。"有时也谈及他哥哥贾芝及嫂子李星华(李大钊之女),说他们对他很好,他关在监狱里时,贾芝征得组织上同意,每月给他寄零花钱,所以他的日子过得比别的囚犯好些,还订了份报纸看看。他说以前领养过贾芝的一个孩子,1955年出事后,带回去了,现在这孩子长大了,有出息了。谈到这些事,他精神上很得到些安慰。

在干校里,贾植芳先生最大的享受,是在劳动结束之后,或是在下雨天,抽着八分钱一包的生产牌香烟,坐在床沿上读《马恩选集》,读得高兴时,整个身子都会摆起来,而脏不拉叽的垫单已经有一半滑到地下,他也不觉察。只可惜,这种享受的机会并不太多,因为我们那位出身于贫下中农的老山东排长,比工军宣队还要革命,虽然他自己也算是大学教师,但他总认为别的知识分子劳动太少,而这些管教对象就更不能坐下来休息,所以经常给我们额外增派些加班加点的活儿,劳其筋骨,利于改造也。

贾先生那时没有工资,每月只拿30元的生活费,经济上相当困难。但他也并不在意,或者说是无可奈何,只要日子能混得下去就可以了。他不善治生,各种票证常常被住在一起的工友"借"走,自己即使回校时,也是吃食堂,偶尔到五角场小饭店里沽二两土烧酒,买一包猪头肉,再吃上一碗阳春面,就算是极大地改善生活了。这种劣质土烧,喝下去头晕,他说,有时走出店堂,直觉得头上的帽子要飞起来。

这样的日子一直熬到"文革"结束,贾先生才回到中文系,先是被安排在资料室管图书杂志和编写作家资料,胡风案件平反后,再回到现代文学教研组。但此时,他已年近古稀,不可能再像当年那样上很多课了。不过贾先生仍旧勉力工作,带了很多研究生,还兼任过复旦图书馆馆长。

贾先生一复出,周围便聚集了很多人,旧雨新知,高朋满座。有同案的患难朋友,有新认识的同行专家;有当年受到牵连的老学生,有新时期成长起来的文学青年;自己名下的研究生当然不必说了,国内外的学子也纷纷慕名而来。贾先生一向好客,听说1955年之前,他家就不断有学生来问学、求教、吃饭,也常有朋友来喝酒聊天,每每要到深夜,他才能坐下来备课、写作,经常弄到通宵达旦。那时,教授的待遇好,他的稿费也多,但他并不讲究个人享受,也不事积蓄,而是奉行有钱大家花主义,把钱都用在朋友身上;现在,教授的工资低,他的稿费收入也少了,但他仍喜欢留客吃饭,自己有时弄得很拮据,也不以为意。贾先生是山西襄汾人氏,那是个产汾酒的地方,他年轻时好饮,而且酒量也大,现在生了胃病,不能再喝酒了,但他看着别人在他家喝酒也很高兴,就好像自己也过了酒瘾。他就是这样一位有豪侠之气的人。

贾先生热心助人,乐于提携后进,把帮助学生出成果看得比自己著书立说还重要。他不但花很多时间耐心地指导学生进行科学研究,而且还利用自己的社会关系为学生联系发表文章和出版著作的地方。当年因与贾先生接近而进过监狱的施昌东就跟我说过,贾先生那时曾帮他和曾华鹏、范伯群三人拟定了毕业论文题目,要他们一人写一篇作家论:《朱自清论》《郁达夫论》和《王鲁彦论》，由他介绍，合出一本书。那时青年人发表一篇文章也很不容易，如能出一本书，这是多么好的事啊，三个年轻人在学术上马上就站住了。可惜文章还未写好，贾先生就出事了，这三位年轻人也都因此而受到审查。后来他们各自或联名发表文章、出版著作，虽然是各人自己努力的结果，但他们一直感谢恩师当年的培养。施昌东早已逝去，而范伯群、曾华鹏虽然都已成为名教授，至今仍对贾先生执弟子礼甚恭。——施昌东去世后，贾先生还帮助他出版遗作，并照顾他的遗属。虽然贾先生的罪名之一是拉拢青年、毒害青年，而且当年也确有青年反戈一击，在他伤口上撒盐，但他却毫不在意，助人为乐的思想至今不变。他常常把自己的研究资料和研究心得提供给学生，让他们去写作，并帮他们出书。

贾植芳先生一生坎坷，坐过很多次监狱：日本人的、国民党的、共产党的，四进四出。所以他写的回忆录就叫做《狱里狱外》。尽管吃过很多苦头，但他仍很达观：因为经过许多磨难，所以已经宠辱不惊，也无所求了。他说，他这一辈子，是与贾师母任敏两个人互相搀扶着，在泥泞的道路上一脚高一脚低地走过来的。正因为如此，所以他把人生体验看得比做学问来得重要。他引用梁漱溟的话说："我不是学问中人，我是社会中人。"他说，他浪迹江湖，是想实现自己的人生价值，要努力把"人"字写得端正些，以尽到自己的社会责任。他虽然从青年时代起就热爱写作，很早就是一个知名作家，但他始终把文学作为业余的爱好，只把它看作自己人生感受的一种记录，而认为第一要义，仍在于人生社会本身。

由于他社会阅历丰富，对人生有着深切的体会，因而，他与那些书生气十足的文人学者不同，对于世情具有洞察力，能看清一些微妙的关系，言人之所未言。还在 1950 年代初期，贾植芳先生就奉劝胡风，不要再卷入斗争了，要赶快退出来。他说："我们这些人都不能和鲁迅相比，鲁迅对中国历史了解得深，所以他搞政治能进得去，出得来，而我们则不行，走进去就出不来了。"当时胡风听不进这个意见，后来终于还是上了 30 万言书，自以为是对革命文艺事业负责，而事情的发展却完全相反，果然使他们陷进泥潭拔不出来。贾先生与胡风相濡以沫，感情极深，胡风逝世之后，他极其悲痛，在追悼会上号啕大哭，不能自制。

但他仍直率地指出：胡风有忠君思想，并为此所累。因撰挽联云："焦大多嘴吃马粪，贾府多少有点人道主义；阿Q革命遭枪毙，民国原来是块假招牌。"后恐有所不便，又另撰一联云："因直而获罪可怜古今竟这么相似，今日祀忠魂时代毕竟不是老封建。"后来日本人译介这段史料，却将"贾府"注解为"贾植芳府上"，意思全弄拧了。——大概这位译者没有读过《红楼梦》，而且毕竟与中国文化隔了一层，不能领会其中微妙处。中国的事，还是中国人自己了解得深。近读胡风事件37人回忆录：《我与胡风》，其中绿原的文章就提到贾先生所说关于鲁迅的话，并引用了鲁迅《隔膜》一文中的片断："进言者方自以为在尽忠，而其实却犯了罪，因为另有准其讲这样的话的人在，不是谁都可说的。一乱说，便是'越俎代谋'，当然'罪有应得'。倘自以为是'忠而获咎'，那不过是自己的糊涂。"绿原接着感叹道：他在重读此文之后，这"才发现胡风和我们'糊涂'到什么地步，真是已经欲哭无泪了"。而贾先生早能看到这一层，正是他人生阅历的丰富使然。

原载吴中杰《海上学人》，广西师范大学出版社2005年版

五年来的思念

陈思和

贾植芳先生离开这个世界已经五年。但我常常觉得,先生并没有离开。因为,一个人的生命不仅仅依赖肉身而存在,人的生命可以依托于三个层面:第一层当然是寄植于人的肉体,这是最物质的层面,通常唯物论者相信,人活着,生命就存在,人死了,生命也就随肉身而消失;我是个唯物论者,我也从来不相信鬼神,但我还是认为,人的生命现象还远不止那么简单。一个人虽然死了,他生前认识的、有过交往的人,他的爱人、亲属、子女、朋友、后辈,亲疏不论,只要想起他来,音容笑貌历历在目,他的言论行为依然激励他人,怎么就能够判断他的生命已经不存在了呢?不是明明活在他人的记忆和思念中吗?这就是生命所依存的第二个层面,属于虚幻的、感情的层面。不过,人事总有代谢,当那些保存生命信息的记忆、思念的拥有者也陆续逝去,疏远的晚辈对他不再有回忆的时候,他也许就真正地消亡了,这是生命的再度消失。但是还有例外,那就是有一部分人的生命信息通过某些物质——文字、图像、声音等,通过某种有形或无形的遗产,还能够继续被保存。譬如说,我们没有见过鲁迅,也没有与他生活在同一时代,但是,我们通过读鲁迅的著作,看鲁迅的照片,通过他人关于鲁迅的回忆、研究、阐释……慢慢地,鲁迅在我们的心里活了起来,他经常在我们的念想、议论之中。也许我们心中认定的那个鲁迅,与真实的鲁迅毫无关系,与鲁迅亲友们的回忆中的鲁迅也没有关系,只是我们由己推人的模糊想象而已,但是鲁迅的生命信息依然是存在的。贾植芳先生也没有见过鲁迅,但他可以通过鲁迅亲炙者胡风、冯雪峰以及那个时代的信息,感受到鲁迅在他心里复活。即便如孔丘嬴政之流,只要他们的名字、思想、事迹还在我们的关注之中,他们的生命信息还是会存在于当代。这是生命所依存的第三层:它是依附于某些物质媒介传达到后世的一种信息,尽管这种信息可能是极其模糊的,但也可能因一人千形愈加丰富了。逝者的生命信息穿越时空,只要与另一个活着的生命相逢就有可能被激活,那是属于精神的层面。有时候,当我们走过墓园,望着无数墓碑上的名字、照片、碑文,我们会感受到某种生命信息的存在,精神的不朽是存在的。

由此想起古人所说的"三不朽"。我以前在纪念先生的文章里分析过"三不朽",那时候我仅仅是从一个人生前如何立德立功立言的关系上来认识,以为立德在于社会行为的表率性,立功在于岗位上的业绩,而立言仅仅是前两者的"注释"。但是当我把思考转向一个人死后的生命依托时,"不朽"的意义才真正地从三个层面显现出来——人活着的时候,生命价值通过人生行为(尤其是岗位上的工作)所达到的业绩来体现,是为立功(即"不朽"之基础);人在去世后,其生命依然保存在他人的记忆、思念中,是为立德(即"不朽"之可能);而时过境迁,后世人仍然从阅读逝者著作、感受逝者事迹中获得鼓舞,其生命信息依然与后世的无数生命相逢、交流和沟通,产生出模模糊糊但又极有启迪的效应,那是立言。立言是立功、立德的延伸,可以延续到不可知的未来世界,完成生命价值的最终"不朽"。而且,立言可以是生命主体之"言",也可以是他人、后世的人们对逝者的生命信息之所"言"。"立言"是一种集体性的行为,其容纳的生命信息愈多延续的时间也愈长,总体的生命能量会超过个体的生命信息,逝者的名字就成为一种集体性的符号。

我原先打算在贾植芳先生五周年忌日写一篇先生对我教诲的文章,但不知为什么,一敲键盘竟扯上生命不死的话题,也许,撇开这个词含有的"长生不死"的庸俗性,从纯粹精神层面来说,它还包含了生命信息从一个生命传递到另一生命的无限性,世界上没有永不腐朽的有机体生命,但是生命的繁殖本能抗衡了腐朽的宿命,生命不仅繁衍,而且在繁衍中延续、进化和变异,这种"传"的意义便是不朽;精神现象也是一样。世界上没有一种精神理想会永远不过时不腐朽,只有当精神理想被后世不断地阐释修正、并在实践中继承发扬,才会成为一种精神传统得以保存。我是1977年恢复高考后的第一批幸运者,但是我经常在想,假如我当时没有考入复旦大学,也许我在以后的三十年里有很多种人生道路可以尝试,可能成功也可能失败;假如我当年没有在中文系资料室遇到贾植芳教授,而是跟随了别的导师,那我也有可能走的是不同的道路。一切可能性都是存在的,但是传统还是制约个体生命的选择。

记得在先生九十诞辰的时候,复旦中文系办过一个祝寿会,会上章培恒先生说了一段话,至今记忆犹新。章先生一口绍兴话,"这个、这个"口音很重,现在根据他发言的整理稿,是这样说的:"我在古代文学研究方面,如果说能够有一点成绩的话,那么跟我的古代文学的两位老师蒋天枢先生和朱东润先生的教导固然是分不开的,跟贾先生的教导同样也是分不开的。贾先生所教给我的当然不是具体的研究中国古代文学的方法和路径,但是贾先生教给我研究中国文学的方法和路径。而这个研究中国文学的方法和路径,是体现在中国现代文学的研究里面,同时也是研究中国古代文学非常需要的。如果没有这样的一种指导,我当然还会做中国古代文学的研究,但是跟现在的情况可能会很不一样。——而这一种很不一样在我来看并不是我所希望的,我应该说,正是我所害怕的。"这段话出自章培恒先生的内心所感,我禁不住想进一步深究,章先生感到害怕的、因为有了贾先生这位名师才得以避免的,究竟是一种什么样的状态?章先生接着说下去:"我在古代文学研究里面,有人说我的功夫都是邪派武功——就是武侠小说里面的邪派武功。换句话说,在古代文学研究领域里面并不是正宗的,但是我觉得这个不正宗,实在是我很喜欢的,而这个不正宗也就是从贾先生的方法和路径里面所学到的。所以我想,贾先生对我的影响是一辈子的,既在做人方面也在做学问方面。"我体会这段话里两个关键词:一个是"不正宗",另一个是"做人"。而那种"不正宗"的做学问的方法和路径,恰恰是章先生为人所喜欢的,因为体现了他的人格的魅力;而所谓"正宗"的做学问的方法和路径，是在当下教育体制内大多数人都在平平稳稳走着的治学道路，却是章先生非但不为，反而感到"害怕"。这就是做学问和做人结合起来的一种研究方法和路径。那么，贾先生到底是教给了章先生什么独门秘籍？把这位学生时期就加入了地下党、1950年代初院系调整后身为学生就担任了复旦中文系第一任党支部书记、后来成长为名重士林的古代文学专家，变成了"邪派武功"的"高手"？章先生的学问之大之深，非我所能议论，章先生生前最后一本大书即他领衔完成的《中国文学史新著》（第二版增订本），是耗尽他最后心血的一部新意迭出的文学史，在这部"新著"里，他力图再现人性发展与文学发展的同步历史，强调文学内容的演进是通过文学形式的演进而体现出来，并且站在"五四"新文学的现代立场上重新审视、挑剔古代文学的精华与糟粕，批判了儒家正宗的伦理学说如何压抑人性的自由表达，而又大力推举人性如何冲破这种清规戒律，通过了"不正宗"的文学形式曲折表达了觉醒的信息，真是道高一尺魔高一丈，正宗的主流文学史以文学反映社会矛盾为标准，而这部被称为"石破天惊"的"新著"则高标人性的自由、感情的强烈为判断文学是否优秀的标准，突破古代文学史研究领域的瓶颈，完成了"重写文学史"的尝试。我想，章先生要说的"正宗"与"不正宗"，大约就是指这些在文学史研究领域里对主流的学术定论的大胆突破，另标新帜，在学术研究中体现出强烈的人性的力量。这种深得"五四"新文学的核心力量——从人性的视角来反观古代文学研究，是章先生与主流学派的分界线，而这种特立独行的反叛的批判精神，也许正是贾先生传授给章先生的最重要的人格的力量。

我们可以再看看贾先生的另外两位弟子，他们都是研究现代文学的专家，一位是曾华鹏教授，一位是范伯群教授，他们都是复旦大学1955年届的毕业生，那一年他们的老师因胡风冤案而罹难入狱，学生也受到牵连。但是他们两人在艰难的环境中坚持合作研究现代文学，从作家论开始，在"双百方针"临近尾声的1957年，竟然在《人民文学》发表了那个时候最有分量、也是"石破天惊"的《郁达夫论》，这篇长论与曾、范两位前辈后来合著的一系列现代作家论著作，构成了现代文学研究领域一道很特殊的"风景"。我在一篇文章里说过这件事：

"由于1955年政治风云的摧残,贾先生过早地被中断了学术生涯,但是他的教学思想却有他的学生继承和发扬,并在实践中融化在现代作家论的研究成果中。我们可以看到,在新民主主义文学史理论中,作家被经典化的过程是严格经过政治意识形态的过滤而确立起来的,所谓鲁、郭、茅、巴、老、曹加赵树理(早期还加上瞿秋白)的作家排名模式,就是典型的例证。但是贾植芳先生却给学生提供了另一个作家谱系,我听说,当时贾先生为四位学生布置了作家论的作业,要求他们每人写一本作家研究的专著,并且联系了出版社,准备一起推出。被指定的四本作家论,据说是冰心论、郁达夫论、王鲁彦论和朱自清论。我们可以从这两个不同的作家谱系的比较看出,贾植芳先生更加重视的是一些在文学史上有创作实绩的自由作家,而不是按照新民主主义革命地位的重要性来排名的经典模式。尤其可贵的是,王鲁彦作为乡土文学的重要作家,曾经一度受到胡风等左翼作家的轻视和误解。王鲁彦英年早逝,已经无力再站出来为自己辩护,而作为胡风朋友的贾植芳先生却一点也没有受到自己朋友的影响,他毫不掩饰自己对鲁彦乡土小说的喜爱和重视,指导学生去研究鲁彦,宣传鲁彦。假设一下,如果没有1955年那场残酷的文字狱,在1950年代中期学术界将整整齐齐地推出四种由年轻人书写的有学术分量的现代作家论,将是给学术界带来多大惊喜的收获!"这种局面在当时虽然没有出现,但经过两位学者在逆境中的努力,终于在1980年代,他们的作家论、鲁迅研究等著作喷薄而出,成为学术界一对引人瞩目的"双打冠军"。进而,范伯群先生在年近七十,被退休后独自漂泊到复旦大学,在章培恒先生主持的古代文学研究中心另辟径溪,展开了现代通俗文学的系统研究,终于在八十高龄的时候,他的研究成果得到学术界的高度关注,他的学术成果对于正宗的现代文学史的研究思路、框架结构及其内涵,都产生了巨大的解构意义。这又是一种"重写文学史"的实践。

  我不是故意把学生的学术成就完全归功于老师。事实上,作为教师的贾植芳先生因为罹难而无法完成对学生学业上的完整指导,但是他慧眼识英才,把优秀学生的才华充分调整到了一个火山口,接下来就让它自然地喷发了。而通往这个火山口的途径,恰恰不是具体的学术方法,而是将自己置身于现代文学的传统之流努力探索奋进的知识分子立场和精神,这种立场就是让自己从正宗的主流的传统规范中走出来,通过自己的独立思考,重新来审定自己的研究对象。所以,贾先生的做人道德和作文风格,都不是四平八稳、唯唯诺诺、在集体主义的传统中把自己很深地埋藏起来,而是相反,他的为人和文字里处处能够看得到傲骨在格嘣嘣地发出声响。在做人方面,他在漫长的人生岁月里相继成为民国政府、日本宪兵队以及共和国的囚犯;在文学方面,他学习鲁迅、追随胡风、崇拜尼采、服膺陀思妥耶夫斯基和契诃夫,至死不渝。在20世纪80年代初,思想解放运动尚未深入,知识分子在待人作文上还有许多顾虑。有一家刊物找人写一篇台湾诗人覃子豪的小传,找到了诗人当年的诗友贾芝先生,贾芝先生又把这个任务转交给贾植芳先生,植芳先生写了以后,文章转送到刊物编辑部,编辑误以为是贾芝先生写的,最后送到主编手里,那主编是贾氏兄弟的朋友,他一看就说,这篇稿子不像是贾芝风格,倒是像贾植芳的风格。显然那位主编太熟悉贾先生的风格了,文字背后总是有一种桀骜不驯的人格力量。这种力量,在正宗的主流传统看来只能说是"邪派武功"了。

  从大的方面来说,"五四"新文学运动本身就是一场先锋文学运动,是对两千年来占统治地位的儒学传统进行比较彻底的批判和清算,进而形成了以西学(后来又具体为马克思主义)为主导的新文化运动,与现代性的世界潮流接上了轨道。我们今天的人们已经很难理解当时新文学运动对传统所采取的决绝的决裂态度,如鲁迅,曾经公开号召青年人要少看、甚至不看中国书,这个话,现在用在哪儿都会遭到耻笑,但是只要上网看一看,在21世纪已经过了十三年,离《新青年》创办(1915年)已近百年的今天,竟然还有人鼓励学生着古衣冠行跪拜礼,据说这样可以来对抗全球化以及世风日下的社会,那你就不难理解当年先驱们要反传统所面临的艰难和绝望了。传统的生命就是要在自我的内在裂变中发展延续的,在这个意义上,20世纪第二个十年的那场先锋文学运动,正是担当了正宗传统的"邪派武功",成为它的批判者和重写者。而鲁迅的精神,正是这场先锋文艺运动的核心力量。

贾植芳先生对鲁迅的心仪是发自内心的,他与胡风的交往,缘于他对鲁迅为代表的新文化传统的倾心与向往。1937年初,在东京留学的21岁的贾植芳先生在书店里发现了上海生活书店出版的《工作与学习》丛刊的头两辑,从它的编辑风格、撰稿人员阵容中,他惊喜地发现,"这是一个坚持和发扬鲁迅的战斗文学传统的严肃文学刊物"。他凭直觉认定,鲁迅的生命在这个刊物里复活了。于是就向刊物投稿,他不知道这个刊物的实际主编是胡风,也不认识胡风,仅仅是出于对心中认定的鲁迅的信任,他就积极向胡风主编的刊物投稿,逐渐走上了文学创造的道路,成为文学史上称作"七月派"作家的一员。显然,贾植芳先生成为胡风的密友最初是出于对鲁迅的认同,而胡风作为鲁迅亲炙的弟子,也一定会向植芳先生讲述他心中的鲁迅,于是,鲁迅的生命再度、三度地复活于他们之间越来越深厚的友谊之中。但是在上世纪三四十年代的政治党派斗争中,鲁迅是被卷进去了,随着中共党内的权威们不断地关注鲁迅、利用鲁迅和诠释鲁迅,鲁迅在左翼政治派系中的地位越来越高,成了代表某种政治力量的符号。而在这个被符号化的过程中,胡风又渐渐地被边缘化,尤其是1942年《在延安文艺座谈会上的讲话》传到重庆以后,胡风的文艺思想和文艺理论,差不多也成了不正宗的"邪派武功"了。

"五四"新文学的传统一脉相传,差不多有了近百年的历史。到时候自然会有很多正宗的主流的权威出来写纪念文章,四平八稳,中规中矩,长江后浪推前浪。而一部百年历史对我来说,记住的是:反叛者秋瑾女士牺牲于1907年7月15日,鲁迅先生去世于1936年10月19日,胡风先生去世于1985年6月8日,贾植芳先生去世于2008年4月24日,章培恒先生去世于2011年6月7日,曾华鹏先生去世于2013年1月27日。这是一部文学史还是学术史?思想史?生命史?这并不重要,但是它在偏得中承传知识分子的理想火种,在"不正宗"的艰难道路上磨炼人格,在一代一代的牺牲与传承中获得永生。

2013年7月2日于鱼焦了斋

原载张业松编《思念集》,上海书店出版社2016年版

贾植芳与中国比较文学

严 锋

贾植芳,这是一个在中国知识界非常受尊敬的名字,贾先生活动贯穿漫长的中国现代史和广阔的文化政治领域:他是新文学作家、编辑家、文化活动家、抗日反蒋的革命战士、教育家、文学研究家,最后,与我们特别密切相关的是:比较文学家。最后这一点,在比较文学全球不景气的背景下,是我们广大比较文学工作者的荣幸与骄傲。

贾先生与比较文学的渊源可以一直追溯到1952年,那时候他是复旦大学教授,现代文学教研室主任,同时担任现代、外国、俄苏、写作等多门课的教学。贾先生既是中国现代文学的当事人,又通晓多种外语,精研俄、日文学,在讲课时常追根溯源,以异国文学相印证,令他当时的学生们耳目一新。1980年,贾先生平反,恢复名誉,那也是比较文学刚刚在中国获得平反,恢复名誉并走红的年代。1981年,国家教委委任他招收比较文学研究生和出国留学生,复旦大学由此成为我国首批拥有比较文学硕士学位授予权的单位。1986年,他被国务院学位委员会批准为中国现代文学博士生导师,研究方向是"20世纪中外文学关系史"。他是中国比较文学学会的首任副会长,也是上海比较文学学会的首任会长。

贾先生对中国比较文学研究的贡献首先在于对一些重要资料的收集和整理。他曾经说过:"一个国家、一个时代文化的发达与发展,资料工作是最基本也是最关键的工作。"这是一种为后来者栽苗植树的工作。20世纪80年代中期,贾先生主持国家"七五"重点社科项目《外来思潮和理论对中国现代文学的影响资料》,整理和编辑各种外来思潮和理论对中国现代文学的影响过程中的原始材料。全书共分"文选""大事记""书刊目录"三大部分,收录了1898至1937年中外文学关系史中的基本文献,包括外国社会科学思潮和理论评介文选、外国文学思潮、流派和理论评介文选、各国文学史、文学运动与作家评介文选等,是国内第一部较为全面和系统地整理中外文学关系史文献的大型资料书。该书凡数百万字,篇幅浩大,1985年完成交付出版社以后,几经周折,辗转于数个出版社之间,终于最后由2004年广西师范大学出版社推出,更名为《中外文学关系史资料汇编》。

贾先生对中国比较文学研究的另一杰出贡献在于对该领域研究者的培养与扶持。他是国内最早招收比较文学专业研究生的导师,并受教育部的委托培养出国留学生,同时还带国外高级进修生,目前在国际学术界享有盛誉的李欧梵先生、郁达夫研究专家铃木正夫先生、现代文学研究专家坂井洋史先生等都曾接受过他的悉心指导。

贾先生被委任于比较文学的学科建设之初,除了注重资料的整理工作之外,特别重视对中国比较文学研究的过去、现在和将来的梳理与探询。这方面的工作,有他的代表作《中国比较文学的过去,现在与将来》等。贾先生认为,早在20世纪初,以苏曼殊、王国维、鲁迅为代表的中国知识分子就十分注意中外文学的对比和互证,把文学的概念放到世界文学的范围上进行考察。到了"五四"前后,比较文学作为一种新鲜的治学方法广泛引起了中国作家和学者的注意。茅盾和郑振铎等人将比较研究的方法延伸到世界文学研究领域,对外国文学中不同国别和不同民族、不同时代的文学做了比较细致的比较研究。虽然当时这类文章的材料来源大都是国外有关研究资料,独创性不多,但作者们在引进国外研究成果、学术观点的同时,将国外的比较文学研究方法也引进来了,丰富了我国现代文学批评在方法论上的内容。这种回顾的工作不仅在于史料的钩沉,其意更在为中国比较文学研究者树立起一种自信:在中国土地上比较文学并不是一片废墟、一片空白,在我们前辈开拓者辛勤开垦的基业里,有一份并不菲薄的遗产。由于贾先生是他所研究对象的直接见证者,当事人,在他回顾中国比较文学历史的时候,所提到的许多前辈学者和作家,如范希衡、陈铨、林同济、傅东华等,都是他朋友或同事。这就使他的记述和回顾有着一种特殊的文化现场的意义。这种"目击者"的证人式的研究法是贾先生的独门暗器,也是历史和磨难赠予他的珍贵礼物。在这一方面,非常值得一提的还有《中国近现代留日学生与中国新文学运动》,这是贾先生结合自己亲身留学经历写就的研究论文,也是中国比较文学界公认的经典名篇。他以留日学生的生活、学习、心理状态、回国后的工作情况为切入点,考察了中日交往的这一页在中外文化和文学对话中的特殊意义。

贾先生指出,中国新文学从一开始就与留学生运动结下不解之缘,《新青年》的主要作家中,除胡适、刘半农等几人外,几乎都是留日学生。他们当中许多人原先在日本留学时,不是搞文艺的,都是在日本改变了生活道路,转向新文艺运动。他比较了留日学生和欧美留学生的异同,认为留美学生更具有一种"激进"的姿态。比起留学英美的学生来看,他们比较不保守,多吸取了与20世纪精神相通的现代哲学和文学思潮。对于形成这种差异的原因,贾先生以自己的亲身经历,进行了多方面的叙述和论证。例如,从外部环境来看,留英美学生的生活环境相对安宁富裕,所在国的政治也比较稳定成熟。而留日学生则不同,日本国本身没有给他们提供什么可行的样板。日本当时本身处在激烈的动荡改革中,它在留学生眼中是一个成功地学习了西方的榜样,至于学什么和如何学,对留学生来说还是模糊的。这就决定了留日学生回国以后,在政治上和文学上的态度,基本上是不稳定的。他们决是处于不断探索、不断否定自我、不断追求,不断接受一个比一个更新的思潮的阶段。从人生的磨炼上看,留日学生比留英美学生所走的心路历程和人生历程要坎坷得多,艰难得多。

在整理和总结历史的同时,贾先生坦率地指出,以往的中国比较文学较多地停留在方法论的运用上,始终没有形成过一门独立的学科。如何把中国比较文学建设成更具有中国民族特点的研究学派,从一开始就是贾先生关注的重点。他的这种工作更多地是围绕着中国现代文学研究的多元化展开的。一方面,他热心撰文向学界推荐海外汉学界研究中国现代文学的最新成果。先生指出一个长期为人们所忽略的现象,一些在中国传教办学的西欧天主教神职人员,如明兴礼(Jean Monsterleet)、布里埃(O. Briere)、文宝峰(P. Henri Van Boven)、善秉仁(Joseph Schyns)等,曾陆续向西方介绍中国现代文学。在这些介绍中包括作家作品介绍、评论及文学批评史等项,他们都应该被看作是外国学者研究中国现代文学的先声。另一方面贾先生也指出了海外汉学中的种种痼疾和片面性,尤其是政治化和西方化的倾向。在这样一种研究视点的多元化过程中,贾先生逐渐确立了"20世纪中外文学关系"这一研究方向的基本研究思路与研究精神。这种研究不是把中国现代文学仅仅看作是西方文学的翻版或被动接收者,而是把它放到一个更大的时空范围内进行全方位的考察。在《博采众花 以酿己蜜——〈中国现代文学研究译丛〉总序》里,他指出:"产生于世界无产阶级革命与民族民主革命运动风起云涌的年代的中国现代文学,一开始就具有重要的世界性意义。正像我国的古典文学曾对世界文学的总体构成产生过重大影响和做出了巨大贡献一样,我国的现代文学是世界现代文学总体构成中的一个重要组成部分。这不仅表现为它曾经以'拿来主义'的态度接受过马克思主义与其他外来思潮、理论和文学样式,同时还表现为它以辉煌的文学成就向全世界宣告了一个古老文明在文化上的新生。"[①]贾先生在这里提出了一个非常重要的命题:中国现代文学从一开始就并非单向地接收外国文学,它同时也是世界文学创造性的贡献者。中国现代文学的意义,只有放到世界文学的背景上,才能有更为全面的认识。这种研究领域的扩展,不仅体现在对国界、民族、文化的跨越,也体现为对历史的跨越。在《中国现代文学与传统文学》中,贾

---

① 《贾植芳文集(理论卷)》,上海社会科学出版社2004年版,第211页。

先生提出了一个创造性的观点：以往的比较文学研究重点是国与国之间文学关系的研究，我们应该把比较文学研究的范围进一步扩大，比较的方法不仅是在不同空间下有存在的意义，在不同的时间下也同样具有存在的意义。"在不同时间背景下的文学现象同样有比较的价值，我所指的是，在一种民族文化发展的不同时期所产生的文学作品，同样具有可比性。它可以说明许多问题：如民族文化自身发展变迁的状况，一个民族在不同历史环境下的精神特征等等。他们之间的异同，也许能够说明文化的凝聚力与它的开放性特征。这种比较研究的可行性如何，它在'比较文学'学科中具有什么样的地位和价值？这些问题将取决于我们在方法论的意义上对'比较'这个范畴做深入的理念探讨。"①

　　贾先生结合中国传统文化与中国新文学之间的关系问题，对这一命题进行了进一步的阐发。他认为两者的关系非常复杂微妙，既相互对立，相互排斥，又存在着千丝万缕的联系。他更进一步把这种历时性的关系放到共时性的世界背景下来考察。新文学初期反传统的中国知识分子，如同西方 20 世纪初的先锋派一样，要求破除一切文化传统的束缚与控制，可是双方的参照系并不一样。中国知识分子反传统依赖的思想武器和追求的新目标恰恰是西方先锋派知识分子所竭力要摆脱的西方传统的文化价值观念。这里存在着一个非常有意的时空错位。使问题更加复杂化的是，中国知识分子在广泛吸取西方外来文化时，也注意到与中国新文学几乎是同步发生的西方先锋派的某些文化思潮，而后者又是与中国古典文化精神有某种相似之处！那种追求人类精神发展过程中每一瞬间都充满着创新意义的精神状态，其实正应合了中国传统文化中的一个非常宝贵的思想：苟日新，日日新，又日新，尽管这种精神在中国历史的发展中常常处于遮蔽的状态。从这个角度来重新检视新文学发展过程中对传统文学既否定又肯定的双重倾向，以及在这引起倾向基础上形成的中国知识分子对待传统文化的两种态度，就能获得更加全面和深刻的认识。

---

① 《贾植芳文集（理论卷）》，第 237 页。

在这样一种共时性和历史性并举的视野下,中国现代文学、中国古典文学、西方文学这三者呈现出我中有你,你中有我的更为复杂的互动和相互包容的关系。从此关系中,贾先生从一个世界性的角度重新检视了传统文化的积极意义,这在人人争相"走向世界"的20世纪所做的"20世纪中外文学关系"研究,在复旦大学被陈思和、张业松、张新颖等后起的研究者所继承。陈思和老师所提出的"20世纪中国文学的世界性因素"这一命题,正是在他当年随贾先生做《外来思潮和理论对中国现代文学的影响资料》这一课题时开始萌芽,后来进一步不断发展完善。其核心含义为:一方面中国文学在20世纪被纳入世界格局,它的发展不能不受到世界性思潮的影响;另一方面,中国文学与世界的关系不可能完全是被动接受,它已经成为世界体系的一个单元,世界/中国的二元对立结构不再重要,中国与其他国家的文学在对等的地位上共同建构起"世界"文学的复杂模式。

很明显,陈思和老师的这一命题正是处在贾先生所开创的工程的延长线上,是对"20世纪中外文学关系"研究的进一步发展和深化。这种学术和知识血脉的承接和延续,是贾先生这样的老一辈知识分子最为珍视、倾注最大心血的工作,也是对他历经坎坷、艰辛与苦难的传奇人生的最大的回报和安慰。

原载刘贤彪、陆万胜、尹建民编《中国比较文学艰辛之路》,人民日报出版社2005年版

重读贾植芳《周作人新论》一文的感想

陈广宏

尽管贾植芳先生离开我们已经快一年了,但病榻上戴着氧气面罩倔强地与病魔搏斗着的先生的形象就在眼前。我想,凡是见过先生并有幸聆听他谈话的人,一定仍时常会在脑际浮现他那精力过人、充满睿智的音容笑貌,他已的的确确活在我们的心中。不久前随许多师友拜谒先生墓地时,我还一直在想,先生的魅力究竟在哪里?他那铁骨铮铮、力求把"人"字写端正的人格风范自不必说,那真正可以说是这位饱经沧桑的老人用自己顽强的生命与意志塑成的;除此之外,还有很多很多令人敬仰的品格、成就,比如作为一名五四新文化运动影响下成长起来的作家与翻译家,作为一名左翼文化人士致力于中国现代文学研究与教学的学者,他对于中国现代文学的巨大贡献,以及他在中国当代文学以及比较文学学科建设中的奠基与开创作用,他所培养的一代又一代优秀弟子和亲手建立起来的强劲学术队伍等等。而对我自己来说,体会最深的,还是他作为一名传道、授业、解惑的大学教师,对于广大青年学生真正倾注心力的无私关怀与指导,正如大家都熟知的,在他的住所,那可真称得上是"户外之履常满",这样会牵扯掉他多少精力与宝贵的时间啊,可他却来者不拒,无怨无悔,于谈笑风生中,以金针度人,也因而真正称得上是嘉惠后学的青年导师。

回想二十多年前,我尚在研究生学习阶段,那时,贾植芳的传奇经历早已在同学中广为传诵,而我的老师章培恒先生一谈到贾先生,又总是敬佩之情溢于言表,因而心中对先生充满了好奇。一次,终于有机会跟着我的同学——贾先生指导的比较文学专业的研究生吕胜去看望他老人家,他的话确实不易听懂,何况语速又快,印象中他讲了很多笑话,非常地平易近人。似乎也就在那一次,先生向我们推荐了英国学者卜立德(David E. Pollard)教授的著作《一个中国人的文学观——周作人的文艺思想》。由于这部著作为梳理周氏文艺思想的源流或历史语境,亦关注晚明公安、竟陵派与清代的桐城派,而我的硕士学位论文恰好与竟陵派作家研究相关,便不顾自己有无资质,立即着手翻译,这也是我第一次接触海外学者研究中国文学的论著。当时在吕胜的帮助下,虽然将这本书完整地译了出来——这期间每次去贾先生家,他总要问起该书的翻译情况,之后又一直关心该书的出版,但说来很惭愧,对于先生推荐此书的用意以及他在当时所从事的现当代文学研究的宏大格局却并无很深的了解。现在回过头来重读先生为该书所作的中译本序《周作人新论》与《贾植芳文集》中这一时期的理论文章,才渐渐有了一些领悟。

贾先生在平反复出后,以倍蓰于常人的精诚,投入中国现当代文学与比较文学等学科的恢复建设,做了大量开创性的工作。就现代文学而言,他始终所关注的,也正是他在1990年赴日访问讲演《六十年来中国现代文学史研究一瞥》中总结的三个层面的研究:"一类是史料学,着重于中国新文学资料的发现和考证,采访作家及对作家回忆、史料订正等;第二类是作家作品研究,是有关个别作家的评传、创作道路及重要作品的研究;第三类是文学史,是在广泛吸收上面两类研究成果的基础上,从文学史发展的角度来重新估定文学现象、创作思潮以及作家的品位、价值及其影响。"① 这些工作,除了反映在他所主持或参与编撰的《中国现代文学史资料汇编》《中国现代文学社团流派》《中国现代通俗文学文库》《中国现代文学的主潮》《中国现代文学总书目》等众多大型资料丛书与史著外,还反映在各种专题论文和为许多相关研究著作所作的序记中。在对整个现代文学研究有如此全局的构设与把握之同时,他很清楚在百废待兴的历史

---

① 贾植芳《贾植芳文集(理论卷)》,上海社会科学院出版社2004年版,第93页。

时期,能够很好地实现上述研究的关键是什么,那就是在改革开放的形势下,如何从解放思想着手,尽快拨乱反正,在学术领域排除极左思潮的干扰与影响。早在1984年为所编《中国现代文学作品选》作序时,他就已经指出:

> 我们首先想到的和必须坚持的一个原则,就是在生活和工作的实践中回到历史唯物主义的正路上来,尊重历史,面向实际,坚持实事求是的马克思主义学风,我们所要坚持的党性,必须与科学性相结合,它才会有生命力,才会真正认识和评价事物。我国现代文学是以党所领导的和影响的左翼文学和进步文学为主流的,这个历史实际无从否定,谁也否定不了,贬低不了,因为它是历史的真实。这就是中国现代文学史上的主心骨,它的"正宗"力量。但历史运动的内部是复杂的和丰富的,在中国现代文学的领域里,随着人们的政治态度和艺术观点的接近和迥异,又呈现出一派流派纷纭、风格各异的历史景象,对于那些"正宗"力量以外的"旁宗"或"正宗"内部的支流,对这类的作家作品,我们不能视而不见,或有意回避,甚至设置禁区,而是尊重史实,给以择要选用,给以应有的历史评价。既要从政治大处上着眼,又要注意艺术上的成就,二者不可偏废;既应顾及史的线索,又应注意面的完整,才能显示历史的全貌。①

这是他基于对真正的马克思主义的理解所阐明的文学史观,我们看到,在相当客观、辩证的叙述中,有非常鲜明的反拨长期以来僵化的教条与思维定势的立场、姿态,在当时不仅体现富于前瞻性的见识力,而且就先生刚刚复出的境况来说,仍需要非凡的勇气。在1989年发表于《文艺报》的谈话摘要中,他又将这样的思想表述为"从清理重灾区入手",继续呼吁在中国现当代文学史研究领域,亟须解决诸如文学史观的狭隘和偏颇,以及由文学史观的褊狭而带来的对具体作品、作家评价的失误等问题。②从这一指导思想出发,我们亦不难了解,对

---

① 贾植芳《贾植芳文集(理论卷)》,第20页。
② 贾植芳《从清理重灾区入手》,《贾植芳文集(理论卷)》,第74—76页。

于像周作人这样在思想与艺术道路及其影响上皆极为复杂的作家,应该如何处置,显然,在此类个案面前,"我们不能视而不见,或有意回避,甚至设置禁区,而是尊重史实……给予应有的历史评价",显得特别具有针对性。

有关周作人的研究,正如先生已了然在胸的,大陆学界于20世纪后期才开展的比较深入系统的工作,而在80年代中期,仅有李景彬《周作人评析》、舒芜《周作人概观》等论著出版。与此同时,钟叔河编印了《知堂书话》等,当他策划继续重印周作人一系列作品时,事情进展得并不顺利。①而先生在此际关注并推荐那部早在70年代出版的英国学者研究周作人的著作,除了具有一种冲破禁区、正视历史的自觉意识外,还应该与他所提倡的研究方法有关。复出后的先生于现代文学研究,一方面注意在总体上通过反思先前文学史观的褊狭,要求尽快填补文学史研究的空白与遗漏;在另一方面,对于具体的作家、作品,则亦始终要求以一种"严正的历史主义态度",深入其所处的历史环境,"从他的生活经历、生命追求、他所创造的文学世界"等诸多方面来加以考察、认识,还原"一个人的历史真实"。②而对于现代文学作家研究来说,落实这种历史主义态度的,大端即在于先生所考虑到的,"不仅要注意它和西方文化的联系,同时也应重视它和中国文化传统的联系"③。先生一直强调五四新文学本身是多元的,其接受西方文化的影响也是多元的。他自己即生长于这样的环境中,如章培恒先生常常跟我们说到的,贾先生自早年留学日本起,就接受了很多西方的思想与治学途径。因而他向来很注意在国际交流的学术视野下,展开中国文学的研究,并将之视作中国文学与世界总体文学相联系的一种观照:

> 我们研究中国文学和作家,不论古代还是现当代的中国文学和作家,我们还必须注意国外的研究成果和动向,做些必要的翻译介绍工作,为我

---

① 钟叔河《〈周作人散文编年全集〉编者前言(初稿)》,《鲁迅研究月刊》2003年第12期。
② 贾植芳《〈新月下的夜莺·徐志摩传〉序》《〈人格的发展·巴金传〉》,《贾植芳文集(理论卷)》,第127页。
③ 同上,第125页。

们的文学和学术研究打开一个新的窗户,这也是文化交流的一个环节,有利于开阔我们的视野。因为各国各民族的文学,本来是世界总体文学的一个部分或支流,早在五四前后,我们的前人,如苏曼殊、王国维、鲁迅、茅盾、郑振铎等,就把我国的文学现象和世界文学的发展情况联系起来加以认识和比较,研究和考察,国外研究中国文学,正像我们也研究外国文学一样。[①]

这也正是他着力重建比较文学学科的动因所在。正是从卜立德教授的著作中,先生看出其"将研究对象放在中国文学批评史的长河中,探察周氏的文艺思想"的视角之"新意",即通过运用西方现代语言学中词源学的方法,将周作人所谓"披着中国传统外衣"的重要文学观念、范畴,分别置于历史语境中作历时的梳理、辨析,由此"从一个较有深度的角度看到周作人与传统文学、文化、中国哲学思想、文艺思想的联系","使我们对周氏文艺思想的源流、发展与变异,他从哪里承接来这些词语,他又揉入了多少自己的东西,看得更加清楚";同时,身为英国人的卜立德教授又从自身的文学传统出发,对几乎成为定论的周作人受英国美文影响作出了不一样的解读,先生敏锐地觉察到,"这就提示我们一些现有国内研究所忽略的东西"。而或许更为重要的是,先生认为只有像论著这样深入到周作人某一时期具体文艺思想历史生成过程的真实考察,才真正可能"从一个角度看到五四先驱们后来的一种走向,以及他们自身所发生的剧烈变化"。[②]这种研究方法及学术视野,对于之前长期处于自我运作之封闭状态的大陆研究界,以及人们习惯于以论代史的实用主义研究来说,确实具有十分重要的借鉴意义。

由此一隅,我们不仅得以窥见贾植芳先生治现代文学的学识与眼界,而且也终于能够感受到他如何以自己所提倡的研究方法教示于人的良苦用心。

原载《东吴学术》2011 年第 4 期

[①] 贾植芳《瞿秋白对中国无产阶级文艺理论和文艺批评的开拓性贡献》,《贾植芳文集(理论卷)》,第 36 页。

[②] 贾植芳《周作人新论——〈一个中国人的文学观——周作人的文艺思想〉中译本序》,(英)卜立德《一个中国人的文学观——周作人的文艺思想》卷首,陈广宏译,复旦大学出版社 2001 年版,第 1—3 页。

在风雨咆哮的狱里狱外

陈鸣树

近年来,贾植芳教授在《新文学史料》上连续刊载了他的"生活回忆录":《在这个复杂的世界里》。它以其特殊的丰富内容,惊浪骇涛的社会生活,知识分子颠簸沉浮的不幸遭际,在风雨咆哮中为追求真理而不断抗争所显露的人性闪光,赢得了读者热烈的关注和广泛的好评。人们渴望读到它的单行本。收入"火凤凰文库"的《狱里狱外》,便是这一回忆录率先奉献的结集。

作者出身豪门望族,他的从商的伯父曾愿意每年资助一千五百银元,送他出国留学,学医或者商业管理,归国以后,克绍其裘,成为开业的名医或有知识的企业家,这不但在当时,是为一般老百姓所羡慕的人上人的生活,至今仍是一般清贫的知识分子仰望的美好前途。书中曾透露一个消息,便可以说明他伯父的富有,他伯父曾以一千元银洋和五十两鸦片烟把他从监狱中保了出来。然而作者却背离了公子哥儿那样的生活,选择了爱国救亡九死无悔的献身道路。于是,厄运伴随着他青春便降临到他的身上,几乎终其一生。

作者是受到"五四"洗礼的一代,在接受文化的同时也接受了改造新时代的信念。因此,他甚至主观上无意成为一位作家、学者或教授。他在一篇《且说说我自己》的文章中说:"说我是一个作家或译家,那差得很远;作为一个学问家,更不够格。我赞同梁漱溟先生在《自述》里的自我评价:'我不是学问中人,我是社会中人。'我只是个浪迹江湖,努力实现自我人生价值和尽到自己的社会责任,在'五四'精神培育下走上人生道路的知识分子。"惟其如此,作者由于客观上为进步事业奉献出了大好时光,因而显得并不多产的译文和作品,却显示了他的特殊价值。他曾经获得了到日本留学的机会,然而所选择的课程既非医学、也非经济,而是中国社会史。后来,他在极艰困的条件下著作了《近代中国社会经济》一书,翻译了恩格斯的《住宅问题》,以及为胡风所欣赏的收入《七月文丛》中的小说《人生赋》等。然而,即使用笔,在中国要实现"五四"精神也几乎要付出血的代价。风雨咆哮,厄运终于降临到了这个十八岁的青年的头上。

作者在旧中国,为了民主救亡,坐了三次牢;在新中国,为了胡风冤案,被判处了十年徒刑,出狱后长期监督劳动,被打入另册。用他自嘲的话来说:"贾先生"的名称从此在世界上消失了二十五年。可见他肉体和精神受到了何等的煎熬。明乎此,便知道这本书为什么称为《狱里狱外》。

说《狱里狱外》,其实书中写狱中所受的折磨不多。作者大都写出狱以后的苦斗经历或在狱中的沉思,思索自己的人生道路。但作为一个正直的知识分子,字里行间,常常闪烁出感人的真理光芒。例如第三次出狱时,作者却不避告发,回头对一个看守说:"你看管了我半年多,我有句话对你说。你看作是人话,你就听;要是你认为不好,就当我是放屁!你年纪轻轻,这碗饭不是人吃的,你找点别的事干干,换碗饭吃吧。"这番真诚的劝勉终于感动了这个看守。在这里,我觉得颇能看出贾先生的精神风貌。使人想起鲁迅小说《药》里夏瑜在牢中对狱卒的谆谆教育。中国进步的知识分子,即使自己在遭受苦难的时刻,也念念不忘唤醒众生的那种启蒙主义的信念,着实使人感动。

可是,就是这样一位正直的全力贡献于社会的知识分子,却被自己人的手,无情地投入了胡风案的冤狱。新中国成立,作者曾经出自由衷的兴奋欢迎全国的解放,书中叙述了他担任复旦大学教授等经历,但是,由于深层的历史原因,好景不长,本该是冬去春来,泽及万物,却"乍暖还寒"。作者分析它的原因:"一方面是时代的大变革,鼓舞起人们为它献身的热情;但另一方面又时时有一种被不信任以至被出卖的阴影笼罩着。"于是,"这种悲剧与冲突,终将用残酷迫害的形式爆发出来"。由"思想改造"到胡风冤案,成为中国当代政治思想史的重要篇章。

书中对作者被捕前有一段十分精彩的描写,即与陈其五的对话,作者敢于义正词严地斥责对方所加的莫须有的罪状,充分表现了贾先生的铮铮铁骨。严峻的现实迫使作者转入了痛苦的抒情沉思。我们不能不引用一段:

> 哦,监狱,我从此第四次地进入了这个吃饭不要钱的地方了。对我说来,这是轻车熟路。但这次与以往不同,它使我迷惑不解:怎么我在人民政权眼里,竟和在国民党和日伪内外反动派的眼里是一个"东西"呢?是悲剧、闹剧,还是荒诞派戏剧?我想,不管在我生前还是死后,历史会正确地回答这个问题的。因此,愤懑之余,又觉得很坦然了。

但是,在风雨咆哮之际,历史上不乏出卖灵魂的乖角儿,为了保全自己,乘人之危,落井下石,迎合上意,以德报怨……作者以无可辩驳的论证,说明有人提供的所谓"胡风反党材料"的《按语》原来都是断章取义,罗炽伪造,应该属于诬陷罪的。但是,历史上的乖角儿终究不免使自己的良知留下永恒的缺陷。就这个意义上来说,《狱里狱外》不是一般的回忆录,它反映了大时代里的阴影,成为永远引为殷鉴的文献。

作者在扉页中说:

> 我在这个世界的追求、爱憎、信念以及种种个人遭遇,都可以作为历史的见证,为青年及后代提供一些比正史、官书更加丰富和实在的东西。

作者呼吁:"我们这一代吃文化饭的人,如果都潜下心来,写一本直面历史的真实的个人回忆录,对历史来说,实在是功莫大焉。"这样的书都必是传世之作。

本书中涉及作者的夫人——任敏师母,以及她的附录,更增加了它的历史感,这对风雨咆哮中翱翔的同命鸟,都以自己坚毅和勇气赢得了人们的尊敬。

作者说:"我在这个世界上活了八十多年了,眼看要进火葬场了,可以自我告慰的是,在上帝给我铺设的坑坑洼洼的生活道路上,我总算活得还像一个人。"是的,这对风雨中的同命鸟,在历经磨难的知识分子中,终于以自己的信念和行动,书写了一个大写的"人"字。

原载《书城》1995年第6期

活出来的真正知识分子
——章培恒、范伯群、曾华鹏、严绍璗等学者忆贾植芳

李　楠（采访整理）

2008年4月24日傍晚，贾植芳先生走了。从他离开人世那天算起，至今已经过去两个多月。其间，国内外学者文人写了不少悼念文章，来寄托哀思。我受复旦大学中文系委托，采访了章培恒、范伯群、曾华鹏、孙郁、严绍璗、高旭东等国内著名学者，本文内容均为他们所提供的口述材料，我只是尽力梳理、加以整合。

人格本身散发的光芒

接受采访的学者都把感佩贾先生的高尚品质作为第一要义。他们大都用亲身经历和真实感悟，表达出贾先生的人格光辉。

章培恒、范伯群、曾华鹏三位是贾先生早期的学生。1952年全国高校院系调整，震旦大学并入复旦，贾植芳先生调入复旦大学中文系，做了复旦的教授。这一年，章培恒等成为贾先生的学生。勤奋上进的学生与热情真诚的老师很快建立起深厚的友谊，教学相长，其乐融融，快乐的日子转眼间过去。1955年，祸从天降，贾先生作为"胡风集团骨干分子"被捕入狱。据范伯群回忆说："5月15日那天早上，贾先生突然被复旦的汽车送到市教育局'开会'，从此再也没有回

来。等我们师生再重逢的时候,时间已经过去了整整二十五年,是1980年在黄山召开的现代文学研究会上了。"

曾华鹏、章培恒、范伯群三位学者也受到审查和处理。已经留在复旦中文系工作的章培恒被开除党籍后调至图书馆任职,范伯群、曾华鹏原已确定留校做助教的分配方案遭到撤销,分别被派遣到南通中学和扬州财经学校工作。造成这种严酷事实的根源,仿佛是学生受到老师的牵连,但三位学者至今从未有过一丝埋怨的情绪,并始终如一地热爱着自己的老师。正像范伯群说的那样:"虽然吃了不少苦,这辈子做过贾先生的学生,值啊!"

采访曾华鹏时,他说出了贾先生受到学生拥戴的原因所在:"先生对我的影响最大的是他的人格。他身上的凛然的正气,刚直的性格,博大的胸怀,都是我学习的榜样。五十多年前我们在复旦读书的时候,先生的课是很受欢迎的。他讲鲁迅作品,讲俄国文学,总是充满感情。他义正辞严地抨击作品中揭露的丑恶现象,热情地赞扬美好的东西。虽然他的山西口音让我们不一定能听清楚每一句话,但这种爱憎分明的感情却深深地感染了我们。在课外我们同他接触,他评判现实生活中的人和事,也强烈表达出自己的爱憎。他特别憎恶那些庸俗、虚伪的小市民习气,特别鄙视种种奴颜媚骨和权势官腔。这些当时都深深影响着我们这些年轻的学生。'横眉冷对千夫指,俯首甘为孺子牛',先生身上所体现的这种精神长期教育着我们,影响着我们。"

范伯群和曾华鹏还给我讲述了发生在贾植芳先生身上的真实故事。范伯群说:写贾先生人生经历的文章很多,其中常提到贾先生的一个习惯,即每次挨批斗后要吃大排或大块肉来犒劳自己,以示他的乐观。其实,这种叙述还不够全面。除了挨斗后的"自我犒劳",还有国庆节的"自我狂欢":贾先生在复旦印刷厂顶着"反革命"帽子监督劳动期间,每月生活费只有30元,还要给远在山西农村做农民的妻子寄去10元。即使这样,每逢国庆节,先生也都到五角场去买一点儿猪头肉、二两五的"小炮仗"(地瓜干酒)、一碗阳春面,来庆祝祖国的生日。"小炮仗"是最便宜的劣质酒,喝完之后头痛欲裂,用先生的话说,就是"痛得帽子要飞起来"。但他还要喝,不是为了自己,是为了新中国的诞生。他想,虽然自己被剥夺了庆祝祖国生日的权力,但他是真心爱这个国家的呀,打心眼儿里盼着国家真正强大起来,走上真正的人民当家做主的民主道路。

范伯群和曾华鹏还提到贾先生与工人朋友交往的佚事:1980年代的一天,贾先生在路上被一位骑自行车的青年工人撞断了腿骨。肇事者把先生送到了医院治疗,后来听说他是复旦的老教授就害怕起来,先生反倒安慰他说:"你不要怕,我有公费医疗。你把我送到医院而不是自己逃跑,就说明你的品质很好,我不会为难你的。"工人被先生感动了,后来成为先生一家人的好朋友。有一次发生小地震,他在第一时间跑来帮先生转移到安全地方。贾师母下葬时,这位工人朋友也在场。先生刚刚恢复自由时,住在复旦南面一个办公楼的小阁楼上,邻居是位工人师傅,两家相处极好。工人师傅的儿子当时才四五岁,甚至常把贾先生的家当成自己的家,指使贾师母为他做饭等,他们都照做不误。那位工人师傅后来就像他们一家人一样,口口声声称呼贾先生"爸爸"。

这次采访中,范伯群和曾华鹏讲述了贾先生夫妻的"神话故事":贾先生与任敏师母相识于风雨飘摇的抗战期间,自从嫁给贾先生,师母经历了贫穷、流浪、逃亡、坐牢,包括流放青海、解除公职、回乡务农等一连串的人生灾难。1963年秋天,当她结束青海监狱关押和流放生活,面临重新选择的时候,却毅然做出决定,回贾先生山西老家等他出狱,为他的父母养老送终。这一去就是18年,师母当了18年的山西农民。曾华鹏动情地说:"先生和师母的深挚情义感动了许多人。任敏师母同先生几十年历尽人生风雨,始终患难与共,相濡以沫,即使在最艰苦的岁月里也无怨无悔。她一直成为先生生活的依靠,精神的支柱。师母到了晚年重病卧床多年,先生全心全意予以照顾。当我们这些学生看到这位八十多岁的老人还亲自手持汤匙给师母喂汤喂水时,没有一个不动容的。"

孙郁透过文章的字里行间,看到了贾先生如何对待曾经站在另一个文化阵营里的"敌人"的。孙郁说:"读贾先生的文章,知道他对人赤诚、宽厚,比如对待邵洵美。邵洵美属于绅士派,不喜欢文学'受难者',不喜欢鲁迅,也不喜欢胡风。贾先生属于胡风麾下的'七月派',理所当然不在邵洵美待见的'文化谱系'中。因为鲁迅文章的缘故,建国以后邵洵美在人们心中的形象一直不好。后来,两个曾经是不同'战线'的作家被关在同一个牢房里,历史开了个大玩笑,但贾先生善待邵洵美,并履行了邵的嘱托,出狱后写文章为他澄清历史事实。这篇文章的题目是《我的难友邵洵美》。"邵洵美在狱中得了严重的浮肿病,对自己出狱的希望感到渺茫,他郑重地对贾先生说:"我有两件事,你一定要写一篇文章,替我说几句话,那我就死而瞑目了。"第一件是1933年英国作家萧伯纳来上海访问,负责接待工作并付账的是邵洵美,但当年所有大小报纸的新闻报道中,都没有提及他的名字。邵洵美希望贾先生"出去"后能写文章为他纠正记载上的"失误"。第二件事牵涉到鲁迅。邵洵美说:"我的诗歌写得不好,但实实在在是我自己写的。鲁迅先生在文章中说我是'捐班诗人',是花钱雇人代写的,这真是天大的误会。我敬佩鲁迅先生,但对他轻信流言又感到遗憾!这点也拜托你代为说明一下才好。"[1]贾先生一诺千金,写文章替邵说清了这两件事。

孙郁从贾先生对待邵洵美的态度,感受到他的大度和仁厚;又从其对待朋友的情谊,体会贾先生做人的风骨。孙郁说:"贾先生对胡风尽了朋友的忠诚,从不世故。"关于贾先生和胡风的关系,范伯群、高旭东的表达与孙郁是一致的。范伯群用贾先生两次被捕时的表现证明贾先生的正直:"1947年9月,贾先生被国民党中统局特务逮捕,特务们让他带路去抓胡风,或将胡风住址告诉他们作为释放的条件,被他断然拒绝。[2]1955年被捕后,审讯人员多次要他检举胡风,说是'立功赎罪'。贾先生坚持说:'胡风和我是朋友,我们是写文章的朋友,患难的朋友。胡风以前对我很有帮助,我看不出他有什么问题。'"贾先生宁可把牢底坐穿,也决不出卖朋友,不用朋友的血来换取自己的"自由"。

贾先生无论是对国家、对人民,还是对朋友、对妻子,都付出了真爱。高旭

---

[1] 贾植芳《我的难友邵洵美》,载《上海滩》1989年第5期。
[2] 贾植芳《我与胡风先生的交游史》,收入《老人老事》,大象出版社2002年版。

东说,"贾先生是一位富有人格魅力的知识分子"。

立足实证,重视理论,贯注独立思考的治学方法

章培恒把他今天取得的学术成就,归功于当年的三位老师。他在复旦中文系求学时期给予他教育和影响最大、最深的是贾植芳先生和朱东润先生。他认为两位老先生的治学方法有共同之处,都注重独立思考、重视史料和现代的文学观念,贾先生还特别强调马克思主义理论的指导作用。

章培恒说:"贾先生教育我们要认识现代文学,必须从读原著入手,从读鲁迅入手。他反复强调鲁迅,也强调与鲁迅接近的人,如冯雪峰等。"范伯群和曾华鹏讲述了贾先生在史料方面对学生的要求。他们说:"贾先生是我们的恩师,不是说他是我们的启蒙老师,但他是让我们在学术上'开窍'的老师,手把手教我们做学问的老师。贾先生与我们和施昌东确定的毕业论文题目分别是'王鲁彦''郁达夫'和'朱自清'。他要求我们必须先把作家的作品原著从第一篇读到最后一篇,然后去图书馆查阅报纸和杂志,发现新资料,还要求去采访作家的家属"。这些作业成为新中国最早的一批作家论的研究成果。1957年,当《郁达夫论》在《人民文学》发表时,编者在《后记》里说:"作家论是我们盼望已久的。"由于众所周知的政治原因,直到1980年,他们的另一篇毕业论文才得以出版,这就是他们的第一本专著《王鲁彦论》。"从史料出发"的要求,使他们从一开始就踏上了做学问的正路,奠定了范、曾两位一生研究现代文学的学术基础。

范伯群在通俗文学研究领域取得的成绩令人瞩目。每当人们向范老师表达敬仰之情时,他总是说:"我研究通俗文学与贾先生当年的指导是分不开的。贾先生从来就认为通俗文学研究很有意义,尤其在表现社会生活方面较纯文学更具优势。"贾先生的这些观点并非空穴来风,而是来自他对于通俗文学资料的把握。他告诉范伯群,有一个叫周天籁的作家在1940年代的小报上连载一篇小说,风靡上海滩,男女老少争相购报阅读,这篇小说就是《亭子间嫂嫂》。为寻

觅这本遗失的小说,贾先生找了许多地方,最后在上海旧书店的书库里找到,而书库的目录上根本就没有这本书的记录。贾先生把这本书推荐出版,编入了当时很有影响的一套丛书《海派文学长廊》,出版后产生较大的影响。这本书对范伯群认识 1940 年代通俗文学整体面貌起到重要作用。在《中国近现代通俗文学史》中,范伯群称《亭子间嫂嫂》是"海派倡门压卷之作"。范伯群还说:"我每取得一点儿成绩,先生就会及时地给予鼓励。当年,《中国近现代通俗文学作家评传丛书》出版后,贾先生在《新民晚报》(1995 年 5 月 10 日)上发表评介文章《一项开创性的学术工程》,接着又在《人民日报》(1995 年 8 月 3 日)发表题为《开掘通俗文学的研究宝库》的文章,予以推荐。1999 年《中国近现代通俗文学史》作为国家'七五'重点项目完成并且出版,贾先生在序言《反思的历史 历史的反思》中做出高度评价,指出此书出版的意义'不仅在于填补了中国近现代文学史上的空白,它还完善了文学史研究的科学体系,更新了文学史研究领域中的某些观念,改变了现代文学史的编写格局。'"

孙郁对贾先生在中国现代文学资料建设方面所做的贡献也给予总结:"'文革'结束,贾先生刚被"解放"回到复旦中文系,就参与编辑大型丛书《中国现代文学史资料汇编》,主编其中的《文学研究会资料》和《外来思潮流派理论在中国现代文学史上的影响》两套资料书系;同时还参与发起主编《中国当代文学研究资料丛书》,负责主编其中的《赵树理专集》《巴金专集》和《闻捷专集》。1980 年代中期主编过《巴金写作生涯》和《巴金作品评论集》,后来又主编出版《中国现代文学词典》和《中国现代文学社团流派》。1990 年代主编《中国现代文学的主潮》和《中国现代文学总书目》。在梳理贾先生这些学术成绩后,孙郁说:"贾先生给我们留下这么多重要的资料,为中国现代文学研究界和复旦大学现当代文学研究学科建设作出了很大贡献。"

章培恒和骆玉明主编的《中国文学史新著》得到中国古代文学和中国现代文学学界的赞誉。当我问起这部"新著"的写作时,章培恒说:"关于我主编的《中国文学史新著》的写作思想与贾先生和朱东润先生当年的指导是分不开的:

以马克思主义理论为指导,这是贾先生一直强调的;至于将古代文学、现代文学串起来研究,这是朱东润先生的思想,当然,也受益于贾先生中外文学同时关照的开阔的学术视野。而我对于现代文学的知识是从贾先生那儿学到的。运用马克思主义理论、把古代文学和现代文学联系起来研究,写出这样一部中国文学史,如果没有当年贾先生和朱先生对我的教育,我做不到这一点。"章培恒进一步谈到复旦中文系的学术传统,他说:"把贾先生和朱先生的治学思想结合在一起,就是我们复旦中文系的文学研究的学术传统。可以表述为:重视史料、重视整体研究。在整体之下通向具体研究,从具体再向整体发展。"

除了重视史料、理论指导之外,章培恒、范伯群、曾华鹏还特别强调贾植芳先生在治学方法上给予他们的最重要的教育:必须坚持独立思考,决不盲从。曾华鹏说:"1950年代初,我们在大学中文系读书时,当时很多人在认识上有一个误区,那就是文艺为工农兵服务就是以普及为主,似乎只要有快板、鼓词、故事、小演唱等等,就有了社会主义文艺。有的作家致力于写鼓词,有的老师在课堂上念快板,中文系学生阅读和写作的注意力也都在这些方面。这种认识大大限制了我们的学术视野,把眼界放低了。"贾先生没有追赶这时代潮流,给他们开了"现代文学作品""俄国文学""外国文学"等课程,引导他们分析鲁迅的小说,为他们讲述了从普希金、莱蒙托夫、果戈理、托尔斯泰、屠格涅夫到契诃夫等俄国作家的作品;至于对这些作家的评论,当时还很少有中译本,他就根据英文、日文本为学生现场翻译介绍了别林斯基、车尔尼雪夫斯基、杜勃罗留波夫等文艺理论家对这些俄国作家的精彩评论。后来先生又为他们讲授了歌德、莎士比亚、塞万提斯等。曾华鹏说:"先生为我们开启了一个窥望世界文学的大门,我们眼前展现出一个非常广阔的文学世界,我们看到了一座座世界文学的高峰,领略了人类最优秀的文学成果。"

关于"独立思考"方面,章培恒谈道:"贾先生在讲马克思主义理论时,用的是外文原著,而不是当时流行的宣传小册子。他告诉我们,要从马克思和恩格斯的原著中领会思想,要学会独立思考,不要人云亦云,不要盲目跟时髦。"贾先生对学生们提出的要求是:"读文学作品原著时,要用马克思主义理论分析,而不是按照当时流行的观点去研究新文学。"

　　章培恒、范伯群、曾华鹏都提到贾先生重视苏俄的文学理论,尤其重视俄国革命民主主义作家和理论家别林斯基、车尔尼雪夫斯基、杜勃罗留波夫的文艺理论,还很重视车尔尼雪夫斯基的小说。章培恒介绍了当时贾先生给学生讲解这些苏俄文艺理论时的情况,更有力地印证了贾先生坚持独立思考的学术立场:"贾先生从他们的理论和创作中,让我们一方面了解现实主义文学理论,同时也让我们了解人生的问题。我后来读《神圣家族》,发现车尔尼雪夫斯基的长篇小说《怎么办》跟马克思和恩格斯的重视个人的思想是一致的。"贾先生当年向他们介绍苏联文艺理论时,非常重视苏俄文艺理论中重视人性的那部分理论,这样的讲解显然不符合1950年代中国极力张扬苏联文艺理论中强调政治性、现实性文艺政策的一面。贾先生通过介绍这部分苏俄文艺理论,来对抗当时国内"左"的主流文艺思潮,从而使学生扩大了视野。对于当时流行的"左"的文艺批评,贾先生常说一句很有意思的话:"作家写的是垂杨柳,批评家批评他为什么不写黄花鱼。"章培恒至今记得:"苏联的'解冻文学'在贾先生被捕之前就已经开始了,我最早看到爱伦堡的《解冻》(当时叫《融雪天》)就是在贾先生家看到的。"贾先生的教导培养了章培恒、范伯群、曾华鹏尊重理性、独立思考、重视理论、立足于实证、决不盲从的学术品格。这为他们以后的学术研究带来很大的好处,但由于那个特殊的年代,也使他们过早地经历了人生的坎坷。

多元文化整合的学术思想

　　严绍璗接受采访时说:"中国比较文学在1970年代末、1980年代初'复兴'的标志是:北大和复旦于1981年同时招收国内第一批比较文学硕士生。北大领军人物是英文系的杨周翰先生,复旦是中文系的贾植芳先生,这是两面旗帜。现在活跃于国内比较文学研究界的中坚力量,大都是在他们的感召下成长起来的。"

他一再赞叹贾先生学术思想的前瞻性和先锋性,他说:"贾先生经历那么多苦难,但学术思想一直很前沿。1980年代初,比较文学刚刚开始,贾先生谈起来好像很多年前就思考过、关注过比较文学。"其实,应该说贾先生在1950年代初,给章培恒、范伯群、曾华鹏们上课时,就已经渗透着当下比较文学学科倡扬的学术思想。

范伯群对于当年上课时的情景历历在目:"每次贾先生来上课,都带着一大堆书,都是英文、日文原版书。当讲到某位中国现当代作家或者作品时,不仅介绍他们在国内的文学史地位,还介绍国外的评价。贾先生常常拿出原版英文或日文的学术论文和论著,念上一段,然后再翻译给我们听。贾先生的朋友很多,能够搜集到海内外最新的学术资料,把握国内外关于中国现代文学研究的最前沿的学术动态。"曾华鹏也讲述了贾先生上课的情形:"这样的授课,大大开阔了我们的眼界,将学术研究放在整个世界文学的背景下考察,给研究对象以比较准确的定位。先生的教诲影响我们一生。"现在看来,这就是比较文学的思路。

高旭东认为,贾先生是名副其实的中国比较文学学科的先行者。他说:"在比较文学领域,贾先生是真正的前辈,我们后人很难企及。他集创作、翻译、学术研究于一身,拥有深厚的古代文学、外国文学根基,还熟练掌握英文、日文两门外语,具备完整的比较文学研究的知识结构。""比较文学是跨学科、跨文化、跨国家的'三跨'学科,我觉得最重要的是国与国文学之间的影响,这是这个学科诞生时的质的规定性。贾先生对于中国文学与外国文学关系的学科构架,很早就提出过导引性的大问题。"

严绍璗详细分析和论述了贾先生的学术思想和对于比较文学的开拓性贡献。他认为,贾先生在比较文学研究的关键问题上发人先声。他关于中国现代文学的论述、关于外国文学的论述,其中都贯彻着跨文化的宏大视野,而且还有不少属于比较文学"本体论"的论述。

严绍璗说:近几年,随着比较文学研究的深入,我们终于明白了比较文学的真正含义。比较文学是从国民文学、民族文学推进到跨文化、跨国度,进而多元化的文学研究学科。贾先生很早就有这种观点。他在1984年"江苏第二届瞿秋白学术讨论会上"的讲话中,谈道:"国外学者研究中国文学,与我们站在本国研究中国文学相比,有着不同的角度和方法、理解与认识。一般说来,由于他们有着一般西方文学或本国文学的传统素养以及作者自己的社会实践,他们在研究中国现代文学时,比较注意中西文学的比较文学研究,或本国文学与中国文学的比较研究。换言之,他们一般总是以先入为主的西方文学或本国文学的眼光,来认识和评价中国现代文学。且不说那些专门研究中国文学与外来影响的专著专论,即使是一般中国文学的研究,也常常自然地注意到西方文学或本国文学的比较。这无论在方法上或角度上,以至材料运用上,都能给我们以一定的启发和借鉴。"①这段论述道出比较文学研究的重要观点:"阐释背后的文化语境不同。"

关于中国比较文学学术史的问题,严绍璗认为,贾先生同样是"很前卫":我们至今还没有一部中国比较文学史,而贾先生注重中国自身比较文学学术的发展。1980年代比较文学学科刚刚"诞生"的时候,许多人都认为这是一件"新生事物"。贾先生在《范译〈中国孤儿〉序》中介绍了比较文学在中国的发展:"早在'五四'新文化运动早期,即1920年,我们就通过译介日本学者本间久雄《新文学概论》,输入了这一名词,并介绍了两部主要的比较文学理论著作波斯奈特的《比较文学》(1886)、洛里哀的《比较文学史》(1904)的内容;翌年,我国学者吴宓著文介绍了这一学派的要点。""故友范希衡先生早岁负笈欧陆,就学于比利时鲁文大学,专攻法国古代、近代文学及比较文学。1932年,以15万言的比较文学性质的论文《伏尔泰与纪君祥——对〈中国孤儿〉的研究》,获得鲁文大学的博士学位。""从我国比较文学发展史的角度看,如果说,范先生1932年在鲁文大

---

① 贾植芳《瞿秋白对中国无产阶级文艺理论和文艺批评的开拓性贡献》,载《江海学刊》1985年第4期。

学的博士学位论文《伏尔泰与纪君祥——对〈中国孤儿〉的研究》,算是中国学者首次在欧洲用欧洲文字对中外文学影响和贡献做了实践性的探讨努力,为中国比较文学事业的发展作出了自己独特的贡献;那么,这篇完稿于1965年现在才作为遗作得到发表的《译序》①,则应该是范先生对历经劫难又重新崛起的我国比较文学研究事业的一个崭新的高质量的贡献。"②严绍璗强调:"读了贾先生的文章才知道自己曾经的无知,懂得了比较文学在中国不仅早已有之,而且前辈学者已经为这个学科作出过突出贡献。"

严绍璗谈到贾先生的现代文学研究时说:贾先生关于中国现代文学的研究,同样贯穿着"比较文学"的学术思想。比如,在谈到现代都市小说时,贾先生认为"在1920年代末期至1930年代中期,出现了一个从事现代都市小说创作的作家群"。这些作家"外文好,中国古典文学的底子又厚,可谓学贯中西,博古通今,每个人身兼几职,有几副笔墨,又搞外国文学翻译,又搞中国文学创作,又搞学术研究,又办杂志,又开书店"③。因此,要研究这样一群作家和作品,就必须具有"古今中外文化涵养"。

严绍璗的结论是,贾先生无论是研究现代文学,还是比较文学,始终都坚持自己的学术思想,贯穿着整合多元文化、用世界性眼光观照的学术理念。这是贾先生几十年来的学术自觉意识,而不是有意去迎合比较文学这个看似年轻的学科。严绍璗说,贾先生的比较文学学术定位一开始就抵达本质,契合了比较文学作为文学本体论的精神。接着,他又把贾先生1996年6月赴台北参加"百年来中国文学学术研讨会"时提交的论文作为例子,进一步阐释贾先生的学术思想与比较文学学术定位的一致性。这篇文章曾在台湾《中央日报》发表,题目是《中国近现代留日学生与中国新文学运动》。贾先生的文章不是一篇研究留

---

① 整理者注:这里所称的《译序》,是指范希衡写的《〈赵氏孤儿〉与〈中国孤儿〉》一文,作为他当时翻译的伏尔泰的《中国孤儿》的译序。
② 贾植芳《范译〈中国孤儿〉序》,收入孙乃修编《劫后文存——贾植芳序跋集》,学林出版社1991年版。
③ 贾植芳《与查志华谈"现代都市小说"》,载《文学角》1989年第3期。

日学生对中国近现代文学影响的报告,而是以日本、欧美文学为源头文本,研究日本、欧美的文学思潮,以留学生为中间媒体传递各自的文化材料,从而促使中国现代文学这一变异体的生成。并且就这一变异体内各自的状况又做了比较研究,认为"留日学生在吸收外来影响方面是相当庞杂的、混乱的,也可以说是多元化的","着眼于文学思想概念的改变";而留英美学生"在对外来文学的选择上,态度是保守的,或者是暧昧的","更注意新文学形式的探索"。[①]贾先生还进一步阐释,中国现代文学变异体的生成,经历了两次组合的过程。在组合的过程中,受到民俗、媒介、人物、思想、时代、历史、哲学等因素的作用,这所有因素共同整合的结果方才造就了中国现代文学今天的面貌。贾先生的看法,是为比较文学研究中文学的传递和发生,提供了一种模式。此种模式是当今比较文学借助于发生学、阐释学、符号学等理论的指引才完成叙述的。而贾先生于1996年已将这种模式完整地概括出来,这不能不令人叹服贾先生的学术前瞻性。不仅如此,他还把比较文学的多元视角、多类综合文化作为出发点,这是最前沿的学术思路。总之,贾先生留给我们的遗产是丰富的,中国现代文学界、比较文学界都不能忘记他。

一个纯粹的知识分子

贾先生是文化名流、大学教授、作家、翻译家和学者。范伯群说:"他首先是个教育家。他有几代学生,每一代学生都跟他感情特别好。"孙郁说:"贾先生为中国现代文学界培养了一批又一批优秀学人,这是他最大的贡献。"严绍璗、高旭东也有相同的看法。范伯群回忆当年在复旦读书时贾先生与学生交往的情形:"贾先生1952年来复旦中文系后,同时给我们讲授四门课:苏联文学、中国

[①] 贾植芳《中国近现代留日学生与中国新文学运动》,收入《贾植芳文集(理论卷)》,上海社会科学院出版社2004年版。

现代文学、世界文学和文艺写作。贾先生的课很多，跟学生聊天的机会也多。贾先生开写作课，为每个学生当面批改作业。后来贾先生挨批斗时，这是一条罪状，说他拉拢学生。贾先生是学校里人缘最好的老师。本系、外系的老师、学生都喜欢他。每天晚上，家里总有学生拜访，他只能在学生走了之后，才开始工作，通宵备课或写作是常有的事，经常天快亮时才睡觉。贾先生教了我们三年，1955年突然被人叫走后，再也没有回来。一直到1980年才再见面。我和曾华鹏是贾先生的关门弟子，陈思和是贾先生再开山门弟子，中间只差一届，却整整隔了25年。贾先生风趣地说过这件事：'1955年不是关山门，是炸山门。'"

曾华鹏说："先生疾恶如仇，但对学生却怀有深厚的感情。我们做学生的时候，最爱去先生家里，没有什么拘束，先生总是非常热情地和我们交谈，既指导我们学习，也关心我们生活。有时候谈兴正浓，又到了吃饭时间，还能蹭一顿饭。凡山西口味的面食我都是在先生家里吃到的。"范伯群说："贾先生一生无儿无女，他对待学生就像自己的孩子一样。1950年代那会儿，学生到他家去，碰上吃饭的时间，就跟他家人一起吃。1980年代重回讲台之后，家里还是门庭若市。为了更好地招待学生和来访客人，贾先生甚至让自己的养女贾英专门到烹饪学校学习，并拿到了三级厨师证书。"

贾先生提携后学，早已传为佳话。曾华鹏回忆最初搞科研时，接受贾先生指导的情景："当时我们都是年轻的大学生，对于自己能不能搞研究完全没有信心。先生总是鼓励我们，从未嫌我们幼稚，相反往往把我们当作已经可以独立承担研究任务的'青年学者'看待。三年级时他给范伯群、施昌东和我布置了一批选题，要我们各人写一批单篇论文，然后由他联系出版一本论文集，我们都完成了（由于胡风事件发生，未能出版）。""在这个过程中，先生总是耐心地、不厌其烦地指导我们。我们阅读写作中碰到什么问题，自己提出的一些观点，都愿意去向他请教。我们的论文初稿都要请他审阅，提出意见后再修改。他总是鼓励我们，还不时提示一些新的领域让我们去探索。"

范伯群还讲到先生培养其他学生的情形：陈思和、李辉、孙乃修是贾先生

"文革"后的第一批学生,他们的成功都倾注着先生的心血。谢天振可谓先生的私淑弟子。以谢天振为首的上海外国语大学的"比较文学"学科,是先生一手扶持创建的。孙景尧早年在南宁工作,贾先生设法把他调到苏州大学,建立起比较文学学科。后来孙景尧又调到上海师范大学,组建了上师大的比较文学学术队伍。范伯群说:"贾先生对学生的一片真诚感动了我们,也教会了我们怎样去培养学生。不管是陈思和,还是章培恒、曾华鹏,还是我,我们都像贾先生一样深爱自己的学生,尽可能地为他们创造一切可以创造的条件,帮助他们尽快脱颖而出。爱护学生已经成为'贾门'风范,正在一代一代传承下去。"

对那些处于危难之中的学生,贾先生更是全身心地投入。曾华鹏讲述了贾先生与施昌东的故事:施昌东是范伯群和曾华鹏的同班同学,也是同贾先生接触最多的学生之一。他才华出众,大学三年级就在当时颇有影响的学术刊物《文史哲》上发表美学论文《论美是生活》。1955年却与贾先生一起罹难。坐牢一年,出狱后又被错划为右派。但他在逆境中坚持写了几部美学著作。平反后正要有所作为,却不幸患上重病。此时贾先生全力以赴和其他人一起帮他联系医生,并且关心他的家庭。施昌东在弥留时对贾先生说:"你就像是我的父亲。"施昌东逝世后,贾先生又千方百计奔走出版他的遗作,筹集并管理抚育遗孤的钱款。

当谈到社会责任感时,范伯群曾说起关于贾先生"做官"的事情:1983年,贾先生出任复旦大学图书馆馆长,这是他一生中最大的官职。虽然做的时间不长,总共只有三四年,但"政绩"不小。他竭尽全力替图书馆管理员呼吁,解决了他们的业务职称评审问题;还负责了建造文科图书馆的大楼。

此外,所有被采访的学者都异口同声感叹先生保持一生的乐观、豁达、幽默、开朗的性格,以及他看淡浮华名利的精神境界。孙郁说:"认识贾先生始自李辉等人。李辉谈贾先生对他的影响,梅志谈贾先生的可爱。从他们的言谈中,我对贾先生有所了解,知道他是一个可敬的人。"范伯群说:"许多经历过苦难的人,在'解放'之后,都变成了祥林嫂或牢骚大王。贾先生没有将苦难化为

活出来的真正知识分子

牢骚,从不怨天尤人,从不怀疑自己的信仰,而是一如既往地笑对人生,仍然保持着知识分子的独立精神,坚守知识分子的批判立场。他曾幽默地说:'我是学习社会学的,我了解中国社会,我所经历的一切都是中国社会必经之路。我是社会中人,我懂得。'"严绍璗回忆道:"十多年前,我通过章培恒介绍认识了贾先生,从此成为忘年交。我到复旦第九宿舍拜访过几次。三年前在复旦开会时,贾先生晚上专门跑来看望我们,让我们感动许久。我知道他经历了许多苦难,囚禁了那么长时间,20世纪当权者的监狱都坐过。可是,站在我面前的他,仍然很有精神、很乐观,也很幽默。他的性格很好,和善中有刚强,诙谐中包蕴人生的智慧。七八十岁的高龄,仍然全力投入到学术研究和学生培养之中去。贾先生不仅是学者,更是20世纪中国文化发展的坚强战士。能称得上战士的人不多,贾先生是战士。"

贾先生是坚持真理、坚持独立精神的战士。他一生坐过四次监狱,都是政治犯,但他从未参加过任何党派。1940年,他冒着生命危险,把自己的嫂子李星华(李大钊的女儿)、嫂子的弟弟李光华(李大钊儿子)和3岁的侄子(李大钊的外孙子)送到延安,但没有留在延安与哥哥团聚,又返回到他作为自由作家的流浪生活中。刚解放时,冯雪峰建议他北上做个领导干部,被他婉言拒绝,依然选择留在上海当自由作家。孙郁说:"贾先生这是要保持精神的独立,他继承的是鲁迅的传统。"高旭东的看法与孙郁相同:"贾先生并没有消沉,他具有洞穿世事的智慧,他接受的是鲁迅的精神。"

孙郁对此还有进一步的分析:"贾先生是一个纯粹的自由知识分子,一个真人。胡风想靠近主流,而他不,他要把知识分子的独立精神坚守到底。去年,鲁博开了一个梅志、阿垅的纪念会。贾先生发来贺词,赞美阿垅的耿直。这也是他自己的写照。现在,像贾先生这样的人已经不多了。"他具有强烈的知识分子责任感。这种社会良心驱使他全身心地去爱自己的学生,去爱这个国家。因此,孙郁说:"贾先生不是经院派学者。他是带着他的社会经验、人生经验进入高校的。他的论著可能不如王瑶,但当下意识很强。这种积极入世的精神直接影响着他的学生们,像陈思和等复旦学者都具有强烈的建设当代文化的责任感,但又与主流意识形态保持一定的距离,始终坚持独立思考和独立的知识分子批判立场。我想,这就是在贾先生影响下所形成的复旦的学术传统。"

最后,我想就用孙郁收束的话来作为本文的结语吧。他说:"总之,贾先生的道德文章堪称楷模,是活出来的,不是写出来。"

原载《中国现代文学研究丛刊》2008年第5期

战区"风景"与文本三重性
——东平佚书《向敌人的腹背进军》发掘报告

张业松

一

1933年春,丘东平在"左联"主办的《文学月报》发表海陆丰农民革命题材的小说《通讯员》,被鲁迅、茅盾选入意在向美国读者介绍中国左翼文学的短篇小说集《草鞋脚》,并称赞说:"在所有现代中国描写'苏区'生活的小说中,这篇是直接得来的题材,而且写得很好。"①东平于1934年1月参与"福建事变",失败后重回上海从事革命文学活动,参与《太白》编辑。同年底往日本,参加"左联"东京支部,其作品受到郭沫若的赞扬。郭说:"我在他的作品中发现了一个新的时代的先影,我觉得中国的作家中,似乎还不曾有过这样的人。"②

抗战爆发后,东平参加了"八一三"淞沪会战,随后又北上济南,南到汉口、

---

① 《通讯员》原载《文学月报》第1卷第4号,署1932年11月15日出版,但据鲁迅、茅盾为《草鞋脚》撰写的篇目简介,该期杂志实际出版于1933年春:"这一篇原登一九三三年春季上海出版的《文学月报》第四号。《文学月报》是左倾的刊物。"见鲁迅、茅盾选编,蔡清富辑录《草鞋脚》,湖南人民出版社1982年版,第575页。《草鞋脚》一书是应美国记者伊文思之约编选的,英文版出版于1974年,作为英文版编者,伊文思并没有完全采纳鲁迅、茅盾的意见,而是做了增删。前引《草鞋脚》中文版是由蔡清富根据相关资料辑录出版的,两个版本中都收录了《通讯员》。
② 郭沫若《东平的眉目》,见王锦厚编《郭沫若散文选集》,百花文艺出版社2004年版,第132—133页。

南昌等地,活跃在抗战前线。1937年随叶挺到新四军军部战地服务团工作,1938年1月参加新四军,任新四军一支队司令员陈毅的秘书、一支队政治部敌军工作科科长、新四军先遣支队随军记者,写下一批战地通讯,及时向外界传递了前线信息。1940年随陈毅部队到苏北,任鲁迅艺术学院华中分院教导主任、苏北文艺界协会理事,其间还担任中华全国文艺界抗敌协会华中分会领导工作,笔耕不辍。1941年7月日军扫荡,丘东平率一部鲁艺师生突围时,于盐城北秦庄壮烈殉国,年仅31岁。①

抗战时期是丘东平创作力最旺盛、最有成就的时期。因其代表作《一个连长的战斗遭遇》《第七连》等多发表在胡风主编的《七月》《希望》,而被视为"七月派"代表作家。胡风评价说,展开他的作品,"我们就像面对着一座晶钢的作者底雕像,在他底灿烂的反射里面,我们底面前出现了在这个伟大的时代受难的以及神似地跃进的一群生灵"②。民族意志和力量由此得到鲜明的体现,标志了抗战文学的最强音。

由于过早逝世,除胡风当年的选编和推介外,丘东平的作品长期缺乏应有的重视,没有得到很好的整理。尤其是其新四军时期的作品,除少数散篇之外,人们熟知的只有他身后出版的未完成长篇《茅山下》(1944)。2011年我应许翼心先生之约承编《丘东平作品全集》③时,在汇编辑佚方面多所致力,收获不小,但因时间仓促,为赶在东平捐躯七十周年纪念日前夕出版,留下很多遗憾。号称"全集",其实是不全的。最遗憾的就是他的一部佚书没有找到,只能依据相关信息搜辑所收作品,予以"重建"。这就是《向敌人的腹背进军》,一部新四军早期军中出版物,收录东平投身新四军之后最初阶段的作品,当年流传不广,事后踪迹难觅,多年来几乎不为世人所知。时至今日,人们在开列东平著述目录

---

① 关于东平生平史实的叙述,主要依据戴文兵《忠诚的战士 杰出的作家——东平烈士传略》,载中国人民政治协商会议广东省海丰县委员会文史资料研究委员会编《海丰文史》第4辑,1986年,第29—37页。
② 胡风《东平短篇小说集题记》,《胡风评论集》(中),人民文学出版社1984年版,第457页。
③ 张业松编《丘东平百年纪念文集》之一,复旦大学出版社2011年版。

时,也几乎从不计入此书。

关于该书的流传和搜辑情况,我曾在相关文章中加以说明,写下过"如果有朝一日原书能够重现世间,这种遗憾也就不算什么了"①这样的句子,但其实是不抱希望,内心做了放弃的打算的。却不料峰回路转,不久前我从常去的网络小区"豆瓣网"收到一封站内信,直奔主题地说:"个人藏有丘东平《向敌人的腹背进军》一书,原版。1939年出版。如有相关问题或需要,可以致电:……"这就是来自北京的藏书家王政先生了,他慷慨地将个人收藏公之于世,使烈士遗珠终成全璧,也给我带来了意外的惊喜。

王政先生提供的《向敌人的腹背进军》(复印件),页面清晰完整,品相甚佳。原书封面、扉页、版权页、目录页各1页,内文95页。封面素色无图,除书名和著者外,另署肩题"抗敌丛书"、出版单位"战文社"。扉页肩题增行,署为"抗敌丛书文艺之部",页面周边加花纹边框,其余元素与封面一致。版权页下部加花纹边框胪列所有出版项:"抗敌丛书,文艺之部(有版权),向敌人的腹背进军,作者东平,编辑者抗敌丛书编辑委员会,出版者战文社,发行者战文社,代售处各埠大书店,中华民国二十八年九月初版,实价贰角伍分,外埠酌加邮费。"目录及编排次序一如先前的了解,唯一有出入的是其中一篇的标题,书中做《宣扬"皇道"者的行列》,之前的著录信息错为《宣扬王道者的行列》。

版权页的出版项中,没有明确标注出版单位的地址信息。之前我曾判断此书"由新四军政治部宣传部(对外称抗敌社)出版于安徽泾县云岭"。判断依据主要是此书的内容、编辑、出版宣传等,都与《抗敌》杂志密切相关。②《抗敌》杂志的出版单位署为"抗敌社",而在《抗敌》杂志上出现的图书广告,出版单位多署为"战文社"。目前我暂未看到有关"战文社"或"战文社"与"抗敌社"之间的关系的研究,高度怀疑二者只是新四军政治部宣传部在出版期刊及图书时对外使

---

① 张业松《丘东平的一部佚书》,《新文学史料》2012年第1期。
② 张业松《丘东平作品版本沿革及佚书搜寻》,《现代中文学刊》2014年第3期。

江声浩荡七月诗

用的不同代称,实即同一机构。

  书中各篇篇末署有创作时间地点,按目录顺序依次是:

    《向敌人的腹背进军》:1938,4,30晚上,离湾沚敌人封锁线还七十里。

    《武装的政治工作队》:1938,5,20,于朱门。

    《铁蹄下的故事》:一九三九、三、十一。

    《截击》:一九三八,六,廿四。

    《宣扬"皇道"者的行列》:一九三八,七,三。

    《母亲》:一九三八,七,二九。

    《东湾——敌人据点的毁灭》:[一九三九][①]二月十日×××

    《用战斗的顽强性》:一九三九.七.四.

以上各篇除《铁蹄下的故事》外,其余都按创作时间编排,具有较明显的"进军"过程纪实性。全书内容起于由陈毅、粟裕将军直接指挥的新四军先遣支队第一次挥师出征,部队深入敌后之后,"用战斗的顽强性"游击作战,逐渐在江南地区站稳脚跟,基本上反映了这支部队成军初期的行军作战轨迹。开头的《向敌人的腹背进军》《武装的政治工作队》两篇,和结尾的《东湾——敌人据点的毁灭》《用战斗的顽强性》两篇,篇幅较长,都是直接的行军作战记录。中间则有《截击》,记录了一场漂亮的伏击战。此外三篇不直接涉及军事行动,是写于战斗间隙的战区情况报告。其中《铁蹄下的故事》《宣扬"皇道"者的行列》侧重于反映日寇的暴行,《母亲》写一位母亲对投敌的女儿大义灭亲。这类日寇的暴行和中国老百姓的表现,也是直接反映军事行动的诸篇中随时涉及的主题。

  归总来看,这部《向敌人的腹背进军》可谓名副其实,忠实记录了新四军成军初期(1938.4—1939.7)在安徽、江苏一带的江南地区的行军作战过程,以及部队所到之处敌、友、我各方面的情况。由于书中所收各篇随时在外界期刊上发

[①] 此年份篇末未署,但文章开篇即写明了本次战斗发生的年月日。见东平《向敌人的腹背进军》,泾县云岭战文社1939年9月版,第63页。

表（全书 8 篇中有 5 篇目前可查到发表记录），结集成书也很迅速，可以说，本书对新四军成军初期江南战场的情况的反映，相当及时。这种对于战地情况的及时反映，也正是当年陈畸先生向香港读者介绍本书时所高度赞赏的：

> 《向敌人的腹背进军》，就是真实的，有声有色的，活跃的描绘出了在江南肥沃土地上面里，在城镇和交通线被占领的江南广大区域里，我们的游击队，是怎么样的在进行着组织和战斗，而且不断的打击了敌人的可惊异可感奋的各种事实。这里出现了身经无数次战斗，勇敢而坚决，并且具有一幅为民族国家的伟大理想而牺牲的战士们的面目和意志。也有着经过慎重精密布置的计划，用猛虎擒羊的姿态，袭击了某一个据点的敌人，扑灭了它们的，那肉搏的惨烈的战争场面。也有着令人切齿痛恨的，敌人在占领区里所给予我们的男女同胞的摧残和杀戮的记录。这些"故事"，可以确然的说，是揭开了敌后各方面的情形的幕角，让我们窥见了一幕悲惨，痛苦，兴奋，欢腾和壮烈的"戏剧"，是在怎么样的排演着的。①

二

在三篇不直接涉及军事行动的战区情况报告中，《宣扬"皇道"者的行列》内容较简略，篇幅不足一千字，记录了一位"从日本兵那边逃回来的夫子"讲述的句容日军下乡"宣扬皇道"的情况，像是行军途中匆忙的速记。在简略的记述中，日本兵的色厉内荏、沿途奸淫掳掠的情形刻画得生动直观，如在目前。

《母亲》记述了对一位大义灭亲的母亲的采访，篇幅约三千字，前半部分侧重第一人称"我"往访途中对环境、氛围的观察和感受，带有较强的主观性和创作性，体现东平创作的一般特色，既善于营造点染兼具忧郁色彩和沉思风格——他常常使用"沉郁"一词——的有我之境，又有很强的造型性，寥寥数笔，

---

① 陈畸《向敌人的腹背进军》，香港《大公报》"文艺"副刊 1941 年第 1127 期。

即能使人物和形象鲜明地呈现出来。试看本文开篇：

> 新绿的田野，低低地落陷着，落陷在几乎是地平线以下的位置，平原的面积愈在人的眼帘下缩小了。流水和村落的白墙用鲜丽的白色光焰交织着，仿佛有人把碎片的金属物撒向空中，叫他们在明朗的阳光下片片的飘扬起来，互相投射，这样炫耀自己的奢侈和富有。——我独自个在田径上走着，带着工作和疾病所给与我的疲劳，沉郁地目送着远处田径上的人们，时而聚集，时而分散。我仿佛熟习他们每一个的命运，暴力的黑影像魔鬼似的追蹑在他们每一个的背后，他们生活在过度悲哀，过度愤恨的日子中，生活在或者逃亡，或者战斗，或者以疯狂麻醉自己的日子中；他们是那样狼狈，残败，在行进的路上不断的掩埋自己的队伍中被击倒下来的死者，他们的咒骂，他们的怨责和愤恨的声音，将要把原来所有的道德，伦理完全代替。①

这样的描述，倘若也能称为"环境描写"的话，与其说是"风景的发现"，不如说是"风景的发明"。明显是"内在的视像"对"外在的景观"的投映和改写。因这样的改写，孤立分散的人和物的无意义的空间措置，被编织进了广阔宏大的全民艰苦抗战的历史洪流中；生活的一枝一叶，人物的一举一动，都具备了深沉的意义。这就是"现代"，由"历史的洪流"裏挟而来，因战争的强加而格外凸显。置身其中，因人身和人力的渺小而"那样狼狈"，将被"命运"的沉重击倒、压垮、摧毁的人们将何以自存？一位"壮健，沉重，一种坚强果敢的气质在她丰满的面孔上洋溢着，有一副锐利而细小的眼睛——年纪约在四十左右"②的"告发了自己的汉奸女儿"的母亲，和一位"年纪比较衰老，身体疲弱的"的婆婆，会拥有怎样的内心，将如何展现她们的"主观战斗精神"，因而变得格外富于悬念。文章的后半部分以母亲的讲述为主，辅以婆婆的证言，记录了一位"汉奸"女性的堕落

---

① 东平《向敌人的腹背进军》，第57页。
② 同上，第58页。

和毁灭过程。因东平对客观性的追求("我从口袋里掏出了墨水笔和日记本子,把她的话逐句的记录下来"①),文章保留了更多的原初信息。用今天的眼光来看,"汉奸"女儿的处境和行为或有某种复杂性;但也正是通过东平的笔触,使我们得以了解了当时当地民心民气的向背趋止,从而对于抗战胜利的必然性,获得更多后见之明。

作为全书中唯一没有按创作时间编排的作品,《铁蹄下的故事》的特殊性不仅体现在编排上,还存在一个著作权属的问题。其开篇小序云:

> 以下是在南陵的时候,一位友军的宣传员交给我的油印的宣传品中所写的十个短短的故事。十个短故事合订为一个小册子,用黄色的油光纸作封面,题名是《敌人的暴行》,中间一行小字是《抗战丛书之三》,下面又是一行小字,标明是"轩政战宣队讲演组编印"的,不晓得执笔者是谁,交给我这十个短故事的宣传员的名字也忘掉了,记得这位宣传员当时曾经对我说,这些故事都是事实,其中所记载的人物不是执笔者的家人就是亲戚,乡邻和朋友。故事发生的地点大抵在宣城、湾沚一带,那时候宣城、湾沚还在敌人手中。现在把十个故事发表在这里,以未能征求原作者的同意为憾。——作者②

这是一个有点出人意料的"作者声明",意思是他并非真正的作者,只是转手发表了这一组"故事"。对于这种形式的"小序",熟悉中国新文学史的读者可能怀有本能的警惕,不愿轻易相信。毕竟多年来,中国新文学史从《狂人日记》讲起,一上来就碰到了这种"假托的小序"。东平的这篇"小序"可信度有多高呢?且看下文。没错,下文由各自独立的"十个短故事"组成,编有序号,讲述都很简练,所述都是"敌人的暴行"。第一则《三个农夫》,不足三百字,讲三个在敌占区的老农夫路遇两个日本兵,主动跪在地上求饶,却被日本鬼子"笑嘻嘻地拿起他

---

① 东平《向敌人的腹背进军》,第60页。
② 同上,第36页。

手里的军刀,把他们一个个的从头顶剖到胸口,拖着丢到大河里去了"。结尾说:"小朋友们,这种杀人不眨眼的鬼子兵,我们能白白的放走他们吗?"[1]看起来的确像是目标明确、通俗易懂的战区宣传品。其余九则中,《两个妇人》《一个小朋友》《两个年轻姑娘》《猪头换人头》《一群青年》和《芜湖北乡的女人们》六则,篇幅也都在三百字上下,内容和写法略同,都是记述惨遭鬼子屠戮的无辜牺牲者,最后向"小朋友们"发出动员呼告。另外三则篇幅稍长,写法略有不同,最明显的区别是结尾没有对"小朋友们"的直接呼告,而是对日本鬼子的残酷和中国人民的觉悟做了形象化的展示。其中《残废的小天使》约四百字,写日军空袭苏州城外某处,造成重大平民伤亡的惨剧,废墟中仅有一位失去左手的小姑娘幸存。《两个东北人》约五百字,内容是一位从芜湖逃出来的商人转述两位东北逃难者对日本人在东北的统治的揭露和控诉。《可怜的老夫妇》将近一千字,记述芳山地方一对七十多岁的老夫妇在日军扫荡下的悲惨死亡,用了很细腻的笔触记述他们逃亡—归家—遇敌—被杀—老弟见证弥留的全过程。

  从上述内容能否判断这"十个短故事"的作者就是东平呢?好像有点困难。但这样的内容,似乎也没有必要设置假托的作者。值得注意的是,在小序开头出现了一次"友军"。按本书中的通例,"友军"是从新四军立场上对当地国民党军队的称呼。在第六则《一群青年》开篇,又说"我们的国军退出了宣城……"[2]直接点出了"国军"。按说由于"新四军"也是编入"国军"序列的战斗部队,新四军称友军为"我们的国军"应属正常,但在丘东平笔下,好像并没有这样的用语习惯。由此,这篇《铁蹄下的故事》的源本很可能确属国民党军队的战地宣传品。值得讨论的只是,东平在发表这组故事时,是原样照录,还是做了改编或重写?小序中既然说明原作是"小册子",则篇幅应该较大?如此说,东平拿来发表时做出加工,而非原样照录的可能性是存在的。

---

[1] 东平《向敌人的腹背进军》,第37页。
[2] 同上,第40页。

小序中说:"以下是在南陵的时候,一位友军的宣传员交给我的……故事发生的地点大抵在宣城、湾沚一带……"全书依次读下来,可以明了这些地理信息除了表明"故事发生的地点",也包含了"故事发生的时间",即,本篇是作为新四军进军过程中的一个插曲被包含进来的,恰当地被安放在其得以发生的时间点上了。由此可证,全书编排的首要依据是"故事发生的时间",而非写作时间。篇末注明的写作日期"一九三九、三、十一"应该是由东平抄录/重写时标注的,而不是原作日期。

又,抗战时期题名为《敌人的暴行》的出版品为数不少,有报刊文章,也有单行本,甚至有人以《欢迎敌人的暴行!》为题撰文。[①]我见到其中一种正文21页的"小册子",署文金编著,列陈立夫题签的"特教丛刊"第五种,教育部特种教育委员会印,民国二十九年一月版,正中书局印刷。全书11题,分别是:一、前言,二、陷落后的南京,三、天堂成了地狱,四、七年来的东北,五、屠杀成了本性,六、卑劣的掳掠,七、焚烧的惨剧,八、妇女的厄运,九、辱人丧德的兽行,十、怎样对付敌人暴行,十一、我们的出路。"前言"中说:"敌人一方面用武力侵犯我国,在各处烧、杀、抢、淫,并且以飞机在全国人口集中的地方,乱投炸弹。但另一方面,却又散发传单,和用其他种种方法宣传'中日亲善'、'不杀良民'、'推行皇道'等鬼话,来哄骗诱杀我们的同胞。这是非常痛心的事!现在,且把敌人在各地的真实行为,和许多人亲见亲闻的事实,作一简单报告,好使大家能得到些战区的真消息,认识认识敌人的真面目。"这个立意,应该说与《铁蹄下的故事》相去不远,但二者在具体内容上并无重合。作为教育部在国家规模上的制作,"特教丛刊"版《敌人的暴行》在内容取材和编辑处理上,显然要比《铁蹄下的故事》有优势得多。相比之下,后者只能算是"局部战场素材"吧,但也因此,它所保留

[①] 志公《欢迎敌人的暴行!》,《国防线》半月刊1938年第2期,第36—37页。此文为社论性质,主旨是:敌人的暴行神人同疾,天地不容,但站在国家、国族立场上来说,"它是加紧刺戟我们的情绪,加快鞭策我们的天良,加强振奋我们的人心,加速唤醒我们国家、国族的意识,结果,使我们上下一心,全国一致,敌忾同仇,与敌人拼个死活,争取最后胜利。……孟老夫子说得好:'无敌国外患者,国恒亡!'我们要来迎接复兴国族,建设国家的良机!我们便要来感谢敌人暴行的赐予!"

的战场原生信息要更多一些。

三

本书出土后面临的最为复杂的情况,是原文的版本异文。

如前所述,全书8篇中可查到发表记录有5篇,其中4篇可找到。《向敌人的腹背进军》载《七月》第3集第3期,《武装的政治工作队》易题《我们在行进》发表于《国民公论》第1卷第2期,《截击》载《文艺阵地》第2卷第2期,以上均出版于1938年;《东湾——敌人据点的毁灭》载《时论丛刊》第3辑,1939年。《宣扬"皇道"者的行列》载《抗战文艺》"武汉特刊"第2号,原刊没有找到。

对照比较杂志刊出的文本和单行本文本,版本异文情况显得复杂。对读下来,仿佛每篇作品都有三个版本:杂志本、书籍本以及存乎两者交叉空间中依稀可辨的作者原稿本。这个依稀可辨的原稿本,从研究者的角度说,也许可以称为"理想版本",其特点是:行文更口语化、更具野性和生气,有许多独特的措辞、意象和句式,同时,也是更忠实地反映战地实情和战斗职责的文本。从中不仅可以看到作者的语言和文章个性风格特点,也更能体认作者真实的思想感情。他的长处与短处,他的意愿、匠心、参与和观察,透过其文字,或者尤其是透过他人对其文字的删改,得以清晰呈现出来。可惜的是,除非有朝一日奇迹般地重新发现原稿,我们将永远无法得见这个"理想版本",而只能通过经编辑处理的另外两个版本来加以想象了。

文本的三重性对研究提出了挑战,同时也揭显了更多值得讨论的面向。在此以《武装的政治工作队》为例,略加讨论。杂志版本《我们在行进》的结尾加括号标注了一句话:"武装的政治工作队中部的一段。"意思是所发表的只是原文"中部"的段落,删节幅度自然很大。删节的原因没有说明,不排除是因为原稿篇幅太长,杂志容量有限。但通常来说,这种原因是最容易说明的,既然结尾要加说明,多加几个字,写成"因原稿太长,这里只发表了《武装的政治工作队》中部的一段"是很容易的事。事实上,进一步比勘两个版本,可知杂志本除了删节,还有大幅度的修改。这种编辑事务上的处理和不处理构成"有意味的对照",不免使人多想一阵。

先看删节部分。杂志本说所发表的是"武装的政治工作队中部的一段",其实不对,从书籍本来看,它并没有对文章的后半部分做什么删节,相反,结尾还比杂志本多出了一段。这篇文章整体上是围绕"武装的政治工作队"这个主题,记叙新四军先遣支队从安徽青阳县经南陵县穿越日军的交通线到达宣城市一带的行军历程,主要侧重途中的四个内容:陈毅在部队干部会上所做的关于"与群众的关系,与友军的关系以及我们的战略战术"的政治报告;沿途的群众工作;与不友好的"友军"的遭遇;乌溪群众的自发抗日斗争。"对群众的宣传"和"对自己部队的教育"是这一阶段行军过程中的主要工作,东平看似流水账的记叙,始终扣题很紧,写得有条不紊,游刃有余,可读性强,又富于文采。杂志本删节了文章的整个前半部分,保留下来的后两项内容中,又删除了在处理与"友军"的关系时,部队战士与当地群众的一段谈话:

"你们看,我们打日本强盗,打到这里来,还要碰到这些拦路鬼呵!"一个战斗员同志说。

"我是经过了二万五千里长征回来的,我们渡过各种各式的河,像这样的一条小河,随便一跨就过去了,不过要等候首长的命令。"第二个说。

"你们为什么不冲过去呢?"老百姓很气愤地问着。"我们受他们的气也够了。我们原是住在河北的,我们有田地在河南,游击队不准我们过河,我们在河南的田地不要耕种了。——游击队说我们是汉奸,土匪。同志,你们也是汉奸么?是土匪么?"

另一个老百姓这样解释:

"我听见了这样的一个消息,他们不让你们过河是有原因的,他们要的是款子,他们派河南一带老百姓每保二十元的款子,还要缴枪。听说你们新四军反对派款,反对缴枪,他们着了慌,从昨天起就拼命的缴枪,催款子,恐怕你们一来，什么都弄不成功。"①

这样的删节处理是不难理解的。陈毅的政治报告，有大篇幅的原始记录，发表出来就是"政治宣传"。上举引文中涉及"二万五千里长征"的内容和"友军"派款缴枪的内容，站在不同的立场上，也会有针锋相对的看法。在一方看来是好的和正面的宣传，在另一方可能就是坏的和反面的。本来"国共合作"、联合抗战时期，政治上讲求的应该是民族政治，不同的政党，共同的政治，大家拥有同等的权利和义务，也都有权公开论述自身对共同政治的理解和追求，但实际情况却没有那么理想，而是相互之间壁垒重重，充满"暗战"。战场实际状况已经是"友军不友好"了，后方宣传上消除于己不利的"杂音"正属在所当然。抗战时期的出版审查不仅没有因为全民抗战而有所放松，反而更加严密，国共两党在出版领域的博弈也更加激烈。②当此情形下，杂志对文稿的编辑处理，可能是出于对"抗战宣传"的政治正确性的主动追求和自我审查，主动规避可能涉及政争的敏感内容，也可能是由于官方出版审查所致。从杂志方面说，自我审查可视为特殊政治环境下的一种生存术，是为生存而生存，还是为斗争而生存，是这类涉及实利的事业所面临的永恒的难题，也是道德评判最容易下手、最容易出错的地方。就事论事来看，在书籍本中表述得比较客观的一些现象，在杂志本中往往被修改得更加正面、积极、正义了。比如书籍本中的一句"我所看到的乌溪人大抵都是坚强的，勇敢的"③，杂志本中删去了"大抵"二字。另如书籍本中的一小段：

> 被占区中的人民，并不全都是抗战的，还有不少在做着他们苟且偷安的迷梦，以为敌军一来，如果不和他们反抗，好好的接待他们，便能免受烧杀。乌溪人起初也是这样的苟且偷安的一群。④

---

① 东平《向敌人的腹背进军》，第 26 页。
② 参见王海军《抗战时期国共两党在书刊发行领域的博弈》，《中共党史研究》2014 年第 4 期。
③ 东平《向敌人的腹背进军》，第 33 页。
④ 同上，第 31 页。

在杂志本中变成了:

> 被占区中的人民,并不全是了解自己的地位,有着高度的抗日情绪,积极参加抗战的标准人民,还有少数是在做着他们苟且偷安的迷梦,以为敌军一来,如果不和他们反抗,好好的接待他们,便能免受涂炭。乌溪人起初也是这样苟且偷安的一群。

"烧杀"被改成"涂炭",由直观变成了象喻,如果说这可能只是出于编辑的个人喜好,略显奇怪的话,"并不全都是抗战的,还有不少"的表述,变成"并不全是了解自己的地位,有着高度的抗日情绪,积极参加抗战的标准人民,还有少数是",这样的修改就可谓戒慎恐惧,字字刻意了。

以上所述,侧重杂志本基于政治性考虑做出的删改。除此以外,杂志本对原文的修改相对克制,从而保留了更多风格性的表述细节,包括句子、词汇、意象等。与之构成美妙对照的是,书籍本在出于自身动机的编辑处理下,也在它不敏感或刻意突出的空间,保留了一些原稿的个性因素。两相比并,一一得二,原稿本的庐山真面才得到了更多的呈现。——我的意思是,杂志本和书籍本各有各的敏感和考虑,同时也有各自的不敏感和不经意,双方参差交错,各自斧斤不到之处,反而更加突出了原稿本所包含的个性特征,有助于更好地认识"东平风格"。

书籍本的编者是东平的战友兼文友黄源先生,毫无疑问在政治和思想意图上是与作者一致的,其对原稿的处理,更偏重于语言文字的规范性,一般来说是比杂志本删改得少,但也有些地方,不知究竟出于什么情况,杂志本会出现多于书籍本的成段文字。比如前述杂志本结尾多出来的一段文字:

> 在这一次英勇的战斗中,乌溪人已经洗刷了过去苟且偷安的错误心理,成为中华民族光荣的战士,他们并且得到宝贵的教训,铁一样的事实告诉他们,要投降,愿意当亡国奴,都是死路一条;要活,要摆脱亡国的惨痛,只有和日本强盗拼命。

这段卒章显志的总结性文字看起来有点弄巧反拙、画蛇添足了。究竟是东平原稿中存在,黄源在编辑书稿时基于文章美感方面的考虑删除,而杂志本做了保留,还是原稿中无有,杂志编辑添加的?一时之间恐难定论。而且,这不是唯一的例子。在《我们在行进》中,还有一段较长的文字也是书籍本中所没有的:

> 未到裘公镇之前,我们听见这里的群众有很多对国共两军合作的情形还不大清楚,他们中了一些汉奸分子的谣言的毒,不承认国民党和共产党合作,而说是国民党允许共产党人自首,或者说国民党赤化了,因此作街头演讲的通知特别地对群众解释统一战线的问题,写标语的同志尽量地在墙壁上多写"拥护国共两党亲密合作抗战到底"这个标语,而我们的战斗员们,是到处的唱着《国共两党合作进行曲》——这一首强健有力的赞美歌,热烈的歌声笼罩着全镇。

比起结尾的段落,这一段的描述更为具体,由编辑添加的可能性更小一些,放在上下文中也没有突兀之感。总之,按照现代文学文本校勘的一般经验,两个版本中各自多出来的文字,除非有确证来自他人添加,否则以归属于原稿为宜。倘是,则由上述两段文字中所见出的东平,应是政治上充满热情,且不乏幼稚的?

——这样被谈论的东平,究竟有几分接近于他的真实呢?我没有把握。但无疑,倘若没有《向敌人的腹背进军》原本的出土,我们借以认识东平的材料会是更加残缺的,据以展开的想象也将是更加不足为凭的。

四

本文只是东平佚书《向敌人的腹背进军》的初步发掘报告,书中还有很多有价值的内容、有意思的问题没有涉及。好在,承香港三联书店侯明总编慧眼识珠,本书将在香港影印出版。奇文共赏,疑义与析,我相信很快可以读到更多更高明的讨论,如此,本文作为引玉之砖,也就功德圆满了。

就我浅见,上述而外,《向敌人的腹背进军》原书的发现,还在以下方面尤具意义:

战区"风景"与文本三重性

（一）书中保存了陈毅、粟裕将军的个人活动和言论史料，尤其是不见于其他地方的一手言论记录，对陈粟研究、新四军初期活动、抗战初期中共统一战线政策研究等有帮助。比如《武装的政治工作队》中较大篇幅的陈毅的政治报告记录、各篇中记载的粟裕等将领的作战指挥等，都非常值得重视。以下是陈毅讲话中的两个段落，体现了很强的政策性、策略性和领导艺术与能力：

> 对于统一战线，我们必须彻头彻尾去执行。我们今天发动这伟大的与日本帝国主义相对抗的斗争，正如应用一部复杂的机器；政党、派别、军队、人民，都好比机器中的零件，必须配合而使它们都发生力量。我们行军，还有人挡驾，这是统一战线还不够深入所致的结果。……我们可以预料，我们这一次出动之后，日本帝国主义一定要无耻的散布谣言，说出共产军怎样进行不正规的活动，以遂行它们挑拨离间的阴谋，我们要用统一战线来粉碎它们这个恶毒的阴谋！

> 战略战术的决定是和整个的政治路线互相配合的；从来没有离开了政治路线而定下来的战略战术。我们今天以一弱国反抗日本帝国主义，而且要从这战斗中建立新的国家，我们的战略战术都出乎常轨，世界各国都不能理解，我们今后是在敌人的包围中求发展，在敌人的中心根据地进行战斗，政治上建立统一战线，军事上进行机动的游击战。你们要注意，每天不论如何疲劳，在任何困难的条件下都必须进行小集会，讨论，保持我们固有的优良作风。以前是山地战，今后是村落战，河川战；以前我们的工作范围只限于工人农民之间，现在，在中国广大的国境中除了汉奸土匪任何阶层的人都是我们的朋友。我们要牢固地把握住这个丰富的工作内容。我们要加倍武装我们的头脑，来适应这个环境，并且从这个环境中创造我们的新战术。——我们的新战术是怎样的呢？这是要用我们以后所表现的具体事实来作解答了！①

---

① 东平《向敌人腹背进军》，第 11—12 页。

江声浩荡七月诗

关于本书的史料价值,新四军的另一位著名将领叶飞将军也曾提供见证:

> 那时,宣传新四军还是合法的,邱(应为丘——引注)东平的《东湾——日军据点的毁灭》就发表于重庆出版的《时论丛刊》上。……这篇文章中写的"团长""团的指挥员"就是王必成同志,"敌工股长琼州人"则是作者本人。①

《时论丛刊》是八路军上海办事处主办的期刊,主要负责人为王任叔。由于出版环境复杂,"采取打一枪换一个地方的游击战术,一期换一个书名",不排除曾出现将出版地署为重庆的情况。②

(二)本书对皖南事变前新四军在江南的活动的记录,与同一时期的其他史料,尤其是陈毅将军本人的讲话、写作构成关联,甚至具有一定程度的互文性,对照阅读,有助于更全面地了解新四军战史和战区方方面面的情况,增进对历史丰富性的认识。这方面我觉得特别有意思的是,陈毅将军的《坚持江南抗战的诸问题》(1939.2)、《江南抗战之春》(1939.4)、《茅山一年——江南游击区》(1939.6.21)、《江南游击区域工作经验片谈》(1939.7)等富于生气、脍炙人口的作品,与丘东平的写作,以及同时期其他新四军部队作者的写作相关互补,值得对读。陈毅作品中有一篇《关于学习——四月十一日在干部晚会的报告》(1939.4.11),原载《抗敌》第1卷第4号,篇末标注"东平记",可以作为陈毅作品中的"东平烙印"的直接见证。③

---

① 叶飞《纪念王必成同志》,乐时鸣主编《虎将雄风——回忆王必成将军》,中国人事出版社1992年版,第24页。

② 参见王益《我的印刷情结》:"1939年的上海租界,日寇宪兵不能进入,只有特务在租界活动,我们还能展开活动。通过八路军上海办事处,收到延安出版的《解放日报》《解放周刊》,虽不能原样翻印,但却可以把其中的重要文章,摘编成一本杂志,在上海租界上秘密出版发行。最初用《时论丛刊》的名称,后来被日寇发觉,引起极大惊恐,在他们的报纸上大肆咆哮。我们就不再用《时论丛刊》的名称,采取打一枪换一个地方的游击战术,一期换一个书名,敌人抓不住、摸不着,无可奈何。"载《不倦地追求——王益出版印刷发行文集》(三编),印刷工业出版社2001年版,第244—245页。

③ 事实上这方面史有明文。丘东平传记资料中说:"在此期间,他经常为陈毅同志起草文稿,记录报告,四月十一日,他记录整理了陈毅同志的报告《关于学习》。"见戴文兵《忠诚的战士 杰出的作家——东平烈士传略》,载中国人民政治协商会议广东省海丰县委员会文史资料研究委员会编:《海丰文史》第4辑,1986年,第34页。

（三）丘东平新四军时期的作品，以捐躯前未完成的长篇《茅山下》最为著名，此外还有《我们出发了》《日本兵的故事》和《蒋老大和老叶》等集外文，现在加上《向敌人的腹背进军》，组成了更为完整的系列，对于全面认识丘东平这一时期的创作和贡献，无疑更有帮助。

（四）充实中国现代文学库存，为丘东平个人的诗学风格、创作成就研究和抗战文学、左翼文学研究提供更多有价值的文本。

原载《学术月刊》2015年第8期

诗与一代之事

——关于诗人冀汸、《诗垦地社丛刊》及其他

段怀清

谨以此文纪念冀汸先生的诗所带给我的沉思与浮想,以及他在垂暮之年为应对每一个平凡的日子所表现出来的生命与精神的顽强和质量。

一

我们的民族,
捧着火热的血,
捧着滴血的心,
经历过怎样的寻求,
走过什么样的路?

在那悲苦的深渊,
在那绝望的时辰,
在那无路可走的路上,
面对铜墙铁壁的关锁,
面对刀山火海的阻挡,

背负着历史沉重的行囊，

我们的民族，

走过什么样的路？

……

啊，我要问：

为什么不能，

把那不该忘记的东西，

把那种正气和志气，

把那种精神和才气，

永远浇铸在，

现在和未来的灵魂里？

这是作家秦兆阳《回忆当年》的卷首诗中的一部分。无独有偶，诗人绿原在给诗人冀汸的诗选集《灌木年轮》的"校读小记"中，用另一种语言形式，发出了与上面这首诗内容相近的诘问："在作品的本文之外，在作者本身之外，在那种冰淇淋式的快感之外，当真就没有决定诗之为诗的、需要费点力气才能掌握的客观历史因素？"对于经历了那场民族独立和解放、争取民主与自由的血与火的斗争的诗人们来说，曾经的那段历史，显然不是在他们生命之外可有可无的一种存在，而是已经刀劈斧砍般地与他们的身体和生命融为了一体，成为了他们生命无法割舍的一部分；它也不是可以随意克服和超越的客观对象，而是构成了需要他们直面突进的个人精神、民族历史和人民生活的"密林"——在那里，个人命运的起伏与民族的荣辱兴衰和人民的痛苦幸福，令人瞩目地交叉互掣。即便是作为一个沉浸在自我世界里的诗人，在这样的民族历史的进程中，他所实际能够作出的选择，也是非常有限的。所以，诗人绿原说："假定时光可以回流到 40 年代，人们不难体验到，面临水深火热的民族灾难，置身于出死入生的革命斗争，立志充当时代记录员的诗人只能写出作者这样的诗，读者也只需要作者这样的诗，向前者要求、向后者推荐另一种莺歌燕舞式的'纯诗',简直是不可想象的。"①

显然,诗人绿原如此言说,有其难以明言的苦衷。对于经历了艺术上的"假大空"时代的诗歌来说,浩劫之后所发出的回归"诗歌"的呼唤,无疑是真正的诗人们所梦寐以求的。但是,在反思并超越某个特定时代的同时,却一度也出现了要超越20世纪40年代的"七月"的喧嚣。而对于每一个"七月"诗人来说,他们难以超越的,不仅是曾经挥洒过他们汗水血泪的七月,更有七月之后接踵而至的寒冷的冬季!对于他们当中的大多数人来说,他们本来应该而且也可以迎来自己诗歌艺术的金色秋季,但是没有——忽如一夜北风来,千树万树唯凋零。"七月"的诗人们一夜之间,从酷热的七月跌入到寒冷的冬季!而一个承平时代的读者,那些承平时代的读者们,他们又该怎样读解血色年代里那些知识者的痛苦、觉醒者的挣扎和战斗者的牺牲呢?那些架设在今天的读者与昨天的历史之间的诗歌之桥,又能够把今天的读者导引到昨天怎样的个体的热血沸腾或者时代的腥风血雨之中呢?或许,已经有人因为刚刚过去的一页过于沉重而干脆放弃了对于历史的真正追问,或许已经有人因为刚刚到来的弥足珍贵的和平而负气或者轻率地关上了通往昨天的对话之门。我们应该拥有并享受铺展开来呈现于我们眼前的每一个和平的日子,不需要再担惊受怕的日子,每一个普通的公民都需要这样的日子,每一个诗人应该也需要这样的日子。可是,难道这些,就能够成为阻挡我们去追问历史、并成为我们放弃或者贬斥一个时代的充分的理由吗?

事实上,一个真正热爱诗、阅读诗的人,并不一定就会向当初的诗人提出所谓"纯诗"的要求,也没有谁不辩自明地拥有对于"纯诗"的命名的权力。事实上,我们从诗人冀汸当初的作品中所读出来的,也并不是对于生活和现实的自然的、机械的记录,更多的是一种主观战斗精神的高扬,是诗的歌,是生命的歌,是时代之声在个体生命的思想精神之鼓上激发出来的巨大回响。诗人冀汸

---

① 绿原《灌木年轮·校读小记》,人民文学出版社,第234页。

20世纪40年代的大量诗篇,诚如绿原所说的那样,集中地表现出诗人通过艺术为政治理想服务,"或者说为了让政治理想所赋予的道德感渗透自己的艺术事业"的努力,但需要指出的是,这样的努力,一开始就是在诗的旗帜下展开进行的,而且这样的旗帜,即便是在那些困难的日子里,即便是被小心翼翼地卷收起来,却依然崭新。时至今日,我们依然能够像诗人当年一样,像诗人当年抒写心中激情之时一样,通过那些文字,去回应那段历史,以及历史在诗人笔下所呈现出来的精神面貌。我们当然能够从诗人与时代、诗人与现实生活在精神上、在诗人内心深处的共鸣中,聆听到这种个人与时代的共鸣。这种具有时代共同特征的"共鸣","正是以作者和读者在当时当地的感性生活和感性斗争中所共有的历史感和时代性格为基础的"。这很重要,这是诗人主体性独立和尊严的彰显,是诗人以自由的形态去主动地拥抱自在的生活和生活实践的过程与结果。毫无疑问,诗人绿原希望通过对于这一点的强调,将诗人与时代之间所产生出来的主动的、自在的共鸣,与那种教条式的、形式主义的"共鸣"区别开来。同样,这很重要,因为它决定了诗人冀汸的诗的艺术品质,决定了"七月"的艺术品质。毫无疑问,从艺术价值角度讲,这是两种完全不同性质的写作。但是,对于曾经被后一种写作弄得千篇一律、甚至奄奄一息的现代汉语诗歌写作,诗人绿原也只能用这样一种解释方式,将诗人冀汸的写作与另一种"写作"区分开来,同时也将20世纪40年代一个非常重要的新诗流派的写作的历史意义与艺术价值确定下来。

只是即便如此,诗人绿原似乎依然不能完全解除心中的疑虑和担忧,对今天的读者,甚至包括那些以研究为目的的专业读者,他依然小心翼翼却又不失尊严地提醒道:

> 今天要如实认识40年代的新诗成果,包括这位诗人的成果,势必超越本文平面的得失,深入语言底层而与当年濡染作者笔端、现今行将淡化的历史感和时代性格相融合,才能在本文中和作者相遇而一见如故,才不致囿于"时过境迁"的心理距离,将当年激越而痛苦的战叫讥为"声嘶力竭",

从而将诗窒息在诗学教科书的字里行间,使它完全丧失固有的时空穿透力。——事实是不是这样呢,热爱诗而又理解诗的读者们?①

二

这实际上牵涉到对于20世纪40年代以"七月"派诗人们的写作为主体的现实主义旗帜下的新诗写作的整体解读和评价。解读和评价从来就没有停止过,但解读者和评价者所处的时代语境,可能会对读解、评价的客观性、历史感产生影响,这既是诗人绿原所关注并表现得有些忧心忡忡的所在,也是今天的文学语境当中特别凸显的一个事实。

读解和评价实际上又牵涉到至少两层关系,一是诗人的文本所呈现出来的诗人的历史感、诗人与时代性格之间的关系——这种关系也是构成并决定着诗的艺术价值的基础,当然这一切都是通过已经完成凝固成纸面上的文字来体现的;另一层是处在当下现实语境和历史语境中的读者与昨天的文本、昨天的历史—文本所呈现出来的意志、想象与理性的历史性与当代性之间的关系。客观而言,这两层关系实际上对于所有已成为历史的文本来说都同样存在着,但为什么对于诗人绿原来说,在校读冀汸的诗时,这种看上去共同的现象,会成为一个特别的问题呢?难道在诗人冀汸那里,这种关系表现得更加特别?或者说,对于今天的读者来说,这个问题——如果成为问题的话——会成为我们解读诗人冀汸所特别需要的一把钥匙?

事实是,这种读解和评价,与我们对于那段历史的读解和评价,是息息相关、密不可分的,但这里我们最好还是将探讨的语境限定在20世纪40年代的新诗写作和诗人们的现实选择上面。

中国现代知识者在"民族独立和民族解放战争"这样一个历史语境当中所

---

① 绿原《灌木年轮·校读小记》,第234—235页。

面临的选择,包括他们自身道德行为上的现实选择,既是五四以来知识分子现实选择与努力的继续,又呈现出时代的艰难和复杂性,绝非一般意义上的是非判断所能涵盖。不仅如此,时代又通过沉重的历史逼压着诗人们,让他们在文与人之间达到惊人的一致,而且也只有这样,文学知识者在道德上才能够获得一种安慰,而在知识者自身的知识身份上,也才能够获得一种集体民族的证实与确定。在这里,知识者的身份似乎首先是历史的和民族的。而在这种切近的时间与空间的坐标谱系当中所确立起来的具有独立性和自主意识的知识者的个人身份,也就成了一种与传统、群体和个人认同或者个人觉醒等时刻关联在一起的自觉选择。但从诗人们的作品中,从那些历史文本中,我们所看到的,并不只是外族、外力的压迫和催逼,更多的是个人内在的认同与确认、担当与承受、抵制与反抗……而作为这种是非判断、行为选择的引发和基础的,是个人的历史感与时代性格的交叠共鸣。而个人对于现实生存环境的反抗与批判,对于理想未来的呼唤与追求,也是彼此支撑呼应的。

个人反抗与现实认同之间,在诗人们的作品中,一度形成了尖锐的对立。曾卓的《母亲》①,很容易让人想起艾青的《我的父亲》。在这首表现承受与反抗相对立、叙事与抒情相结合的诗中,我们还感觉到有另外一种力量,将承受者与反抗者牵连在一起。那不仅只是血缘关系,还有着一种更深沉、更久远也更复杂的东西存在着。而正是这种对立又关联的现实关系,形成了现实主义的真实的基础。在这种血缘亲情基础上所放大的,就是对于民族性的无法摆脱的认同。但是,方然的《回去,回到黄河!》却对这种共同的民族性的现实形态提出了批评。战争道德——对于一个正在遭受外来侵略、正在开展民族独立战争的国家的知识青年来说,战争道德判断,首先不是战争中的具体行为的正义性的判断,而是战争中的民族立场的选择,并在民族立场的基础上,又向前迈出了半步。《回去,回到黄河!》很典型地反映出这种道德选择上的过程性及其最终结

---

① 《诗垦地丛刊》,第一辑。

果。"别说这里肥雍雍的地面吧……春天,蒸发着的是难堪的恶臭/六月炎天,/蚊蝇,臭虫,苍蝇……我彻夜不能安眠,塞着人窒息,昏眩。"所以,在作出了在"黄河"与"这里"的是非判断之后,"我"不能够仅止于道德判断,还必须有行为上的选择,因为在这种道德判断与行为选择之间所产生出来的情感与思想张力,构成并支撑出来诗的结构和道德审美空间,它们不仅直接关联着时代语境,还直接产生出让人感动的诗的思想力量和精神力量。所以,当诗人这样亮明自己的立场与选择,"回去,我也该回去了!/回到黄河。/我不能/在叹着苦闷与焦虑/让剥蚀掉我的热情与骄傲"的时候,我们并不感觉到那只是一种声嘶力竭的空洞。

战争语境直接催生或者导致了一种直接的、强大的、毫不隐晦的现实语言的产生,并将生命的最高意义与现实选择的可能性在诗的语言中得以尝试。邹荻帆的《投给武汉》,表现了在血与火当中生命成长的喜悦与意义。很容易在道德化了的抵抗行为与逃离战争的日常世俗行为之间进行战争道德判断,这也是绿原的《雾季》所描写并表现的一种战争现实。前进与后退、抵抗与逃离、牺牲与苟全、英勇与懦弱……这样的是与非的判断,被置放在整个生存环境的长镜头式的、全景的扫描当中,进一步凸显了战争语境中个人判断和个人选择的道德属性。而这种道德属性有时是通过行为对比暗示出来的,有时则是诗人直接呼喊出来的。而在对生活所作的全景式的扫描中,日常生活———一种健康的、符合人性的日常生活,与战争对生命、对人性、对美的剥夺之间的对立,被转化成为一种灰暗、腐朽、无聊、堕落、贫穷等的日常生活,与一种自愿献身行为之间的对立。这种对立首先在行为逻辑上否定了日常生活的价值和意义,也就是说,当下生活本身并不值得留恋,而献身也就成了不自甘堕落的一种"洁身自好"式的唯一可能,一种个人道德上轻而易举就能够、更应该作出的现实行为选择。这是一个非常值得注意的思想逻辑。为什么牺牲——包括自己的爱情、生命这些构成我们日常生活和生命意义的最基础的存在,在这种战争道德逻辑那里,在这种诗的语言所揭示出来的牺牲那里,却不能够充分地显示出牺牲本身的力量呢?是不是在诗人的思维当中存在着比较简单化了的二元对立呢?而在文本中作为被舍弃的一方，原本也是包括爱情、生命的，但在文本诗的语境当中并没有对此予以同样应有的关注，或者说，这些是处于被忽略的境况的。毋庸讳言，在这一时期的《诗垦地社丛刊》中有些战争主题的诗歌中，更常见的，确实不是着力描写或者表现自在主体行为选择上的矛盾痛苦、犹豫不决，而是更着力于表现行为选择上的大义凛然；不是着力表现生命、爱情的绝对价值与可贵，而是更着力于表现牺牲的义无反顾和勇士行为的酣畅淋漓。在这种诗的语境当中，判断与选择都是明晰的，毅然决然的。这是在诗的战争文本当中所呈现出来的战争道德与个人选择的时代民族所期待的朝向和应有的可能性。

当然，如果我们将"诗垦地"中的作品推置于时代的总体文学语境和诗的语境当中，我们就会发现，这些战争所引发的"片面"性，又会在诗的总体语境当中得到平衡。当我们试图把握战争状况下一个民族情感、精神与行为的总体面貌的时候，我们才会去进一步思考这种片面性或者多样性产生的历史的、文化的、社会的深层缘由。同时又在这样的探询和思考中，真实地感受到七月诗人留给文学史的深刻烙印。

并非没有群体内部或者诗人个体精神上与艺术风格上的内在平衡或者多样性的回应。在"诗垦地"第一辑集中高扬的战争主题之外，也有对和平的进一步探究。《黎明的林子》就有"象征派"和浪漫派诗人笔下常见的对于静美与个人内在情爱精神世界小心翼翼的探寻与展示，"你，披散着苍翠的绿发／安详而又恬静地／伫立在小坡的／黎明的林子呵，／我又来走访你了。"在"林子"与"进入者"之间，有一种因为小心翼翼而显呈出来的关系，而维持这种关系的，是一种神秘而神奇的力量，所以，"黎明的林子"本身，并没有让我们感到更多的神秘，我们反而会对这种关系产生兴趣。"林子"与"我"之间，并没有任何直接的对话或者类似的交流，只有"我"的心理的一步步展开。只有当我们进一步了解了"死者"的死之所在，明白了"我"的悼亡之泪水为谁而流，我们才会对"我"的"步履艰难""小心翼翼"地"探索""我的进路"表示关注，这不是一种轻而易举就可以作出的选择，更有一种从根本改变"我"的努力。但是，尽管"我"走着，"非常困难地,沉默地走着呀",却最终"走到黎明的路口了"。

而《再生的日子》给予了我们一次相对完整的对于生命的可贵尊严与牺牲行为之间关系的思考的直接碰撞,而它所背依的西方宗教人文语言背景,确实给战争的非正义性和个人的牺牲之间建立起一种更开阔的内在精神对话交流结构。类似的思考在《风雪的日子》中亦有表现。文本最先吸引我们的目光的,是它所描写出来的视觉之物,以及在此过程中所外溢出来的感觉之情,包括这些物与情所暗含着的时代历史寓意。并不是静物的形状和形态,而是"物"充满动感的历史力量和现实力量的较量。而在较量中对弱小纤细一方的同情,被赋予了一种超越战争法则的时代的道德寓意。"等待"因为物与物之间道德化了的力量较量的时代寓意,而具有了朝向民族正义和道德正义的双重意义。而等待的自然属性,则完全消失了。

诗人的历史感、诗人与时代性格之间的关系等,最终都是通过语言、通过文本得以落实的。而文本一经产生,它在历史中漂浮的经历,又在不断地实现着、丰富着、改变着文本的寓意。我们不妨就冀汸的《春天来了》中的一段诗句来对此进行探讨。诗中有这样的句子:

敬礼!
　伟大的
　人民的领袖。
敬礼!
　中国历史的
　舵手。
敬礼!
　地球东方的
　启明星。

这首诗的写作时间是解放初期。30多年之后,诗人自己分析了上述诗行在不同的历史主流语境当中可能的不同命运。"这些解放初期热情喷发不暇推敲的诗行,如果出现在'文革'期间,不仅能成为'响当当的革命派'语言,粉碎'四人帮'后还可以据此上纲上线,抓我的'三种人';若是今天写这种诗则又会被有的人认为'思想'左得出奇,僵化之至。"①语境的变化,直接决定了文本语言的内涵和艺术价值,这种现象,在那种集体共鸣文本那里表现得尤为突出。而语境的变化本身,又是个人所难以预见和把握的,这不仅是那种带有"政治抒情诗"色彩的诗歌文本的历史尴尬,似乎也是曾经在时代的喧嚣共鸣中加上了自己"菲薄"呐喊的诗人们无法逃避的宿命渊薮。

三

我们的诗,自五四文学革命以后,道路是有了,但更宽阔的却仍须由人民的脚步踏出来。目前虽还有些学者死抱着日本的短歌俳句以及欧洲的十四行诗喘息,此外不少昔日威风凛凛的革命诗人,也丢弃了那面他们曾经为它奔走呼号的新诗的大旗,而默默无声躲到陈旧的平平灰灰的营垒里去了。但这些原不足怪。可惜的是,抗战以后的诗虽然完全摆脱了形式的羁绊,大部分却依旧是呐喊多于描写,五卅以后的那种放浪的习性至今也还没有改。他们只笼统地表现了一种民族的反抗的情绪。有时全凭单纯的感情铸造,而不惜从现实面前游离了开去。例如憧憬将来,憧憬光明是好的,但所谓将来与光明,也还是我们这一代的人去争取创造的;以至有时大声疾呼一通,而自己并不知道自己是在喊些什么,更谈不上对于我们社会以及这时代这人民的特殊影响了。于是毛病还是落进那口号式的故套里——其实就是超时代的,虚空的,幻脱的了。②

在诗的语言的"掘进"和"创造"方面,20世纪40年代的历史语境,直接影响到诗人们对"作为刀的作用的真的语言的美"产生了共同的追求,但是,这种美,

---

① 《历史法庭上的证词》,收录于《无题之什》,时代文艺出版社1999年版,第35页。
② 柳南《诗的道路》,《诗垦地》之二《枷锁与剑》。

这种"真"的"语言"的"美",不是直接来自于思想,更不是直接来自于对思想的声嘶力竭的叫喊,而是来自于"形成作品的情景,性格,思想的每一语言的正确、明了、音乐性等的创造"。

我们可以就冀汸20世纪40年代的一些诗歌文本对此展开个案分析。

正如诗人绿原所言,冀汸的诗,不少是"随着时代晴雨表的升降而创作的一些战斗者的悲歌和欢歌"①,但是,这些作品,绝不是对于政治和时代任务的教条式的、机械的宣传,而是诗人"具体的情景""性格""思想"的"正确""明了""音乐性"的创造。他的第一首长诗《跃动的夜》,就是"以朴素而真切的形象语言歌颂了流血的土地所蕴藏的中国人民不可凌侮的精神力量,迄今读来仍觉虎虎有生气,仍令人神往于诗人对祖国母亲的伟大梦想所发出的热情呼唤"②。《渡》是冀汸1940年从湖北宜昌逃往姊归途中创作的长诗《两岸》中的一章,尽管整个作品被胡风认定为"失败之作",但单就这收发在1942年《诗垦地》第三辑中的完整一章来看,它饱满而紧凑有力的结构、开阔而有层次的画面感、娴熟而准确的形象语言、酣畅而粗犷的情感表达、丰富而不显单薄的意味、现实主义的主题意蕴等,至今读来还是令人激动不已。或许诗有某种散文化的倾向,过于专注于形象的刻画,但是,文本中自然地流动着一种"跳跃的、灿烂的闪耀的感情的韵律",具有一种撼动人心魄的力量。而写作这首诗时的诗人不过20岁。写于41年的《旷野》,则描写和表现了生命、动感和力度。在长长的诗行中,依然能够保持着语言的纯净与沉着,即便是激越的情感,也依然是有节奏地舒张着,并不让人觉得是在肆意地、无节制地唐突与乱窜。语言的画面感,油画般的浓厚的色彩所自发地呈现出来的质材的力度,克服了有些地方因为显得随意而对整首诗的力度感和饱满有力的总体形象所产生的损伤。我们确实能够感觉到诗人所受到的胡风文艺思想的影响——如果我们熟悉诗人与胡风之间的关系的话,但是,我们更多地感受到的,那些迄今依然真正感动着我们的,首先还是属于诗人

---

①② 绿原《灌木年轮·校读小记》,第232页。

内心的、从生活的深处发掘出来的东西,而不是某个文艺批评家或者理论家的教导。《宁静的夜里》能够在画面和形象的交互冲撞中,凸显主题与情感的起伏与丰满。而那些思想的力度,也是从现实生活中发掘出来的、源于诗人内心的情感和精神体验(《罪人不在这里》)。即便是那些给战斗者以鼓舞的"政治"诗篇,也并不让人感到情感与思想的单面性和平面性。相反,"因为有了光就不是暗夜/因为有了热流就不能冻结/绿色的生命所能呼唤的/冰山一定要拒绝","暖风要吹/阳光要透射/呼吸要有声音/醒着的要站起来……""我不哭泣/才鞭笞得更重吗?这就完全对了/——鞭子是你的/意志是我的","我死了/也不要赞美诗/不要铜像","鞭子不能属于你/锁链不能属于我"等诗人笔下这样大量的诗句,都达到了感受、语言、主题的高度统一,凝练有力。而站在这样的语言文本之后的,始终是一个独立的、自在的、自由的冀汸,一个深深地眷念着自己的祖国和人民的冀汸。在诗人这里,对民主、自由、主体性的独立与尊严的呼唤和捍卫(《誓》),对压迫者、专制和独裁的批判(《雾》),对死亡和压迫者的诅咒(《雪天》),对希望、生命、自由的赞颂(《笋芽》)等,无不是从诗人的内心深处发出的真实的声音。

歌唱真实——一种超越了一般意义上的自然的更高形式的自觉——真实(《致约翰·克利斯朵夫》),不仅只是诗人在艺术上的追求,也是诗人在思想上的目标。"只要是真实的,都是好的/只有真实的才是能够战斗的。"这样的真实,是一种主观精神高扬下的情感和思想的真实,一种从生活深处发掘出来、又属于诗人内心灵魂的结晶。它蕴藏在生活的密林当中、地层之下,已经很久很久了,它最终等到了诗人的到来和发掘。经过这样的发掘出来的真实,该有着怎样的撼人的力量呵!

这样的例子还有很多。我们可以肯定地说,1949年以前的诗人冀汸,是一个成长在自己的艺术空间、行走在自己的精神轨道上的诗人。他找到并创造了属于他自己的诗歌语言风格,当然,他又是站立在他所属于的那个诗人群体当中,站在民族时代的电闪雷鸣之中,与千百万中华儿女共同地发出时代的最强音的。这种声音,虽然生发于那个特定的时代,却成为整个民族新的精神力量的一个重要组成部分,那是一种像朱自清先生所说的那样更适合于"朗诵"的民族的时代声音。

四

一代人有一代之事,当我们听到诗人所发出的伤恸的质问,"中国呵/你有多少哀伤/是我诉说不完的"的时候,我们首先明白,这样的质问是从 20 世纪 40 年代的历史语境中发出的,但是,它又牵连着中国的过去与未来,并因此使得诗人的质问具有了一种历史的超历史力量。这种力量来自于诗人内心,又在时代、人民那里引发了强烈的回响。这种回响,一直延续到现在,并在那些敏感而深刻的心灵里,依旧能够引发深切的精神共鸣。而这,究竟是现代汉语诗歌的不幸,抑或是有幸呢?

原载张业松编《待读惊天动地诗——复旦师生论七月派作家》,安徽教育出版社 2008 年版

如何当家？怎样做主？
——重读鲁煤执笔的话剧《红旗歌》①

陈思和

1948年底,25岁的青年诗人鲁煤完成了大型话剧《红旗歌》初稿。这个戏的创作形式很有意思,著作的署名有六个人,注明是集体讨论,鲁煤执笔。据鲁煤介绍,这个戏最初由陈淼、鲁煤和辛大明三人讨论提纲,分头写作,鲁煤负责统稿。后来证明这样的创作形式是失败的,改由鲁煤负责写出初稿。在修改和演出过程中,又有三位参加执导的人员刘沧浪、陈怀皑和刘木铎加入讨论,基本上是提供剧本的修改意见,真正的执笔者仍然是鲁煤。

鲁煤参与了接管石家庄的大兴纱厂的工作,并通过在实际工作中与工人的接触,或者说,根据鲁煤本人对于未来工人新生活的独特理解,创作了这个作品。鲁煤的回忆录《从石家庄出发,"打着红旗进北平"》中记载了这段生活的主要内容。②当时,鲁煤作为华北联合大学文艺学院文学系刚刚毕业的一个创作人

---

① 2010年8月里,中国戏剧家学会、中国解放区文学研究会为七月派诗人、剧作家鲁煤先生举办其创作六十五周年的研讨会,鲁煤先生给我发了请柬,但是,因为我当时正忙于筹办复旦大学中文系八十五周年庆典,安排不出时间写论文,就没有出席会议,但我答应在会议出版论文集时将写一篇讨论《红旗歌》的文章,谈谈一个当代的研究者如何理解六十多年前的一部作品。本文就是为鲁煤先生的研讨会论文集而作。

② 鲁梅《从石家庄出发,"打着红旗进北平"》,收入《鲁煤文集2·话剧卷·红旗歌》,中国戏剧出版社2009年版。

员,为"深入生活"去参加接管大兴纱厂的工作,并不是负责实际的工作。鲁煤自己也说,因为他不懂技术管理,无法担任车间干部负责具体的劳动生产,他所参与的工作,主要有四个方面:一是清理阶级队伍、肃清反革命等工作,二是在战备的背景下负责转移机器设备及其他工作,三是参与筹建工会和树立、开展工会日常的宣教等工作,包括组织文艺活动、扫盲班等,四是配合厂领导做些基层的调查研究工作。从时间表上来看:1947年6月,鲁煤于华大毕业留校;1947年11月12日,解放军占领了石家庄;三天以后,鲁煤来到石家庄参加接管工作(其实是"深入生活",进行文艺创作);1948年9月以前,鲁煤创作了话剧《里外工会》并准备排演,后因故停演;1948年12月,鲁煤完成了话剧《红旗歌》初稿;1949年2月,《红旗歌》在石家庄公演;1949年5月,《红旗歌》剧组进京为"五一"国际劳动节献礼,接着,随全国解放,《红旗歌》在各大城市相继公演。第一部正面表现工人新生活的大型话剧就这样在中国两个政权交替之际诞生了。

无论如何,《红旗歌》在社会主义文艺史上应该有它特殊的意义。因为它是第一部用话剧的艺术形式来探讨社会主义制度下工人如何当家做主、如何从资本主义的雇佣劳动制度下单纯出卖劳动力向社会主义集体所有制下的企业主人转变的作品。鲁煤"下生活"的大兴纱厂是一家有近二十年历史的老厂[①],在中国现代民族工业史上有举足轻重的地位。1945年日本投降后,国民党政府接收了大兴纱厂,并进行党化教育,所以解放军占领以后,一度将其作为官僚资本而没收,鲁煤参与的接收就是在这个阶段。但不久后,1948年秋,有关方面已经查清该厂系民族资本的产业,1949年又将其归还给资本家经营。鲁煤创作《红旗歌》的时候,应该是1948年底,大兴纱厂还属于接管

---

① 大兴纱厂全称"大兴纺织股份有限公司",董事会及总公司——"裕大华公司"(其前身即"楚兴公司")设在汉口。1922年在石家庄建厂,以生产"山鹿"白布和"双福"纱等产品,在我国北方地区享有盛誉,也是石家庄产业工人数量最多的企业。1937年以后被日本侵略者强占,1945年国民党接收。1947年解放军占领石家庄以后,大兴纱厂起先作为国民党官僚资本被没收,由新政权接管。但在1948年以后,有关方面逐渐查清其为民族资本产业,1949年又归还给资本家经营。50年代以后才公私合营,今为石家庄市第七棉纺织厂。

时期,尚未归还资本家经营。而那个时候,鲁煤显然已经知道这个厂将作为民族工业的产业归还资本家经营①,以后中国究竟将走什么样的工业发展道路还不明朗。按照当时的主流思想,新民主主义社会还将长期存在,那么,民族工业的经营领导权还可能属于资本家,刘少奇于1949年5月的"天津讲话"就反映了这种观点。

中共七届二中全会是在1949年5月举行的,关于革命重心将由农村转向城市的决策在战火纷飞的1948年还没有形成。中国社会主义工业将朝什么方向发展的前景,并不像农村进行剥夺地主阶级土地以及一切财产的土改运动那么清楚。鲁煤站在即将建立的新政权的立场思考一种现实生活中尚未成形的新的生活状态,即解放了的工人们,作为未来社会的领导阶级的成员,他们如何看待并参与新生活。在这个前提下,根据鲁煤在接收工作中接触到的四个方面的工厂生活,《红旗歌》的故事创作大致可以表现这样三种形态:

第一种形态,描写接管工厂初期的阶级斗争的继续,因为这个工厂在国民党时期受过党化教育,许多职工都被迫加入国民党,也可能混入暗藏的国民党特务或破坏分子,鲁煤在工厂也确实参与过清查国民党分子的"肃反"工作。要从这方面来表现暗藏的特务如何挑拨离间、破坏生产,肯定是符合当时主流的阶级斗争思想。第二种形态,描写战争背景下的工人护厂活动,这也是1950年代初当时比较流行的题材,鲁煤直接参加过在国民党飞机轰炸下护厂以及转移机器等实际工作,这方面内容可以表现得紧张、激烈,也可以写出暴力和牺牲等等,能够吸引当时的观众。在战争状态下写战争下的故事,也有实际的教育意义。周扬最初看了《红旗歌》的剧本,一方面非常支持鲁煤的创作,另一方面也

---

① 鲁煤在1948年秋完成剧本《里外工会》,把以大兴纱厂为原型的工厂背景写成官僚资本企业,"但此刻发生了重要事情,我们党和政府经过认真调查研究,证实原以为是官僚资本的大兴纱厂,实属民族资本,按照党保护民族工商业的政策,应即发还资本家。而《里外工会》是按官僚资本写的,这就不符合实际情况了。"结果《里外工会》停止了排演,鲁煤转而创作《红旗歌》。(鲁煤:《从石家庄出发,"打着红旗进北平"!——回忆〈红旗歌〉创作的前前后后》)。

提出了具体的修改意见，其中就要求作者把故事放在战争的背景下展开，但鲁煤并没有采纳这个建议。即使从今天的角度来看，这两种叙事形态都可以说与具体的现实生活斗争有直接关联，也比较符合戏剧要求有非凡故事的艺术特点，而且在往后越演越烈的阶级斗争理论中，从阶级斗争和战争背景角度来创作的思路，依然是主流的方向。如《红旗歌》里有一个细节，落后工人故意将白花放入竞赛对手的车斗里，造成了对生产的破坏，相似的细节后来出现在样板戏《海港》里，变成了阶级敌人有意破坏，将玻璃纤维放入出口大米袋里。我这么分析的意思是，鲁煤在创作《红旗歌》时存在着多种叙述形态选择的可能性，但是，鲁煤没有按照一般的流行的表现形态来创作，而是采取了第三种叙事形态——既没有战争背景，也没有阶级斗争和肃清反革命，而是直接描写了即将成为新社会主人的工人的劳动方式和生活方式，用日常化的生活形态来展示作者对未来生活的描绘和向往。这不能不说，是作家对变动中的社会生活的前瞻理解和主观热情所致。在题材选择上，前瞻性似乎比主观热情更重要，主观热情可以同样用来描写战争和肃反，而只有对社会发展的前瞻性的理解，才可能导致作家对于具有社会主义性质的劳动竞赛情有独钟，围绕劳动竞赛来展开描写工人对于未来生活的态度，在这一点上，鲁煤确实站在了时代的前沿。

这一点，作为当时文艺界的领导人周扬已经敏感地意识到了。虽然，他自己对于未来生活图景以及如何切实地用文艺创作来体现社会主义的意识形态，并没有具体的想法，而且，在中共七届二中全会召开以前，沉湎于战火中的最高当局也未必对未来社会的工人阶级如何发挥主人的作用有过成熟的思考，但是周扬在鲁煤的创作中敏锐地意识到这是一部代表未来方向的剧作：鲁煤以他特有的政治热情，已经从生活中发现了处于萌芽状态的新的劳动形式和生活态度，及时地把它用艺术形态表达了出来。工人的劳动竞赛，既是一种被社会主义国家明文确定的组织劳动生产形式，又是在生产资料私有制的社会形态下不可能实行的劳动形态，它只可能产生在新的社会制度，即工人阶级在实际生活中真正有了当家做主的感受，才有可能从生命本能中爆发出来巨大的劳动热情。①当作家选择劳动竞赛作为叙事主题时，他已经充分感受到工人在这样一种带有社会主义性质的生产形式中表现出来的与以往被动地出卖劳动力所不一样的劳动态度和热情，并且有力地把这种态度表达了出来。周扬显然是注意到这一特点，他在赞扬《红旗歌》的文章里特意分析了围绕劳动竞赛的场景：

  《红旗歌》第一次把工人在生产竞赛中所表现的高度的劳动热情及在生产竞赛中所发生的问题搬到了舞台上。剧本一开幕就展开了生产竞赛的热烈的场面。女工们完全卷入了红旗竞赛的热潮中了。当细纱组生产组长也是工会分会主任的老刘说："这些小闺女们哪！看着那红旗比命还值重哪！"一个女工马上答嘴："我们自个儿为了积极生产，发动的竞赛，自个儿流汗挣来的红旗，为什么不值重啊！"这些女工们为了争取红旗，饭不吃、水不喝地干着活。正如组长老刘所说的："半年以前没解放的时候，他们做梦也没想到会过的这么痛快，也没想到这辈子还有这么大心劲儿……"工人们一经解放，他们的政治觉悟就很快得到启发和提高；他们蕴藏的劳动的创造的热情和精力就会像源源不绝的泉水一样喷射出来，他们凭着这股劲儿就能够改变世界的面貌，创造出历史的奇迹。在竞赛中涌现了大批积极分子，他们和落后分子划分了明显的界限。一切工人，先进的和落后的，都将在竞赛中受到严重的考验。②

---

  ① 关于社会主义劳动竞赛，百度百科的词条解释如下："社会主义国家为充分发挥劳动者的主动性、积极性和首创精神所开展的，以普遍提高劳动生产率和工作效率为目的的群众性竞赛活动。"在该词条的相关举例中，苏联社会主义劳动竞赛的经验具体地解释了它的精神："苏维埃国家建立初期，劳动竞赛的形式为共产主义义务星期六。1919 年 5 月 10 日，莫斯科—喀山铁路工人第一次举起了共产主义义务星期六的旗帜。同年 6 月，列宁在《伟大的创举》一文中给予了高度的评价。……1925 年召开的联共（布）第十四次党代表大会把它确定为工人参加生产管理的一种主要形式，并一直沿用下来。在 1930 年代初期，劳动竞赛的形式为突击手和突击队运动，特点是充分利用工作日，提高产品质量。1935 年的斯达汉诺夫运动是影响最深远的劳动竞赛形式。1935 年 8 月 30 日，顿巴斯"中央—伊尔明诺"煤矿采煤工 A. r. 斯达汉诺夫（1906—1977）在一个工作班的时间内采煤 120 吨，超过定额 13 倍，创造了当时世界上采煤的新纪录。……联共（布）中央在 1935 年 11 月 17 日召开了全苏斯达汉诺夫工作者第一次会议，同年 12 月并在中央全会上确定了各部开展斯达汉诺夫运动的具体措施，从而使这一社会主义竞赛运动得到推广。（内容有删节）

  ② 周扬《论〈红旗歌〉》，收《鲁煤文集 2·话剧卷·红旗歌》，第 311—312 页。

江声浩荡七月诗

尽管在中国现代文学史上曾经有过以工人为题材的作品,描写工人武装起义、罢工斗争的创作也不少见,但这些都反映了早期民主革命时期革命政党与城市工人结合斗争的印迹,随着1930年代中共改变了城市暴动路线转而坚持农村包围城市以后,中共与城市的工人运动的关系基本上隔裂了。这一点,周扬非常明白,他明确地说:

> 我们进入城市第一个遇到的重要问题就是如何依靠工人,恢复与发展生产工业生产,学会管理工业。由于我们党自1927年大革命失败以后,退入农村,在农村坚持斗争二十年之久,在这二十年当中敌人一直占据了城市,因而造成了共产党与自己的阶级——工人阶级长期隔离的状态,以致我们胜利回到城市的时候,不但许多工人受了敌人长期欺骗宣传的影响,对自己的政党不能立刻认识;同时我们的许多干部,他们大都是农民出身,或是长期在农村斗争过来的,对于自己的阶级群众、城市产业工人也一度发生了生疏的、"格格不入"的感觉。许多干部缺乏明确的"依靠工人阶级"的思想。①

其实,周扬面对的困扰,正是即将召开的中共七届二中全会所要解决的问题:一个自认为代表了无产阶级根本利益的政党经过了二十年的农村斗争,其主要干部也都是来自农民,现在要通过武装斗争来夺取全国政权,要面对真正的自己的阶级群众,它将如何依靠工人阶级来探索和建立新的生产关系,回到工人阶级的立场实现社会主义的理想。这个任务,也就如列宁在《伟大的创举》一文中指出的,共产主义义务星期六是比推翻资产阶级更困难、更重大、更彻底、更有决定意义的变革的开端。②周扬在这个意义上充分肯定了鲁煤的《红旗歌》的创作。这也是当后来鲁煤因为胡风冤案的牵连受到批判和打击时,作为胡风的敌人周扬却一再保护他以及《红旗歌》的原因。③

---

① 周扬《论〈红旗歌〉》,收《鲁煤文集2·话剧卷·红旗歌》,第311页。
② 《列宁选集》第四卷,人民出版社1972年第2版,第1页。
③ 关于《红旗歌》受到当时《文艺报》的批判,以及周扬保护鲁煤和《红旗歌》的经过,可参阅鲁煤的回忆录《〈红旗歌〉与胡风"七月派"——胡风百年诞辰学术讨论会专稿》《为〈红旗歌〉,周扬与胡风冥冥中合作——我与胡风恩怨实录》,均收入《鲁煤文集2·话剧卷》。第423—451页。

如何当家？怎样做主？

但是，还是因为受到胡风冤案牵连的影响，以及后来中共在五六十年代的社会主义建设过程中并没有放弃"阶级斗争"的主导理论，也没有淡化战争文化心理在实际工作中的影响，所以，鲁煤的《红旗歌》的前瞻性及其寓含的共产主义的因素并没有受到太多的重视。在一般现代文学史上，1940年代后期的解放区戏剧创作中，《白毛女》是一枝独秀的代表，而《红旗歌》很少被提起。如果解放区文学基本上可以定义为在延安文艺座谈会以后出现的"党的文学"的话，那么从中共革命的历史任务而言，反映民主革命农民翻身的《白毛女》和反映新社会工人阶级领导生产的《红旗歌》，应当是当时革命舞台上的"双璧"——从民歌为主旋律的新歌剧到西方文艺形式移植的话剧，从旧社会的农民翻身故事到新社会的工人当家宣言，从传统的"人鬼"传奇到新型的劳动生产画卷，反映了历史过渡时期的两个重要的时代主题。①

一部优秀的作品的构成，不仅仅靠社会意义的前瞻性和题材的先进性，而是要求文本自身的艺术力量。构成戏剧的主要因素还在于如何表现矛盾冲突和人物塑造，而表现社会主义劳动竞赛的主题则很难使这些因素达到完美的境界。劳动竞赛本身是一个未来社会的乌托邦，它的理论基础是建立在马克思关于未来社会人们克服私有制造成的劳动异化、使劳动回归人类本质的设想之上，正因为意义重大，当苏维埃工人在义务劳动中爆发出巨大热情时，列宁及时地抓住这一新生事物，给以高度的表彰。但是这样一种劳动形态要构成戏剧冲突则有很高难度（如田汉后来创作的《十三陵水库畅想曲》，就是一部失败之作）。所以，鲁煤《红旗歌》的成功，不但是因为在舞台上第一次表现了社会主义劳动竞赛的主题，更主要的是他围绕了工人劳动竞赛以及由此引起的冲突的描

---

① 这个观点，最早是胡风提出来的。据鲁煤在《为〈红旗歌〉，周扬与胡风冥冥中合作——我与胡风恩怨实录》第九章中说到一个细节："1950年下半年的一天，当时，苏联为中国拍摄的两部彩色纪录专题片——《中国人民的胜利》（介绍中国人民推倒三座大山取得革命胜利）和《解放了的中国》（介绍新中国掀起和平建设的热潮），正在上演。当时，胡风住在北京煤渣胡同《人民日报》宿舍里，我们谈到《解放了的中国》中有歌剧《白毛女》舞台演出的镜头。胡风忽然说：'反映新中国的建设，应该采用《红旗歌》么，《白毛女》应该放在《中国人民的胜利》中。'"（同前，第444页）他也是从历史发展的观点来肯定《红旗歌》。

写，表达了一个工人日常劳动生活和时代大趋势结合起来的主题，那就是工人当家做主的愿望和试验。应该说，在社会主义社会中，劳动者（尤其是真正的无产者产业工人）究竟如何从一般的劳动力出卖者转换为劳动对象的主人，如何从社会底层的被统治阶级转换为社会所有制的主人翁，无论在当时还是现在，这都是一个值得探索和实践的尖锐问题。回顾中国半个多世纪来社会主义建设的历程，工人当家做主有没有真正地实现并且完善，也是一个值得质疑的尖锐问题。正因为它所含的乌托邦和现实社会主流意识之间构成的鲜明对立，我才以为《红旗歌》所表现的主题在今天也没有过时，同样激发我们对于现实社会中某些劳动态度以及工人（包括所有的体力劳动者）的社会地位的严肃思考。

如果说，《白毛女》讲述了一个农民翻身的传奇，那么《红旗歌》所要探讨的是工人如何当家做主的故事。这个话剧避开了一切可以构成戏剧冲突的传奇要素，如战争、飞机轰炸、特务破坏等，集中描绘了一个非常现实的问题：工人在即将开始的新生活中，如何当家？怎样做主？这是在中国文学史上全新的命题。革命的硝烟尚未结束，新生活的序幕刚刚拉开，中国未来的道路十分迷茫，新的社会形态究竟如何形成，都没有标准的答案。一切都需要从实际出发，从最初的起点上进行探索和实践。这个任务对于25岁的鲁煤来说似乎有点沉重，我们至今还不太了解，鲁煤在创作《红旗歌》以前接受过哪些教育和影响，使他自觉地描绘了一个乌托邦式的工人阶级新的生活关系。

社会主义社会解决了国家生产所有制以后，工人当家做主不仅仅是社会主义的口号，它主要体现了一种新的生产关系，即生产资料（如工厂企业）不再属于任何形式的私人所有，而是由工人为主体、工厂企业的所有成员共同所有、利益攸关的生产单位，为了克服马克思所说的劳动异化，社会主义的新的生产关系切实表现为工人与劳动、工人与生产资料所有制、工人与企业管理、工人与工人四大关系的重新调整。《红旗歌》正是在这四大关系调整中组织剧情矛盾与人物冲突，它所展示出来的，是真正的新的艺术世界。

首先是工人与劳动的关系的调整，这是剧本最主要的剧情和矛盾线索。大幕拉开,舞台上一派热气腾腾的工厂劳动竞赛场景,工人们被热情所驱使,提早三刻钟冒雨来到工厂车间准备上岗,剧本故事特别提醒观众:这是争夺红旗的劳动竞赛而不是一般的上班出工。剧中主要人物、落后分子马芬姐与先进分子的矛盾冲突也是来自于对待劳动竞赛的不同态度。马芬姐是一个有经验的看车工人,用彭管理员的话说,"马芬姐的工龄比你们哪个都长,马芬姐手艺比你们哪个都好"。因此,在劳动的技术和经验方面,马芬姐并不落后,关键还是对待劳动态度,尤其是对待集体主义的劳动竞赛的态度。马芬姐与积极分子张大梅吵架时有过这样的表述:"张大梅,你不提竞赛算没事儿,你一提竞赛咱们是解不开的冤仇!以前工友多好哇,各干各的活儿,各挣各的钱,谁也不找谁的岔儿。偏是你们这些积极分子、干闺女们,发动什么竞赛,分什么这个积极、那个顽固,把这个圈在墙里、把那个推到墙外……"①请注意,马芬姐不反感一般形态的劳动,在一般形态的生产劳动中,劳动方式是个体的,每个工人只对自己岗位的生产任务负责。每个出卖劳动力的工人,虽然他的工作可能处在生产的流水线上,但是他仍然是个体劳动者,与别的劳动者不发生横向联系,他们的劳动只是纵向的对工厂、工厂主、管理人员负责。但是社会主义劳动竞赛是一种新的劳动方式,每个工人的劳动不再是孤立劳动,而是汇入到一种集体性的、你追我赶的指标考核中,个体的劳动与个体的劳动之间发生了直接的关系。如剧本描写的,小组与小组的竞赛使小组成员成为一个整体,一个工人落后就影响了全组的竞赛指标,工人的劳动不仅对自己和工厂负责,同时也对整个小组成员负责。于是,作为劳动单位的小组内部就分出了积极分子和落后分子,有了高下之分和等级之分,也有了矛盾的冲突——积极分子为了争夺先进就开始歧视、排斥甚至要求调离落后工人。本来是孤立封闭、处于隐秘状态的个体劳动被暴露在集体的眼睛之下。马芬姐在另一个场景里自怨自艾:"哼,竞赛才不过两个星期,总共也只有二十天,就让你们弄得我站没站处,立没立处,没处藏,也没处躲!? ……你们把我当成大粪车似的,谁见了谁恨,

---

① 本文所依据的《红旗歌》版本,是《鲁煤文集 2·话剧卷·红旗歌》所收的剧本,第 180 页。

走到哪儿哪儿臭!?……"这样的语词和语气,让人联想落后分子在工厂发起竞赛后遭遇的巨大的精神压力和紧张的人际关系。事实上,集体劳动竞赛不仅刺激生产积极性、促使提高生产力,同时也是把生活中存在的积极、中间、落后三种状态的人群捆绑在一起,通过鼓励积极、团结中间和孤立落后,让工人在自己管理自己、自己监督自己的生产机制里,整体性地提高劳动积极性和思想觉悟。正如彭管理员教育大梅的:"搞红旗竞赛,要完成生产计划,达到指标数,必须要进步工友带动落后的呀!"生产竞赛不仅仅是一种生产方式,还是通过生产活动来进行的组织动员、思想教育以及灌输社会主义意识形态的形式。剧本取名"红旗歌"的意义很具体,就是指班组之间的红旗竞赛,通过生产竞赛争夺红旗的意思,但"红旗"本身的象征性,也包含了"解放""革命""新中国"等意义,两者结合起来看,作家赋予了社会主义生产竞赛全新的历史使命和重要意义。

其次,是工人与生产资料所有制(工厂)的关系的调整,这是从工人与劳动关系的改变生发而来的。由于工人在生产竞赛中有了当家做主的良好感觉,劳动才可能成为一种自觉行为,在竞赛的过程中,工人不知不觉地与工厂站在同一个立场。《红旗歌》故事发生的时期,社会主义工业的生产关系还没有真正形成,舞台上体现新型生产关系的"工厂"仅仅作为模糊的背景存在着,具体表现的是一个很小的生产单位——班组,最高领导是"本班生产管理员"彭管理员。在"班"下面还有两个以上的"组",其中一个是细纱组,领导是生产组长兼分工会主任老刘。这样,我们从舞台上看到了这个小小的"班组"存在着两个领导系统:一个是生产系统,一个是工会系统。舞台上彭和刘都非常忙碌,不断地召集或者去参加各种会议,暗示了当时的新时代特点。同时我们也看到,彭的工作是领导班组的生产活动、组织竞赛考核以及负责政工方面的工作,是主要领导,而刘的工作是沟通工人与班组领导之间的信息,反映工人意见,负责工人各种福利(分发配卖米面的票证、分发各种竞赛奖品)等等。当工人之间发生纠纷时,工会与管理员同时参与处理。班组里只有两个中共党员:彭管理员和先进工人金芳,因为战争环境,他们的党员身份都没有公开,共产党对工厂的领导是通过党员工人在群众中建立威信来体现的。工会的活动中,非党员的刘主任不停地反映工人对工厂管理的意见,协调工人与行政管理部门之间的关系,代表了工人民主管理的一种尝试。也就是说,工人与工厂的关系,是通过倾向共产党的工会来调整,通过具体党员以先锋模范作用在群众中建立起威信,逐渐改变工人与工厂的关系。在资本主义社会中,工人与工厂之间是对立的,这是劳动异化的一个重要方面,工人们以破坏机器设备、消极怠工、罢工等不同形式体现了仇恨情绪。但自解放军占领接管了工厂以后,这种仇恨、对立的关系就发生了变化。党员工人金芳对马芬姐说:"芬姐,要是解放以前,我也不这样劝你;那时候,咱们受国民党压迫,吃不饱、穿不暖,我也偷厂里的纱,我也跑茅房去歇着;那时候,咱们那样做是对的,可今天还这样做就完全错啦。"①就是说,落后分子马芬姐在"半年前"所做的消极怠工的一切行为,积极分子、共产党员金芳也同样做过,并不认为是"落后",而在半年以后,工厂属于共产党了,工人再这样做就是落后了。这里完全回避了作为个体的人的素质教养和职业道德,只是将"工人"作为一个与"工厂"相对立的群体符号来塑造。那么,作为"落后分子"的马芬姐要向金芳提出质问:你凭什么这么说?马芬姐在日本人和国民党统治时代两次被开除出厂,作家描绘她是"一个被旧世界的剥削、压榨、凌辱所歪曲了的性格,一个痛苦、孤僻、倔强甚至有些无赖的性格"②的工人,显然,仅仅靠金芳用共产党来后配发打折的生活品作例子,是不能完全让马芬姐这样有丰富生活经验的"落后分子"信服的。这就构成《红旗歌》的主要矛盾冲突——厂方如何处理已经犯了"破坏竞赛"的错误、并与生产管理部门发生激烈冲突、自行辞职、又陷入绝境的马芬姐。按照一般情况,作为劳动力的工人与作为组织生产管理的助理员之间发生冲突时,厂方从利益考虑也是站在助理员一边的,更何况工人马芬姐的"落后"行为已经构成了"破坏竞赛"的事实。但是,剧中情节还是出

---

① 《红旗歌》,《鲁煤文集2·话剧卷·红旗歌》,第188页。
② 同上,第153页。

现了转机,第三幕,代表厂方的彭管理员、代表工会的老刘、代表工人的金芳,分别三次去马芬姐的家,访贫问苦,并且请她回厂工作。当然,观众在观剧过程中已经明白,马芬姐的所谓"破坏"行为并不严重,可以接受处分,但不可能接受开除,剧情的最后结果,与观众的预期是一致的,由此让观众与剧中人物一起相信:工厂的主人是工人,不仅是属于先进工人,即使是被认为不合作的落后的工人,仍然是工厂的真正的主人。在剧中,彭管理员是最高的班组领导,因为故事是在工厂的大背景下发生的,所以管理员也可以象征为工厂的实际领导。剧中工人金芳对马芬姐说:"今天工厂是咱们国家的,是咱们工人的,管理员他们代表咱们工人管厂的,……咱们不是常盼着有这么一天,工人受了欺侮厂里给咱撑腰,管工的犯了错误厂里不护着他吗? ——咱们盼的这一天早来啦!"①这一段话很值得分析,在作家的理念里,工厂属于国家(新政权),也是属于工人,但工人本身并没有管理工厂,而是让新政权(彭管理员)代表工人管理,并且在管理中保护工人不受欺侮。工人在新的工厂体制里,劳动积极性来自于工厂是"咱们的",但工人对于工厂的管理意见则是通过工会来向厂方沟通。这个模式及其理念,大约以后在上世纪五六十年代基本是被贯彻下来了。

其三,工人与企业管理之间的关系的调整,又是从以上的工人与工厂的关系生发开来的。其实,剧本所提供的工厂管理的模式与理念,并没有真正体现工人为企业主人的精神实质。因为工人没有直接地参与企业管理,"代表"工人管理工厂的领导也不是工人选举出来的,而且,作为一种社会主义劳动形式的红旗竞赛,仅仅是作为工人劳动热情的体现,没有能够比较彻底地贯彻"各尽所能,按劳分配"的社会主义分配原则,工人在生产劳动中的权益并没有与工厂的利润直接挂起钩来。所以,剧本体现的工厂乌托邦,是作家在战争期间对未来工厂体制的一个粗糙设想。②但

---

① 《红旗歌》,《鲁煤文集2·话剧卷·红旗歌》,第271页。
② 关于这个问题,周扬在《论〈红旗歌〉》里也注意到了,他专门分析:"在《红旗歌》中,工厂的正规的民主管理制度并没有建立起来,这种制度是必须通过工厂管理委员会与工人代表会议等等组织形式才能正式建立起来,这个工厂不过在管理民主化上走了第一步。"第318页。

是,作为一部探讨工人在企业里当家做主的剧本,作家必然要涉及工人与工厂管理制度之间的矛盾。于是,剧中就出现了一个被留用的旧管理人员万国英,一个有技术的知识分子,对共产党的新政权抱有好感,他自觉想在新体制里发挥更大的作用。助理员万国英与工人之间展开的矛盾冲突,体现了旧式企业管理模式和理念与政治上已经翻身的工人的劳动热情的冲突。万国英明确表示,"管理和工人根本是矛盾的",因为"工人生来的就是想多挣钱、少干活儿,管理上就是想增加产量、提高质量、减低成本",所以他认为"真要提高生产,达到标准数,只要管理上订计划、下命令、有魄力、有信心、勤查勤管、有错就罚,就会完成任务,根本用不着发动群众、根本用不着让她们自个儿管理自个儿!"①从今天的企业管理学的发展来看,万国英的话虽然简单朴素,仍有几分道理,代表了一种现代管理制度的理念,但它又是比较原始的、陈旧的管理模式和理念,作家把它与另外一种比较先进的工人参与民主管理、社会主义劳动竞赛等管理模式作为相对立的管理模式,在剧本里展开了讨论,这是相当前沿性的问题。可惜当时还在战争期间,现代工业管理的思想还没有被真正地关注,工厂的现状里也不存在这样的探索,剧本里的矛盾冲突仅仅局限在如何看待工人转变了社会地位以后的劳动热情、领导是走群众路线还是走旧式管理路线等等方面,不能进入深层次的思考。②

第四个问题是关于工人与工人之间的关系所出现的新变化,这也是一个非常有意思的问题。剧中有一个细节,当工人中的积极分子反感落后分子在生产上拖了集体后腿又批评无效时,积极分子使用了"开除"的建议。剧中有这样一个对话(人物是积极分子大梅,落后分子小美姑):

大　梅:(过度气愤,反而说不出什么来,声音也不高了)好,好,好,小

---

① 《红旗歌》,《鲁煤文集2·话剧卷·红旗歌》,第214页。
② 这个问题后来在社会主义中国一直没有解决好,毛泽东发动文化大革命的理由之一,就是认为当时的工厂企业领导坚持用"管""卡""压"一套旧式管理制度来对待工人群众,实行资产阶级专政,他把这套旧式管理制度的责任放到刘少奇的身上,认为刘推行了资产阶级路线。

蘑菇,我们惹不起你们,我们怕起你们了,(推小美姑)你们请出去吧!请出去吧!

小美姑:(退,惊异)请出去?

大　梅:反正我好话也跟你们说完啦,我也没劲儿跟你们吵啦,把你们开除完事儿——你们请出去!

小美姑:(大惊)开除?

大　梅:嗯!以前我劝过你们多少回,叫你们进步,叫你别老跟着死顽固屁股后头跑,你不听,到这会儿要开除你们啦,我再也没法儿救你啦!

小美姑:(急得要哭)谁要开除我们?谁要开除我们?

大　梅:(声音突然高起来)我们!——我们要开除你们!

小美姑:你们!?

大　梅:嗯!我们!(向四下看看,见无人,大声)金芳、月香、仙妮,我们刚才在西段开会决定的,你们要再不好好看车,多出了白花,影响我们达到标准数,我们全组要求管理员开除你们!……

这个文本非常有意思,按照前面引用的马芬姐的话,以前工人受压迫、反抗压迫的时候,"以前的工友多好哇!"那时候工人的目标是相一致的,立场也是一致的,都是被压迫阶级。但是解放军占领工厂以后,实现了新的生产关系,工人当家做主,一部分人积极性焕发出来,成为积极分子,另一部分人仍然把工厂看作劳动异化的象征而仇恨,成为落后分子。工人之间分出了不同的阵营。然而积极分子对待落后分子从歧视、排斥,最后发展到集体要求把他们开除,这一观念的变化,一方面反映了工人中真有把自己当作工厂的主人的意识,同时也反映了普通工人中间,仍然存在着普通农民群体相似的群众暴力的倾向,潜意识里希望能够用群体暴力(或转换为制度的暴力)来排斥、惩罚与自己不合作的人们,哪怕他们也是同样的工人。这种复杂的群众心理极为生动地反映在积极分子大梅、美兰等形象的言行里。

在这方面,作家鲁煤显示了敏感的分辨能力,他在剧本里把如何对待落后工人作为戏剧冲突的主要线索,不留情面地批评了工人积极分子当中急躁的左倾幼稚病,正面描写了努力团结落后工人一起进步的共产党员金芳、彭管理员等形象。我的理解是,每一次局势大变动之际,总是有一部分先知先觉者得风气之先,利用时代风气而呼风唤雨,成为积极分子,也总是有一部分有经验的坚守者、观望者采取保守的态度静观其变,这些人通常被积极分子视为落后分子。但是,现代工人的劳动要真正克服异化而回归人性本质,首先要让所有的工人(而不是一部分积极的工人)获得解放,真正地成为工厂的主人,让他们真正地为自己的价值和自豪而劳动,这是具有共产主义理想的共产党必须认识到的。这个问题首先要解决,然后才能够解决工人与企业管理、与工厂所有制等问题。虽然,在当时的时代局限下,鲁煤在《红旗歌》里涉及这些根本性的问题而没有进一步深入描写,作为正面人物的金芳与彭管理员的形象也不够饱满,不能让观众从这些形象中感受到一种新的理想正呼之欲出,但是,《红旗歌》毕竟在社会主义政权完全建立之前已经提出了这个时代前沿的问题,描写了丰富、形象的戏剧冲突,激励人们对未来作出新的思考。事实上,《红旗歌》发表半个多世纪以来,描写工人题材的作品并不少见,但是就社会主义工业发展中的一些基本范畴和基本问题而言,并没有太大的超越。

中国的当代文学史上,从未产生过像前苏联时期的《叶尔绍夫兄弟》《茹尔宾一家》这样的描写社会主义工人题材的力作,因为我们即使在社会主义全盛时期也没有从理论和实践上认真探讨过,社会主义社会中的工人应该如何当家怎样做主的问题,那么,在工人作为一个阶级的社会地位明显被边缘化的今天,我们重新阅读《红旗歌》,重温半个多世纪以前革命即将胜利、新政权即将建立之际,一个25岁的青年作家尝试描写的那个梦想般的工厂乌托邦,会生出什么样的感想呢?

2010年12月28日于鱼焦了斋

原载《中国现代文学研究丛刊》2011年第4期

地 火 在 运 行
——张中晓与《无梦楼随笔》
刘志荣

一、"无梦楼"中的梦

1955年,胡风案件发生后,张中晓被作为"胡风集团骨干分子"逮捕关押,受审期间因旧病复发,被允准保外就医,回到自己的家乡绍兴乡下,与家人过着贫病交加的日子。在他的笔记中经常可以看到的"寒衣当尽""早餐阙如""写于咯血之后"之类字样,为他此时的极端艰难困窘的处境留下了一些见证。不过与这些生活上的困苦相比,精神上的压抑可能是更为严重的。这种重压逼迫他进行沉重的思考,写于1956至1962年的札记——《无梦楼随笔》[1]就记录了他在家乡养病期间广泛阅读历史、哲学、宗教著作的基础上对时代、历史、民族文化、民族个性、人性、良知等等所作的思考。这是一种个人性的话语。在这种思考之中,个人遭遇成了反思时代神话与民族历史的重要背景,因而其思想与感性就有了一种血肉相联的痛切感与深度,理性的思想与感性的血肉紧密融合,不但使人们惊讶地发现了"思想史上的又一位富有者"[2],而且使得人们必须重估

---

[1] 《无梦楼随笔》,上海远东出版社1996年版,收入"火凤凰文库",本文所引该书均据此版本,下文仅在括弧内注明所引则数,不一一注明页码。

[2] 许纪霖语,其同名文章刊于《读书》1997年第5期。

他在当代文学史上的地位与作用。

在具体论述《无梦楼随笔》前,我们先摘录其中的一段话:

> 孤独是人生向神和兽的十字路口,是天国与地狱的分界线。人在这里经历着最严酷的锤炼,上升或堕落,升华与毁灭。这里有千百种蛊惑与恐怖,无数软弱者沉没了,只有坚强者才能度过孤独的大海。孤独属于坚强者,是他一显身手的地方,而软弱者,只能在孤独中默默地灭亡。孤独属于智慧者,哲人在孤独中沉思了人类的力量与软弱,但无知的庸人在孤独中只是一副死相和挣扎。
>
> ——无梦楼随笔·拾荒集·五十

从这段话可以看出,在写作《无梦楼随笔》时,张中晓必定处于极端的孤独之中,用他自己的话说就是"久幽空虚,已失世情"(《拾荒集》自序)。其书名似乎就暗示了他的孤独与绝望。可是他仍然以难以想象的意志力把这种"无梦"的绝望转化为精神净化与超升的炼狱。《随笔》中的"札记"有一种严肃凝重的风格,在其底下则流动着他的被压制的激情。那种外来的强大打击想必在他的心中造成了强烈的困惑:在《无梦楼文史杂抄》的第一则,他写道:"全部哲学史上的伟大思想家,几乎都提出了一个中心课题(道德原则),即:哲学的任务是在于使人有力量(理性)改变外来压迫和内在冲动",可在第十四则他又写道:"少年时期,真理使我久久向往,真实使我深深激动。但后来,我感到真实像一只捉摸不住的萤火儿,真理如似有实无的皂泡了,康德的阴影逼近我。"但他又以坚强的意志摈绝了这种怀疑最后导致的怀疑与虚无的心态,而宁愿相信"真实是存在的,真理也是存在的",为了免于局促自卑,他要"检点身心","临亢者固须理智克制,处卑时尤须理智照耀,不然阴毒之溃胜于阳刚之暴,精神瓦解,永堕畜生道矣。"(《拾荒集》序)在这个意义上,《无梦楼随笔》展示了一个正直的知识分子,在遭受灭顶之灾后,抵抗虚无的威胁,重新恢复对人类、人性与良知的信任的心灵历程。

"一个人最大的不幸,是使他看到他所不愿意看到的——战争、哀悼、愚蠢和憎恨等种种不幸"(狭路集·七一),可是这种种不幸,都让张中晓遇上了。他要反思这种种不幸与灾难及其根源,就不能不把目光投注到那外来的压迫上。在这方面,他的言辞端而敏锐:"在颠倒的世界和混乱的时代中,人们的言论悖理和行为的违反人性,是当然的现象"(无梦楼文史杂抄·五七),"对待异端,宗教裁判所的方法是消灭它;而现代的方法是证明其系异端。宗教裁判所对待异教徒的手段是火刑,而现代的方法是使他沉默,或者直到他讲出违反他的本心的话……"(同上·八十)等等。张中晓的这些批判,大多来源于他对现代"统治术"的观察,这一半应归因于他的早慧,另一半,却不能不说是来自于他自己在苦难中那种血肉相连的痛苦体验,那种对专制体制下权力者控制社会与人心的卑鄙手段的非同一般的真切感受。他是这个体制的一个杰出的观察者与批判者。这种杰出之处在于,他不仅深刻地认识到这种统治者的权术的手段,而且揭示了这种统治术得以存在的心理基础,他揭示了极权政治的"心理学"——从"统治"与"被统治"的两个方面。在这一点上,他继承了鲁迅以来的现实批判与国民性批判的传统。他揭示了中国传统政治的现代转化之后的"主"和"奴"的发生心理学以及这种现代意识形态得以存在的道德、心理基础。这里有些话,在今天的文化界仍然有某种先锋性:

> 统治者的妙法:对于于己不利者,最好剥夺他一切力量,使他仅仅成为奴隶,即除了卖力之外,一无所能。欲达到此目的,首先必须剥夺其人格(自尊心)。盖无自尊心,说话不算数,毫无信用,则无信赖,也就没有组织力量(影响)了。于是,人无耻地苟活(做苦工),天下太平。
>
> ——拾荒集·五八

> 虚伪、背信弃义,实际上是强迫、诛心、意志的强加等等的产物,没有后者,就没有前者。
>
> ——文史杂抄·八一

> 特权与谎言是一对玩弄的伙伴。为了自己的特权,当然斥责别人对人类权利的要求,或把个人特权称为人类权利,把人类理性变为个人欲望。

把权利变成了特权,或以特权形式存在的权利。一方面肆无忌惮地虐待别人,而另一方面肆无忌惮地放纵自己。

——狭路集·九四

在这里,张中晓深刻地指出了"统治者"的专制与"被统治者"道德上的奴性之间互为因果的关系,在这里,他也就揭示了这种体制之下道德败坏的制度根源,反过来说,也就是这种制度的道德基础本身就是败坏的。只有领会到他在观察、体验这些压迫与败坏时内心的惨苦时,我们才能理解为什么他在追溯这些"愚蠢"与"憎恨"代表根源时,那么厚责古人——因为他痛切地感到:"中国人的所谓心术,是一整套没有心肝的统治手段,残酷地进行欺诈和暴力行为。所谓'奸邪'与'忠正',不过是美化自己和丑化他人的语言罢了。心术越高,而他内心中的人性越少。"(文史杂抄·七三)"古中国的一切精神训练(心术)是为了形成一个坚强有力的意志,去奴役无数的意志和无意志。"(狭路集·五六)也只有理解了这些,我们才能体会他的振聋发聩之音其中饱含的苦味与心酸:

如果精神力量献给了腐朽的思想,就会成为杀人的力量。正如人类智力如果不和人道主义结合而和歼灭人的思想结合,只能增加人类的残酷。

——狭路集·六九

一个人在面对强大的阴暗时,其心灵如果不被这阴暗所吞没,要不是因为坚强的意志,要不就是他找到了化解黑暗的方法。在《随笔》中我们处处能看到张中晓为了化解这种黑暗的努力,一种绝望中的抗争精神。事实上,他坚持了知识分子的文化传统中最为可贵的一面,那就是,在逆境中也仍然坚持对人类正义与良知的担当。在《狭路集》中他写道:"即使狂风与灰土把你埋没了,但决不会淡忘,当精神的光明来临,你的生命就会更大的活跃","知识人的道德责任,坚持人类的良知。只有正直的人们,才不辜负正义的使命。"(狭路集·六一、六四)张中晓显然明确地认识到了这一点。这种对思想、正义与良知的忠诚使他甚至对自己产生反省,下面这段话由于记录了他写作时的真实处境,其精神之博大深刻与其处境之困厄两相对照更为震人心魄:

> 过去认为只有睚眦必报和锲而不舍才是为人负责的表现，现在却感到，宽恕和忘记也有一定的意义，只要不被邪恶所利用和牺牲。耶稣并不完全错。一九六一年九月十日，病发后六日记于无梦楼，时西风凛冽，秋雨连宵，寒衣当尽，早餐阙如之时也。
>
> ——文史杂抄·九九

在遭受到那样的飞来横祸之后，张中晓还能写下这样的话，实在不能不让人感佩。由此看来，"无梦楼"中的张中晓，却还有梦，只是再也不是那种虚无缥缈的"乌托邦"幻梦，而只是对人的"良知""自由"与"意义"的一线还没有破灭的希望：

> 良知存在于每个人心中，人之所以成为人，就因为有良知。良知流贯于人的日常生活中。每个人都有他自己的良知，这是每个人自己的道德需要，是生活的理由。
>
> 真正的人的意义是成为名副其实的人，不仅能够获得生存，并且有机会锻炼自己的心灵和发展自己的精神，不陷于心灵空虚和精神的窒息。最伟大的工作是人们作为人，作为精神实体完成的人。
>
> 生活的意义是：从别人获得帮助和接受别人的帮助。要帮助人们，通过帮助人们，也帮助了自己。人与人之间的关系应当是：互相尊敬，互相帮助，互相合作而不是互相仇视、残杀与伤害。应当是伙伴关系，而不是敌对的关系。
>
> ——狭路集·九三、六八、十九

实在说来，张中晓的这些梦想，是非常朴素的梦想，远没有乌托邦梦想那样灿烂辉煌，可是问题在于，当一个时代的人都在追求那种"灿烂辉煌"的梦想时，这种非常朴素的梦想却成了奢侈品，以乌托邦为梦想的社会却为了实现这种梦想而挑动其成员互相敌对，彻底破坏了人与人之间的关系，这真是一个尖锐的讽刺。在这种语境下，我们才能明白"无梦楼"的那些朴素的"梦想"的撼人心魄之处，我们仿佛听到了旷野之上人性的呼吁与呐喊。事实上，多少代以来，人们就不断地发出这种诉求,但是只有在像张中晓这样从痛苦与迫害中走出来的人,说出这样的话来,才格外显得真诚与有力。因为这些话中,贯注了他的理想与生命,而并非一些无关紧要的言辞,这正如他所说的:"爱,感激,生命与永恒的信念,这些字眼在无教养者看来简直没有什么意思,在冷血者看来,不过是一些可笑的、空洞的字眼。单纯的青年和纯洁的心灵以自己的朴素来意想和想象,而一个久经风霜的战士在炉火纯青的心灵中却化成了精神实体。"(拾荒集·三三)

50至60年代,随着各种各样的运动,主流意识形态的一统天下似乎慢慢完成,在当时的公开文学中所能看到的普遍是欢天喜地的颂歌,但在引入了"潜在写作"的文学史概念之后,这种传统的文学史图像就被打破了。80年代以来发表的一些作家的书信与札记让我们看到,知识分子的文化传统在受到冲击之后并没有自行消失,而是从处于中心地位的正规的报纸、刊物、出版等公众领域转到了处于边缘、民间乃至地下的"私人领域",只能以书信、札记、日记等私人话语的形式存在。可是对估量一个时代的精神成果与艺术成就来说,正是这些私人性的东西而非公开发表的东西代表了那个时代人们创造与思考的高度。例如《傅雷家书》《顾准日记》《无梦楼随笔》等等。私人写作大体上不认同主流意识形态编造的神话,而与之保持了一定距离,对之进行分析、解剖与批判。这类写作最值得注意的是它们所体现出的思考的清醒与感觉的敏锐,与被时代共名所感染因而失去了基本的感觉力的主流文学相比,真伪立判。这些个人写作,当时都不是为了供公众阅读的,其作者"都命运坎坷,并不是为了立言传世而著书立说,只是由于不泯的良知而写作",但在今天,它们被公开之后,却让我们看到了那个时代文化的另一面,使之有了一种震撼人心的力度与深度,并使得我们通常对那个时代的文学容易产生的浅薄、轻浮的印象发生改变。《无梦楼随笔》在这些个人写作中,也属于出类拔萃之列,它的价值不仅仅在文学上,对于理解那个时代的文化来说,它也有重要的价值,这种价值在现在也没有过时,反而是历久弥新。它之所以有文学史的意义,在于它不仅仅是一种思想的表现,而且伴随着有血有肉的感情,并在这种血肉相联的思想与情感的展示过程中,它让我们看到了那个时代有良知的知识分子的心理历程,并在此基础上塑造了一座知识分子的自己的雕像。作为私人话语,它在当时不可能公开发表,因而默默无闻,然而千古文章,传真不传伪,时间的大浪淘沙使得"沉者自沉,浮者自浮",《无梦楼随笔》无疑是当代文学史乃至当代文化史上一座道德文章的丰碑。

二、艺术观:感性与主体的树立

张中晓及其师友们——即所谓"胡风反革命集团"的遭遇,是当代文学史上的两个传统——"五四"新文化传统与战争文化规范下的延安文艺传统的冲突的一个典型案例,尤其是张中晓,他的一些激烈的言辞被摘录在第三批材料中,直接作为"胡风集团坚决反对共产党所确定的文艺方向,极端仇恨毛泽东同志《在延安文艺座谈会上的讲话》"的罪证,如果对照这里引录的张中晓的书信片断与当时文化界的领导者所强加于其后的"按语"[①],并进一步参照胡风的有关理论以及毛泽东的《讲话》,你会发现文本在这里的并置不自觉地显示了这两种传统的一次辩论——但这是地位多么悬殊的一次辩论啊!按语以斩钉截铁的口气进行政治定性,以一种政治权威的标准歪曲与抹杀了这种文艺思想冲突的实质,后来的研究者必须站在其外,才能发现这次冲突的真实内容与真正含义。

可是为了解决这一问题,仅仅依靠具有强烈倾向性的"三批材料"所提供的文字是远远不够的,迫不得已,本节依据这样一种思路:即先考察与论述《无梦楼随笔》这部张中晓在身陷逆境时反思与深化自己的思考的笔记中所体现的文艺思想,然后在此基础上,考察"三批材料"中所引录的他的书信的真实含义,从而揭示这一冲突的真正内容。这样的论述在时间顺序上是颠倒的,但却具有另

---

① 据林默涵回忆,第三批材料的编者按语除过张中晓批评《讲话》的一则系他和周扬共同起草外,其他均系毛泽东所加,参见李辉《文坛悲歌》,第249页。

外一种优势,即较能够了解作者的全貌,同时,比较"三批材料"中张中晓的书信与《无梦楼随笔》,你会发现张中晓关心的问题及其观点是一以贯之的,这就更加证明了本节的论述思路的合理性。

已经有论者从思想史的角度,指出在《无梦楼随笔》中,张中晓"以其敏锐的理论直觉,开始了对黑格尔主义的反思",如对其"历史规律、必然性和绝对真理等概念"的反思,并且指出,"对人的本位、尤其是个人本位的高度重视,成为张中晓批判黑格尔主义的原始出发点"[①]。在中国当代史上,这种批判的意义是显而易见的,因为"历史规律、必然性和绝对真理"以及历史目的论等黑格尔的概念在当代中国史上正演变成为一种新的"以理杀人"的工具。正是对这种抽象的"历史"与"真理"的否定,成为从其中解救出"人"的必然途径,张中晓发现:"历史不是把人当作达到自己的目的的工具来利用的某种特殊的人格。历史不过是追求着自己的目的的人的活动而已。"(无梦楼文史杂抄·九)事实上,张中晓的文艺思想,也正是从"人的本位尤其是个人本位出发的",正是从这一点,可以发现他的思想——不论是关于哲学的、历史的还是文学的,也不论是在1955年以前的还是在此后——的汇通之处。

《无梦楼随笔》中关于艺术的思考,散落在各处,却有着内在的联系与统一性,即对艺术所表现的人的经验、感情、想象尤其是个人的特殊性与独创性的强调。例如他说:

> 在哲学家的心灵中保持人类理智的清醒,在艺术家的心灵中保存人类感情(爱)的温暖和意象的欢乐。
>
> ——无梦楼文史杂抄·三八

一个真正的艺术家必须有别人所没有的东西(独创性),一种更大的技巧,一种对色调和性格更好的理解,以及一种对生活的微妙精深的感觉,表现在作品里,更多的经验,更阔的眼界,更丰富的情感。

---

① 许纪霖《思想史上又一个富有者》,载《读书》1997年第5期。

真诚,深入生活、大大的爱。(作家的战斗力、燃烧的生命力、向生活的独立的思考力。)……

——狭路集·六

这里所强调的,仍然是艺术中的感性因素:即个人的爱、恨、想象力以及对生活的投入。人,活生生的个人,在这里是艺术的目的,也是艺术创作过程的中心,而不是为达到某种抽象的理想的工具,不是某种抽象的规律的例证,也不是某种高度集中的现代组织的"齿轮"与"螺丝钉"。张中晓在这里是彻底的,因为他从最根本处解决问题,在他的思考中人的感性得到了自己的独立位置,不再处于黑格尔系统的哲学所赋予的低下地位:"人之感觉、情绪与思考,在人的心灵中是并存之物,互相影响之物(即心灵诸力),它们之间并不存在从属关系。认为理智思考高于感性感受者,乃是一种错觉。其实它们之间不过互相影响、互相生发而已;互相帮助、互相形成而已。"(无梦楼文史杂抄·十七)正是这种对感性的独立地位的强调,将艺术从理性的篡越中拯救出来,也正是这种强调,赋予了艺术中与感性相联系的个人的独创性不受外在权威干涉的合法地位。由此出发,不难理解他何以在他的艺术思想中赋予艺术感觉、艺术想象以及艺术家的独立性以中心地位。例如在一处他强调艺术才能在于"观察、发觉和传达艺术家所感受过的人生感情的奥秘,人物的内心感受和感受过程的能力",而为达此目的,重要的不是"外在手段和技术",而是"完全出自艺术家的智慧和生活中的感受"的"内在构思的艺术构思",在这种构思中,"诗意的想象(幻想)常常会突然产生和带来新鲜奇妙的意境。"在这一处,他列举了真正的艺术家的四个条件:"1.成熟的智力;2.独立思考的习惯;3.在充满各种冲突的丰富的生活中所得到经验和锻炼的洞察力;4.坚定信念。"(狭路集·六)事实上也是在强调真正的艺术家所应该具有的建筑于成熟的智力与经验的基础上的"径行独往"的独立的主体性。

由此可见,"立人",亦即主体的树立,是张中晓的文艺思想的核心。他由此出发,批评当时流行的看法。例如他说:"把浪漫主义弄成飞上天,把现实主义做成按之入地,舍本逐末之争吵了。人站着、爱着、恨着,正是两结合也,何必他求;人感受、创作,正是两结合也,何必往学也。"(无梦楼文史杂抄·三九)这里对流行的"两结合"口号的批判,采取了釜底抽薪的办法,当活生生的主体"人"——被提出来之后,所谓"两结合"之类就成了虚假的问题,因为"站着、爱着、恨着"、"感觉、创作"的主体,有其不得不发之处,而顾及不到何种"主义"的,如果作家心中横亘着"两结合"的条文,产生的只能是虚假的、僵硬的教条,除了证明作家没有真正投入创作之外,只能起到既玷污"现实主义"又玷污"浪漫主义"的作用。这种批评"两结合"的方式,使人很自然地联想起"第三批材料"第四十一则中引录的他批评毛泽东的《讲话》的方式①,在这里,他同样拈出的艺术创作中人的主体性,从而抽去了工具论的文艺观的立论基础,将其判定为"伪问题"。例如他对"暴露"与"歌颂"这个艺术创作中的"伪问题"的评论:

"功利主义"云云。这个标准压杀了真正的批评,压杀了新的东西。对于"暴露","歌颂"的三小段,是不对的,这完全是形式的理解和机械的看法。我讨厌"暴露","歌颂"(这含义应该与"暴露"相对)这类说法,我觉得,应该换写为痛苦,欢乐,追求和梦想,我觉得,现实主义应该驱逐这些庸俗的恶劣的说法。

"暴露"与"歌颂"这样的说法,描述的是创作主体的一个简单的"态度"问题,它是以"二元对立"的两分法为基础的,这种"两分法"划定了两个对立的集团:"敌人"和"我们",而这种集体性的概念在这种话语中是先于真实的具体的个体并且确定了其本质的,从而他不但先验地判定了对象的本质,并且先验地规定了主体的态度,从而以一种篡越的"知性"剥夺了对生活的真实的复杂的感性。张中晓认为"这完全是形式的理解和机械的看法",认为"应该换写为痛苦,欢乐,追求和梦想",第一强调的仍然是血肉的个人的感性,同时也否定了对于现实人生的任何先验的理解——当现实人生被先验地设定了本质时,主体就只

---

① 《关于胡风反革命集团的第三批材料》,引文据1955年《文艺报》,下同。

能选取"歌颂"或"暴露"的态度,而排除了这种先验的理解之后,就只能在全身心地投入现实生活的过程中发现其问题或意义。这段话后面关于鲁迅杂文的争辩,为这种观点提供了一个具体的例证:

> 关于鲁迅杂文的一段,是完全不对的。杂文,是从现实人生要求中随处发掘的一切新思想的锋利的锄头,假如仅仅把它看作"处在黑暗势力统治之下,没有言论自由,故以冷嘲热讽的杂文形式作战"才"正确",那就根本没有懂得鲁迅。

将杂文比喻为"是从现实人生要求中随处发掘出一切新思想的锋利的锄头",强调的仍然是主体对现实人生的投入与发现,《无梦楼随笔》中论及以"古中国遗产"结合现实做"杂文"时也这样说:"然杂文并不简单,使今日现实(作家的感情)和过去的精神发生联系。这需要精神的绳索,必须发掘深邃的历史精神和火热的现实精神,使历史和现实统一。发掘历史材料的思想力量和感受现实生活的战斗精神的结合。"历史与现实,在这里都不是现成的,先验的,确定的,而是必须以个体的思想力量与战斗精神投入与发现的。张中晓在这里采取了一种非常感性的说法,因为他本来强调的就是个体从感性的经验中发掘"思想"与"精神"的意义,当主体的感性确立之后,当主体的热情、战斗精神、能动性被赋予了最重要的地位之后,当创作过程被描述为从一片蒙昧之中进行"发掘"之后,那种简单的先验地设定了本质的"歌颂"与"暴露"难道还能成为一个真正的艺术问题吗?事实上,张中晓在这段话一开始就说明了自己的立论根据:"作家与对象在创作过程进行搏斗,在我觉得是真假现实主义的分歧点,但,他(指毛泽东)只说:'观察,体验,研究,分析',多冷静!"并且在最后对《讲话》发出尖锐直率的批评:"总观全书,其本质是非现实主义!"

引人注目的是,这段写于1951年的话与《无梦楼随笔》中的文艺观念是一以贯之的。值得仔细辨析的是,这里所说的"现实主义"到底是什么含义。"作家与对象在创作过程进行搏斗",无疑有着胡风的"主客观搏斗"的创作论的影子,它所强调的作为主体的作家与作为对象的生活的关系,不是既成的、固定的、可以一劳永逸地通过理性分析获得其本质的,而是必须全身心地以血肉的感性投入、不断地在创作过程中进行相生相克、互相限制、互相改造的"搏斗"的动态过程。"自从现实主义思潮与理论传入中国,左翼作家们就不断地阐释现实主义文学与时代、生活、政治之间的关系以及作家的世界观如何指导创作等外部规律,很少有人对创作过程本身作深入研究。胡风可以说是第一个达到了这一领域。"① 在这种从创作过程自身的要求出发的思考中,胡风同样也抗击了黑格尔式的绝对理念给现实主义理论带来的阴影,他也特别重视"感性"的意义:"感性的对象不但不是轻视或者放过了思想内容,反而是思想内容底最尖锐的最活泼的表现。"② 强调人的感性活动是抗击先验论的绝对理念的惟一方法,这样,胡风的"现实主义"就排除了任何先验的绝对"真理",而只承认作家在实践中所求得的必须不断发展的"艺术真实"。可以看出,张中晓的文艺思想与胡风颇有一脉相承之处。

在这个背景下看张中晓对《讲话》的批评,表面上是"现实主义"还是"非现实主义"的争论,背后却暗含的是实践论与先验论、从艺术本身出发还是从其工具价值出发两种截然相反的文艺思想与思维方式的冲突,而这种冲突,实际上是当代文学中的两种传统——知识分子的"五四"新文化传统与战争文化规范下的延安文艺传统的冲突的一个尖锐的表现。毛泽东作于抗日战争时期的《讲话》,是后一传统在文艺思想上的集中体现,其本身就是战争要求与战争思维的一种产物。站在战争所要求的立场上,他的出发点是如何把所有的力量组织起来,以夺取最后的胜利,而在战争这种极端化的情境下,"敌人"/"我们"、"暴露"/"歌颂"这种二分法也就取得了其合理性与"组织"力量——即在两个营垒划分清楚的基础上,尽量消除内部的冲突与矛盾,从而组织起最大的力量以抗击外来的敌对势力。所以,不难理解他为什么在这篇

---

① 陈思和《胡风对现实主义理论建设的贡献》,收入《笔走龙蛇》,山东友谊出版社 1997 年版。
② 胡风《置身在为民主的斗争里面》,转引自同上文。

"讲话"中采取一种斩钉截铁的语言,以权威的态度,对本来非常复杂的文艺问题下了不容置疑的断语,因为文艺不但必须被"组织"起来,而且同时也要起到为战争服务的"组织"功能:

> 我们今天开会,就是要使文艺很好地成为整个革命机器的一个组成部分,作为团结人民、教育人民、打击敌人、消灭敌人的有力武器,帮助人民同心同德和敌人作斗争。①

在一切为战争的胜利服务的基础上,他否定了"五四"新文化的一个重要标准——西方文化模式,也否定了"五四"新文化传统中知识分子的精英式的"启蒙"立场,而要求知识分子无条件地向工农兵学习,为工农兵服务,以工农兵的思想要求和审美爱好作为自己的工作目标和标准。不难看出,在特定的历史条件下,《讲话》所强调的事实上是文学的宣传功能与工具价值,而且是在战争文化背景下对文艺工作做出规定的。人们自然会希望,随着战争的结束,这种战争文化规范下的文艺思想也会得到调整。张中晓就强烈地感觉到:

> 这书,也许延安时有用,但,现在,我觉得是不行了。
>
> ……
>
> 我真不敢想那些以为这本书是"最完整"的文艺方针而且谆谆教训别人的指导家们心中作何想头!②

但事实上,战时心态不可能自行消失,而是带着巨大的惯性延续到和平时期,随着战争的胜利,《讲话》进一步确立了其权威地位。任何对《讲话》的权威地位挑战,都不会仅仅被理解为对战争文化规范的不满,而将被以战争思维的方式判定为"敌人",而写下这段话的张中晓,将被认为是最有"反革命"的"敏感性"的一个。

但在四十多年后的今天看来,张中晓不只是受到鲁迅、胡风思想影响而且

---

① 毛泽东《在延安文艺座谈会上的讲话》,据《文学运动史料选》第 4 册,上海教育出版社 1979 年版,第 519 页。

② 《关于胡风反革命集团的第三批材料》。

是自觉地将自己置于鲁迅——胡风的"五四"新文化精神传统中的知识分子。他当时的一些偏激的言辞如"屠杀生灵""图腾""封建潜力正在杀人",置于《无梦楼随笔》的思想框架以及新文化传统来看,都可以得到合理的解释。他强调文学中"人"的中心地位,而反对将文学视为"工具"的理解,正是新文学"文学的启蒙"以及"人的觉醒"的自然发展,而他对中国文化传统中"统治术"的批判,反对将知识分子仅仅置于"接受改造"的地位,也正是对从鲁迅的"国民性批判"到胡风企图以"五四"精神来指导救亡、从而在重视人民大众的力量同时也发掘"精神奴役的创伤"这一思路的自觉继承。而包括他在内的"胡风集团冤案"的发生,正"标志了'五四'新文化传统在某种意义上的中断,从此,战时文化规范基本上支配了整个文学界,直到'文化大革命'中在极端的形式下走向自己的反面"。而在"文化大革命"中,张中晓的偏激的言辞将成为"预言"。在这里我们看到了现代造神运动制造的各种各样的"图腾",也看到了以革命的名义,"封建潜力正在杀人"……张中晓个人的命运,成为当代文学史两种传统悲剧性的冲突中一个富于象征意义的片断。

赘　　语

在与"战争文化规范"的冲突中,"五四"新文化传统似乎全军覆没,可是类似《无梦楼随笔》这样的"潜在写作"的出土,使得我们发现,作为一种精神传统,它并没有自行消失,而是隐入地下,以"个人话语"的方式继续顽强存在,像地火在岩层底下奔腾运行。从《无梦楼随笔》中我们可以看出,张中晓是一个将思想化入了自己的生命并且为之付出了沉重的"生命代价"的知识分子。在这个意义上,他的意义不仅仅是文学史的,而且更让我们思考自鲁迅以来的"以生命思考、抗争"的精神传统。引用日本学者伊藤虎丸对鲁迅在《破恶声论》中的"伪士当去,迷信可存"的解说,也许可以让我们对这一传统有稍为明晰的认识。伊藤虎丸认为:"鲁迅所说的'伪士',(1)其议论基于科学、进化论等新的思想,是正确的;(2)但其精神态度却如'万咀同鸣',不是出于自己真实的内心,惟顺大势而发声;(3)同时,是如'掩诸色以晦暗',企图扼杀他人的自我、个性的'无信仰的知识人'。也就是,'伪士'之所以'伪',是其所言正确(且新颖),但其正确性其实依据于多数或外来权威而非自己或民族的内心"①,由此,当代中国人自然会引出这样的结论:"'本根'的确立和个人的主体性建设,必须立基于个人自身的历史和现实境遇,必须从个人最深切处出发,仅仅靠引进的西方近代观念,靠流行的种种新式说辞,是完全不足恃的。"②在这个意义上,从鲁迅到张中晓一直没有间断的对"立人"的强调,不但没有过时,而且随着时间的流逝,将会进一步证明其重要性。

原载《当代作家评论》1999年第3期

---

① 《亚洲的"近代"与"现代"》,伊藤虎丸《鲁迅、创造社与日本文学》,北京大学出版社1995年版。
② 引自张新颖"伪士当去,迷信可存"》,《作家》1998年第6期。

舒芜的两篇"佚文"
——纪念胡风诞辰一百周年

张业松

一

关于舒芜在胡风事件上的作为,过去人们一般只知道他曾在 1952 年连续发表《从头学习〈在延安文艺座谈会上的讲话〉》①和《致路翎的公开信》②两篇文章,引发了全国范围内对"以胡风为首的一个文艺上的小集团"和胡风文艺思想的批判,此后又在 1955 年 5 月 13 日《人民日报》上发表《关于胡风反党集团的一些材料》③,直接导致了对胡风的批判由"思想"问题升级为刑事罪案的"胡风反革命集团案"的发生④。除此之外,虽也有当事人一再指陈舒芜从批胡风中获

---

① 原载 1952 年 5 月 25 日《长江日报》,6 月 8 日《人民日报》转载。此文第一次"从堡垒内部打开缺口",引发对"以胡风为首的一个文艺上的小集团"的公开批判。
② 原载 1952 年第 18 号《文艺报》。此文的编者按正式提出"胡风小集团""在基本路线上是和党所领导的无产阶级的文艺路线——毛泽东文艺方向背道而驰的"。
③ 根据舒芜本人的回忆,此文原题《关于胡风的宗派主义》,改为《关于胡风小集团的一些材料》之后交《人民日报》发表,发表前经周扬送交毛泽东,由毛改题。参见舒芜答问、奚纯整理《第一批胡风材料发表前后》,见《回归五四·后序》,《回归五四》,辽宁教育出版社 1999 年版,第 682—686 页。此文最后在关于胡风反革命集团的三批材料结集成书时,又由毛决定改为与后两批材料说法一致的《关于胡风反革命集团的一些材料》。
④ 关于这一点,舒芜本人曾说:"由我的《关于胡风的宗派主义》,一改再改三改而成了《关于胡风反革命集团的一些材料》,虽非我始料所及,但是它导致了那样一大冤狱,那么多人受到迫害,妻离子散,家破人亡,乃至失智发狂,各式惨死……"说明他并不否认这样的历史认识。参见《回归五四》,第 690 页。

取个人出名的好处,到处作报告、发表演讲,一时之间成为批胡浪潮中的"风云儿"①,但他在这些活动中、尤其是1955年胡风案发之前还曾经发表过一些什么样的言论,今人却罕有提及,舒芜本人也是三缄其口,在近年屡有机会出版的旧时文集②中,也只收入广为人知的《从头学习》和《公开信》两篇。无论是出于什么样的原因才导致了这样的结果,这样的基础史料阙失,对于研究工作来说无疑都是十分不利的。绿原先生曾说:"要研究胡风问题及其对中国文化界和知识分子的教训,不研究舒芜是不行的;不仅应当研究他所揭发的'材料',更应当从那些材料研究他的人品,研究当时的领导层通过舒芜向知识分子所树立的'样板',并通过这个'样板'研究某些人所掌握的知识分子改造政策的实质。"③这一系列的研究任务,都有赖于在现有条件下对公开史料的充分发掘,才能更有效地展开,这是毫无疑问的。

在近年的胡风问题研究文献中,就我所见,仅有李辉先生的《胡风集团冤案始末》曾经提及舒芜的这批"佚文"中的一篇④,遗憾的是却没能就此文的内容作出说明。经查,这篇文章的题目叫《胡风文艺思想反党反人民的实质》,全文约一万三千字,署名舒芜,发表在1955年4月13日天津版《大公报》第3版《文化生活》专刊第171期,因是竖排,差不多覆盖了整个版面。

此文劈头即指:"全国文艺界学术界正在批判胡风文艺思想,但这个问题绝不仅仅是同文学艺术界有关系的问题。""它的实质,是反党反人民的,是反对今天我们一切革命工作中的指导思想马克思主义,反对我们社会主义建设和社会主义改造的伟大事业的。胡风所谈的并不仅仅是文学艺术的一些特殊问题,而是通过文学艺术的问题,对于中国革命的一系列根本问题,从他的反动资产阶

---

① 参见何满子《鸠栖集》"回答挑战辑"中的相关文章,华东师范大学出版社1998年版。
② 如《回归五四》,1卷本,约50万字;《舒芜集》,8卷7册,约250万字,河北教育出版社2001年版。
③ 绿原《胡风和我》,《我与胡风——胡风事件三十七人回忆录》,第529—530页。
④ 《胡风集团冤案始末》中将此文出处记为《人民日报》,误,应为《大公报》。参见李辉《胡风集团冤案始末》,人民日报出版社1989年版,第195页。

级的立场,在他的反动的主观唯心论和个人主义原则之下,提出了一整套看法和主张,长期坚持着这一套,在抵制和抗拒一切批评的过程当中发展着这一套,而且用他这一套向着党的政策路线进行了激烈的、猖狂的攻击。如果我们把他这一套看作是仅仅同文艺界有关而同其他方面都没有关系的,那真未免太小看它了。"

这等于是一项以个人名义宣布的将胡风问题从学术文艺领域升级和扩展到思想路线领域的动员令。也就是说,在标志着现代中国重大历史事件"胡风反革命集团案"正式爆发的"5月13日事件"之前整整一个月,舒芜个人就已经拟就并发表了他的讨伐檄文。这是一篇标准的"思想史上的失踪文献"。尽管在5月13日《人民日报》隆重发布了同样由舒芜提交的根据胡风给他和路翎的私人信件所编织的《关于胡风反党集团的一些材料》之后,并不是没有人知道它,作协上海分会于1955年6月编辑出版的《胡风文艺思想批判》①就曾经收入,但在后来的事情进展和有关研究中,却没有引起人们的重视,其直接的原因,应该是因为后者以"第一手材料揭秘"的更为刺激的方式,极大地调动和转移了公众注意。在由后者煽起的全民"嗜秘"狂热中,当事者的个人态度自然无足轻重。时过境迁之后,此文的看似将问题局限于"人民内部文艺思想斗争"范畴的标题应在一定程度上起到了遮蔽作用,使得研究者想当然地把它归入"第一阶段胡风批判"的文献之中,没有认真研读;而公众和当事人的普遍"遗忘",则进一步助成了它的"失踪"。

在事情后来的进展中,关于舒芜是否"被迫交信"曾是引发辩论的一个焦点,对此,这批信件最初的官方经手人林默涵曾有一个简单明了的驳斥:"有人说,舒芜这批信,是我要他交出来的,这就怪了,我又没有特异功能,怎么知道舒芜会藏有这些'宝贝信'呢?"②这个说法当然有着为他自己撇清,否认自己在事

---

① 新文艺出版社1955年版。
② 林默涵《心言散集》,中国文联出版公司1996年版,第147页。

件发展过程中起过特殊作用的成分,但作为一个历史陈述,却有着直指问题关键的明了性,那就是,如果不是舒芜主动把这些私人通信拿出来做文章,官方和公众就无从得知它们的存在;胡风事件由文艺思想论争向政治问题升级,即使还会发生,也不会像我们所知道的那样突然和激烈。现在,当我们把《胡风文艺思想反党反人民的实质》的发表和《关于胡风反党集团的一些材料》的炮制放在一起,作为同一历史过程中的故实来理解的时候,就可以清楚地看到,在当代文化史上的这个特定时刻,特定的个人是如何遂心如愿地扮演了"推动历史"的角色。鉴于"胡风事件"在中国当代文化史上的特殊重要性,舒芜实在应该被作为以个人的力量塑造了历史的范例载入史册。

以前我曾经说过,从《从头学习》到《公开信》再到《关于胡风反党集团的一些材料》,舒芜是在一个用他自己的文字编织出来的、促使他不断往前走的"形势"的裹挟下,一步步走到利用私人信件做文章的结局的,在这个过程中,无论外在因素多么重要,都不能否认个人"主观作用"的决定性力量[①]。这篇《胡风文艺思想反党反人民的实质》再次证明了这一点。此文显示,在《关于胡风反党集团的一些材料》出笼之前,舒芜在莫名的亢奋中所追求的似乎只有一件事,即,促进对胡风的批判从文艺领域进一步升级,扩展到政治领域,使得"反党的文艺思想"变成"借文艺思想反党",由动机上升为行为,从现实扯到历史,把偶然解释成必然,将疑似判定为铁案。

试看他的断语——

> 纵然胡风装作是仅仅在谈文艺战线的情况,而对于整个国家的情况还虚伪地说什么"热火朝天"等等。但人民没有忘记,胡风是做文艺工作的,他自己又是一贯主张文艺工作者只有通过文艺实践去接触世界,去"接近以至达到马克思主义"的,那么,便不能不把他对于新中国文艺界的情况的看法,看作他对于新中国整个情况的看法的真实表现。而把他所说的"这

[①] 见本书《关于舒芜先生的是非》,原载《书屋》2000年第11期。

些年祖国热火朝天"等等,看作仅仅是一句虚伪的应酬。

胡风对于新中国的诽谤这样肆无忌惮,无所不用其极,完完全全是用了我们国家里面那些坚决抗拒社会主义改造的资产阶级中的反动分子的眼睛来看国家生活所得的结果。因此,必须认清,胡风的一套反党反人民的文艺思想,形成一个完整的体系,虽然已经有了十多年之久;但他在去年七月向中国共产党中央提出了实际上是宣战书的所谓"报告书",对于党在文艺运动中的政治领导、思想领导和组织领导作了那样猖狂的、激烈的攻击,就不仅是旧话重提,而且有着现实的目的。

那么,这就很清楚了。胡风的目的,一就是要"收起"共产主义,使中国革命目前阶段即建设社会主义阶段得不到正确的指导而不可能成功;二就是要阻碍革命知识分子和工农结合,使他们不可能成为真正的马克思主义者;三就是要阻碍知识分子深入进行思想改造,使他们自己不可能向着社会主义社会和共产主义社会发展,使国家的社会主义工业化缺少一个重要条件而受到严重的阻碍;四就是要割断中国历史,抛弃珍贵的文化遗产,使马克思主义不可能和我国的具体特点相结合,并通过一定的民族形式而在我国实现;五、就是要使新中国的文艺运动脱离当前政治斗争(为实现国家在过渡时期的总任务的斗争),脱离广大群众的利益,因而也就使文艺不能在团结人民方面对党有所帮助。

把上述五方面的目的总起来看,又是一句话:就是要从文学艺术的角度,阻碍和破坏当前的社会主义建设和社会主义改造,按照反动资产阶级的愿望来改造我们的社会和我们的国家。胡风文艺思想反党反人民的实质就是如此。

试看他的手段——

当时毛主席号召一切革命作家和人民结合,向人民学习,为人民服务,而胡风却赶快来警告作家,说那些满身"精神奴役的创伤"的人民是一种"感性存在的海洋",会把作家"淹没"。他向作家大声疾呼:作家深入他们要不被这种感性存在的海洋所淹没就得有和他们底生活内容搏斗的批判的力量。这就更加露骨了。这是鼓动作家去向人民"搏斗",也就是"革"人民的"命"。

因此,胡风认为,中国人民的敌人、革命的对象不是国内外反动派,而是人民自己身上的"精神奴役的创伤",是有着这种"创伤"的革命人民及其领导者。

千言万语,最后是为了宣布两条罪状:一个是,"精神奴役的创伤""禁锢、玩弄、麻痹,甚至闷死千千万万的生灵";另一个是,"精神奴役的创伤""在进入了实践过程(即革命斗争过程。——芜)的成员(即革命人民及其领导者。——芜)身上拓展着的时候",就成为"虐杀千万生灵的可怕的屠刀",三十多年新民主主义革命的历史道路据说就在这把"屠刀"的屠杀之下成了一条"痛苦的鲜血淋漓的历史道路",据说它还"会站出来作证",替胡风来控诉革命人民及其领导者曾经怎样地"虐杀千万生灵"。

胡风就是这样"鲜血淋漓"地污蔑了中国人民,污蔑了中国人民在中国共产党领导之下进行革命斗争的光辉历史,那种咬牙切齿的声音,充分表现出反动资产阶级对革命人民"火一样的仇恨"。

而"黎明照到了"以后成为新中国主人的人民,据胡风说,仍然要在解放了的"祖国大地上,把滴着鲜血的头颅种下去!不断地种下去!当作种子!"过去蒋介石匪帮屠杀革命志士的时候,人们常把烈士的头颅比作革命的种子,预言一个烈士的牺牲,会影响和教育更多的人起来革命。胡风在新中国成立之初,却来预言人民将要"不断地"被斫去(或者自己斫掉)头颅,而且也会成为"种子",真要问他:用意到底何在?到底希望用这些"种子"种出什么来?

毛主席指出,共产主义是"收起"不得的,一收起,中国就会亡国。在毛主席说了这些话十四年之后,自命为最革命的胡风,却用了更其"巧妙"的方式和更其凶横的态度重弹起当年资产阶级顽固派的老调,这不是历史又回到了十四年前的老地方,正相反,是反映了历史的前进太快,斗争更加复舒芜的两篇"佚文"

杂和尖锐,在日益成为强大的物质力量的社会主义精神面前,反动资产阶级也日益加强和加剧了他们的恐怖和仇恨,于是把他们的先辈所留下的一切武器都从历史的武库中搜了出来,投入战斗,妄图取得他们最后挣扎的胜利。

……

无需进一步的分析说明,我想任何人都不难看出,舒芜究竟是怀着什么样的一种心情在书写着这些文字。今天的舒芜,已经成为一个著作等身的以文字素净、行事风雅著称的人文学者,一个后辈学子眼中的世事洞明、人情练达的蔼然长者,如果不是著之白纸黑字、载于堂皇大报,恐怕没有人会相信,这些狰狞的文字、刻薄的用心,竟然会出自他的手笔,而且这些文字的蹂躏对象,还是一个当年曾对他施以悉心栽培,并曾为他拼出身家性命全力维护的思想导师。

1955年4月以前,全国性的胡风文艺思想批判已经发动,并由文艺界推向广大"读者群众"。此时为整个批判运动定调子的,公开文本是周扬的《我们必须战斗》[1]、林默涵的《胡风的反马克思主义的文艺思想》、何其芳的《现实主义的路,还是反现实主义的路?》[2]以及茅盾的《必须彻底地全面地展开对胡风文艺思想的批判》[3]等。这些文章中以茅盾的文章最为晚出,包含了最新的内部信息,其基调是"胡风的资产阶级唯心主义的文艺思想,他的反对毛主席文艺方向的文艺路线,以及他的长期、一贯的宗派主义的小集团活动,给文艺事业带来了严重的危害性……全面地彻底地展开对胡风文艺思想的批判是过渡时期尖锐而复杂的阶级斗争在思想战线上的反映",总之,仍是将论题限定在思想上的说理斗争层面。与此同时,在内部文件中,则由毛泽东在1月15日给周扬的一个批示中,指示"应对胡风的资产阶级唯心论,反党反人民的文艺思想,进行彻底的

---

[1] 《人民日报》1954年12月10日。
[2] 林、何二位的文章原载《文艺报》1953年第2号、第3号,1955年1月随以单册形式随《文艺报》第1、2号合刊附发的《胡风对文艺问题的意见》(即"三十万言书"中的第二、四部分)重新发表。
[3] 《文艺报》1955年第5号。

批判，不要让他逃到'小资产阶级观点'里躲藏起来"①。随后，中宣部于1月21日作出有关部署，经毛泽东审批，中共中央于1月26日以(55)018号文件批转了中宣部的报告，其发文通知中说："胡风的文艺思想，是资产阶级唯心论的错误思想，他披着'马克思主义'的外衣，在长时期内进行着反党反人民的斗争，对一部分作家和读者发生欺骗作用，因此必须加以彻底批判。各级党委必须重视这一思想斗争，把它作为工人阶级与资产阶级之间的一个重要斗争来看待，把它作为在党内党外宣传唯物论反对唯心论的一项重要工作来看待。"②中国作协于2月初传达了这一文件，成为茅盾文章的持论依据。有论者以为，在毛泽东1月15日的批示和1月26日经他审定的中央文件之间，出现了措词上的微妙变化，在于后者"由'思想'而'斗争'，正隐含着由'意识'而行动，由'心理犯罪'到'行为犯罪'的潜在逻辑转换"③，恐怕是过于敏感了。其实"思想斗争"一语止是当时官方的习惯用语，在此前的批判胡适等运动中屡见不鲜，比如上举周扬《我们必须战斗》一文中，第一部分的标题就叫做"开展对胡适派资产阶级唯心论的斗争"，所以应该说，至少迄于1955年4月，官方对胡风问题的认识和处理，都还局限在"思想消毒"的范围，并无类似"反右"时期的"阳谋"在起作用。

在胡风事件的进展过程中，1955年4月所以值得注意，正在于出现了舒芜这样的用心险恶的文章，和比舒芜文章稍早发表的郭沫若的《反社会主义的胡风纲领》④。由于郭沫若的文章发表在《人民日报》上，舒芜会及时看到应该不成问题，因此舒芜的持论是否受到此文的影响，是值得考虑的。郭沫若的文章逞才使气，是冲着胡风《对文艺问题的意见》而来的，称"胡风《对文艺问题的意见》洋洋十几万言，全面地攻击了革命文艺事业和它的领导工作，表现了对马克思主义的极深刻的仇恨，可以说是胡风小集团的一个纲领性的总结。在我国文艺界以至整个文

---

① 《建国以来毛泽东文稿》第5册，第9页。
② 林默涵《胡风事件的前前后后》，《心言散集》，中国文联出版公司1996年版，第145页。
③ 万同林《殉道者——胡风及其同仁们》，山东画报出版社1998年版，第224页。
④ 《人民日报》1955年4月1日。

化界,我看再也找不出第二个像胡风那样顽强地坚持错误的文坛野心家了"。并说:"胡风所提出的问题虽则属于文艺范围,而在实质上却不单独限于文艺一个领域,是带有普遍意义的政治性问题。……到现在为止,我们还没有看到过一个完整的反党、反人民、反对社会主义建设和社会主义改造的资产阶级政治纲领,也许胡风的堂而皇之的文艺纲领就是它的一个影子吧?"文章的结穴,落实在"从胡风的思想实际和他所采取的行动实际看来,他所散播的思想毒素是不亚于胡适的。他所提出的纲领是有一般意义的、思想的和行动的纲领。反对学习马克思主义,反对和人民群众结合,实际上就是反对全中国知识分子走社会主义革命的道路。这是违反全国人民意志的事。必须彻底批判胡风思想的原因,我以为就在这里"。

将郭沫若的这些言论与舒芜的言论对照起来看,不难判断,舒芜是拿着郭沫若的结论当作尚方宝剑,对着胡风一阵猛砍;或者换用一个更冷静的说法,他是把郭沫若的结论当成了"深获我心"(尽管舒芜文章中并未提到郭沫若,其是否"所见略同"尚需存疑,详后)的当然前提,然后在这一前提下奋力推进,试图达到一个郭沫若所没有达到、也可能并未设想过要去达到的境地。郭沫若在攻击胡风"纲领",对于胡风本人,则止于"野心家",对于其行为,更是未曾涉及,目的仅在于为"必须彻底批判胡风思想"找一个语出惊人、更能体现与其崇高身份相匹配的高级理由;舒芜文章则处处是对胡风反党、反"革命人民及其领导者"、反毛主席的"思想行为"的揭露,和对其"现实目的"的指陈,通篇行文剑拔弩张,"鲜血淋漓",完全不是"有理有节"的思想批判,而明显陷于一种病态的亢奋。

这种病态的亢奋将把他自己和整个局势带向哪里,也许舒芜并没有设想过,在亢奋中,他除了要对他一直以来那么熟悉的胡风揭露再揭露、打倒再打倒之外,一切都顾不得了。

这就要说到舒芜在这一时期的第二篇"佚文"了。

1955年2月,舒芜在《中国青年》杂志上发表了一篇《反马克思主义的胡风文艺思想》[1],这篇文章主要谈的是胡风"文艺思想的几个最主要的错误",开篇

---

[1] 《中国青年》1955年第4期。

说:"目前对胡风文艺思想的批判,是思想战线上工人阶级与资产阶级之间的一个重要斗争,是在全国范围内、宣传唯物论反对唯心论的一项重要工作。"这一论调与1月26日中共中央(55)018号文件的措辞是一致的,再次证明了舒芜的政治敏感和在胡风集团最新遭遇上的灵敏嗅觉。①此文对"胡风文艺思想的几个最主要的错误"的论述,基本是按三十万言书中"五把刀子"的线索来展开的,共分六节。在第六节,舒芜针对三十万言书作出了一个总的结论:

> 胡风的这一套文艺思想久已和党的文艺思想尖锐对立。过去,他还要掩饰一下。发展到最近两年,他就再也不掩饰了。他在一九五四年七月向党中央提出了一个关于文艺工作的报告,实际上是一个宣战书。他在这个宣战书里面,提出了文艺工作中一套完整的反党的理论纲领和组织纲领,而对于解放五年来党对文艺运动的思想领导和组织领导进行了狂妄的攻击。(表面上他好像只是攻击林默涵何其芳两位同志,但这种诡计是谁都骗不了的。)

原来所谓"反党纲领"并不是郭沫若的发明,而反而是郭沫若受了舒芜的影响也说不定。关于这套"反党纲领"的实质和危害,舒芜揭露说:

> 一条黑线贯串在胡风这一切反对文艺为政治服务、为工农兵服务的思想和主张后面的,就是反对《在延安文艺座谈会上的讲话》,反对党对于文艺运动的思想和组织领导。

> 自从《在延安文艺座谈会上的讲话》发表以来,胡风一直是否认它对全国文艺运动的指导意义,企图限制和缩小它的影响,进而根本否定它。……尤其不可容忍的是,他甚至公开发表文章,指桑骂槐、牵枝带叶地把国民党的法西斯文艺政策和党的文艺政策混为一谈,把国民党对革命文艺的加强镇压,对法西斯文艺活动的大力提倡和党对文艺运动的加强领导混为一谈,说二者都成了文艺的灾难,都是提倡"警察文学"。

如果仅仅是"争夺思想领导权",似乎也还不出"党"的估计,可是不,舒芜说:

---

① 拙作《关于舒芜先生的是非》曾经论及这一点。

胡风的企图还不止此。他提出了一套文艺运动的组织纲领,要取消现有的从《文艺报》起一切中央和地方的党所领导的文艺刊物,而代之以七八个自由组合的小集团的刊物。每个刊物的"主编",就是小集团的领袖,对他的刊物和小集团实行绝对家长统治,他可以规定小集团中党团员作家所占的比例,他可以要党的支部工作服从他的权威。在这种小集团内,党既不能监督工作,也不能组织和领导学习。还有话剧、电影等各方面也都要出现同样的许多小集团。党对于这许多小集团毫无权利,只有各种各样的"保证"和义务;否则,据说就会妨害"自由竞赛"。

在今天的研究者面对胡风在三十万言书中提出的种种"作为参考的建议"感到不满足,觉得"由于建议被置于体制的框架之内,且限制极为严格,流于繁琐,其实是束缚创作的"①的时候,回头阅读舒芜对胡风文艺思想的这些总结,应该说,这些总结甚至是过于出色的,不愧为出自一个曾在思想理论上长期追随胡风的"知情者"的手笔。只不过,当胡风致力于从日趋严密的体制控制中打开裂隙,力求以"现实主义的路"的名义保留文艺和思想自主的一线生机的时候,舒芜却在用他的"自以为学到了的毛泽东思想"②,对这样的努力给了了致命一击。其致命的地方,不在对胡风思想锋芒的揭示,而在对这些思想锋芒的可能的政治危害做出了最大化的想象,并据以向社会宣告:胡风不只是一个文艺"野心家",而是有着更大的"企图"。③

为什么会是这样的呢?

---

① 林贤治《胡风"集团"案:20世纪中国的政治事件和精神事件》,《黄河》1998年第1期。
② 舒芜《回归五四·后序》,《回归五四》,第690页。
③ 在这一问题上,不妨拿后来著名的"棍子"姚文元做个比较。姚文元1955年3月15日在《解放日报》上发表了一篇煌煌大论《马克思主义还是反马克思主义?——评胡风给党中央报告中关于文艺问题的几个主要论点》,直接把胡风所抨击的"宗派统治"替换为"党",尽管包藏祸害,但也仅仅把话说到胡风"在给中央的报告中尽情的侮蔑""党犯了严重的错误":"把党赶走,让自己抓住领导。胡风所以不惜千方百计的血口喷人,其根本目的就在于此。对此我们不能不感到极大的愤慨,胡风已经完全落到敌对阶级的立场上去了,已经完全走到反党的道路上去了。……为了保卫马克思主义的纯洁性,为了保卫社会主义现实主义的文艺,我们必须彻底肃清胡风反马克思主义的文艺思想!"总之,这时候的姚文元所要"肃清"的,还只是"落到敌对阶级立场上去了……的文艺思想"。如果说姚的谬论是"诛心之论"的话,舒芜的这些论述则堪称"夺命之论"。引文见中国作家协会上海分会编辑《胡风文艺思想批判》,新文艺出版社1955年版,第192—193页。

江声浩荡七月诗

二

由于舒芜在胡风事件上的所作所为实在难于索解,人们当然有理由做出各种各样的揣测和解释,而且由于事涉人的隐秘内心世界,即便当事人,事后恐怕也难以对当时事态作出百分之百的复原,我们所能够做的,也只是一种事后的解释而已。但解释多种多样,学术性的解释却有它自身的规范要求,作为对"无限企近真实"的尝试的保障,那就是凭材料说话,凡事要求"拿证据来"。证据本身当然不能对其真实性提供保障,出于种种动机,有意无意颠倒是非、混淆黑白的"伪证"同样是大量存在的,如何去伪存真,靠的是学者的艰辛努力,并非浮泛的观察可以蹴就,所谓"尽信书,不如无书",说的也是这个道理。所以当我们面对关于胡风事件的种种说法时,多动脑筋多用心,像傅斯年所说的那样,"上穷碧落下黄泉,动手动脚找东西",就始终是不错而且必要的。

舒芜自己总结这段人生经历时,强调的是思想意识层面的变化,"只有一味适应和配合党对知识分子的'改造'。简单,明快,进行曲式",而不及于此外的内心隐微,早已引起研究者的不满足,认为"对素性沉稳多思而又有相当社会阅历的舒芜来说",事件进展过程中的诸多环节,没有后一方面的说明是远远不够的。[①]单就他对自己的思想迷途的反省来看,应该说不可谓不沉痛:"解放后三十年,我走了一条'改造路':先是以改造者的身份,去改造别人;后来是在'次革命'的地位上自我改造,以求成为'最革命';结果是被置于反革命的地位,接受另一性质的改造。反正谁有马克思主义,谁就有权改造别人。而改造的标准,真理的标准,都是实践,集中到最高的实践,即共和国的政治、无产阶级政党的政策与策略。我本来是由衷地这样相信,后来是愿意这样相信,后来是大力说服自己这样相信。""回头一看,原来我根本没有学到任何马克思主义,曾经自以

[①] 参见林贤治《胡风"集团"案:20世纪中国的政治事件和精神事件》,《黄河》1998年第1期。

为信马克思主义并信其与'五四'精神一致者只是自作多情。马克思主义究竟是怎样的,我其实毫无所知。30年过去了,可以做点事的时间不会再有30年。"①这里说自己把"共和国的政治、无产阶级政党的政策与策略"当成"最高的实践",本来也是毛泽东《实践论》中的明确看法,和胡风的实践立场的一个可能结论,舒芜从胡风思想立场出发,跨过其理论表述的含混曲折,直接奔向毛泽东的简单明了,从其一贯的思想习惯(追求清晰明了,可从其文风见出)来说,不是没有线索可寻;令人扼腕的只是,他的思想路途从胡风这里经过,竟只是把胡风当成了一个何满子所谓"自致青云"②的纯粹台阶,而在胡风"人的实践"观念的"人"学精髓上毫无沾溉,所谓"买椟还珠",真可谓"莫此为甚"了。

舒芜出生于1922年,1952年发表《从头学习》和《公开信》时正是三十初度,到1997年作出上述反省时已是75岁高龄,年迈体衰,不愿去过多触碰那些不堪回首的岁月和心绪也是人之常情。但尽管如此,也并不意味着我们就必须在舒芜的回忆止步的地方同样止步了。如果真的还存在那些在公开的"理论和思想分歧"之外的私底下的动机和心态问题的话,那么,他在自己年少气盛的时代写下的文字,是不可能不有所透露的。事实上也的确如此。上举舒芜第二篇"佚文"《反马克思主义的胡风文艺思想》中,更值得注意的其实还在这一方面。

哪些东西更值得注意呢?第一,舒芜对他"倒戈"或"起义"之后胡风对他的个人态度,并非如他后来的"简单,明快,进行曲式"的叙述所表明的那样无所措意,而是心中有数的:

> 解放后,在党的教育之下,我初步认识了过去的严重错误,对于过去的责任日益感到沉重。并且,尽管胡风因为我接受了党的教育,放弃了反马克思主义的文艺思想,对我表现了狂热的仇视,可是,我对于胡风文艺思想和文艺活动在解放后的更加恶劣的发展,还是觉得和我并非完全没有关系。

---

① 舒芜《回归五四·后序》,《回归五四》,第689—691页。
② 何满子《回到起点?》,《鸠栖集》,华东师范大学出版社1998年版,第88页。

这里的所谓"狂热的仇视",就显然不是心平气和的用语,而只能解读为不能释怀。第二,在这样的心理基础之上,进一步考虑"理论和思想"层面的问题,这种考虑显然也不是纯粹的"理论和思想"可以解释。所谓"胡风文艺思想和文艺活动在解放后"有了"更加恶劣的发展"的结论,以及在这一结论之下"日益感到沉重"的责任意识和意识下的行为,无疑会沾染更多的"主观作用"的墨色。这个"觉悟"了的舒芜,面对顽固不化的胡风,他的确是忧心如焚、肠热难抑啊,为了促使胡风们迷途知返,他不得不使尽浑身解数,对于他们的"严重错误"穷追猛打:

> 关于胡风在解放前文艺界的反党的宗派活动,我将在别处根据我所掌握的材料作一些说明。这里,只就在党的教育下我所能认识到的,谈一谈他的文艺思想几个最主要的错误。
>
> 他在他所能影响到的人们面前,全力破坏党的威信,把党的文艺工作中的负责同志描写成丑恶不堪的面貌,把他们之间和他们对整个革命文艺界的关系描写成丑恶不堪的关系。(关于这方面,我将另外提供具体的材料。)

这一个要对"胡风在解放前文艺界的反党的宗派活动"加以彻底揭露的宏图大计,早在1952年的《公开信》中就已经埋下伏笔,《公开信》的长篇大论中共有五个小标题,其中第五个就是"第五、我们的错误思想,使我们在文艺活动上形成一个排斥一切的小集团,发展着恶劣的宗派主义"。在这个标题之下,就曾经述及"我们一贯在谈论中,竭力把几位文艺上的领导同志,描写成度量偏狭、城府深隐、成天盘算个人势力的模样……把延安文艺座谈会以后解放区的整体的伟大的人民文艺运动,都解释成某几位领导同志用以打击某一个人的花样"①等等;这一个宏图大计的最终实施,便是《关于胡风反党集团的一些材料》。原来舒芜的"拿材料说话",不说早有预谋,至少也并不是出于一时的风云际会或心血来潮。

---

① 舒芜《致路翎的公开信》,《回归五四》,第306—307页。

这些东西到底能说明什么问题呢？"理论"上的执著一旦固化为行为上的刻意，如胡风所说，倘"只单纯地当作理论去看，那是要愈想愈不通的"①。

舒芜在《〈回归五四〉后序》中曾经详细回顾过自己在《论主观》引起风波之后的1945—1952年期间的思想"困惑、撑持和转变"的过程，其中最值得注意的，是1945年底在重庆与胡乔木"谈了两次"之后的思想动向，和1951年底到武汉出席中南区文学艺术工作者代表大会时与绿原的"相逢先一辩"。关于前者，有舒芜当时写给胡风的信为证：

谷兄：

今晨发一信，当先此到。

我也是觉得整个局势皆在乱麻状态中。自己也是飘渺迷茫，精力和意志都组织不起来。看到来信说要根本的变换方法，"和无聊作战"云云，就更加飘渺迷茫了。究竟怎么样呢？现在真难想象。

……

舒芜解释说，"我说的'飘渺迷茫'，是因为与权威人士胡乔木那次谈话而感到问题复杂，也因为胡风来信说要考虑变换作法，要自己变成了老爷，再和变成了老爷的自己作战等等，觉得不大好掌握，所以我说'究竟怎么样呢？现在真难想象'"②。这个时候，《希望》创刊届满一年，出版了四期，"舒芜"（本名方管）正以每期至少一篇署名大文章和若干使用别的笔名的散杂文章的势头③，作为一

---

① 胡风1952年2月14日致鲁煤的信中说："至于舒君，情形也不简单的。所谓理论之类云云，都不过是一种实际关系或生活态度的反应。只单纯地当作理论去看，那是要愈想愈不通的。我懂得他，其他的友人也懂得他，绿原更懂得他。他既是书生，又是打括弧的'实际'的人，这就非弄得东张西望不可，这两年来完全暴露出来了。……人，一患得患失，那就有些不好办了。"《胡风全集》（9），第178页。

② 舒芜1945年12月13日致胡风信及说明，《回归五四》，第614—615页。

③ 舒芜总共在《希望》上发表了五十一篇文章，使用了包括"舒芜"在内的十八个笔名，这两项都在胡风主办的杂志（包括《七月》）上创下了最高纪录。《希望》1集1期的《论主观》《两层雾罩下的黑格尔》、2期的《论中庸》《读史笔记三题》、3期的《思想建设与思想斗争的途径》《评〈人生对话〉》、4期的《我底怀乡》均署名舒芜，此外还有署名林慕沃、葛挽、姚箕隐，但公说、宗圭父、竺夷之、白君匀、赵元申、孙堪、徐舞、许无、桂未晚、孙子野、龙亮之、钟雨、郑达夫的多篇文章，另外只有一个笔名葛畹未在头一年（第1集）的《希望》上出现过，而出现在第2集中。

颗"《希望》新星"冉冉升起,同时跟随"大人物"胡风在"台前幕后"努力应对着《论主观》所引起的风波,可是谁能想到,与此同时,其思想在另外的"权威人士"的强力牵引下,也已经开始处于"方向转换的途中"? 此后一直到1951年底,这个转换过程才终于呈现出清楚的眉目。这年10月,在出席中南区文代会之前,他写了一篇《批判罗曼·罗兰式的英雄主义》,虽"只是两三千字的小文,事情却有很多可说"。为什么呢? 因为罗曼·罗兰是胡风一派的偶像,罗曼·罗兰去世后,胡风、路翎、舒芜等均曾著文悼念,胡风还曾专门组织编辑了一本纪念集《罗曼·罗兰》①,舒芜说,其"《论主观》等文,宣扬'主观战斗作用',很大程度上是以他的'新英雄主义'为蓝本"②。所以现在的这样一篇批判文章,就不仅对舒芜自己是重要的,其在绿原等《希望》伙伴中引起的震动也就可想而知。③舒芜曾专门赋诗一首,记载他在武汉与绿原的辩论:"相逢先一辩,不是为罗兰;化日光天里,前宵梦影残;奔腾随万马,惆怅恋朱栏;任重乾坤大,还须眼界宽!"诗前还有一段小序:

> 汉口开会赠绿原
>
> 进入新社会两年以来,久不作诗。今来汉口,开中南文学艺术工作者代表大会,重见绿原。见而谈,谈而辩,辩于家,辩于路,辩于公园,辩于茶社,又辩于剧场,虽诗兴毫无,然不可无诗以记,乃作此赠之。其实,不必辩也。

对此,绿原的想法是:"如此一而再、再而三而四而五地'辩'着'辩'下去,如果没有四十年前的记录作证,是简直难以想象的。……回首前尘,不得不惊诧于自己当年的幼稚、荒唐和愚蠢,因为'其实,不必辩也'。"④

同是一个"不必辩",舒芜的作为却并没有就此停止,他已经在思想转变成功的喜悦中燃烧起来,欲罢不能了。1952年10月15日舒芜给绿原一封信,其中所谈,是《致路翎的公开信》发表后舒芜从南宁北上北京参与"胡风文艺思想

---

① 胡风主编《罗曼·罗兰》,收有胡风的《罗曼·罗兰断片》、路翎的《认识罗曼·罗兰》、舒芜的《罗曼·罗兰的"转变"》等,新新出版社1946年版。
② 舒芜《回归五四·后序》,《回归五四》,第655页。
③ 绿原当时在《长江日报》任文艺组长,舒芜的文章交他发表。
④ 绿原《胡风和我》,《我与胡风——胡风事件三十七人回忆录》,第578—579页注②。

讨论会"的情况,绿原当时所作的摘录如下:

> 胡风、路翎都认为,一些人原就不相同,各是各的账,不可混扯。这是针对《公开信》说的,我将通过自我批评来证明,我们之间确有根本共同点。写了一点,还要重写;写成以后,也不一定马上发表。不过,领导上很需要此类文章,因此希望你在检讨中也注意这一点,给胡风写信也多谈一点。①

公安部将当年查抄的信件文稿陆续发还后,绿原查对舒芜信件原稿,发现语气上比他的摘录还要强烈:

> ……因此,我的批评,将通过检讨自己来进行批评,以证明我们之间的根本上的共同点。(写了一点,还要重写;写成以后,也不一定马上发表。)领导上很希望有这样的文章。因此,特别通知你:希望你将要发表的检讨,也能注意这一点——通过检讨自己来批评胡风,证明根本上的共同点,这对自己、对胡风、对读者都是有好处的。同时,你给胡写信时,也希望针对这一点多谈一谈。②

舒芜在"也能注意这一点"一句下还特别添加了着重号。对于这样的"劝勉",绿原的反应是"经过一阵痛苦的惶惑,我终于向组织上表示,我只能检讨自己('从自己谈到自己为止'),不能批判别人('这样做不是冤枉别人,就是冤枉自己');同时回绝了舒芜的示范式的劝勉,对他表示了'诀绝的告别'"③。

舒芜在胡风已经对他在"检讨"文章中牵扯别人表达强烈不满,谓之"想用别人的血洗自己的手"④,并当面予以警告的情况下,仍要致力于证明他与别人之间的"根本上的共同点",而且不仅自己打算这样做,还要拉上别人一起做,其从思想到行为上的偏执,也就非同一般了。

---

① 绿原《胡风和我》,《我与胡风——胡风事件三十七人回忆录》,第534—535页。
② 同上,第579页注③。
③ 同上,第535页。
④ 胡风《520107 致鲁煤》,《胡风全集》(9),第176页。

江声浩荡七月诗

聂绀弩曾说,在50年代初的语境中,舒芜面临着一个"谁轻谁重"的问题①,其所作所为是可以理解的。这个说法曾被广泛地接受为对舒芜在胡风事件上的作为的宽解,讽刺的是,它所坐实的,恰恰是胡风的说法,即,这是一个"打括弧的'实际'的人"的问题②,等于"用别人的血洗自己的手"。对此,舒芜自己显然应该是不能认同的。③

我十分愿意相信,舒芜在"证明根本上的共同点"问题上异乎寻常的执著,和他在"北京拿胡风没办法,请我去开刀"④时所表现出来的雀跃,说到底是一回事,那就是坚信这样做"对自己、对胡风、对读者都是有好处的"。既然"有好处",当然万死不辞。这是舒芜作为左翼青年在思想性格上的可爱之处,同时也是胡风自己的致命伤。在这里,我们就碰到了一个"历史冲突扭捏"的问题。我认为,正是这种来自同一个性根源的"历史冲突扭捏",在胡风事件的矛盾激化过程中起到了不可忽视的作用。都是敏感固执而行事自任的人,一旦不能同气相求,思想倾向走上了不同甚至相反的岔道,而又不得不在同样的场合就同样的事情频繁发言,冲突扞格,自是不可避免。最后愈演愈烈而至不可收拾,不能贸然将责任归咎于某一方,也不能不问情由各打五十大板,而还要看事情究竟

---

① 聂绀弩1982年9月3日致舒芜的信中说:"一个卅来岁的青年,面前摆着一架天平,一边是中共和毛公,一边是胡风,会看出谁轻谁重?我那时已五十多了,我是以为胡风这边轻的。"见罗孚编《聂绀弩诗全编(增补本)》,学林出版社1999年版,第487页。

② 胡风《520214致鲁煤》,《胡风全集》(9),第178页。

③ 《聂绀弩诗全编》出版于聂先生过世之后,此书的编辑出版与舒芜关系甚大,有关情况详见编者说明。书中选录了若干聂绀弩写给别人的信,致舒芜此信即在其中。关于此信何以会出现在书中,何满子曾有如下议论:"附编中绀弩写给别人的信,大体也以谈他的诗为题旨,致舒芜者最多,凡四通。最令人大惑不解的是,第二封摘录的信根本就不涉及诗,通篇是与诗无关的题外话……纯然是在谈一桩众所周知的公案,实则谈这桩公案的当事人之一的道德责任问题。原函的上下文都删除不录,单录这一段更令人感到蹊跷。这封摘录的信和绀弩的诗是八竿子也打不上边的,收在本书的附录里完全是一个赘疣。有些人习惯于使用私人信件表白心迹,收到某种意想不到的效果,似乎是一种思维定势。何以要收进这封信?收信人何以要提供这样的信?其效应尤其是其动机无需深究,这是稍明事理的人一想便知乃至不想可知的。"见何满子《聂绀弩收回了的意见》,《鸠栖集》,华东师范大学出版社1998年版,第94—95页。

④ 这是舒芜1952年被从南宁请到北京参加中宣部召集的"胡风文艺思想讨论会"途经武汉时对曾卓说的话。见绿原《胡风和我》,《我与胡风——胡风事件三十七人回忆录》,第534页。

是在哪一方的主导下进展。

三

《致路翎的公开信》最初的印本①中有一段话,不见于后来公开发表的版本。这段话从其本意来说,应是舒芜就自己的"反戈"向胡风们作出基于过去的"友情"的私人交待,表示自己也是迫不得已才公开陈情:"回来以后,多次写信给你们,总得不到回信。而且,一反历来的习惯,你们出版的书,就再也没有一本寄来。这些本是琐碎的事,或者只是偶然的也说不定,但我有根据推想为所谓'决绝的告别'的表现,因为过去我很熟悉,我们是怎样看待一切我们小集团内在根本问题上意见有了差异的人。"在这里,舒芜的语调甚至是诚恳的,在他自己想来,也许可谓仁至义尽了。胡风会领他这个"情"吗?

三十万言书第三部分《事实举例和关于党性》中单列一节《(四)关于舒芜问题》,其中第六、七、八、九条中花了不小的篇幅谈论这件事:

> 他是"有根据"把他自己说得进步了觉悟了,"有根据"把他放在一个什么"我们过去的道路"上面,"有根据"把这个"小集团"说得多么"严密",吓人的。

> 舒芜来信要见面,里面还说"两年多来,不大清楚你的行踪,事情又忙,故一直不曾写信"。这又并不是"多次写信给你们,总得不到回信"了。事实是,从一九五〇年十月底到一九五二年九月初这两年不到的时间内,我是接到了三次信而没有回他的。

> 舒芜说他"记得很清楚",他的《论主观》是在我的《文艺工作的发展及

---

① 此文曾作为中宣部主持召开的"胡风文艺思想讨论会"的内部材料,由中宣部打印出来供会议参加者使用,正式发表前作者作过修改。关于这些修改,胡风的评价是"删去了几处太明显了是捏造的事实"。此处转引自胡风《关于解放以来的文艺实践情况的报告》,《胡风全集》(6),第326页;胡风评价见第128页。

其努力方向》的"启示之下"写的（打印本三页）。但他的《论主观》是在一九四四年二月二十八日写定的，不但文章后注得明白，还有他第二天给我的信；我的《文艺工作的发展及其努力方向》是同年四月十三日，即将近两个月以后为全国文协开年会写的，不但文章后面注得明白，还有那一次的文协的会期可查。他"记得很清楚"，他在将近两个月以前写的文章是在我将近两个月以后写的文章的"启示之下"写的。

在最后一次"讨论会"上，我在争取到的十多分钟发言里，把上面最后一个例子提了一下。当时同志们笑了起来。周扬同志马上严肃地插入了几句说明："我对舒芜同志的文章也有不够满意的地方，批评别人的多了些，批评自己的少了些。"①

这是一个典型的例子，说明双方是在怎样的"冲突扭捏"中导致了矛盾的进一步激化。胡风显然被舒芜的"谎言"和进一步披露内幕激怒了；而舒芜，虽然在事后给胡风的告别信中表示"将只检查自己"，并对胡风的个人事务表示关心（"不知何时回沪？何时移家来京？"），"安详得很"②，但像这样在有诸多领导人参加的会议上当众出丑，难道真能无所动于衷？

像这样的历史细节，由于"文献不足征"，我们能够得到的当然非常有限，但只要它存在着，就总是应该尽可能纳入考虑。正如"瞎子摸象"，能够触及的部位越多，对于历史事态这头庞然大物的了解才可望越多。

胡风的三十万言书于 1954 年 7 月写成，并由他自己亲自交给当时的中宣部部长习仲勋，请他转呈中央。根据康濯的回忆，"这份'三十万言书'交上不久，周扬、默涵同志即在作协党组内提起过此事。大概材料先后经过了文艺处、周扬以及习仲勋、陆定一、胡乔木等同志，送到主席手上，或许按胡风交毛、刘、周的要求再经过少奇、恩来同志，那就显然不可能很快。……毛泽东是 1954 年

---

① 《胡风全集》(6)，第 326、327、329 页。引文中的"打印本"指舒芜《致路翎的公开信》打印本。
② 同上，第 329—330 页。

11月开始阅读胡风上书,并于12月批示发表、讨论、批判"①。1955年1月《文艺报》第1、2期合刊以单册形式附发《胡风对文艺问题的意见》,向社会公开三十万言书中的第二、四部分,涉及人事内容的第一、三部分也"分别铅印成册,在内部一定范围内分发"②。根据舒芜的自述,"……印发的他的'三十万言书'我也没有细看,而又要应《人民日报》之约写参加批判的文章……"③虽未明说他在写作将胡风问题从文艺思想论域引向政治清算的《反马克思主义的胡风文艺思想》《胡风文艺思想反党反人民的实质》两篇文章和给"胡风集团"致命一击的《关于胡风反党集团的一些材料》之前曾经得到过三十万言书的全本,但据此推断,上述"内部一定范围"应该是包括他在内的。另外,在舒芜决定使用胡风过去给他、和落在他手里的胡风给路翎的私人信件作为撰写批判文章的材料之前,从上引三十万言书的片断可知,他肯定也已经注意到胡风在"胡风文艺思想讨论会"上自辩时对他的私人信件的使用,而且由于效果明显,舒芜会对这种使用私人信件作为论据达到特定效果的论辩方式印象深刻也并不是多么奇怪的事。充分注意到以上两方面的情况,对我们尝试就舒芜从"反戈一击"走向"恶"的心路历程作出准确理解是非常重要的。

事实上也已经有人注意到前一方面即三十万言书中可能存在的对舒芜"有利"的材料,那就是:胡风在三十万言书中先于舒芜对他的政治性指控,而作出了对舒芜的政治性指控:

> 胡风不但把周扬说成"反党"的异端,也把舒芜说成"叛党"的阶级异己分子,说:"舒芜是他那个出身的地主贵族阶级在思想意识上派来做破坏作用的代表,他是看准了同志们底宗派主义的强烈的统治欲望,所以敢于胆大包天地从这个空隙打了进来的。而且,他是由于他的叛党行为,被党洗刷了,使他无法不在内心上看到了自己的阶级本质,因而恼羞成怒,产生了

---

① 康濯《〈文艺报〉与胡风冤案》,《思忆文丛·六月雪》,第90页。
② 《胡风全集》(6),第94页脚注。
③ 舒芜《回归五四》,辽宁教育出版社1999年版,第682页。

对党的仇恨心理……"此外,还指名批评了一些作家,如不加分析地指王鲁彦为"庸俗的作家",在辩护路翎发表作品的权利时,证实沈从文、张恨水比路翎更"糟",还以生活作风和片言只语为例批评姚雪垠等。在这里,虽然有着文艺思想的分野,但态度是粗率的,不负责任的。①

这里的引用文字与三十万言书中的相关文字略有出入,也许另有出处,不过大致意思是不差的。

如果上述推断不错,舒芜果曾在1955年初得到过三十万言书的全本,则无论他如何"没有细看",这个关于他自己的部分肯定是会受到他的高度注意的;又如果他并未得到三十万言书的全本,而只是从其他得到过这个版本的"内部"人员那里有所耳闻,得知了胡风对他的指控,那么,作为人皆有之的自我防卫反应,舒芜在感受到胡风对他的严重攻击之后,奋起反击,应属人之常情。

这是问题的一个方面。另一方面,以往人们对于舒芜行为的最不能容忍的一点,就是他"在没有组织压力的情况下"②抛出胡风的私人通信,但是如果胡风先他之前也曾经对他的私人通信作出过某种程度的"利用",则舒芜是否也可以为自己的行为找出一点理由?

在复杂的历史情境中,要对历史人物的行为作出准确的评断的确不是一件容易的事。历史评断除了要严格凭材料说话之外,所说出的究竟是些什么话,却还要取决于说话者自身的立场观点。在这个意义上,后现代史学的所谓"没有事实,只有解释"并非无据。"解释"的依据可以是各式各样的"道理",在这各式各样的"道理"中,"大道理"要管"小道理"。那么,在我们尝试对复杂情境中的历史人物的行为作出理解时,究竟哪些才是需要我们努力把握的"大道理"、哪些只是需要适度了解的"小道理"?

胡风在三十万言书中对舒芜作出政治指控,其根据是舒芜重庆时期的密友、同时也是将舒芜引荐给胡风的当事人路翎的告诉。三十万言书中就此作出

---

①② 林贤治《胡风"集团"案:20世纪中国的政治事件和精神事件》,《黄河》1998年第1期。

的陈述是：

> 一九五〇年冬他（指舒芜——引者）来北京开会，还是想我介绍他到北京来工作，意思是顶好是做理论工作。闲谈的时候，他对"毛泽东思想的化身"的老干部取了嘲讽的态度，而且对于一些工作方式也取了尖刻的嘲笑态度。我感到失望。他走了以后，和路翎同志谈到他，才知道了他在四川参加过党，因被捕问题被清除出党以后表现了强烈的反党态度的情况。这出乎我意外，怪路翎同志也来不及了。过后回想，才明白了他的一些表现并不简单是一个封建家庭子弟的缺点和自私的欲望而已。①

舒芜的这个"政治历史问题"是否属实不是我们要讨论的②，这里值得注意的是两个问题：第一，胡风为什么要这样做？第二，他是在怎样的范围内这样做？关于这两者，胡风在后来的反省中其实都作出过交待：

> 我向中央写的那个"报告"，自以为是遵照"知无不言，言无不尽"（实际上并没有完全做到）的原则，向中央说话不应有任何畏惧。③

> 1. "知无不言"，实际上我还只是举出为了说明问题性质的例子，并不是为了解决具体问题。所以，没有提到的也一定不少。"言无不尽"，没有说到没有说透的多的是。分析错了的也一定不少。

> 2. 我提出了对若干领导者和党员作家的看法，并不是对他们有恶意，犹如我说有病的人有某种病并不是恶意一样。相反，我慎重地注意，在中央审查判断之前，不能传播出去损伤了领导者们的威信。杭州方然要我把底稿寄给他，我没有寄。同在北京的徐放希望把底稿给他带回去看，我也没有同意。就是怕给别人看了传出去，在群众中间损伤了胡乔木、周扬等领导人的威信。④

---

① 《胡风全集》(6)，第326页。
② 事实上到目前为止，关于这个问题似乎也没有一个公开的结论。
③ 胡风《从实际出发》，《胡风全集》(6)，第756页。
④ 胡风《简述收获》，《胡风全集》(6)，第681—682页。

江声浩荡七月诗

不论胡风在当时的历史情境中是如何的自以为事关重大,也不论他是如何的"慎重注意",今天当我们面对这些材料的时候,如果会觉得心情释然,那就只能证明,一个自 20 世纪 40 年代以来长时期强迫国人在"历史的冲突扭捏"中苦苦挣扎的命运咒语,仍然没有失去其左右个人和国家命运的恶劣作用。出于责任意识或出于个人私怨,面向组织领导或面向社会公众,证据确凿或是刻意罗织,点到为止或是大做文章,这些差别对于我们就历史人物及其行为作出具体而微的认知和评断当然是重要的,其重要性在于,相对而言我们相信,作出前项选择的占有着"大道理",作出后项选择的则突破了某种底线,因此前者情有可原,后者必须谴责;但是,如果我们的历史探索仅仅出于这样的目的、止于这样的结果,那对于我们摆脱上述命运恶咒又会有何助益呢?在种种令当事人不堪回首、令后来者难以承受的"冲突扭捏"中,"历史"与"人"同舟一命,好比一对不识水性的落水者,在互相的拯救和依赖中越缠越紧,越陷越深,最终导向共同沉沦,这样的悲喜剧和"没有想到",如何能够在今天和未来的历史途程中得以避免,才是需要我们向"大道理"之外寻求更大的道理的所有原因。

所谓"冲突扭捏",当然是畸形社会的畸形现象。如果不是特定政治文化环境的强迫,那些没完没了的改造、检讨、揭露、审查、举证和辩白等等,根本上就不会存在,所谓"人性恶"的一面,也就不会得到如此极端的发露和显扬。我深信,"人是环境的动物",但是另一方面,人也是自主的动物。诚如我的一位朋友所说,历史自历史,道德自道德,个人自个人,即使是在最极端的环境下面个人仍有选择的余地,既有选择,便应承担责任。①所以,回到本文的主题上来,我的上述议论,决无使"人"借"历史"和"环境"的大氅得以遁形的意思,而反而是怀了在"人"和"环境"的面目上同时滴上几滴"历史"的显影剂的野心也说不定。

---

① 这是吾友刘志荣在看过本文原稿之后写来的电子邮件之中的话,经他同意引在这里。另外,谢泳先生在读过本文后向我指点了舒芜的另一篇"佚文":《长江文艺》第五卷第 8、9 期(1951 年 12 月出版)是中南文学艺术工作者代表大会特刊,其中有舒芜一篇《我的体会》(31 页),有心的读者不妨自求。谨此一并致谢。

"冲突扭捏"一语,出自何满子先生的手笔。在近年社会上关于舒芜的议论中,何老先生通常被视为胡风案的受害者中对舒芜最不能原谅的一个,然而他却就舒芜的历史处境说出了这样的话:"诚然,舒芜的行为也是历史冲突扭捏而成的,不妨说,他也是历史的受害者。"[①]这样的见解,应不仅仅是个人的"恕道"表现而已,而包含了对历史的复杂构成的反思,是过来人留给我们的珍贵遗产,谨予录存。

原载张业松《文学课堂与文学研究》,复旦大学出版社2008年版

[①] 何满子《学者的"伪装必须剥去"》,《鸠栖集》,华东师范大学出版社1998年版,第86页。

苦难中的坚守与个人主体性的回归

——20世纪50至70年代胡风冤案受难作家的潜在写作

刘志荣

一

1949年后中国文学的曲折行进伴随着频繁的政治批判运动。伴随着这种批判运动而来的,是一批批作家的身份受到限制,失去了公开写作和发表作品的权利。在这些运动之中,1955年爆发的"胡风集团"冤案具有特殊的意义。虽说以往的批判已经表现出政治权威积极干预与引导运动的方向的倾向,但多半还是在思想文化领域进行,"胡风集团"冤案却显示出一种将思想文化领域中的歧见等同于政治斗争的倾向,结果以利用专政工具以暴力的方式剥夺胡风等人的公民权,将之投入牢狱来解决问题。这一事件牵涉甚广:"在全国清查中,共触及两千多人。正式定为'胡风集团'分子的七十八人。其中给予撤销职务、劳动教养、下放劳动等处理的六十一人。"①胡风及与胡风有关的青年作家们多被牵连在内,彭燕郊、绿原、牛汉、曾卓、彭柏山、罗洛、张中晓等人,或则隔离,或则系狱,或则流放,即使关押不久就被释放的,也失去了用自己的名字写作和发表

---

① 苏东海《十一届三中全会以来重大冤假错案平反概述》,《党史研究资料》1982年6月总59期。转引自李辉《历史悲歌——"胡风集团"冤案始末》,香江出版有限公司1989年版,第225页。

作品的权利。

　　历史的发展总是充满了背谬,当代文学的发展固然没有按照胡风等人的愿望进行,但同样也没有完全按照其批判者的设想进行。当代中国的历史的发展充满了像"胡风集团"冤案这样的谜,受难者与发动者都陷于谜中,历史并不按照任何个人的意图发展。对"胡风集团"的清洗实际上使得20世纪50—70年代的中国文学失去了重要的精神资源,使得新文学的现实战斗精神在当代的公开文学中失去了最为系统与深刻的理论体系。冤案的制造者以战争思维的方式来对待胡风的上书的结果,就是文艺观点的问题直接被上升为敌我矛盾的问题,由此也只能收获到文学园地荒芜的苦果。在另一方面,胡风等人被以暴力的方式剥夺了发言的权利,但精神上并没有像权威者设想的那样被打垮,他们历经磨难,遍体伤痕,精神上反而更为成熟。苦难使得他们对自己与时代进行反思,其中的敏感者甚至跳出了自己以往思维的局限——这一点最集中地表现在他们的潜在写作中。冤案的主要受难者,年龄集中在20—40岁之间,正是年富力强的时候,在这个年龄突然被宣布为"反革命",对他们来说,无疑等于取消了在人民中国写作的权利。这些人热情激进、才华横溢而突然陆沉,无疑是未尽其才。然而幸运的是,他们之间的许多人都在这个时间内留下了一定的潜在写作,这些断片残简,数量虽然不多,却已足够让后人从中寻觅他们当时面对荒谬的命运时的心迹。

　　胡风冤案受难者的潜在写作,随着案件的发生就已开始。对这一事件及其后果的文学反应,比较集中地体现在胡风、彭燕郊、绿原、曾卓、牛汉、罗洛、张中晓等人的写作中。他们的写作共同构成了"受难者"完整的精神历程,也具有一些共同的精神气质(当然,其各自的精神特质也是明显的)。这使得他们与其他被边缘化的作家的潜在写作相比,在精神上显得颇为独异。虽然被加上"反党反革命"的罪名,所谓"胡风反革命集团"中的大多数人员,实际上却是以革命者自居的,在走上写作道路以迄19世纪50年代前半期,他们虽然受到来自内部的种种不友好的待遇,但这并没有改变他们对共同的"革命理想"的极度忠诚。

江声浩荡七月诗

在这个时候,突然被打成反革命,这不仅等于突然之间抽空了他们自己认同的社会身份,而要他们承认另外一种强加的耻辱的印记,也等于对他们以往的工作与努力的全盘否定——实际上不但给当事人带来了深重的痛苦,同时也使他们突然之间直面历史的荒谬。这种个人认同与外界事件的剧烈冲突,使得后来有的研究者甚至认为,"就个人独自所能承受的伤害程度而言","无论是紧随其后的'反右',还是 10 年后的'文革'浩劫,都似乎无法与 1955 年的'胡风冤案'相匹俦"。①

所以,毫不奇怪,在胡风冤案的受难者们的潜在写作中,经常出现的是苦难与伤残的主题。例如,胡风在囚房中不断感慨的"廿年点滴成灰烬""廿载心花成镜影""廿载心香成废气""十载痴情成噩梦"等等,如果考虑到文艺工作是胡风这样的社会知识分子的生命,以往工作完全被否定实际上构成了对其生命的全部否定,他所感慨的实际上是生命失去意义这一最大的苦难。不仅胡风如此,在彭燕郊、绿原、曾卓、牛汉的笔下同样如此。彭燕郊愤激地描述生命完全成了废品、在失控的疯狂之中感觉到自己的主体性被抽空;绿原感觉到自己好似在茫茫的时间的苦难的大海上航行的哥伦布、被关押在所罗门的瓶子中毫无获救之日的精灵;曾卓笔下的被狂风吹到悬崖边的身体弯曲的树、牛汉笔下被囚禁的华南虎与被斫去半边的"半棵树"的意象……所有这些,都为灾难对胡风及其友人们的伤残留下了印记。

对于饱受苦难的当代中国作家来说,表现伤残与苦难并不罕见。所以,问题不仅在于是否在作品中表现了苦难,而在于如何表现苦难。在胡风冤案的受难者们的潜在写作中,可以看到他们并没有像以后的许多作家那样,以"理想"与历史进步的名义,将个体的苦难在宏观的历史发展的"合理性"之中消解。"七月派"作家一贯体现了将作家自己的主观突入生活之中、主体与客体进行血肉的搏斗的精神,正如他们之中的一位诗人在若干年后概括这一流派的创作共

---

① 李振声《〈夜行〉序》,引文见彭燕郊《夜行》,山东友谊出版社 1998 年版,第 1 页。

性时所说的:"诗中应当有希望,有欢乐,有喜悦,也有憎恨、愤怒,但绝没有纯客观的描绘和枯燥的议论。诗不能隐瞒自己,不能排斥诗人对于客观世界的主观抒情。排斥了主观的抒情,也就排斥了诗。他们特别反对那种两重性格,作者的主观世界与诗的境界不沾边,甚至相违悖的虚伪的作风。"①在很大程度上,这种热情的主观抒情风格,不是来自后天的学习,而是出于这些诗人固有的气质。在苦难之中这种气质更为浓厚,而主体与外界、与命运的搏斗更是时时刻刻出现在他们的生命之中。所以,他们的潜在写作并不是一般化地描述苦难,而是将苦难与伤残完全融入了他们的生命,由这种生命深处的创痛出发,进行抒情或者思考。他们的写作忠实地体现了自己的生命体验,也正是在这种隐秘的潜在状态之中,他们的生命体验才得到了毫无遮掩的表现。这种生命体验的惨烈,使得他们在表现苦痛时常常出现幻觉或者变形的意象,使得他们对苦痛的表现达到了触目惊心的程度。这使得他们的潜在写作更为深刻、生动地描述了自己的精神与生命体验,甚至自己的疯狂(例如彭燕郊的《空白》,触目惊心地记录了主体面对政治高压时濒临消解的心灵变化)。他们并没有放弃希望,但在他们的笔下,个体遭受的苦难不能以任何集体或未来的名义将之取消,苦难就是苦难,即使未来的历史有一个"大团圆"的结局,个体遭受的伤残永远不能完全痊愈,在心灵与肉体之上永远留下了难以消失的伤疤。牛汉与曾卓笔下著名的坚强不屈但遍身伤残的"半棵树"与"悬崖边的树"的极端变形的意象,直接记录了这些诗人顽强但遍体伤痕的灵魂的姿态。

直面苦难导致了他们写作的另一个特点:苦难在他们的笔下,犹如但丁的《神曲》与歌德的《浮士德》中所描述的,有一种精神立场上的坚守与升华的意义。这些人都是具有刚烈性格与血性的人物,因为对自己思想的忠诚,他们宁可疯狂也不放弃自己的精神立场。正因为时时刻刻与苦难搏斗,他们即使疯

---

① 牛汉《并没有凋谢——简介二十人诗集〈白色花〉》,收入《学诗手记》,生活·读书·新知三联书店1986年版,第33页。

狂,也没有完全被苦难压垮,而是在苦难之中升华出精神的光辉。胡风的例子在这里很典型,他因他的文艺思想而受难,但始终不改变自己的立场,坚信冤案总有解决的一天,在"狱中写作"中,他对政治权威强加在他头上的罪状始终不服罪,仍然坚持自己的文艺思想,同时在狱中诗篇中对他一贯鄙视的"教条主义者""宗派主义者""市侩"充斥的文场进行连续不断的"射击",坚持着鲁迅传统中的现实战斗精神。彭燕郊在困悫之中对知识分子的"耻辱"原罪的制造者进行了尖刻的描述与批判;绿原坚信自己的航行总能达到一个终点,发现一个"新大陆";曾卓在与绝望的拼死搏斗之中推开颓唐奋身而起,歌颂与呼唤着希望;牛汉的"华南虎"与"半棵树"的意象则显示出一种在无可反抗的苦难之中抗争与坚守的精神。

这种直面苦难、坚守自己心灵的创作,使得他们的潜在写作成为一种真正主体性的写作。在主观上,在理性上,这些作家的写作与现实政治并不构成一种对立,毋庸说,他们与之在许多方面是认同的。胡风的著名的"眼里朦胧望圣旗"的诗句、绿原在监狱中的困惑、曾卓的"不要遗弃我呵,/神圣的集体,伟大的事业"的呼喊①、牛汉在听到被开除党籍的决定时说的"牺牲个人完成党"②的表白,都说明了这一点。至少在理性上,他们也未必摆脱了时代共名的缠绕:他们仍然对未来充满希望与信念——胡风"沉冤大案定重提"的信念、曾卓不断地歌颂的"希望"、绿原坚信自己的航行总会达到一个新大陆,说明他们对时代共名中的重要观念——历史的发展是不断进步的、历史有一个终极目的这一黑格尔式的历史理性论并没有完全摆脱。所以,在文艺思想上,他们仍然强调文学要表达时代的声音,做时代的代言人——有的诗人(如曾卓)因为对这一点的信奉,而对表现个体伤痛的诗句作出偏低的评价,甚至一度自己中断了自己的写作。应该看到,这些与时代共名相通的地方取决于这样一个事实——这些作家

---

① 曾卓《我期待,我寻求》,《曾卓文集》第一卷,长江文艺出版社 1994 年版,第 113 页。
② 史佳《牛汉生平与创作年表简编》,《牛汉诗选》,人民文学出版社 1998 年版,第 451 页。

在三四十年代走上写作道路时,对共产党领导的中国革命有一种自觉的认同,他们有着自觉的革命"战士"的身份认同。从更广阔的角度看,革命与诗歌的关系始终是法国大革命以来,全世界诗人摆不脱的命题:"两个多世纪以来,赞成——反对——赞成的循环反反复复,首先是在欧洲,然后是在全世界。诗的语言成了对现代革命的语言、诅咒与挽歌。"革命在其起源时取决于这样一个事实:"我们人类感到必须制止并结束我们不幸的生活条件。"①中国共产党领导的中国革命,在这一点上与这些对现实强烈不满的诗人有一种一致性,他们由此分有左翼思想文化界共有的一些观念,对党及其事业有一种强烈的认同,应该是可以理解的。

但在感性层面,他们的潜在写作超越了理性层面的认同,超越了以往的精神上的限制——历史目的、历史规律、集体、时代声音等等,回归并忠实于他们自己此时此地不可消解的生命体验,升华出比他们自己所承认的更深刻的历史意义。这种对自己生命体验的回归是他们的潜在写作中表现出的主体性的一种形式。绿原的例子在这里最为典型。因为对集体理想的忠诚,面对从自己营垒来的指责,绿原一直有一种"党"与"胡风"之间"不能两全"的精神上的矛盾与困惑。这种困惑使得他在狱中一度迷失自己,承认了强加在自己身上的罪名。但这种迷失之后,他逐渐失去了从外界救主得救的希望,回归到自己个体的主体性,以自己的心灵来面对漫长的黑暗与苦难。绿原在他的狱中诗《自己救自己》里,我们看到了那种特别可贵的个人性的回归。诗中的精灵,在对外界的希望全部破灭之后,发出"自己救自己"的呼喊,这时候他不再怨天尤人,反而感到"我自由了"——这个"精灵"在某种意义上可以看作是他自己的灵魂的一个形象。在写作上,他也回归到对自己感觉与心灵的直接表现,在不大为人注意的诗歌《面壁而立》中,个人的感觉完全不顾及外界的评判,因而也完全不顾忌外界的写作规范对个体心灵表达的制约,以一种带着强烈的主观性与个人性的形

---

① 奥·帕斯《批评的激情》,云南人民出版社1995年版,第43、42页。

象表现出来。20世纪50至70年代公开文学中的规范的有效性,很大程度上是通过各种批判运动将文学规范直接内化到作家主体心灵的构造之中,从而使之自觉地合乎规范来达到的。当作家在主体心灵的构造中摆脱了这种规范,其感受与思考不再受它的制约,而忠实于自己的心灵感觉时,一种主体性的写作确实在一定意义上回归了:他不再是集体大合唱中的一员,而是一个独异的个人;他不必再为了与集体的目标协调而歪曲、背叛自己的心灵,他尽可表现只有自己才知之甚深的个体的欢乐与痛苦、精神上的黑暗与升华……与绿原相似,在胡风冤案的其他受难者那里,感性层面的苦难同样没有被理性层面的观念信仰所消解,也没有被客观地描述,即使是像牛汉那样采取意象化的表现手法,也投入了强烈的主观感情而表现为"华南虎"或"半棵树"那样极端变形的意象——在这些意象之中,困厄、伤残与反抗、坚守以一种富于张力的形式统一起来,反映出这些作家饱经苦难仍不屈挺立的主体性。

在另外一些作家身上,他们仍坚持从自己本就具有的"异端性"的理路发展着自己的思想,甚至在最艰苦的炼狱中,受难者们仍在进行思考。因为现实环境的刺激,因为潜在写作状态话语表述的自由,使得他们的思考不但突破了自己以往思维的局限,同时也具有一种超前性。最典型的例子是胡风与张中晓。胡风在狱中继续着自己的思考,甚至在艰苦的环境之下思想继续发展,由"精神奴役的创伤"发展到对语言奴役的创伤进行清理;而张中晓在苦难之中的思考,不但超越了其时代,而且某种程度上也标志着对胡风思想的超越,同时也是对中国新文化传统中的某些固有的局限性进行超越的一种尝试(例如他对中国传统文化遗产易学的思考与体悟)。

他们的写作的主体性的另一个方面,是他们的潜在写作中也传达出对正常的人性与人际关系的呼唤与追求。在左翼作家之中,"七月派"诗人是感情最为丰富的一群,所以他们不仅有对自己的苦难的描绘,同时也为亲人们与朋友们的命运担忧。这里不仅有胡风在狱中对亲人的强烈思念、对朋友命运的担忧的诗篇,也有张中晓在凄风苦雨、饥寒交加之时对人与人之间互相支持、帮助的和谐的人际关系的呼吁。这也是许多其他作家与诗人的共同心理。在他们的写作中，最为典型地表达出这一点的是曾卓与罗洛，他们的爱情诗篇不但为苦难之中的爱情留下了最好的见证，而且为在苦难之中互相扶持与支持的正常人性的感情作了一曲颂歌。他们歌唱的这种正常人性的感情，与后来鼓吹阶级斗争的时代人与人之间像狼一样的关系构成一种强烈的对比。在那种环境下，个人被剥夺了集体理想所可能具有的对生命的支持意义后，个体之间相濡以沫的感情被表达为对个体生命的真正支持。虽说那个年代是一个泛政治化的时代，但个体生存空间、精神空间与感情空间到底不能被全部控制，后者的存在使得时代的一体化不可避免地有许多裂隙与颠覆的可能性。从更宽泛的意义上来说，胡风冤案的受难者们在逆境之中对亲友的回忆、追念，对正常人性的歌颂，不仅建基于人性的需要，而且建基于对一种共同的互相扶持与支持的亲密关系的追忆，这使得他们在维护自己心灵之中最珍贵的品质时有了一些心灵上的支持，从而能够真正直面漫长的精神炼狱。

从整体来看，胡风冤案的受难者们的潜在写作都带有一定的自传性。这不但在胡风、曾卓这样一贯直接表现自己感情的诗人那里是这样，在绿原、牛汉这样注重幻觉与意象的营造的诗人那里也是这样——他们诗歌中的幻觉与意象，只有还原到当时当地的处境才能得到更好的理解，那些幻觉与意象，可以说是他们的灵魂的自传的片断。即使在张中晓这样的思想者那里，自传性也是一个不容回避的问题，因为正是个人境遇成为他反思时代的基础，从而使得其思考带上了个人的血肉感情。这种自传性因为集中在个人的境遇，表面上看起来是狭隘的，尤其与他们自己也信奉的"时代的号角"之类观念比起来更是如此。但实际上，当一个时代的公开文学中为了表现"大时代"而不惜编造出许多谎言以表达与歌颂所谓的时代精神时，恰恰是这种自传性，使得"胡风集团"的作家们忠于自己的主观，从时代共名营造的虚假的意识中偏离，表现了时代的精神面影的另一面——这也说明他们的潜在写作的力量其实正在于这种毫无虚饰的自传性。进一步看，"个人"与"时代"并不一定构成一种对立，相反，只有通过真正的个人性,才能表现出时代的真实面影。布罗茨基在评价阿赫玛托娃的《安魂曲》时这样说:"这一次,她真的显示出了她的自传性,而《安魂曲》的力量正在于这样一个事实:阿赫玛托娃的传记是非常普遍的。"① 对于胡风冤案所涉及的诗人的潜在写作来说,这样的评价也很合适,因为他们的自传在当代中国也是非常普遍的——所以,他们的个人写作表面上看来是个体的精神自传,其实却有一种普遍性的意义。

二

在中国当代文学的"潜在写作"现象中,"胡风集团冤案"受难者的潜在写作属于不可回避之列。这不但因为这些作家在逆境之中写作的作品非常优秀,也因为他们用生命写作的精神为我们探讨 20 世纪中国文学史中知识分子的现实战斗精神在当代文学中的延续与演变提供了绝好的范例。对于讨论这种精神传统在当下的价值方面,他们的潜在写作也至关重要。

20 世纪 50 至 70 年代的中国当代文学,在与"战争文化规范"的冲突中,"五四"新文化传统似乎全军覆没。可是胡风冤案受难者作家的"潜在写作",使得我们发现,作为一种精神传统,它并没有自行消失,而是隐入地下,以"个人话语"的方式继续顽强存在,像地火在岩层底下奔腾运行。这些作家的潜在写作表明:他们是一些将苦难与对苦难的抗争化入了自己的生命、并且为之付出了沉重的生命代价的知识分子。在这个意义上,这些潜在写作的意义就不仅仅是文学史的,而且更让我们思考自鲁迅以来的"以生命思考、抗争"的精神传统。在这个意义上,鲁迅以来一直没有间断的对"立人"的强调,不但没有过时,而且随着时间的流逝,将会进一步证明其重要性。

---

① 《哀泣的缪斯》,见布罗茨基《文明的孩子》,刘文飞、唐列英译,中央编译出版社 1999 年版,第 132 页。

这些作家的潜在写作活动不止一个与鲁迅的精神传统联系起来——不但胡风在其狱中诗篇与书信中多次强调鲁迅传统的意义，曾卓在陷入困厄时也从阅读鲁迅的《野草》中获得精神力量，牛汉在若干年后谈及自己在干校中写作的诗篇时，也将之与《野草》联系起来。至于绿原的潜在写作中的一些篇什，如《面壁而立》《自己救自己》，其精神面貌可能与《野草》最为相似……整体上看，胡风冤案受难的作家们在其潜在写作中表现出的直面苦难、在苦难之中搏斗的精神，使得他们直接与鲁迅的精神传统——即独异的个人在绝望之中坚持抗战的精神传统直接联系起来。这是鲁迅在其创作之中一再昭示过的在虚无与绝望之中抗战的精神传统——"鲁迅纷繁多样、迥然相异、各具个性和独立意义的小说，恰恰又以不同的叙述方式共同体现了一个'挣扎'的主题：全部叙述步步深入地揭示着'希望'的消逝与幻灭，显示出'绝望'与'虚无'的真实存在和绝对权威地位。但一种独特的心灵辩证法恰恰以这种'绝望与虚无'的感受为起点，挣扎着去寻找和创造生命的意义，并充满痛苦地坚守着改造中国人及其社会的历史责任。"①实际上，这种哲学可能在《野草》中的《死火》《这样的战士》《过客》等篇什中表现得最为明显。这是超越了"希望"与"绝望"，在对"绝望"的虚妄的反抗的行动之中体现生命的意义的人生哲学："正如'过客'一样，'走'的生命形式是对自我的肯定，是对'绝望'的抗战；世界的乖谬，死亡的威胁，内心的无所依托，虚妄的真实存在，自我与周围环境的悲剧性对立，由此而产生的焦虑、恐惧、失望、不安……不仅没有使'我'在紧张的心灵挣扎和思辨中陷入无边无涯的颓唐的泥沼，恰恰相反，却使'我'在紧张的心灵挣扎和思辨中摆脱随遇而安的态度，坦然地'得到苦的涤除，而走上了苏生的路'——尽管从客观形势看，这月下小路的尽头依然是孤独的坟墓。"②对于胡风冤案受难的作家来说，他们的潜在写作虽然尚未达到这种哲学的深度，但在整体的精神取向上，却确实与之有相

---

① 汪晖《鲁迅小说的精神特征与"反抗绝望"的人生哲学》，王晓明主编《二十世纪中国文学史论》第一卷，东方出版中心1997年版，第405—406页。
② 同上，第404页。

似之处。尽管这些作家并不放弃希望,但他们的生命体验之中无疑涵蕴了这种深沉的绝望与虚无的体验,他们最后没有向这种绝望屈服,在在显示出这样一种精神:当个体一无所恃的时候,他们可以依靠的,还有自己的生命与精神——在这个意义上,他们的希望不是对外界势力的希望,而是对自己的生命的信念。不论是胡风在逆境之中坚守的精神,绿原的坚信会达到一个新大陆的"又一个哥伦布""自己救自己"的觉悟,曾卓与牛汉的面对灾难、遍体伤痕但仍奋力支撑的"树"的形象,抑或是张中晓在困厄之中继续思考的精神,在在都体现了这种反抗绝望的精神传统的延续。

因为自觉不自觉地受弥漫20世纪中国的历史理性主义的影响,胡风冤案受难的作家们曾经偏离过这一传统。他们曾经都信仰过历史的终极目的与时代精神,对"集体目标"及其"现实代表"都有一种崇拜,从而不同程度上在集体的名义下放弃过自己的独立的声音,自觉地认同"革命战士"的身份。这自然有历史的原因,但对历史发展与集体的乐观,却无形中使得他们对历史发展的艰巨性估计不足,因而在集体的抗战中无形中放弃了更为长期与艰巨的个人抗战的精神。"冤案"以及随之而来的苦难排除了他们,剥夺了他们作为"集体"的一员的权利,这也使得他们的抗战不再像40年代是在一种集体的背景底下的抗战,而实现了从集体中的双重偏离:不但偏离20世纪50至70年代中国文学中颂歌式的集体大合唱,而且偏离了40年代他们自己参与营造的集体反抗的传统。这种集体主义的战斗传统不同程度上使得他们都对早年的充满生命体验的作品进行过清理与否定,使得他们经过螺旋式的上升回归到早年个体的生命意识——即独异的个人在逆境中、绝望中的反抗与坚守的意识,也回归到个人的批判意识,从而表达了一种在自我主体性之下的战斗精神:在这里,个体必须以自己心灵来面对苦难,不论是向外部的批判还是对内部的虚无的抗战,并没有一个集体可以依恃——个人必须付出自己最大的心灵力量来承担苦难,以自己的意志力与之作战,以求不为之所压垮,并且在行动之中创造生命的意义。

从20世纪中国文学中的现实战斗精神的演变来看,胡风冤案受难的作家的潜在写作中成就最高的一些人,显示出这种现实战斗精神向"现代反抗意识"的演化。这不仅表现在他们的潜在写作中的幻觉与变形的意象方面,与这些表现相适应的主体意识也有一些变动。"新文学的现实战斗精神为中国大多数现代作家所奉行,同时也制约着他们的文学实践。鲁迅的创作反映了这一精神发展的极致。尽管这位新文学的开创者的作品里具备了时代熔铸在他身上的各种气质,但关注现实无疑是最基本的倾向。他以自身对社会生活独具的洞察力,把犀利的解剖刀深入生活的里层,予以率直的描绘与无情的揭露。'论时事不留面子,砭痼疾常取类型',乃是鲁迅作品艺术特征的高度概括。前一句是以对现实生活的毫无讳饰的如实描述,作为中国现代作家的根本的创作信条,为了捍卫这一信条,整部新文学史始终充满了血泪与生命的搏击;后一句作为艺术表现手法的基本特征,要求对社会现象进行本质的提取和概括。鲁迅的一生,大部分时间是在与旧社会恶势力的激烈战斗中度过的,所以他这一艺术特征,更加具有现实的战斗意义。"①胡风冤案受难的作家,是鲁迅为代表的这一现实战斗精神自觉的继承者,他们的潜在写作中持续不断地对社会的批判,也正是这一精神传统的体现。但在特定的处境中,这种批判失去了其在以前创作的社会功利主义,因为不能发表,他们的这些写作很大程度上其意义限于对个体自身精神立场的确证。从另一方面看,他们中敏感者,如彭燕郊、绿原、牛汉对"绝望"与"虚无"的表现带有整体的色彩,其反抗精神也主要表现在个体对整个荒谬命运的承担与反抗这一点上,这使得他们的潜在写作带上了浓厚的不自觉的现代反抗意识的色彩。从鲁迅以来,中国的现实战斗精神之中一直有现代反抗意识的因素,这种因素立足于中国现实处境之中个人的生命体验,有其产生的现实情境。鲁迅的现代意识之中有着对人性的整体的反思,也有着对个人在世界之中的荒谬的生存处境的强烈体验,更体现了一种尼采式的反抗绝望的悲

---

① 陈思和《中国新文学发展中的现实主义》,引文见《陈思和自选集》,广西师范大学出版社1997年版,第70页。

剧精神。在胡风冤案受难的作家的潜在写作中,尚未触及对人性的现代反思,但他们对"革命"造成的现代性的荒谬有一种强烈的体验,与之而来的对荒谬的反抗也带上了强烈的现代色彩。这种不自觉的现代色彩在他们40年代的写作中已经有所表现。唐湜先生在《诗的新生代》一文中将他们与穆旦、杜云燮们对比,敏锐地观察到:"另一个浪峰该是由绿原他们果敢的进击组成的,不自觉地走向了诗的现代化的道路,由生活到诗,一种自然的升华,他们私淑着鲁迅先生的尼采主义的精神风格,崇高、勇敢、孤傲,在生活里自觉地走向了战斗。气质很狂放,有吉诃德先生的勇敢与自信,要一把抓住自己掷进这个世界,突击到生活的深处去。不过他们却也突出地表现了孤特的个性,也有点夸大,也一样用身体的感官与生活的'肉感'(Sensuality,依卞之琳的译法)思想一切。"①实际上,在40年代,他们的写作中,除过路翎、阿垅、绿原等人之外,他们的写作中的现代意识表现得并不很充分。在饱受命运的嘲弄之后,他们的潜在写作才更能体现这种"尼采主义"的风格——面对苦难与荒谬的命运,他们的反抗体现出一种强大的原始生命力,其现代反抗意识虽然不是很自觉地表现出来的,但却具有很强烈的力度。

这种在逆境之中表现出的现代反抗意识,再一次证明了这一点,即当代中国文学中的现代意识(尤其是在新时期以后集中表现出来的时候),不是单纯的西方现代意识的单向移植,中国的现实为它们提供自我生发的境遇,因此也具有自己的独特的意义和特点。胡风冤案受难的作家的现代反抗精神使得他们的创作直接汇入到"文革"后中国的现代主义思潮中,为其提供了现实范例与来源于现实生活的支持。也正因为这一点,这些作家在"文革"后中国文学再一次复苏时没有落伍,而能够与以后的年轻作家的写作声气相通。他们的潜在写作表现出这样的意义:在中国当代,新文化传统同样构成了一种精神资源与精神价值,它不但在苦难面前赋予了个体生命以意义,并且支撑他们直面苦难与抗

---

① 唐湜《诗的新生代》,转引自《绿原自选诗》,人民文学出版社1998年版,第418页。

争苦难,在逆境的创造中开放出生命的白色花。这种以个体心灵承担苦难,不为之所压垮,并且在行动之中创造生命的意义的精神,也正是他们的潜在写作能够给予当下中国文学的最大的精神资源。

三

本书即为选录胡风冤案受难者自1955年事件发生到80年代初胡风冤案第一次平反时的潜在写作。原来的选目中包含了胡风、阿垅、彭燕郊、张中晓等先生的作品,现因已单独成书收入本文丛,故不再列入本书(阿垅先生的《垂柳巷文辑》超出了原来预定的时间范围,书中所收除阿垅狱中遗稿外,同时收录了他自40年代至1955年冤案发生时他的一些文稿。鉴于这些文稿都是在作者生前未公开发表过的宝贵资料,也可以算作潜在写作的范围,我们也将之收入本文丛)。彭柏山先生的长篇小说《战争与人民》,因人民文学出版社曾正式单独出版且篇幅太长,故本书也没有选入。

"潜在写作"的问题自提出后,我们就看到或听到各种议论,其中比较有价值的一种质疑意见是,对于这一特殊现象,在史料处理上要持慎重的态度,所以,本文丛在编辑过程中颇有如履薄冰之感。对此,除断无疑义的资料外[①],其余收入的资料都对作者或其家属进行访问或去函进行确认。其中梅志女士、张晓风女士、绿原先生、牛汉先生、彭燕郊先生、耿庸先生、罗飞先生、冯异先生、曾卓夫人薛如茵女士、罗洛夫人杨友梅女士,或曾接受编者面访,或回函赐教;牛

---

① 本文丛收入的阿垅遗著《垂柳巷文辑》与张中晓遗著《张中晓书信随笔集》,系路莘女士根据原稿整理。本文丛收入的胡风作品,其中诗歌部分系从《胡风诗全编》中选出。据梅志回忆,胡风在1955至1965年在狱中写作几千首诗歌,因为无法笔录,只好每日默诵一遍,在反复默诵之中将之在记忆之中保存,为便于记忆,还独创了"连环对体诗"的形式;而当胡风在1965年改为监外执行,出狱返家之后就开始抄录,到1966年在成都抄完。现存的胡风这一阶段的诗歌是依据保留尚未散失的抄录原件整理的,仅极个别字词经过删改。至于出狱后至"文革"爆发这一阶段的《流囚答赠》及本文丛收入的书信,发表时胡风已经辞世,全部系整理者从原稿中抄出,就更为可靠了。另本书收入的耿庸、何满子文学书简与冯异致胡风信,亦系根据原件整理。

汉先生特意寄来了几页当年的手稿;彭燕郊先生特意选编一册《野史无文》寄来,其中包含相当篇幅的未曾刊布的作品;冯异先生特意寄来一些未曾刊布过的作品和材料;路莘女士将重新整理的张中晓与阿垅遗稿慨然允许收入。这些慷慨的帮助都使得本文丛编集免于重大疏漏,编者在此郑重致谢。特将相关来往书信附录于有关书后,以供读者参考。

由于这些作品写作的时间已相隔颇远,加之我们所见有限,本文丛的编辑工作(尤其本书的编选工作)可能会存在不少疏漏,希望有识之士和广大读者不吝赐教。

定稿于 2002 年 3 月 8 日,客居韩国大邱

原载陈思和主编,绿原等著《春泥里的白色花》,武汉出版社 2006 年版

彭燕郊晚年心境与诗境
——以一组诗与一首长诗为例

李振声

一

彭燕郊有一组写于80年代初或稍后的诗章,显得非常别致。它们计有《钢琴演奏》《小泽征尔》《金山农民画》《东山魁夷》《听杨靖弹〈霸王卸甲〉》《陈爱莲》《德彪西〈月光〉语译》等篇。

这是一批充满了鲜活生命感性的诗章。它们是那样的澄明、洁净,不见一丝阴影,是那样的姿色华丽、惊采绝艳。意象、动作、修辞的奇妙效果,是那样的珠圆玉润。气魄回转,态度潇洒,口吻豁达,对美好的价值,有非凡的敏感和省察,比周遭寻常的同行更企求挣脱当下境遇,希望接触到更广泛、在时空上更为久远的事物。这批诗章显然并非零碎的、即景式的、临时性的或者过渡性的写作,而是有关美感的一次真正集束性的绽放。面对这些文本,即使再沉重、再拙朴的心灵,也会不由自主地舒展开来,变得轻松轻盈、春心荡漾。对曾经让"禁欲主义"时代的种种清规戒律长久地束缚惯了的读者看来,这样的一些诗文本毋庸置疑地带有"纵欲主义"倾向的。

怎样去读解它们? 这些与刚刚过去的那段沉重的历史显得如此凿枘不合、如此不相对称,与时代流行的伤时忧世的氛围显得那么不谐调的诗文本,意义

江声浩荡七月诗

究竟何在？说实话，当初读这些文本时我是心存疑窦的，或者说是"不得其门而入"，直觉明明告诉我这是些不可多得的好诗，但到底好在哪里，却一时难以说清楚它的所以然。似乎随你选择怎样的读解方法，都难以在这些诗文本面前奏效，对于被读解，它们俨然具有一股拒斥力。只可直觉，拒绝分析；只能分享，无法诠释。以致很长一段时间里，我只好谨守维特根斯坦所言，"凡是可说的，都是可以说清楚的；对于不可说之物，我们只有保持沉默"，对之三缄其口，或者是语焉不详地略过了事。但它们终究又是绕不过去的实实在在的存在。这样的疑惑始终积压在我的心底。此次重读，在这批诗文本面前再作盘桓，豁然有所开悟，纳闷了多时的疑窦浮现出了它们的答案。我觉得现在终于可以对这些诗作不同凡俗的意义之所在，作一点正面的回应了。

诗的读解从来就不是一个单纯的技术问题，而是与你对于真实的历史情境，对于一个只有借助较长时段的背景才能有所领悟的，尤其是与具有特定转捩点意义的特定历史场景的领悟，切切相关。你当初领会不了这些诗章的意义，那是因为你还不能完全洞悉那个特定历史处境的意义的缘故。

这些华美的诗章当然无关乎对历史的有意回避和遗忘（前面已经谈到过的，后来分别收录在《夜行》和《野史无文》中的文本，均足以表明诗人从不怵于承当和处理即使是让他饱受屈辱的历史和现实遭际的）。也无关乎"暂时"和"永恒"之类的顾虑。因为有人说，政治事件也好，政治时代也罢，都是暂时的，时过境迁和过眼烟云式的，而诗却不能受制于特定时间和场景，须经得起当代甚至世代不同的读者的反复阅读，因而诗所处理的对象应该是那些更具永恒的东西。但这显然也不会是燕郊先生的本意，他似乎从来不作如是想。在我看来，燕郊先生此时与时代氛围显得不那么趋同的诗的致思方向，是与这样一些重要的问题隐然相关的，那就是，诗人该以什么方式参与到诗写作、精神视野、对内心自由度的认同等等一系列的重大历史转变中去？诗人个体怎样才能在这一参与的过程中，体现出与众不同的禀赋、气度、感受力、想象力，以及修辞方式、风格类型的历史性进境？这里边，对自身内心自由的认同程度，尤其显得要紧。我揣想,这样的一些问题,才是燕郊先生写出这些诗章的压力、动力和创造力的主要源头。他想用诗来解决这些问题。

政治曾控制过我们全部的命运,民族的、国家的、个人的。一个听任政治无边地扩张至所有生活领域的时代,必定是褊狭的时代,一个听任政治全面操纵我们命运的时代,必定是不幸的时代。当去政治化(或者更准确点说,社会开始恢复它应有的秩序,人人各司其职、各安其位)的时代来临,譬如说价值多元的时代,譬如说经济的时代,譬如说娱乐的时代,再譬如说物质消费的时代,全球一体化时代……当然,你可以说这些也无一不是政治,因为按福柯的说法,权力无所不在,压抑/被压抑的关系无所不在,政治当然也无处不在。但这种后现代主义视野下的、微观社会权力学范畴内的政治,虽确实仍属政治,但毕竟与我们此前所经历的那个"挂帅""突出""纲举目张"时代的"政治",不可同日而语。当作为国家意识形态的政治,作为社会生活核心和主干内容的政治,渐次退出它们曾被作了无边扩张的历史舞台,那么,继续选择与这样的政治打交道,以便确立自己行为和道德的制高点,你的精神视域会不会无形中继续受到这种褊狭的政治视野的限制?会不会妨碍诗人对更为开阔丰富的精神视野和整个人类文明史参照系的关注?以及,诗人内心的自由会不会继续受其羁束?事情正像许多年之后,当代文学史家洪子诚在谈及当初读完刚刚"复出"的艾青的《鱼化石》时,所说的这样一番感受:

> 诗里写到的,是原来在浪花里跳跃的、动作活泼、精力旺盛的生命,"不幸遇到火山爆发,/也可能是地震,/你失去了自由,被埋进了尘灰";在过了多少亿年之后,地质勘查者在岩层里发现了"你",形态"依然栩栩如生"。诗的第4和第5节是这样的:"但你是沉默的,/连叹息也没有,/鳞和鳍都完整,/却不能动弹;""你绝对的静止,/对外界毫无反应,/看不见天和水,/听不见浪花的声音"。一般来说,"读诗人"会在这些质朴的叙述中,发现虽"栩栩如生"却"不能动弹"的沉痛,发现命运的复杂感悟。不过,"说诗人"不愿意事情就这么含含糊糊地过去,紧接着他便出面来对形象的意义加以

江声浩荡七月诗

> 阐说:"凝视一片化石,/傻瓜也得到教训:/离开了斗争,/就没有生命。"不知道同学是什么印象,我读到这里,不夸张地说,真的"非常失望"! 人的生活的具体性和经验的复杂性,被我们的常常按捺不住的概括肢解、简化了。①

艾青这首入选当代各种诗选本的《鱼化石》的结句,确实有如子诚先生所言,僵硬得令人失望! 写诗是社会生活与个人生活、经历与对经历的陈述之间彼此纠结缠绕的过程,你中有我,我中有你,难解难分。反抗政治虽然是诗的道德和良知的一个重要来源,但并不是天然或优先地转换为诗学价值的保证。犹如一柄双面刃,它既有抗衡控制、压抑,召唤人性复归,以及经由某种英雄仪式获取道德勇气上的自信和升华的一面,但也有诡异地颠扑你的一面。你想,既然是两相捉对厮杀,扭做一团,无意识中是会逼使你去仿照你所反对的对手的出拳路数出拳的②,使得你的身心于无意间烙上(移写、拷贝)对手的某些印记,被它所同化,从而与其所要控诉、抗衡的国家意识形态及其政治之间,结成某种显然是你所不情愿的"亲眷"关系。你一旦投身或被引入这种结构,便表明你不得不已经或准备接受这种纷扰不已的结构性魔力的控制,你就先输了一筹。唯一的解决办法便是中途抽身、掉头而去,从一开始就中止这种对立结构的运作,不承认这种结构,从写作的源头上否弃它,从这种极可能可怕地耗尽你全部精神元气的结构中脱身而出。

燕郊先生的这批诗章,便带有从源头上制止缠绕、耗散、削弱乃至消解诗应有的精神视野和诗人应有的内心自由的那种结构魔性发生的意味。诗没有必

---

① 洪子诚《问题与方法——当代中国文学史研究讲稿》,生活·读书·新知三联书店 2002 年版,第 98—99 页。
② 杨绛在《从"掺沙子"到"流亡"》(《南方周末》,1999 年 11 月 9 日)中所讲述的那段不堪回首的往事,便是实际发生在现实中的一个例证。事件的原委,当事人各执一词,外人难以判分。但淹博中西、学富五车的钱锺书先生拍板子时下的狠手,以及斯文儒雅的杨绛先生张口咬人时的全无顾忌,是事息之后,连当事人自己都惊愕得难以置信的。作对厮杀时,理直气壮的激愤既是道德正义感的一个重要来源,但往往也是一剂毒素,它会限制和伤害你的内心的自由,大大降低了你应有的人的高度,使你身不由己地屈从于某种褊狭的冲动。

要成为这种泛国家意识形态的陪葬物。我的生活已无须听命于你,无须由你来操纵,你也不配做我精神角力的主要对手,我不屑与你对峙,我不想将我的生命元气耗费在你那儿。即便做到了政治正确,也未必能够给诗带来大智大慧,没有一套强健的心灵自我更新系统,对政治正确的激情痴迷有时也有可能成为腐蚀心灵的某种毒素。

2006年10月,燕郊先生在编定诗文集诗卷部分时,曾匀出笔来,对他自己情有独钟的几首长诗的写作背景,特意一一作了交代。谈到《陈爱莲》时,他主要还是冲着时代反差强烈的背景下对具体的艺术魅力的倾倒、沉醉而去的,并以此解释当时的写作冲动:

> 写于80年代初。熬过将近二十年文化大饥荒,突然置身于真、善、美文化氛围,特别地馋,特别地贪。人,终究是不能靠文化代用品、文化观音土、文化草根树皮过日子的。那时候,确确实实有精神上松了绑的感觉,确确实实又有了人的基本权利里重要的一种——享受艺术的权利了。看了陈爱莲的演出,兴奋、激动、沉醉之下,写下这首诗,没想到会写得这样长。写诗太痛快不行,这回却只有随他去痛快了。有趣的是语言上还在刻意追求散文美,恕我笨拙,只觉得不这样不能表达陈爱莲奇迹般的舞蹈之美。要知道,陈在荒废了十几年之后仍然那样娴熟,正说明任何强势都不可能从人心里把艺术夺走。①

我觉得这样解释还不足以说清楚包括《陈爱莲》在内的这批华美诗章的意义,我想着眼点应该可以挪移到上述稍稍开阔些的视野上去。

将政治化了的历史纳入或压进背景,作为自己写作资源和背景的一部分,而不是全部。使诗意的生成和领受,由直接、因而不免褊狭的对抗性政治领域,转向与更为广泛,也更为隐秘,更属个人精神自传,同时又与整个人类文明成就息息相关的精神资源,转向对人性和人文的精微反思、领会和体认。将欲取之,必先与

---

① 《彭燕郊诗文集·诗卷(下)》,湖南文艺出版社2006年版,第361—362页。

之。面对那个褊狭的时代,你只有暂时抽身离开,引进一个大的价值、意义的参照,你才有可能明了、洞悉这个时代的实质,它的幸与不幸,它的意义与荒谬。不然,这段历史就有可能如同巨蟒,将你死死缠绕,真的会将你消耗、磨蚀殆尽的。我们看彭燕郊曾经十分推崇的艾青,看不乏才情的诗人公刘,看彭燕郊的"七月"诗友中的一些同仁,看当代诗的众多同道者,不是在一度夺得了政治道德的制高点之后,很快便陷入了难以为继、渐渐湮没的境况,变得可有可无? 写作的有效性和阅读期待的支撑,两方面都发生了明显的塌陷,会不会即是遭了这种魔性结构的诅咒使然? 影响、制约、决定一个诗人精神的成长和维持,影响、制约、决定一个诗人的想象力、判断力和创造力的,固然可以有很多方面的因素,而且它们之间的关系也相当错综复杂,不过,以上所述,应该也是需要认真加以考虑的因素之一。

还是让我们再一次专注、凝神于诗章的阅读吧!

于是,那些由于惯性和连锁反应/本能地联翩而至的琴音/一瞬间都找到了自己的位置/成行成行地走到我们面前/好像枝繁叶茂的/美丽的树上的叶子,厚的和薄的/透明的和半透明的/变成金片,互相拍打着/突然,寂静。他的手突然缩回/他安静地坐着,像小学生坐在课堂里/他的眼睛慢慢睁开,他几乎笑了出来了/而我们却在徒然地寻找他的那些手指/那刚才还在紧张地/驾驭那巨大的乐器的/每一道指纹都蕴藏着无穷的触角/能够带动无穷的回响的手指/而当他站起来时,他好像是另一个人了/澎湃的掌声,把他包围在现实世界里/正如我们在鼓掌的时候/突然回到现实世界一样/我们大家都像才醒来的孩子

——《钢琴演奏》

他开始下潜,再下潜/音乐已经得到一条轨道,一个新的合适的起点/他向深水摆动那鱼的鳍(那只手)/在那以水为气体的空间里/回声像无情的折光一样,响得更悠远了/那里,光有自己的三棱镜,声音也有自己的三棱镜/叠叠绿波般的节奏/在鱼鳍的加快划动里反映出来/而当他在水面上浮现时/那魔法的小棍棒(那手指的延长)/竟然刺向我们每一个人的背脊/

一道喷泉遂净化成纯白色的血/着火的树那样,在忧郁的平坦的/荒原上面(观众席上所有的指示沉默和颤栗)/溅射,溅射他那竖直的银发

——《小泽征尔》

俨然地瞪着睁得大大的眼睛/紧紧地追踪你的每一个舞姿/在天旋地转中忘乎所以/不止一次,掉了魂似的,手掌/下死劲抓住座椅的扶手,/奇怪着自己竟然没有跌倒;/不止一次,湿润的眼睛/大梦初醒般闪过一阵寒颤,茫然于/自己竟然没有跳起来高声叫喊——/是的,我只不过轻轻地点了下头,/同时如释重负地嘟哝着:"也只有这样了,不能比这更美了……"/舞蹈,它给人的竟然是这样大的恩惠,/竟然让我们记起那不应该忘记而曾经忘记了的,/竟然让我们此刻经历的/正是我们曾经经历过的最好时刻。/这一切究竟是怎样来的?/是你的精湛的舞艺吗?/或者,是美本身?

——《陈爱莲》

不过,指望用这样"寻章摘句老雕虫"式的读法去读出它们的好处来,那是很危险的。这些诗章一气呵成,通体圆润,它们根本就是拒绝这样的读法的。它们需要的是整篇通读,依恃的是诗整体的魅力。诗的潜能,艺术的潜能,人性的潜能,精神和心灵的潜能,都施施然游弋于诗的整体之中。诗人那对于文明的出类拔萃的感受力,擅于借助词语的抑扬和弦外之音的微妙变化进行交流和沟通的丰盈人性,都必须从诗章整体中去捕捉和把握。

前面已经说过,这些诗章概与遗忘无关,既与那种对现实世界的灾祸、苦难以及诗人自身亲历的屈辱、不幸的遗忘无关,也与选择虚幻的世界而放弃身边的世界无关,而是通过选择坚持内心自由的这份权利,而与现实中的厄运抗衡。也正因为是这样,一个放开了襟怀和手脚,一心要与以整个人类文明史为参照的异常丰厚广博的人文资源相往来的(庄子有"独与天地精神相往来"之壮语),一个已经不再是以昔日"七月"诗派的意义框架所能限定的彭燕郊,开始现身了!一种可喜的诗的进境出现了!诗人不再受拘于那种魔性结构的羁束,他完

成了内心对世界、对存在的诗意的全面敞开,酣畅淋漓地表达了对于意义、价值的惊异之感。这批诗章乃是诗人向人文、向人的生命内质和人的精神高贵,一次次的虔敬致意。诗境离开了禁锢心灵的封闭语境,接纳更为丰富开阔的人类文明经验,使精神和内心的自由获得更为博大的根基和驰骋空间。它们绝非单纯的唯美,绝非艺术灵性、纯粹诗艺意义上的炫技,更非有如对于声色犬马之类的耽迷,而是倾心倾力、急不可待地要让诗人的身心,真正、重新、彻底地回到他本该拥有的自由畅达、无羁无束的那种高度自由自主的状态。这批诗章,我以为只有这样去读,才能多少看清它们之于彭燕郊个人诗学进程,乃至之于整个中国现当代诗史、整个中国现当代思想文化史,所具有的特别的意义和价值。

二

你已来到无涯际的空旷,界限已被超越,界限不再存在,悠长的叹息消失在悠长忍受的终了。

《混沌初开》最初写成于 1986 年夏,1988 年春修改,1989 年改定。以"混沌"命题,既表明该诗是言词对不可言说的事物的一次次艰难捕捉,又暗示了它是对浩繁得漫无际涯的价值、意义、生命元气的应和、对接、冲撞、驳难、交汇、服膺,以及最后的反躬自省和恍然了悟。整个诗境俨然是一座参与精神与思想大循环的洪炉。混沌,不是摩尼教教义式的黑白分明,不是光亮与黑暗,善与恶,真理与谬误,有人生来即善,有人则生来即恶的判然两分。天国与地狱,善意与恶果,并非总是整饬对位,反而常常可以倒置、错乱和循环,非此即彼往往可以是或此或彼、即此即彼的。大千世界深深根基于事事物物相互缠绕、难分彼此的不明朗,即混沌之上。非此即彼的一元论世界观,将会妨碍我们对世界的真实认知。

借用叙事学的说法,故事的主角是一种精神性存在主体"你"。依托的背景则是"混沌"。"你"是诗人或人类总体性的精神性存在,取超越性的全知视角,俯瞰大千万象,洞悉人间非人间的一切奥义。"你"既是主体,又是主体之分身或镜像。"你"在混沌中与之一一相遇的"无涯际的空旷"、"第二我"、银河般浩渺的"巨人"的身影,以及"非人"等等,其实均为此作为精神性存在主体的"你"的一体之多面,属于主体的分身,是作为主体的见证而出没于诗境的,是主体丰富复杂的内质的外部具体变貌。它们既是主体有局限的存在状态,又是作为整体的主体的不可或缺的有机构成,是分裂出去的"你",是从"你"的模子中翻造出来的。

显然,《混沌初开》是涉及诗人乃至人类作为精神性存在,其自我炼历、自我认知、自我确证、自我抟造、自我突破和超越的全部过程的一个寓言,是一种天路历程、一次哲学探险和一场救赎行动。其中有从塞迫、竭蹶、困顿,即《易经》所讲的"屯否晦塞",嬗变为体魄健壮、英姿勃发、自由、浩大而开朗的情节,有为了寻求完整、真实的本我而不断地弃、不断地否,散失了的自我最终失而复得并获得更新的一系列的时间性线索,是一"富有活力的复杂的生命过程"。诗境呈示和推进的经纬,大致如下:

最初"你"是作为寄生而变态的、随时可以沦为凡俗历史的牺牲品而出场的;作别这种总是顺从他人意志、一味代人受过、身陷"骏马已经失蹄,船只搁浅,生活之链哗哗断散"般七零八落的碎片处境,重获精神、生命和生活的某种整体性,此时"你"便来到了"第二我"之境;但"第二我"也有其拘泥和面目不清的一面,于是转而去与心胸银河般浩森无涯、性不耐任何拘束的"巨人"的身影相遇,但见"生命总体结构在这思维里被展现了,上一代和下一代之间,强盛文明和道德荒芜之间,被非历史观念压得透不过气的你,看见巨人的影子漫不经心地踢翻一道道栅栏,跨过一条条壕沟,一辈子说不清的是是非非散了箍,教条规范破碎得不可收拾";但精神的延续性是通向无限的,"巨人"的身影毕竟餍足不了你,于是"非我"便不得不现身了:"非我"不是"第二我"的简单延长,毋宁说它是以"第二我"的消失作为现身的前提的,"有点像从灰烬中复活的火苗",并且有着多向度的单纯和多向度的丰满,而它的单纯里又有着他者所难以抵达的丰满;最后,当"你"终于与"全光"相遇,当"你"蓦然意识到"其实这朵光就是你自己"时,则无异于宣布,一次艰难的精神蝉蜕在"你"身上已告完成,喻示了一个全新的"你"(也即"我")的诞生! 在混沌中寻觅和汲取得最能激发生命特质得以形成的日月精华,"你"得以在混沌中舒展、轻松起来,肌体生发出不竭的潜能:"你把自己树立起来了,有你自己来不及想象的高大、挺拔。"

你相信光,你得到光,你发光了。

"光"不是超验之物,不是来源于外在神秘世界的什么神秘力量,不是所谓的天启,它即来自于我们自身。"我"即是"光"之源头的一部分。《中庸》之言尽性,《易传》之谓崇德,赞天地化育以与天地参,其机栝惟在一己之自尽而自成,盈天地万物皆此一性之弥纶周浃也。① 世界、总体性、意义、价值,都不是与我们无关的超验性存在,它们存在的根因,其全部的正当性和合法性,即根植于我们每一个生动活泼的个体的内部,均由你我这样的个体所提供和维系。这样看来,整日价寻思着去外在于我们的超验之境那里寻索意义、价值、总体性,实无异于缘木求鱼、舍本逐末。世界的总体性也好,意义价值也罢,其源头直接就在我们自身生命内部,在我们整个生命和精神忍辱负重而又自由畅达的运作,它们的碰撞、纠缠、折冲、汇流和繁衍中。但进展至此绝非意味着就此已获得一个完美的归宿,不,这一切仅仅只是一个开始,精神性存在的生生灭灭,它的自我超越,注定将是"永远和无限":

混沌初开,你将再次超越你自己。

正是凭借这一对世界、对总体性、对意义和价值的豁然了悟,燕郊先生在自己诗的生命历程中完成了令人惊叹的向上一跃,并由此向我们贡献了一个博大到几乎难以用际涯来限定的,一个洞察深远的,睿智成熟的诗的晚年,一个诗思诗性在永无止境的自我否弃中自我确证的诗的晚年。

---

① 钱穆《〈易传〉与〈小戴礼记〉中之宇宙论》,《中国学术思想史论丛》卷二,安徽教育出版社 2004 年版,第 5—38 页。

这是一部丰富、开阔、通达得为通常意义上的文体形式所难以承载和范型的大诗。文本体制上，它实在太迥异于我们所熟知的那种分行长诗了，精神气度上也明显不同于我们已经读惯了的那种散文诗。真正是非此非彼，非驴非马。但诗性和诗思又是那样的触目惊心，甚至远比一般的分行诗和散文诗要来得稠密和深入。莫非，此诗属于那类为了凸现诗性诗思的内质，而有意识地要去怠慢诗的外形，在体貌上有所偏离，即刻意写得不像诗的诗？情况就像阿伦特在论及本雅明时所谈到的深海采珠者，他们一心只想有朝一日发现"丰富和奇特"的珊瑚和珍珠，并将它们带到有生命的世界中来，诗人的任务不是去关注表象，而应该让目光从表象那里一掠而过，甚至还得损毁表象，以便获得内里的坚核？抑或是，任何现成的有关诗的形式感的设制，无论是传统的，还是实验性的形式，都无法满足他的智力需求和他对历史、思想、心理经验的表达的需要，不仅不敷其表达，反而还会对它们造成拖累，以致诗人不得不另觅出路？抑或诗性诗思本身即已具备了足够大的直撄人心的力量，因而无须再去征用、攒促文本体式方面的辅助之功？

唯唯，否否。他需要的只是一种如同诗题所提示的"混沌"的体式，能同时容纳思辨、学识、沉思、问题意识、体验、诘难、叙事、戏剧冲突、抒情……

作为诗境中精神性存在主体的隐身主宰，诗人的自信与敏锐洋溢于字里行间。这部大气磅礴，雄辩，异常博学，奥义与诗意高度圆融的诗章，差不多可以读作是集燕郊先生持续不断地呈现在其晚近诗境中的诸多反思于一身的一部集大成之作。或者说，它将此前诗作中各树一义或数义者，聚而汇之，熔于一炉。前此是分别治之，至此刻则会通而观。

认知自我的历程是穿透隧道，紧密，厚实，严加遮盖只留一个孔道，你能不能不停地剥落，蜕脱，挖掘，直到舍身？你将开始知道你之所失就是你之所得，你将在失去中获得。但你却不禁显出了一点狼狈相，混沌之中找不到藏身之处，不必白费力气去发现什么隐蔽的角落了，那是没有的。

进入混沌，认知自我，便意味着无所凭持地逼视、质疑和拷问自我，就如同但丁《神曲》的地狱入口处所出示的"可畏的铭文"那样,须得断然弃绝一切人间所有的犹豫、恐惧、怯懦、幻想和希望,须得承受得住鲁迅《野草·墓碣文》中"抉心自食"式的剧烈创痛,需要你拥有非常人所能拥有的毅然决然的强健心魄和道德勇气。

在这个失去坡度,失去地平线的空旷里,要是你还留恋这种厌恶,这种你已经尖锐地意识到的颠倒的知性被颠倒过来后再颠倒的愚蠢循环,只能说你依然热衷于想要一个归属,一个根基,一个依靠。幸而你已经知道,在混沌中这些都不需要,也不存在。

"你"是赤身裸体被抛进这个世界的,无所遮拦,无所依傍,没有归属,也没有根基,什么都由不得你,唯一属于你的选择,是向世界交出你最后的自我辩解、自我防卫的底线。于混沌中锻炼心智,砥砺思想,反躬自省,自我认知,绝非一场愉悦、轻松的旅行所可比况,伴随你的将是内心的屈辱、熬煎和搅痛,因为"你"必须去与种种被动、尴尬处境中的过去的自己一一重新打过照面,而"你"身上曾经有过一切人间终所难免的所有孱弱①,你本身就是这个充满了悖谬的世界的产物和复制品;即便你与这个世界多有最终无法和解与掩抑的对峙和冲突,但一种潜埋在二元对峙性结构中的魔性,依然会移写、翻刻到你的身心深处,而整个移写和翻刻过程又可以诡异和神秘到甚至连你自己也无法察觉的地步:

你不也是曾经在热诚的熔点中,被浇铸进了一个模子的吗?天上呢,还是人间?你离不开那些如影随形的幽灵,你必须承担永远也说不清楚的隐私,关系到某个人的清白无辜的秘密,闲言碎语有意无意的伤害,种种对人类异化力量传统的默默承担。

真正是"无所逃于天地之间",命中注定你不得不承担起连自己都说不清、

---

① 燕郊先生在回首平生时,曾言及自己当年"也不反对批判胡风(应是论争),也写了批判胡风的文章"(《我应该怎样想——一些原生态思想素材》),以及日后为了"求生","一点小聪明全用在学乖上了","学说谎","岂止怕死,简直就是怕'事'"(《野史无文·后记》)。

道不明的种种负面力量。

毅然决然地投身于混沌洪炉的大循环中,意味着对那些曾经纠缠你、妨碍你"袒露心灵的悲壮的本身"的种种"古老幻象"作出告别,也意味着与身处坎陷和猥琐之境的自我作别。那曾是一种怎样令人备受羞辱的自我的境遇啊:为谋求眼前的一丝半缕的生存机会,不得不对随意作践人的尊严的作祟邪神作出千般奉迎,为了与不可能接纳你的悖论缔结短暂的和解,你不惜从事决不是你心之所愿的事务,结果则是可想而知的适得其反:"自我的消失绝不是超越的起点"。因此,投身混沌的勇气中既凸现了精神生命特质的坚韧,也是对"古老幻象"及曾经的猥琐自我这双重缠绕的重负的双重摆脱。

如果说《混沌初开》中有关对峙格局中的魔性的诡异复制的思辨,可以读作乃是对我前面已作了小心辨察的,隐含在燕郊先生上世纪80年代初的诸如《钢琴演奏》《小泽征尔》《陈爱莲》等一组华美诗章背后的有关心路历程的一种延续,那么《混沌初开》中流露出的对语言限度的清醒认知,则是此前的《车站》等诗中相关诗思的又一次伸展。不妨稍事罗列比照,便可一目了然:

你太习惯于依赖规范化的符码了,它们早已把内涵和外延牢牢地黏附在语音的上下限,只剩下一个音素空壳,它们像冲积层似的堆积起来,简直可以一层一层地揭开,显出那一道道递加的晦涩和一道道递减的明晰,语义就这样被逐步吞噬,因此语义也就尽可能伶俐地逃遁了。

——《混沌初开》

航海者很少开口,有大海的咆哮就够了。……于幽命作殊死斗争的傻子们的决心,不必用声音表达。傻子做出的决定,谁也没法改变。

两座礁石在浪涛中痴痴对望。最富有的词语成为词语的赤贫。

只有沉默,比词语更深沉、更细腻的沉默,吞没冷颤着的口吃的沉默。……不存在嗓子是晴朗还是沙哑,只管领会,只凭领会掂沉默的力量。

——《车站》

至于《混沌初开》中作为精神性存在的主体分别前去与"你"、与"巨人"之影、与

"非我"、与"全光"一一照面,波澜层出的恢弘气势后面但见一片诚挚热切之心,是以坦诚虔敬之心面对人生和整个世界,则显然是此前的一系列诗作中,燕郊先生都在朗声谈论着的,诗人诗境须得敞开自己,以巨大的吐纳经验的能力和显著的精神力度,去与所有的广博高深的人类文明资源、世界的价值和意义构成相结纳和会通,是诸如此类的诗思诗境的一次又一次逻辑性推衍,只是在这里表达得格外的集中,也格外的有力罢了。

因此,《混沌初开》不是一个孤立的诗章,对它的读解,只有在彭燕郊晚近整个精神背景和诗境下展开,才有可能达成有效的阅读。

原载《南京师范大学文学院学报》2008年第3期

谁愿意向美告别？

李振声

舞台上留下多么丰富的空虚

我凝望着这空虚，还想长久地凝望下去。

而，垂下来的幕布，遮住了这金色的洞窟，

这美好想象的神圣宫殿的入口。

不，这个入口是遮不住的。

这不是结束——谁愿意向美告别呢？

——彭燕郊《陈爱莲》

3月29日中午，我从长沙的年青朋友那里，惊悉彭燕郊先生去世的消息，一时间恍若坠入梦境，根本无从辨别消息的真幻，久久回不过神来。去年四月的下旬，我与真心敬重和喜爱诗人彭燕郊的朋友们一起，汇聚到湘潭大学，那里正在为燕郊先生四巨册诗文集的出版举办一个隆重的庆典。典仪过后，有个规模不大、时间不长、相当朴素的研讨会。燕郊先生全神贯注地倾听着所有研讨者的发言，兴致盎然，不时插上几句思维敏捷的笑谈，即使有几位朋友，因为地缘上的亲近以及湖南人那份"惟楚有材，於斯为盛"[①]式的文化自信，身不由己地说了些从训练有素的学术看去也许不尽严谨的话，燕郊先生也只是大度地微笑，

---

① 岳麓书院门联。

江声浩荡七月诗

一点也看不出年届八秩,不,年近九秩的迹象。会后,我随几个朋友去湘潭韶山和南岳衡山转了一圈,这些都是我平日不易走到的地方。离开长沙前,我又随朋友去了湖南博物馆边上的燕郊先生的家,向他老人家问安和道别,一起在他显得低洼、潮湿的家门口合影留念。我们相期一两年之后,再聚上一次、多次。我与燕郊先生神交十数年,这之前,我们一直在书信中交谈着,这次是我们第一次当面交谈,想不到竟会是最后的一次。

我没有能够赶去参加燕郊先生的丧仪,四月一日我给远在长沙的张兰欣师母和朋友孟泽分别发了信和电子邮件,给孟泽的邮件中我写道:

孟泽我兄:

3月31日中午突然分别从易彬、涵之那里得知彭先生清晨遽然离世的消息,犹如遭到雷击一般,整个人就像坠入了虚幻梦境,无法辨别噩耗是真是假。彭先生的音容笑貌就在眼前,去年比现在稍稍晚些的时候,我们不是还刚刚在湘潭大学口头约好,过两年,再一起聚上一次,聚上多次的吗?这怎么可能呢?实在无法接受。

这几天惊魂一直难以安定得下来。把彭先生去年惠送我的四大卷诗文集,还有这些年陆续送我的文集诗集,一大叠信函,都摆在书桌上,翻开来,又阖上,再翻开,再阖上,什么事也做不成……

我虽无缘忝列彭先生门墙,但自结识他的十数年来,他一直是我心里最感念的少数几个老师之一。突然痛失你我思想精神上难得一遇的良师,我想,你们定会和我一样,心里生出无边的寂寞之感。先生早些时候曾对朋友说起,还有两三首长诗要写,近时给我的信中也不时说到,还有一些彼此知根知底的患难师友的怀念文准备写出,如今这些腹稿,已成为广陵散,这是最感痛惜和无可挽回的损失。他写胡风,写聂绀弩的诗文,我觉得是同类诗文中写得最动人的。他虽然没能来得及用尽他的全部心血、不世出的才情和跟真正的心灵肉体上的大悲欢缠绕在一起的思想,但还是给我们留下了一笔很厚实的精神遗产。这份遗产将随时间的流逝越加显得珍贵。

我想重复着说，彭先生的诗心是永远也不会老去的。

我对燕郊先生的怀念，绝不是上面这样仓促间写出的短短一封邮件所能表达得出来的。我想起陈思和先生在巴金刚去世时说过的话：怀念巴金的最好方式，是坐下来，重新认真阅读他的作品。我很赞成这样的意见。此时此刻，该让心沉静下来，再次翻读和整理燕郊先生所留下的厚实的诗文遗产，然后把这份遗产放在中国现代诗史和思想文化史的系统中加以论衡，初步勾勒出燕郊先生在现代诗史、思想文化史上的贡献和意义，才是对逝者最好的一份怀念。但全面论衡和勾勒彭燕郊的意义，他的重要性与不可替代性，不是我一己的微力所能胜任的，此文只能将我近日重读燕郊先生诗文时所引发出的一些想法，或由此联想到的一点思路，星星散散地写下，供彭燕郊诗文爱读者推敲，并藉以表达我对燕郊先生的敬悼和怀念之情。

钱锺书先生的《谈艺录》一上来就谈到，诗分唐宋，但非曰唐诗必出唐人，宋诗必出宋人。①前者指诗思、诗的情致表达上的两大类型差异，譬如说，唐诗重气韵圆融、感性丰沛，宋诗则讲究说理精微、思理深入，此类差异可以绵延和贯通在众多的时代，而不必为这两个特定的时代所限。一个是共时性的，一个是历时性的，历时性的唐宋，不足以对应、穷尽、涵盖共时性、类型学意义上的唐诗宋诗，正像宋人也可能写出可归入唐诗一类的诗，唐人也可能写出可归之为宋诗那种类型的诗。对诗说来，时间、时期和时代，还不是可以用来判断诗思诗艺价值的最后或最可靠的依据。不过，诗虽有超越时间限制的一面，但又不得不与之发生彼此缠绕、印证的互文关系。诗发生在时间中，与时间、时代交接摩擦，诗人置身在时间、时代的巨大涡流和日常纠缠中，有所承担，也有所拒绝。因而沿循或借助时间的线索，不失为梳理诗人和他的诗作遗产的有效途径之一，虽然不必、也不便说，就是最有效的理解和诠释途径。

对于怎样界分一个"大诗人"和一个"优秀诗人"之间的区别，《诗章》的作者

---

① 钱锺书《谈艺录》（修订本），中华书局1984年版，第1—5页。

江声浩荡七月诗

埃兹拉·庞德曾经给出过一个简捷明了的说法：前者需要通读其全集，而后者只要读他/她的选集就可以了。彭燕郊便是属于当代中国为数不会太多的、需要我们通读他的全集的诗人之一。

那么，且容我沿循时间之轴，从早年彭燕郊的诗作开始我的重新研读吧。

弱冠之年的彭燕郊，毅然告别美丽的家乡莆田、厦门，辗转北行，去金华、皖南，后来又到桂林，投身神圣的民族抗战。他在新四军政治部宣传队从事战地宣传之余，便开始入迷于写诗。他那些急就于战争硝烟中的作品，长诗《船夫与船》《春天——大地的诱惑》，组诗《战斗的江南季节》等，甫一出手，便得到了包括聂绀弩、辛劳、黄源、东平、柏山、邵荃麟、葛琴，尤其是胡风①在内的诗人、作家、批评家、编辑家的格外青睐。对一个刚刚出道的少年诗人说来，没有比来自自己所敬重的前辈或同道的一个赞许的眼神更让他渴望和备受鼓励的了。现在回过头去看，这些曾经替他邀得了诗的最初声誉的作品，基本上属于"青春写作"。正如作者在《彭燕郊诗文集·诗卷（下）》校读后记里所记述的那样：

> 民族的青春，自己的青春，抗日战争终于打起来了，中国大地充满激情，是那样富于诗意——生命魅力。②

一方面是少年诗人耀眼的青春，另一方面则是民族生存抗争的庄严事业，是久已沉埋在历史尘埃深处的古老民族，经由神圣抗战的激发，生命活力被枯木逢春般地重新唤起，是这两者合二为一、浑成一体的产物。这样的一种写作，对身处民族青春重新被激活这一特定历史语境的读者说来，自然格外容易被亲近和引发共鸣，激发他们重获青春般的兴奋，并且也格外为诗人自己所爱重③

---

① 忆及《春天——大地的诱惑》的写作、发表背景，诗人这样写道："作于1939年春，发表于1940年夏'皖南事变'后半年多，抗议蒋政权同室操戈罪行。原稿一千二百行，胡风先生用一天的时间删改，这首诗里有他的心血。"见《彭燕郊诗文集·诗卷（下）》，湖南文艺出版社2006年版，第360页。

② 《彭燕郊诗文集·诗卷（下）》，湖南文艺出版社2006年版，第354—355页。

③ "回想起来，大概因为年轻，写起来不知节制，如果说它还有些特点，那就是梦和现实不知道怎地结合得那么自然。不可重复的年轻岁月啊！"（《彭燕郊诗文集·诗卷（下）》，湖南文艺出版社2006年版，第360页。）

(在这个世界上,又有谁会不爱重自己的青春呢?),但同时也可能因此而遮掩了诗的真正尺度。青春,对每一个人说来,只有一次,是不可逆的。青春性写作,同样也是一次单向性的行旅,往往一闪而过,无法重复,也难以持久。但是,真正开阔的、有生命力并且达到大诗之境的诗作的形成,与其说倚重于转瞬即逝的青春狂飙,不如说更需要倚重于持久、沉潜、毫无倦意的掘进,更属于一种需要诗人持续不断地倾注甚至耗费其一生精神、心智的劳作。正是在这个意义上,我想说,也许像《山国》,像《风前大树》《杂木林》,像《倾斜的原野》,像《叫嚣的石头》,甚至像《恶魔主义者的自白》,才是更足以标示彭燕郊早年的诗的高度的一些作品,因为与其说它们更多地依恃于无遮无拦、一泻千里的青春激情性的力量,毋宁说由于内敛和深潜,蓄势而发的诗的精神能量的聚合与发散,对读者更具持久的冲击力。正是通过这样一些诗作,彭燕郊真正确立了自己在"七月"诗派中那无人可以替代和置换的位置。诗人嗣后持续、沉潜地倾注、耗费其一生心智和劳作的诗艺诗学,它们那些基本的精神标尺和心智特征,基本上都已经在这些早年诗作中现身,因而这些诗作也就更经得住后来的读者的一读再读。

《山国》《风前大树》里,树、山一类物象,不仅拥有诸如丰茂、坚实、健朗、坦然、磊落一类的风骨,而且整个形体上拔地而起的姿态,使其成为垂直轴上某种始终向上的方向指示器,加上其底部的沉厚,根基的深在,与思想、精神的超拔、深入,与人类文明所宝重的价值、意义的内核特征,均具有形式感上的同一性,彼此之间构成了恰如其分的互证、应合和对称。如此大气磅礴、挺然傲然、超拔于天地之间的物象,得以为一个终其一生格外爱重思想风骨和精神内质的诗人所倾心,那是一点都不奇怪的。

《倾斜的原野》是彭燕郊早年诗作中,将城市意象纳入他正面抒写范围的为数不多的作品之一,同样写得气度不凡。城市贪婪的进逼,导致了原野无可挽回的急速沦陷和崩塌,以及被泯灭在可悲的倾斜之中的命运;城市扬起的黄色尘埃黏附住倾斜的原野,则有如羁轭套住驮马的颈项;撕裂神经的噪音;垃圾堆,贫民窟、制革厂、屠宰场和染坊的污水;这些都还不是最致命的,真正致命的,是由这样的城市所生成的小市民、市侩的视野狭窄、趣味低劣,他们拥挤在狭小阴暗的天地里,凭藉机灵追逐财富、繁华和舒适,却对人类生命的真正的供养的源泉浑然无知。此诗对原野和城市所作的情感和价值的褒贬,似可辨认出少年彭燕郊所崇拜的诗人艾青的身影,而为他们所共同分享的诗学资源,则显然来自比利时诗人凡尔哈仑的《原野》和《城市》。当代的绿色和平组织或环境保护人士,或许不难从这首诗里找到同道和知己之感,甚至还可能会对诗人在有关生态意识上的先人着鞭而惊赞不已,追崇它为自己的先导。不过,显而易见,此诗绝不会是站在后来者吁求生态平衡立场上的一次抒写。此诗的诗旨应该别有所寓。我想说的是,此诗对市侩庸俗一面的拒斥,乃是对羁縻人内心的自由,肢解人类博大、开阔的精神视野的种种琐碎趣味的拒斥。而对开阔、丰富的精神视野的宝重,以及坚持内心自由的不可让渡,则将成为彭燕郊日后整个诗的写作历程中,或隐或现、周而复始地呈现和循守的写作原则和诗思主题。

《叫嚣的石头》写于1940年代的后半期,年青的彭燕郊在诗中向我们出示了一种更为根本的冲动,一种从历史审视到自我审判中所生成的更高认可的冲动:

......
这里,是话语的炼狱
在这里,我以诚挚期待灵魂的净化
我沉默,并非有丝毫懈怠
我沉默,因为我潜心于在话语的林莽里
寻觅最犀利最准确的语言,用来
加速对灵魂深处的持续掘进
我沉默,因为我专心致志于
拷问我自己

诗的高度取决于人的高度,诗的心智限定于人的心智,诗的定力来自于人性的坚定,而诗的神采则源自于人性的光耀。正如诗人在1947年8月作于桂林虞山庙狱中的《人》一诗中所写的那样：

> 桥梁一样荷负着重压的
> 铁砧一样经受着捶打的
>
> 人
> 用意志的帆驾驭风暴
> 以信念为形象制造发射利箭的弓
>
> 凭神圣的爱憎
> 人使自己发出光芒
>
> 凭勇敢和智慧
> 人使自己具有尊严

同样写于40年代后期的《恶魔主义者的独白》，则从一个完全相反的方向，让我们领略到了诗人内心非同寻常的道德力量，那种不怵于与黑暗对峙、进入黑暗、洞悉黑暗的道德勇气。诗中，那个在追逐一己私利和个人欲望的道路上，不择手段，为所欲为，不惜摒弃一切道德和良知的"魔鬼主义者"，竟是那样的大言不惭，巧舌如簧，那样的擅于察言观色和自我开脱，野心勃勃，挑拨离间，恬不知耻，蔑视和侮弄起一切属于人的正面价值来，竟是如此恣肆，无所顾忌……，然而诗人心知肚明，洞若观火：此类貌似桀骜不驯，其实不过是自甘沦为可憎可厌、支离破碎的卑微欲望的奴隶。读着这些极度紧张（膨胀、恣肆）的心理和情绪的转换、变化，这些可怕又可恨的内心独白、错觉、幻觉和变态，思绪不由地会被引向歌德《浮士德》中的靡菲斯特或陀思妥耶夫斯基《死屋手记》中的主人公那里，它们之间实在有着太多精神上的"家族相似"特征了。此诗对人性中的黑暗、卑微和荒谬，冷静、严峻到毫不手软的逼视，令人为之惊叹，从而也成功地使得此诗与那个时代曾经相当流行的、那种过于容易地表白自己的"政治正确"和

江声浩荡七月诗

道德优越的《马凡陀山歌》式的所谓"政治讽刺诗",清楚地区分开来。倘若没有一颗足够强壮硬朗的心,你将决计无法处理好这样的场面:人性中诡异的分裂面,人性中的邪恶,并不在我们的视线之外,不是可有可无的,你必须正面迎上去,与它打交道。我想,在紧随其后、接踵而来的50至70年代,对诗人彭燕郊说来,在属于他的备受熬煎因而显得格外漫长的"生活的炼狱"里,诗人最终得以保持住心智的完整,应该说,拥有这样一份强健的内心依恃,是在里边起到了怎么估量都不为之过的自我支撑作用的。

1950年代初始,当胡风用诗句宣告"时间,开始了!"此时此际,他的内心一定是被作为此一新时代的缔造者之一员的自信和自豪所充盈着的。年轻的彭燕郊同样也是以自信而又自豪的革命者身份,确信自己已经迎来、并且已经踏进了自己梦寐以求的好时代。但这个时代却并没有向他们舒张开像他们所意想的那样热忱的双臂,岂止是没有舒张,新国家政权还紧急动用了它所控制的所有资源(从编民齐户,到公职公薪,从刑罚体制,到宣传机器),将其兜头拽入了一场灭顶之灾。此一事件,乃是知识分子之与革命、思想方案之与政治实践、个性之与群体意志,以及非延安谱系的革命知识分子之与延安革命者、文化人和文学者的天真无邪之与新当政者凛然不可冒犯的意气之间,一系列紧张、复杂关系的纠结,在新政权历史上的第一次骇人听闻的揭幕(稍前的电影《武训传》批判和俞平伯《红楼梦研究》批判,相比较而言,差不多称得上是和风细雨、温情脉脉了)。由于钦定"胡风案"的牵连,燕郊先生与当年以思想才情的彼此吸引而相继聚集到胡风所主持的《七月》诗刊和《希望》杂志周边的众多师友一起,遭到新成立不久的国家政权的严厉摒斥,嗣后有将近四分之一的世纪,名字进入"另册",身份沦为"贱民"。但即使是在一度锒铛入狱,无法笔之于书的时段,诗人依然通过他自己称之为"心写"[①]

[①] 参见彭燕郊诗作《音乐癖》副题自注:"《往事如烟》是我在'文革'期间写的一册诗稿,曾几次毁稿又重新默写出来。当时,写这样的诗是犯法的。这首诗是被'群众专政'时写的,当然是'在肚子里'写起来的。英雄们富于浓郁浪漫主义色彩的政治游戏是以我们这些'分子'的身家性命作道具的。诗,只能写于不见天日之中。"(《彭燕郊诗文集·诗卷(下)》,第48页)此处所讲的"几次毁稿又重新写出来""在肚子里"从事的写作,即为50年代的"心写"。

的方式,继续书写着自己内心的声音。这些"心写"的文本,"获释后默写下来,意外地保存至今"①。由于机缘的辐辏,我是比较早地读到这批经由燕郊先生之手一遍遍默写下来的较为原始的稿本的读者之一。它们被用复写纸誊抄在日久年长已经泛黄了的、参差不齐的纸页上。在这之前,尽管已有一小部分,燕郊先生是夹在信函里陆续给我看过的,后来趁思和与李辉决定将他们合作主编的"火凤凰丛书"改由上海远东移师山东友谊的机会,我便征得思和的同意,将燕郊先生的这批文本作为丛书之一编入。1998年的春夏之交,当我收到燕郊先生打包寄来的《夜行》底稿,急急翻读一过时,心头依然一阵阵发紧。当时的感受,那份阅读时内心受到的冲撞和击打,我随后已写进《存在的勇气,或拒绝遗忘》②一文,有兴趣的读者不妨参读,此处不再重复。《夜行》编印得相当马虎。山东友谊是家刚揭牌不久的出版社,也不知是编辑少经验还是怕麻烦,校样既未请作者勘定,当然更不会让我过目,结果付印后错字讹文历历在目。燕郊先生特地为我复写来整整四页的"勘误表",计209处之多。他在信中说,揆之国家新闻出版署有关书籍出错率标准,此书可以判为"废书"。好在时隔数年之后,作为思和先生当代文学史观中广具影响的"潜在写作"构架的资料印证,由思和先生主持编集的一套"潜在写作文丛"中,再度收录了燕郊先生的这批文本,取书名为《野史无文》③,一扫原先鳞次栉比的错讹,这才让我一直歉疚着的心稍稍得以宽释。

这批用"心写"的方式草成于50至70年代(特别是50年代)的诗文本,向世人披沥了诗人是怎样依凭人的理智和良知,忍受肉体和人格尊严的伤痛和熬煎,守住一线文化命脉,拒绝放弃自己的精神存在的,又是怎样置身于国家意识形态的强大压力之下,依然忠实于自己的内心的。他以个人的信念抗衡住集体

---

① 见《彭燕郊诗文集·诗卷(下)》(后记),第356—357页。
② 此文原为燕郊先生要我写的《夜行》的"序",后以该题名先行刊于《读书》1998年第12期。
③ 彭燕郊《野史无文》,陈思和主编"潜在写作文丛"之一,武汉出版社2006年版。

强权的威慑①，在一个容不得个人精神存在的时代，有时不惜采用"佯狂"，即有意识的"装疯卖傻"外表下的"呵佛骂祖"，倔强地存在了下来。在一个举世正在准备或已经步向精神迷狂的时代，对人的尊严和人的精神性存在的尺度的维系，只能从个人的救赎开始。

彭燕郊的这批诗文，与胡风先生写于狱中的《怀春室诗文》，绿原、曾卓、牛汉等后来被人辑录在《春泥里的白色花》中的诗文，阿垅的《垂柳巷文辑》，张中晓的《无梦楼全集》②，还有诸如聂绀弩的《马山集》③，荒芜的《纸壁斋诗集》等文本一起，披示了那个时代精神和人格所应有的正直、高贵的水准。正是由于它们的存在，那个就思想文化而言，正在完成它们驯顺于时代政治的脱胎换骨过程的年代，思想者的精神风骨才不至于全面沦丧殆尽。这些诗文的价值，首先还不在它们所特有的诗性，而更在于其作为时代良知和风骨的标尺的意义④。至于擅长见风转舵的舒芜，即使此前此后诗文才思如何出众，时过境迁之后又如何得到聂绀弩"错从耶弟方犹大，何不纣廷咒恶来？"⑤诗句的怜悯，并且本人

---

① "40年代末50年代初，我（相信绝大多数人也一样）很快就清楚知道我能够做、必须做的第一件事是把自己交出去，同时也很快就清楚知道已经被'交'到一个庞大无比的名叫'集体'的机制里……"（见《我应该怎样想——一些原生态思想素材》，《野史无文》"附二"，武汉出版社2006年版，第109—110页）。

② 上述文本均收入陈思和主编"潜在写作文丛"，武汉出版社2006年版。

③ 1962年聂绀弩自北大荒返京时自编手抄的旧体诗集，收诗40首。翌年，聂把其中与北大荒有关的诗作抽出，加上补做的七律，共43首，编成手抄本《北大荒吟草》。而将"三草"（即《北荒草》、《赠答草》、《南山草》的统称）分别誊写成册则是1979年的事，1980年代初在香港铅字印出（见罗孚《聂绀弩诗全编·后记》，学林出版社1992年版）。有关聂绀弩旧体诗集的版本沿革，刘志荣《潜在写作：1949—1976》（复旦大学出版社2007年版）第三编第一章"散宜生体""附注"也有很好的说明，可参阅。

④ 2000年，彭燕郊曾在鲁贞银博士论文读后感中，再次郑重表达了对胡风"义无返顾地以生命为代价沿着五四—鲁迅开辟的道路披荆斩棘往前走"的敬重，对其"通过对鲁迅的理解升华为现实战斗精神和现实主义相结合的理论体系"的敬重，并不以胡风未能成为"纯粹的学者"或"自由主义知识分子"为遗憾，但也心有未甘地承认胡风也有"缩小了鲁迅精神而不是发展了鲁迅传统"的一面（《世纪之痛的沉重课题——读鲁贞银〈胡风文学思想及理论研究〉》，转引自《彭燕郊诗文集·评论卷》孟泽"序"第四节）。

⑤ 聂绀弩1982年4月写的《重禹六十》（舒芜原名方重禹）"之二"中的句子。同年9月3日聂致舒芜信中云："……然而人们恨犹大，不恨送人上十字架的总督之类，真是怪事。我以为犹大故事是某种人捏造的，使人转移目标，恨犹大而轻恕某种人。"见《聂绀弩诗全编》笺注，学林出版社1992年版，第218—219页。

也多有颇费心计的自我辩白,但与历史耻辱柱紧紧维系在一起的命运,则是在他当初向"胡案冤狱"制造者主动辑交经由其有意割裂和重新编排的师友间私人通信的那一刻起,就已被注定,并且永难改变得了的。

  对燕郊先生此期的"心写"文本,我还想说的是,诗不仅仅是一种关于"家园"的无尽追怀,它同时也是必须深入到黑暗内部去做的一种工作。你能不能承受住内心的羞辱、厌恶以及噬心的伤痛,承当起命运对于良知的拨弄和打击,以便最后洞穿它的荒谬? 这将对诗人的现实感,构成严峻的挑战和考验。倘若你只会在这样的现实(不管是外在的还是内在的)面前背过身或蒙上脸,或者只会在这样的现实面前流露出踟蹰、不安、尴尬,感到惊惧和畏缩,乃至陷入对自己的彻底怀疑和否定,完全放弃自己,屈己从人……都将表明你尚未拥有真正的现实感。精神和心灵在"炼狱"中的艰难穿行,有可能比其在"家园"中的徜徉徘徊,更容易获知人性沧桑和人世变幻方面的真实消息。比起"家园"来,有时候"炼狱"更能给诗人带来诗境的沉郁、错综、深入、复杂和有力。事情正像杜甫在《天末怀李白》中所说:"文章憎名达,魑魅喜人过;应共冤魂语,诗投汨罗江。"可惜许多人读了也就读了,并没有打算认真去对待它。"国家不幸诗家幸,话到沧桑语始工。"令人悯生悲死的人生遭际与历史赋予的独特机遇之间,有时竟然是一胎双生的吊诡关系,后来的读书人大概已经很难理解得了了,或者即便也可以依据学理作出推测,但终究缺乏真正意义上的同情之了解,不免过于抽象,终隔一层,因而难逃肤浅之讥。不是所有的诗人都能获得现实感的,除非你能拥有足够完整的心智,拥有足以洞悉虚妄、抗衡荒谬的强健内心和道德自信。

  我们目前所能读到的、诗人"心写"于该时期的诗作,还不是这些诗作的全部。据诗人自述,还有一部分草成于此期的文本,迄今尚未来得及整理。① 也许燕郊先生近年正在赶着写出他心目中急欲写出的诗文,一时还顾及不到

---

① 据诗人自述,"还有一些,暂时不想去整理了"。见《彭燕郊诗文集·诗卷(下)》,第357页。

把它们全部整理出来吧？亟待这些年来一直与燕郊先生过从甚密的长沙龚旭东、孟泽诸君，能协助燕郊先生的家人尽快把它们整理出来，以便世人早日得享全貌。

似可将长诗《生生：多位一体》读作诗人彭燕郊的一曲"天鹅之歌"。

但一个正在逼近大师之境的诗人，不是晚近所有作品都已达到同样水准的，他也会有他的参差。

此诗写成于上世纪90年代中期，最初发表时诗题为《生生：五位一体》[①]，发表的当初诗人即有悔其"写得比较匆忙"之意，一直想重新写过。直到差不多距初写成十年后的校订编定《彭燕郊诗文集》之际，终于大动干戈，了遂心愿。原诗约660行，分"氤氲""孵化""蠢动""喷薄""葳蕤""孳乳""嬗递"七章。今收入《诗文集》的《生生：多位一体》者，原"葳蕤"删改后并入"喷薄"，为六章，长度也略有节缩，为630行上下，改写部分几达半数以上，所花时间和心力均与重写无异，以致诗文集的出版发行也因此而一再延迟。此诗改定本的完成，使燕郊先生颇有如释重负之感。

对此诗的特殊偏爱，在《生生》初发表时的答编者问中燕郊先生已说得很明白。[②]去年初，他在惠贻我四大卷诗文集的同时，即在信中特意嘱咐，希望尽快听到我有关此诗改定本的意见。去年4月底我在湘潭、长沙见他后，刚返回沪上，他要我为改定本《生生》单行本（考虑到四卷本诗文集部头过大，定价不菲，读者购买不易，他想抽出单独印行）写序文的信函便已接踵而至。燕郊先生殷殷心切，我自然义不容辞。但因为好几年没在国内课堂开课了，备课不免要多费些心思，到了暑假，有了研读的时间，却又写不出。事情拖在那里心里很不踏实，无奈之下想到了去搬动朋友救援的权宜之计。这从我给长沙朋友的邮件中似

[①] 见《湖南文学》1999年第6期。

[②] 编者："您似乎总是在追求一种新的东西。"彭燕郊："是这样的，比如这首《生生：五位一体》深度上要超过《混沌初开》。我写的是人的历史，我们民族的历史，它有一种强有力的歌颂。"见《诗人访谈：美是有"毒"的》，《湖南文学》1999年第9期。

可窥知一二：

> 孟泽我兄，有件事想烦请你帮忙。去湘潭拜见彭先生的前后，曾蒙彭先生告知，长诗《生生：多位一体》准备印出单行本，并指名让我写序。我当时觉得义不容辞，答应了。但序至今一直未能写出。这学期在给系里研究生开现当代文学史论，多年没在国内开课了，不敢怠慢，有八面受敌之慨，准备起来也是煞费苦心，一时无暇旁鹜。先生长诗单行本一直拖着，心里觉得十分愧疚。我在想，若能说动先生同意，我意是否能将我在湘潭前后草写的那篇小文，改名为"彭燕郊先生晚近诗心诗境（代序）"（小文将在《读书》上刊出①），作为权宜之计。只是很对不住先生。好在中国传统，序文也有可以不必针对该书该作说话的自由，这样权宜，也不算没有先例。只是一定要征得先生允可。望我兄能拨冗替我说项。我自己实在无颜面去跟先生说这样的事。

> 又，我不知我兄对修订后的《多位》怎么看。比起《五位》来，《多位》要纯净，从容，但《五位》却有《五位》的粗野和生猛，"杀生天王"在《五位》中能量相当巨大，《多位》中似乎弱去了不少。只是我私下里的感受，未必真是这样。此话千万不可与外人道，因为怕搅扰先生心境。彭先生还在写他的大作品，少去干扰他才是。

振声　拜托

以下是朋友的回信：

> 大示拜悉，我向彭先生转达你的请求，彭先生说很好，他还说，会给你去信。他总是很能体谅我们这些在学校里的人如今的"辛苦"。你为开课事，如临如履，虔敬庄严，让我感佩感慨。

> 彭先生的《多位一体》我看过一遍，曾经的《五位一体》我当时也看过一

---

① 小文发表在《读书》2007年第12期时，吴彬帮我改题为《诗心不会老去》，这的确是个好主意，我要谢谢她。

遍。总的感觉与你相同。但我更多持负面看法,因为少了你说的"粗野和生猛",理性化成观念,宏大的主题愿望无法获得感性支持。这样说实在大不敬,彭先生以如此高龄,能有如此壮心并且付诸笔头,已足够让我们钦敬了,夫复何求?

霜重色浓,想象海上花开、艳冶倾城,不胜企慕向往之至。即颂
教安!

孟泽

从邮件中已可看出,改定本《多位》"序"文之所以没能写出,是跟我觉得改写本多了些纯净和从容,却少了原写本的粗野和生猛,"杀生天王"在初写本中能量相当巨大,但在改写本中却弱去了不少,或多或少有所关联(并且我的这份感觉还从朋友那里获得了呼应)。其时我的"同情之理解"显然偏倾于初写本。但又怕这样告知会搅扰燕郊先生手头正在或正欲实施的写作,所以不免有些踌躇。今次重读燕郊先生的诗文,不由得对自己原先之于《生生》初写本的好感,也生出了几分疑虑。

其实诗思的问题,在初写本中就已经存在着了。燕郊先生在写定本的跋语中这样说,"十年了……几经思考,发现旧作的框架和主题是适合的,各个部分的配置由于各自对中心的把握力度不够有力,应该用心重写"①。这是说,改写只是着重对各部分之间的配置均衡以及各自之于中心的关联力度做出调整,至于两个本子的框架和主题,并未曾有实质性的改动。那么框架是什么,主体又是什么? 简略点说,框架就是"生生精气"与"杀生天魔"的对峙、角力;主题则是"生生"的锐不可当和杀生天魔的落败。

杀生者在时间的性征上表现为瞬息、急促和短暂:如"企图一劳永逸地扼杀所有的生灵",再如"轰隆而过的叫啸",即包含了傲慢、霸道以及急不可待、毫无耐心之义;而生生者则在时间上表现出顽强的持续性:"有的是灾后再生的顽强

---

① 《彭燕郊诗文集·诗卷(下)》,第353页。

意志","是一次次从头开始的闯荡","困顿,逼促,颠踬后,转眼又是一次瘫痪,然而恢复也相应地来的迅速",以其擅于或不怵于与对手死缠烂打,表明它与时间的紧密纠葛,它的坚持、执拗和持续力。在空间的位置感上,生生者居位崇高:"生生的精气正在巡行","充盈于无涯际广袤的碧海青天之间",并且还动用了诗人一向格外倾心的有关树的语象,以枝繁叶茂、挺拔参天的树的形体,为生生者塑型造像;而杀生者反是,空间上居身低鄙:"地面,空无天魔压碎生灵后残留的/一片被他用作神坛的光秃上,/依然竖立着他那赖以自欺自慰的古老灵牌"……至于在空间的延展性上,生生者舒展、充盈、弥满、浩渺、无穷丰富,而杀生者则"滞留于妄想的怪圈""被约束于没有出口的连环套",是内缩、封闭和荒芜。两造之间的对峙是那样的壁垒分明。

"生生精气"的胜算概率是从一开始就已经安排好了的,而"杀生天魔"的种种伎俩都不过是虚张声势,相比之下,与生生根本构不成势均力敌,两造之间的力量和势能对比,反差大得不成比例。因而胜负的局面差不多从一开始就是派定了的,不会出现多少差池,基本上无悬念可言。"说诗人"的心思和口风也均呈一边倒之势。有的是必然,缺少的是随机和偶然。底牌在冲突、角力之前即已亮出。《混沌初开》式的混沌,那种诗境的多种向度和众多可能性,在这里实际上是阙如的,有的只是单一向度,即生生精气胜出,杀生天魔溃败。事实上,诗的各个动机只是围绕同一个圆心在旋转。圆心只是一个,稍稍不同的仅仅是围绕圆心旋转的轨道,各自在距离圆心的远近上略存差异。就这样,诗意似乎是在诗的一开头就已经被结束了,因为这里不再出现有如博尔赫斯小说《交叉小径的花园》所说的那种具有多种可能性的分叉,也不再像《混沌初开》那样有一重重的天地需要你去打开,而其实,每一种分叉和每一次打开,都会有意想不到的多元的细节在吸引你,但现在,这些你所期待着的分岔和打开,都没有能够如期而至。故而就《生生》的诗思框架而言,燕郊先生所期许的,也是诗作本该具有的博大与丰富,是从一开始就已经被诗人自己的设定所削弱或消解了的。

再有就是改定本的跋语。燕郊先生在里边随手援引了国际政局中刚发生不久的一个事件,用以诠释诗的题旨和写作动机。这不止牵强,实际上也大大缩小了诗义的涵盖度。读这段跋语时,我的感受就与前文曾经征引过的洪子诚老师当年读到艾青《鱼化石》一诗的结句时的情形大致仿佛。这些直率的话,要是赶在燕郊先生在世之日说出就好了,但现在懊悔也已经来不及了。一念及此,不胜怃然。

原载《扬子江评论》2009 年第 4 期

编　后　记

十年前,应安徽教育出版社之约,我曾承编了一册《待读惊天动地诗——复旦师生论七月派作家》,于2008年出版,现在估计已经不大容易找得到了。自那以来,"胡风集团"和"七月派"相关研究又取得了长足进展,复旦大学作为这方面研究的一个基地单位,成果的产出迭有更新,自不待言。今借高等学校"双一流学科建设"新政,同仁拟议由我就相关主题重编文集,乃有此编。相较旧编,本书调整了选文范围,只收录曾在复旦大学中文系任教的先生们的作品;改变了分辑结构,增列"贾植芳研究"专辑;增强了选文代表性,首先考虑研究的深度和论述的完成度,其次照顾研究对象的覆盖面。由此来说,本编或可作为了解复旦学者在相关主题研究上的成就和贡献的一个入门草图。同时,除了少数已逝的前辈和健在的硕学大德,入选的大多数作者都正当盛年,相关研究成果持续产出中,在一定程度上,本编或者也可以提供一个期待视野,以供学界了解复旦同仁大致是在哪些方向上努力。

按照"复旦中文学科建设丛书"的整体要求,书名拟为《江声浩荡七月诗》,其中"江声浩荡"来自"七月派"作家普遍引为精神同调的法国罗曼·罗兰著《约翰·克利斯朵夫》的首句"江声浩荡,自屋后上升"(傅雷译语),"七月诗"则是中国传统诗歌中的一个经典意象,借以扣题"七月派"。二者合组,意义甚明,是希望能对"七月派"作家的精神和艺术追求之实质有所传递。

想了想,我好像没什么别的要说了。是为记。

编选者
2016年12月